REVENIR DU SILENCE
Le récit de Jenny

DU MÊME AUTEUR

Le Désir fou, roman, Stock, 1976

Colette, libre et entravée, biographie, Stock, 1978 ;
Points Seuil, 1984, prix Jouvenel
de l'Académie française, 1979

Regard sur les Françaises, essai, Stock, 1984 ;
Points Seuil, 1985, prix Biguet de l'Académie française
et prix Marcelle Blum de l'Académie des sciences morales
et politiques, 1984

Histoire d'Eurydice pendant la remontée,
roman, Seuil, 1991

Lettres à ses amis et quelques autres,
anthologie de correspondance de Marguerite Yourcenar,
avec Joseph Brami, Gallimard, 1995 ; Folio, 1997

Vous, Marguerite Yourcenar – La Passion et ses masques,
essai biographique, Robert Laffont, 1995

Le Salon de conversation,
fiction avec Catherine Hermary-Vieille, Lattès, 1997

Le Livre de l'amitié, anthologie,
avec Arnaud Blin, Seghers, 1997

Jacques le Français – Pour mémoire du Goulag,
essai biographique, avec Jacques Rossi,
Le Cherche Midi, 2002 ; Pocket, 2005

Constance et la cinquantaine, roman, Seuil, 2003

De l'alcôve à l'arène – Nouveau regard sur les Françaises,
essai, Robert Laffont, 2007

Yourcenar sans masque, théâtre, avec Élyane Dezon-Jones,
Viviane Hamy, 2014

MICHÈLE SARDE

REVENIR DU SILENCE
Le récit de Jenny

roman

Julliard

Ouvrage publié sous la direction de Betty Mialet

ISBN 978-2-260-01746-2

À Arnaud, Margaux et Emerson.
À tous ceux qui viendront après
et qui voudront savoir d'où ils viennent.
Pour Hugo et Kimberly qui nous accompagnent.

Prologue
La Transmission

« Un écrivain est marqué de manière indélébile par sa date de naissance. »

Patrick Modiano,
« Discours de réception
du prix Nobel de littérature »

Longtemps j'ai caché mon nom et mon âge. Être femme me servit à dissimuler mon nom de famille, en toute légalité, derrière celui d'un mari. Plus tard, le pseudonyme me tint lieu de couverture. Il a permis pendant des siècles aux auteurs des deux genres et de toutes origines de publier sous le masque. Écrire permet-il de mieux révéler ou de mieux cacher ? Je n'ai pas encore résolu le dilemme. Retrouver mon histoire est peut-être une manière d'y répondre.

Pour l'âge, j'avais le privilège de paraître un peu plus jeune que je ne l'étais et une coquetterie féminine qui semblait légitime, selon les clichés de l'époque, justifia longtemps cette légère omission de quelques ans. De fait, dès que je commençais à évoquer mes premières années, c'est mon enfance et non mon âge qui me gênait. Cette enfance intempestive et dérangeante avait commencé avec la Seconde Guerre mondiale. J'étais née avec sa déclaration. J'avais un peu plus de cinq ans lorsqu'elle s'est terminée. Ces cinq ans faisaient toute la différence. C'est pendant ces années-là qu'on avait caché mon nom authentique, derrière de faux papiers.

Dire mon enfance, c'était dire l'Occupation. C'était dire la grande cavale d'abord devant l'occupant, puis devant l'occupé. C'était avouer. Plus tard, j'ai compris que ce n'était pas tant mon enfance qui posait problème, mais la guerre, qui marquait d'une cicatrice indélébile mon histoire, une histoire qu'il m'était interdit d'évoquer car alors il aurait fallu dévider tout le fil, reconnaître que mon itinéraire personnel était lié plus étroitement que d'autres biographies à l'histoire collective. En un mot désobéir à ma mère qui tenait mon identité cachée.

Cette limite historique et verticale à mon histoire, dont ma mère était l'origine, faisait pendant à une autre limite, géographique et horizontale. J'étais née en Bretagne. En Ille-et-Vilaine. À l'époque, on déclinait le département, qui possédait seulement un nom et pas de numéro. De ce morceau d'identité-là, ma mère, née étrangère, se gargarisait. C'était, avec mon prénom, la partie non immergeable de l'iceberg. Droit inaliénable du sol et foin des différences ! J'étais bretonne et ma mère républicaine et universaliste.

Mais ce n'était pas elle qui devait poursuivre l'échange avec les Francs-Comtois, les Bourguignons, les Provençaux… et les Bretons, sur les particularités régionales, lorsque la jeune Bécassine présumée que j'étais entamerait des contacts avec des inconnus, peut-être destinés à devenir des amis. En manque d'information locale crédible, incapable aussi de me réfugier derrière le « Je suis née en Bretagne par les hasards de la guerre, mais j'ai été élevée à Paris », je me déterminai à ne garder que la deuxième partie de la déclaration. Paris était bien la ville de ceux qui n'en avaient pas et n'exigeait pas de connaissance autre que celle déjà incluse dans les guides touristiques. Et j'appartenais sans arrière-pensée à ce Paris bien-aimé.

Je me taisais donc, honteuse de cette absence de racines ou plutôt de ces racines inavouables. Je n'avais rien à dire sur la ferme ou le château, ni sur le coron ou la fabrique. Je ne pouvais pas non plus révéler le secret qui nous liait, ma mère et moi, à une mémoire invisible, à une histoire impossible à nommer. J'attendais cependant, pour compléter ma propre information sur moi-même, d'y voir plus clair sur ceux qui m'avaient précédée. Dans l'intervalle, je jetai quelques bribes de cette histoire, encore partiellement inconnue de moi, sous le voile de la fiction. Un roman à clés qu'il me fallait déverrouiller moi-même pour comprendre où je voulais en venir ou plus exactement d'où je voulais venir. Ma mère veillait encore. C'est elle qui tapait mes manuscrits, au temps de la machine à écrire. Et, en matière de dissimulation, ma mère était définitivement intraitable : « Ce nom de rue, tu dois le changer. Imagine. On pourrait nous reconnaître. » Ce n'est qu'à l'approche de sa fin qu'elle accepta de tout me livrer sans exiger la moindre confidentialité.

Néanmoins l'idée de raconter son histoire est ancienne. À la réflexion, je me demande si tous les livres que j'ai écrits jusqu'à maintenant n'ont pas été des exercices de préparation à celui-ci, des répétitions sous des formes diverses de cette histoire-là. Cette histoire-là, qui est la mienne, et malgré moi celle des miens, avait du mal à sortir. Le mystère ne s'éclaircissait que par intermittences qui me faisaient toutes remonter à une même source : ma mère. Elle avait vécu dans les premières années de sa vie deux bouleversements historiques majeurs, une émigration et la Shoah. Un troisième bouleversement, antérieur à sa naissance, avait marqué l'histoire de son peuple : l'expulsion des Juifs d'Espagne, qui avait conduit ses ancêtres, avec leur langue et leurs tripes ibériques, jusque dans l'Empire ottoman.

Ces blessures historiques avaient laissé des cicatrices sur toutes les générations. La dernière en date nous cisailla à vif, elle d'abord, puis moi. Le récit des trois séismes qui avaient façonné en profondeur l'histoire de ma mère et la mienne ne me fut dévoilé par elle qu'au compte-gouttes et presque à reculons. Le plus récent surtout, peuplé de deux ombres qui refusaient de disparaître, de céder la place à des aïeux sans histoire, fréquentables et morts dans un lit.

Née en France, moi je l'étais, et je le répète, afin de faire tout particulièrement plaisir à l'auteure de mes jours, au fond de son tombeau, dans un petit cimetière de la Brie. Et cette naissance-là, ma mère la considérait comme la plus grande chance qu'elle ait pu m'offrir, et le cadeau des bonnes fées, des fées authentiquement celtiques, convoquées par elle autour de mon berceau, dans l'Ille-et-Vilaine profonde.

Alors durant mon enfance franco-française, autant que faire se pouvait, on n'évoquait jamais cette « origine » glauque, métèque, étrangère, qui avait stigmatisé ma mère comme mon père et continuait de le faire, au profit de l'origine saine et glorieuse, qui était la mienne, marquée par Charlemagne,

Poitiers, Jeanne d'Arc, la bataille de Marignan, les révolutions, Austerlitz et Verdun. Des événements que ma mère et moi, l'une après l'autre, dans les classes enfantines du petit lycée Victor-Duruy, avions commémorés avec la ferveur des néophytes.

Ma mère s'était imprégnée intimement de l'histoire de France, qu'elle me faisait répéter pendant ces années d'école primaire, et elle avait fini par se l'approprier de A à Z. À la fin de sa vie, dans les errements précédant l'agonie, malgré sa prodigieuse mémoire qui fut alerte jusqu'au bout, elle déclara à sa fidèle auxiliaire de vie, appointée pour s'occuper d'elle par le conseil général de son département, qu'elle était la fille de Gaston (d'Orléans ?) et Aliénor (d'Aquitaine ?). À des années-lumière de Sabbetaï et Myriam, ses père et mère biologiques, dont la filiation aurait pu lui coûter pire que la vie ! Cette glorieuse généalogie effaçait l'autre, dont ma mère ne voulait rien savoir ni me faire savoir.

Mais bien que mensongère, cette hérédité imaginaire justifia ma recherche ultérieure de ces lointains ancêtres de sang, dont naguère je savais à peine qu'ils avaient quitté le pays de Cervantès, quelque cinquante ans après la naissance de ce dernier, et en avaient gardé l'idiome et la culture ; que cet idiome s'était ensuite altéré au contact des Turcs, transformant mes seuls aïeux connus en Israélites du Levant, jusqu'à ce que l'Occident les rédime, jusqu'à ce que l'Occident les ramène en son sein pour les métamorphoser en citoyens de la République issue de 1789, la seule qui vaille aux yeux du monde civilisé, et jusqu'à ce que l'Occident oblitère ainsi leur louche ascendance.

L'ignorance de cette origine ne m'était pas réservée. Dans notre famille, elle a recouvert les générations qui m'ont suivie d'une telle chape de plomb que certains de mes petits cousins, nés après-guerre, n'avaient pas la moindre idée des raisons pour lesquelles leurs grands-parents avaient un si drôle d'accent et une prononciation du *r* qu'on ne pouvait relier à aucune région de France, ni même de Navarre. Dans les années soixante-dix – j'avais une trentaine d'années –, j'enregistrai, dans une première (pour moi) et ultime (pour elle) tentative de dévoilement, ma grand-tante Allegra, qui s'appelait désormais Andrée. J'avais cru la mettre à l'aise et elle me parlait avec un plaisir, non dissimulé cette fois, de sa jeunesse « en Orient » et de la frustration que lui avait causée son statut de cadette de ma grand-mère Myriam alias Marie.

Soudain, pointant le petit magnétophone, elle me fit arrêter l'enregistrement pour marquer une pause. Elle souhaitait évoquer la fête où pour la première fois de sa jeune existence, elle n'avait pas porté une robe déjà usée par son incontournable sœur aînée. La fête en question était une bar mitsvah. Avant de prononcer le mot tabou, sans autre oreille indiscrète que la mienne, Allegra me demanda doucement : « Mon enfant, est-ce que tu sais… que nous sommes d'origine juive ? » À dire vrai, je ne le savais qu'à moitié, ou plutôt je ne savais pas bien ce que cela signifiait pour moi. Mais j'acquiesçai et j'eus accès au drame de la sœur cadette, éternellement sacrifiée, forcée d'attendre que l'aînée se case pour étrenner sa première robe neuve. Une histoire que mes propres cousins, plus ignorants encore que moi de ce que signifiait une bar mitsvah, n'avaient jamais entendue.

La Shoah fut l'autre événement, ou non-événement, dont on évitait de parler et qui pendant longtemps ne fut désigné par aucun mot connu. À l'indicible on faisait référence par des appendices métonymiques, comme la « déportation » ou les « camps ». Le mot « Holocauste » se développa outre-Atlantique et ne parvint en France qu'avec la série télévisée américaine du même nom. À cette époque, je vivais déjà aux États-Unis. C'est le documentaire de Claude Lanzmann qui imposa définitivement en France le terme de « Shoah ». Ma mère ne vit jamais ce film et n'utilisa jamais le mot.

Jeune, j'étais timide et mes camarades de fac me reprochaient mon « inauthenticité », mon parler « Marie-Chantal », un peu affecté. Les pauvres ignoraient à quel point ils se trompaient peu. Pour nous sauver de la persécution, ma mère, comme des millions d'autres mères de même origine, avait dû cacher notre identité au monde, mais une fois la tourmente passée, elle n'était pas revenue en arrière. Une fois, une seule, j'avais trahi notre fausse identité et failli nous perdre. Il fallait empêcher la récidive. Ma mère avait donc entrepris de me cacher à moi-même afin que je ne me divulgue pas, et me priva pour longtemps de mon enfance et de son histoire.

Ma recherche du temps perdu a donc commencé sous des auspices peu favorables. Entre-temps, j'étais devenue par métier une espèce de spécialiste de l'identité des femmes françaises. J'enseignais la littérature et la culture hexagonale à l'étranger. Je la connaissais sur le bout de la plume. « On ne naît pas française, on le devient… » Lorsqu'on me demandait les raisons de cet intérêt à la fois de proximité et d'éloignement, j'expliquais doctement que mon expatriation aux États-Unis me donnait ce recul. Je ne mentionnais jamais cette autre distance que ma mère m'avait appris à dissimuler.

C'est la fiction qui me conduisit à la vérité. J'eus besoin de ma mère pour « étoffer » mon roman. C'est ainsi qu'elle commença le sien, confiant ses souvenirs à un cahier de cent cinq pages manuscrites qu'elle me remit en implorant que je complète le reste par des questions, moi qui connaissais par expérience cette solitude ingrate face à la page blanche. Nous avons donc enregistré sur un vieux magnétophone un long entretien entre fille et mère, qui permit à cette dernière de redevenir Janja alias Jenny depuis sa naissance à Salonique, ville mythique et disparue où les trois quarts des habitants vivaient alors sous la loi de Moïse. Elle compléta ce faisceau de souvenirs, ce récit – *Monologue et Dialogue* – que j'appelle la « Transmission maternelle », en sortant un jour d'une mystérieuse valise des photos, des lettres, des documents, et un arbre généalogique établi par une parente, qui avaient échappé au pillage des nazis, au chapardage des collabos et à son propre mutisme. Puis Jenny redevint ma mère et refoula de nouveau notre histoire jusqu'à son dernier soupir. N'importe ! Elle m'avait libérée.

C'est maintenant, en l'an 2007, que je commence la traque de ceux dont j'ignorais presque tout, consciente que c'est d'abord elle que j'exhume et que je veux faire revivre, depuis le quartier de la Tour blanche à Salonique où elle est née, jusqu'au petit village de la Brie, assoupi autour de son clocher, où elle repose. Elle. Ma mère. Le premier visage de ma vie. Derrière elle, d'autres visages dans la brume. Derrière elle, Moïse et Marie, qui ne sont jamais revenus. Un mystère en cache un autre et c'est la machine à remonter les secrets qui recomposera peut-être la tribu perdue.

Afin de raconter cette traque, entre histoire et fiction, j'ai opté, après bien des hésitations, pour une forme libre, qui mêle récit romanesque et mémoires familiales. Car les archives attestent la véracité de l'Histoire, et la Fiction permet de l'humaniser et de lui donner vie.

I

Salonique, ô Salonique : une naissance orientale

« En face des Juifs, toutes les civilisations sont en cause et en position, chaque fois, de supériorité écrasante. Elles sont la force, la multitude, ils sont presque toujours de minuscules adversaires. Mais ces adversaires ont d'étranges possibilités : un prince les persécute, un autre les protège ; une économie les trahit, une autre les comble ; une grande civilisation les rejette, une autre les accueille. »

Fernand Braudel, *La Méditerranée*

Le Grand Feu

Salonique, Grèce, ex-Empire ottoman, 5 août 1917, quatre heures de l'après-midi. Une enfant de treize mois nommée Janja repose ce jour-là dans son berceau, à l'heure chaude de la sieste, surveillée par une jeune servante impubère. La maison est vide. Marie Benveniste, la mère, a dû partir de toute urgence à l'autre bout de la ville, dans les beaux quartiers, assister sa sœur dans ses secondes couches. Pendant ce temps, Saby Amon, le père, travaille comme tous les jours dans l'affaire de tissu familiale.

Soudain une clameur assortie d'une sorte de rugissement :

— INSENDIO *! Yangin var !* Au feu !

Toute la journée, un vent violent a soufflé du Vardar sans chasser la chaleur. Étouffante. À l'ouest de la ville où s'entassent des masures de bois et de torchis, dans le quartier de Mevlané, une réfugiée fuyant la dévastation de la guerre, fait griller sur un feu de bois quelques aubergines pour le repas familial. Soudain, sous la force du vent, la flamme de son brasero se distend, puis se répand. La cabane devient une torche. En quelques instants, tout le quartier flambe. Les bourrasques et les rafales du Vardarec entraînent les flammes vers l'est et le sud. L'incendie s'étend comme une traînée de poudre dans les autres quartiers jusqu'à la mer, contourne la célèbre Tour blanche, épargne ici ou là un îlot, un édifice, un jardinet, une ruelle, mais avale tout le reste. Bientôt la ville entière n'est plus qu'un immense brasier.

Le sinistre qui a ravagé la ville poursuit sa course infernale à travers la vieille cité portuaire. Le feu gagne sur les maisons de bois dans le quartier juif au pied de la Tour blanche, l'antique Tour du sang. Mais cette fois, il n'y a pas d'eau pour l'éteindre. Les canalisations ont été détournées au profit des campements des armées alliées, commandées par le général Sarrail.

Le père entend la rumeur qui menace aussi la boutique :

— Saby, ta maison brûle.

Il court, il court dans les rues jusqu'à la limite de l'essoufflement, atteint sa demeure, bondit à l'étage, en fait descendre la jeune bonne, lui jette l'enfant dans un drap, attrape la montre en or de sa femme Marie et la coupelle ottomane en argent ciselé, transmise dans la famille de mère en fille. Ils ont à peine le temps de s'éloigner. Leur maison à son tour disparaît dans les flammes.

L'incendie avance comme un buffle en ligne droite, dévorant aussi le magasin où l'on n'a sauvé que les livres de comptes, mais laisse intacts les quartiers périphériques. Les entrepôts et la maison des parents de Marie, les Benveniste, sont épargnés ainsi que la belle demeure des Modiano sur le front de mer, où leur deuxième fille, Allegra, assistée par sa sœur Marie, gémit, puis hurle pendant plus de vingt-quatre heures, avant de donner naissance, grâce à Dieu, à un autre garçon.

Jusqu'au bout, Marie ignore que, sa propre enfant endormie, sa maison brûle.

Toute la soirée, toute la nuit du 5 au 6 août, toute la matinée du dimanche, la ville n'est qu'une immense fournaise. C'est le sauve-qui-peut des habitants vers les quartiers périphériques, vers les campagnes et les champs. Rien n'échappe à la furie destructrice du sinistre encouragé par les vents. Les flammes s'emparent des effets déposés sur les barques du port ou emportés à la hâte dans les champs. Rien ne résiste aux flambées furtives, que ce soit en mer ou dans les environs de la ville, réduisant en fumée tout ce qui reste aux sinistrés.

Le soir, la maison des Benveniste ressemble à un camp de transit. Des dizaines de proches sans abri ont afflué. On entend les sanglots des femmes, les récits affreux des survivants, recouverts de cendres, les mains noircies, qui ont tenté jusqu'au bout de sauver leurs proches et leurs biens. Maïr et les siens font leur propre bilan. Pas de victimes. Mais les magasins et les entrepôts sont en train de se consumer avec les marchandises. La demeure de Marie, Saby et la petite Janja n'est plus. D'autres maisons, d'autres boutiques sont en ruine. L'incendie a détruit toute la région située à l'est du quartier franc, au sud de Saint-Démètre, jusqu'à l'Archiropiïtos, l'Arc et l'église de la Néa Panaghia.

Sous les yeux de ses habitants impuissants, la ville juive, la vieille cité des Romaniotes et des bannis de Sefarad, s'est réduite en poussière.

Quelques jours plus tard, la famille est à nouveau rassemblée dans la demeure des parents Benveniste. Il y a là Maïr, le patriarche, et sa femme Oro, leurs filles dont l'aînée est Marie avec son époux Saby Amon et leurs trois fils, Rafo, Pepo et Momo. Tous parlent l'espagnol archaïque du XVe siècle, qui est devenu le judéo-espagnol, leur langue, et qu'on s'est habitué, malgré l'avis des experts, à nommer aussi le « ladino ».

— C'est notre ville à nous les Juifs qui est détruite, dit Maïr avec mélancolie. Les Turcs sur la hauteur et les Grecs ont moins souffert que nous. Où irons-nous prier à présent ? Presque toutes nos synagogues, nos oratoires, nos yeshivot, nos bibliothèques sont anéantis.

— Et le Talmud Thora, dit Saby Amon, son gendre. Et les écoles.

— Même les immeubles de notre Alliance israélite, prolonge Rafo, l'aîné des fils. On m'a dit que les archives de la chancellerie communale avaient flambé aussi. Tout ce qui nous restait des ancêtres.

— Il y a des masses de pauvres gens qui n'ont nulle part où aller dormir, dit Marie. Ils campent dans les décombres, dans les cours, dans les champs, jusque dans les mosquées. Il faut faire quelque chose.

— Il y en a de bien plus malheureux que nous, dit Saby. La rue de notre cousin Nissim, ils l'ont fait sauter à la dynamite mais ça n'a pas circonscrit le feu.

— Ma *nona* m'avait raconté bien des incendies du passé, dit la grand-mère Oro. Mais on avait toujours reconstruit les synagogues.

— Cette fois, on ne reconstruira pas, prophétise le patriarche. Les Grecs n'accepteront jamais. Cela ne fait pas cinq ans qu'ils ont arraché leur ville aux Turcs. Maintenant c'est la nôtre qu'ils vont récupérer.

— *Entonses, sinyor padre, kualo vamos a azer ?* Alors, Père, qu'est-ce que nous allons faire ? demande Pepo, le cadet des fils.

— *Kualo vamos a azer, fijo ? Vamos a partir.* Ce que nous allons faire, mon fils ? Nous allons partir. À nouveau. Comme l'ont fait nos aïeux, il y a plus de quatre siècles.

Son regard se pose sur le bébé qui vient de se réveiller et promène sur toute la famille un regard anxieux.

— Pour Janja et mes petits-enfants à venir… il faut *partir*… *Mos vamos a ir.* Pas tout de suite. Nous sommes en pleine guerre. Mais il faudra partir.

Marie a intercepté avant même qu'il ne la désigne le regard de son père sur sa fille, le bébé Janja. Plus que les autres encore, elle est affectée par la situation. Elle qui, en se mariant quelques années plus tôt, croyait échapper à l'esclavage maternel qui l'avait contrainte à quitter l'école pour assurer la couture de la famille, voilà qu'elle a perdu sa maison et se retrouve à nouveau sous la coupe maternelle abhorrée. Partir ! La magie du mot paternel l'enveloppe dans sa prometteuse perspective. Ils partiront. Elle mettra tout en œuvre pour qu'ils partent.

Maïr Benveniste, le *sinyor padre* qui s'est tellement dévoué pour sa communauté, a raison. La ville juive de Salonique, avec ses trente-sept synagogues et ses quatre-vingts oratoires, qui fut le refuge des expulsés d'Espagne et de Portugal, Juifs loyalistes et convertis marranes repentis, on ne la reconstruira pas cette fois. Thessalonique, la cité grecque, renaîtra de ses cendres. Mais la ville de Maïr et de son père Rafael, la ville de leurs ancêtres venus de Castille, d'Aragon et des autres provinces d'Espagne, ne demeurera plus que sur les premières photographies et dans la mémoire des témoins.

Le plan urbain expropriera des milliers de propriétaires juifs dont la fortune immobilière a été dévorée par le feu. Comme le rappelle Oro, autrefois quand une synagogue brûlait, on la reconstruisait à l'identique et si possible embellie, sur le même emplacement. Quand une maison était anéantie, elle repoussait sur le même terrain. La nouvelle nation grecque fait table rase du passé. Le cadastre urbain est réformé. L'ancienne distribution des quartiers disparaît. On trace de nouvelles artères. Les lotissements neufs succèdent aux expropriations de masse.

« Nous autres civilisations, nous savons maintenant que nous sommes mortelles. » Paul Valéry, dans *La Crise de l'esprit*, aurait pu en dire autant des villes. Que reste-t-il aujourd'hui de Carthage ou de Babylone, de Ninive ou de Bagdad ? Et même du Paris de Rétif de La Bretonne ? Et pourtant leurs habitants sont restés les mêmes. À Thessalonique, les Turcs de l'Empire ottoman défunt et les Grecs du nouvel État-nation finiront par s'échanger. Plus tard, lorsque l'occupant nazi chassera les morts en terminant de raser les tombes du vieux cimetière et qu'il expédiera les vivants dans les camps d'extermination, les Juifs n'auront plus auprès d'eux leurs voisins séculaires pour leur tendre un morceau de pain et les dissimuler dans leurs demeures, comme d'autres Grecs le feront à Athènes et ailleurs. Et le bilan de Valéry sonnera comme une prédiction de ce qui se prépare de pire puisque « nous savions bien que la terre apparente est faite de cendres et que la cendre signifie quelque chose ».

Dans la mémoire des rares survivants de tous ces désastres, dont sera la petite Janja, ne restent que quelques cartes postales échappées d'un album intitulé *Thessaloniki*, vendu naguère en même temps qu'un autre intitulé *Souvenir*, par Mme Molho, qui tenait encore la librairie juive de Salonique dans les années 1990. Des images saisies bien avant que le sinistre Brenner et ses SS terminent l'annihilation de l'antique cité juive de Maïr et de ses pères.

Avec le désastre du Grand Feu, les résistances ancestrales se réveillent. Les réflexes aussi. Ils ne sont déjà plus d'ici, de Thessalonique, les Juifs espagnols. Leur ville les a quittés avant qu'ils ne la quittent. Elle est la proie des promoteurs, des urbanistes, de la conscription. Elle promulguera des lois qui les empêcheront de respecter leur foi, elle réactivera les rumeurs de meurtres rituels. Sous l'accusation de manque de patriotisme, de cosmopolitisme et de trahison, elle livrera même les sinistrés de l'incendie au pogrom de Campbell quelques années plus tard.

Déjà Maïr n'a plus de temple où apostropher son Dieu comme le fera *Solal* dans le roman d'Albert Cohen : « Ô Dieu, Dieu, tu es et cependant tu acceptes que cette douleur existe. Quel mal T'a fait ce vieil abandonné pour que Tu le châties si injustement ? Que T'avons-nous fait pour que Tu sois aussi dur avec nous ? De quel droit nous frapper ainsi pendant nos pauvres années de vie ? À genoux devant Ton étincellement, je crie contre Toi et je demande justice pour mes frères de la terre. Nous sommes si malheureux. Je porte leur malheur. S'il se passe trop de temps sans que

Tu m'écoutes, je me lèverai et je contesterai avec Toi. Car si Tu es Dieu, je suis homme[1]. »

C'est la première fois depuis l'expulsion d'Espagne, et quoique sous une forme atténuée, que les Benveniste sont confrontés à nouveau au terrible dilemme : s'assimiler ou s'en aller. Ce dilemme fut celui de leurs ancêtres castillans don Juda Senior et don Samuel Meïr Benveniste, qui avaient choisi de quitter Tolède pour Salonique plus de quatre siècles auparavant.

Les ancêtres

Dans la nuit qui suit le grand incendie, le patriarche Maïr ne parvient pas à dormir. PARTIR… *IR*… Le mot qu'il a prononcé avec force devant ses enfants la veille au soir le taraude. Partir ? Quitter sa ville, sa communauté, cette Salonique juive de ses ancêtres, enclavée dans la ville ottomane, qui vient de redevenir grecque mais qui reste pour les Juifs une Jérusalem. Une ville où l'on se repose le samedi et pas le vendredi ni le dimanche, une ville où, de l'avocat au portefaix, tout le monde parle l'espagnol que ses ancêtres ont exporté de Sefarad, cette Espagne qui les a proscrits.

Rester ou partir ? Toute la nuit. Maïr a tourné et retourné dans sa tête un dilemme bien moins redoutable que celui qui avait dû désespérer avant lui les nuits tolédanes de ses aïeux. Pour eux l'effroyable choix se posait en ces termes : se convertir ou partir ? Se soumettre ou se démettre ? Pour eux, l'édit de l'Alhambra était clair. C'était un édit d'EXPULSION. On ne pouvait pas rester fidèle à l'Espagne et à sa foi. Les ancêtres Benveniste devaient trancher. Et ils tranchèrent.

Ses aïeux, Maïr les connaît par les archives de la communauté dont il est l'un des notables. Ils s'appelaient Juda Senior et Samuel Meïr Benveniste. Don Juda Senior et don Samuel Meïr. Deux cousins germains dont l'un était bibliophile

1. Albert Cohen, *Solal*, Gallimard, Folio, 1981.

et l'autre médecin. Juda Senior était né à Tolède en 1433 et Samuel Meïr dans la même ville en 1440.

À quoi pensaient-ils, se demande leur lointain descendant, en cette fin d'année effroyable pour les Juifs, tandis que leur navire abordait les côtes du golfe Thermaïque et pénétrait dans les eaux du port de cette ville, si familière pour Maïr, mais si étrangère pour eux ? À la Castille, qu'ils avaient quittée début 1492, cette noble patrie où ils étaient de grands seigneurs et portaient cape et épée au côté ? À leur arrière-grand-père don Abraham Benveniste, ministre du roi Jean II d'Espagne en même temps que juge suprême des juifs et rabbin de cour ? Celui-là était d'une autre génération : le temps des persécutions n'avait pas sonné pour lui.

Les aïeux de Maïr sont arrivés à Salonique avant l'expiration du délai imposé par le décret des Rois très catholiques, qui bannissait les Juifs d'Espagne. Les ancêtres, eux, ont su se décider. Entre renier leur foi comme l'ont fait tant de leurs proches, frères, cousins, fils, et s'éloigner sur les mers hostiles, sans aucune garantie de trouver un havre, exposés aux intempéries, à la famine, à la peste, et aux pirates qui écument les mers à la recherche d'esclaves à revendre. Leur voyage, que répéteraient dans les décennies à venir des milliers de leurs coreligionnaires, a été long et périlleux. Ils ont traversé des tempêtes, surmonté des épidémies, évité des corsaires prêts à les éventrer pour s'emparer des pièces d'or qu'ils sont censés avoir avalées au moment du départ. Mais ils ont survécu.

Et c'est parce que ses aïeux ont choisi et rebâti que Maïr, quatre siècles plus tard, se trouve confronté à une alternative de même nature : rester ou quitter la ville où ils ont trouvé refuge et installé leur tribu ? Et que moi-même, son arrière-petite-fille, contemporaine d'autres vagues de réfugiés du monde qui se pressent sur les mers et les frontières pour échapper à de nouvelles malédictions, j'essaie aujourd'hui de les suivre en leur lointain XVe siècle tandis qu'ils longent le massif du Grand Cap, dépassent les monts de l'Olympe et le Delta et voient enfin se détacher, bien loin des cathédrales de leur jeunesse, le fouillis de minarets et de coupoles qui émergent entre les maisons et les terrasses.

Sur le port de Salonique où ils abordent enfin, les deux gentilshommes arrivent cependant en pionniers privilégiés, avec leurs maisonnées, incluant leurs serviteurs, leurs animaux domestiques et leurs bibliothèques. Précieuses bibliothèques de livres rares qu'ils mettront à la disposition de la communauté et qui attireront nombre de lettrés, avant de disparaître dans un autre de ces incendies dont la ville a le secret.

Don Juda Senior. Don Samuel Meïr. Mieux encore que les manuscrits qui peuvent être brûlés ou gâtés par les eaux, ils apportent avec eux ce qui ne peut leur être retiré que par la mort mais dont ils feront profiter la communauté entière : leur savoir, leur érudition, leur maîtrise des sciences sacrées et profanes. Sur le navire qui emmène la diaspora, en haute mer, Samuel lit en hébreu des poèmes tandis que Juda Senior consulte en araméen le *Livre de la Splendeur* de la Kabbale, en grec les philosophes de l'Antiquité. Mais l'ouvrage qu'ils préfèrent, le *Guide des égarés* de Maïmonide, c'est en arabe qu'ils le dévorent. Maïmonide ne l'a-t-il pas dédié, au-delà de son disciple, à tous ceux qui ont été confrontés au même dilemme qu'eux ?

La cité qui les accueille derrière le port est enserrée dans un quadrilatère de remparts, flanquée de tours que domine une citadelle. Elle est accrochée à une colline en pente vers la mer, où, dans un fouillis de verdure, se détachent des platanes et des cyprès. Et l'hospitalité de la Sublime Porte est courtoise et même chaleureuse. Les réfugiés n'ont pas même à s'acquitter d'une taxe de débarquement. Entre eux, les deux cousins se murmurent cette pique attribuée au sultan Bajazet II à l'endroit de son adversaire, le roi d'Espagne : « Comment peut-il être sage et intelligent, ce monarque qui appauvrit son royaume et enrichit le mien ? »

Les deux Castillans, désormais sujets de l'Empire ottoman, sont instruits de la loi du Millet dont ils deviennent les protégés. Tout comme les chrétiens, respectés des musulmans, ils n'en demeurent pas moins leurs inférieurs. Don Juda Benveniste et son cousin ont interdiction de porter atteinte à l'islam, de l'injurier ou de le tourner en dérision. Ils ne peuvent plus monter à cheval comme en Espagne ni se construire une maison ou une synagogue plus élevée que la mosquée. Ils ne peuvent entretenir aucune forme de relation sexuelle ou de mariage mixte. Juifs et chrétiens doivent s'effacer devant les musulmans dans la rue. Ils doivent aussi porter des vêtements de couleurs particulières ainsi que certains accessoires distinctifs. En échange, don Juda et don Samuel jouissent d'une totale autonomie et peuvent pratiquer leur religion comme ils l'entendent. Ils ont le droit de vivre selon leurs lois et coutumes contre le paiement d'une taxe de capitation, impôt collectif perçu sur les hommes adultes, libres et valides.

C'est sur ces bases que Juda Senior, Samuel Meïr et leurs compatriotes reconstruisent des lambeaux de la patrie perdue et transforment l'antique Thessalonique en un coin d'Espagne où ils continuent à vivre comme s'ils étaient toujours sur les rives du Tage ou du Guadalquivir. Ils conservent leurs rites, leurs métiers, leur foi, leurs plaisirs, leur mode de vie. Et gardent au cœur cette Ibérie dont ils ont, des siècles durant, partagé les deuils et les allégresses et qui les a pourtant chassés ignominieusement.

Le dilemme imposé par les Rois catholiques a entraîné une situation pour le moins inédite. Sur la nouvelle terre, les familles de Juda Senior et Samuel Meïr sont juives et, de par leur sacrifice même, plus juives que jamais. Mais sur l'ancienne terre, ils ont laissé des proches, enfants, parents ou conjoints, qui sont devenus chrétiens. Leur cousine Ester par exemple a accompli avec eux le voyage vers l'Empire inconnu. Mais Haïm son mari, demeuré à Tolède, est devenu le nouveau chrétien Miguel de Santa Maria.

— Cousin, suis-je toujours mariée selon notre loi à mon époux renégat ? Puis-je convoler avec votre neveu Jacob sans commettre le péché de bigamie ?

Juda Senior, arrivé à Salonique à l'âge de soixante ans, est le président du triumvirat qui élabore les nouveaux règlements.

Il doit inventer une réponse à la question d'Ester et à d'autres interrogations encore plus imprévues, encore plus inouïes. Il statue donc :

— Oui, Ester. Ton époux ayant cessé d'être des nôtres, tu peux te choisir un époux parmi *los muestros*.

Mais par la suite, Juda Senior devra se renier et modifier sa jurisprudence, lorsque les *conversos* eux-mêmes, marranes chassés du Portugal et d'ailleurs, commenceront eux aussi à venir se rejudaïser en terre ottomane.

La jeunesse de don Samuel et celle de son cousin ont été castillanes. Leur vieillesse est ottomane. Ils ont été chassés par les uns, accueillis par les autres. Entre-temps, ils ont construit la Jérusalem des Balkans, conservé leur Dieu et leur langue à la semelle de leurs souliers et inventé une cité dans la vieille ville hellène et turque.

La jeunesse de Maïr Benveniste, quatre siècles plus tard, sera ottomane. Mais l'Empire ottoman n'est presque plus. Et Maïr pressent que sa vieillesse à lui suivra le chemin du retour vers l'ouest, vers cette Europe que Juda Senior et Samuel Meïr, ses ancêtres, avaient été contraints de fuir.

Entre le 5 août 1917 où l'incendie a détruit sa ville et le jour du grand départ, Maïr Benveniste continue à méditer sur le destin de ses aïeux arrivés quatre siècles plus tôt dans la cité qu'il s'apprête à quitter avec leur descendance. Il n'a pas fini, le patriarche, de mesurer ce que lui ont légué ses ancêtres, et qu'il s'apprête à brader pour leur rester fidèle. Et à reconstruire.

Maïr sait ce qu'il doit à ses pères. Il sait ce qu'ils lui ont transmis.

À Maïr Benveniste, don Juda et don Samuel ont légué une ville ou plutôt une ville dans la ville, où les persécutés de toutes les époques viendront trouver refuge et qu'ils appelleront successivement « Ville mère d'Israël », « République juive », « Jérusalem des Balkans », « Terre de lait et de miel », « Ville hébraïque en exil », « Citadelle du sépharadisme ».

À Maïr Benveniste, don Juda et don Samuel ont légué la maison où prier son Dieu, ce temple pour lequel ils avaient quitté la patrie millénaire qui avait ordonné sa destruction. La première tâche des aïeux a été de doter la communauté de synagogues reflétant leurs origines géographiques et linguistiques dont les noms résonnent aux oreilles de leurs arrière-petits-enfants comme une litanie de pays perdus : Aragon et Castille, Majorque et Sicile, Catalogne et Lisbonne.

À Maïr Benveniste, don Juda et don Samuel ont légué le commerce du tissu plus précieux que l'or. Les Turcs sont avant tout des guerriers, des fonctionnaires, des rentiers. Les Grecs sont attachés à la terre ancestrale qu'ils transforment de leurs mains. Les bannis sont artisans, industriels, commerçants. Jusqu'en 1826, l'uniforme des janissaires du sultan sera fait de drap juif. De Tolède, de Ségovie, de Barcelone, les exilés ont apporté des techniques de tissage, des outils, des machines, un savoir-faire qui transite vers la cité macédonienne où ils exécutent toutes les tâches. Ils sont tisserands, teinturiers, foulons, tondeurs. Ils font le triage, le filage, l'ourdissage, et les opérations d'apprêt. Et Maïr et ses fils s'enrichiront dans ce négoce grâce à leurs réseaux.

Car, à Maïr Benveniste, don Juda et don Samuel ont légué les centres d'affaires qui se sont développés à leur suite dans les échelles du Levant. Partout ils en ont, de ces réseaux, car partout il y a eu, il y a ou il y aura des frères, proscrits juifs qui passent et parfois demeurent.

Ils lui ont légué la confiance. La confiance entre eux est ce qui demeure quand tout leur a été arraché. D'Anvers, de Venise, de Ferrare, d'Amsterdam, de Londres ou de Marseille jusqu'à l'Empire ottoman, les familles dispersées communiquent entre elles par le commerce et la diplomatie. Les anciens errants restent des voyageurs sans terre qui échangent une denrée aussi invisible et indivisible que la foi ou la langue : la fiabilité en affaires de la parole donnée.

Surtout ils lui ont légué une langue. La langue maternelle que parlent toujours en plein XXe siècle Maïr et ses enfants, ce castillan encore médiéval plus tard mâtiné d'emprunts locaux, c'est Juda Senior et Samuel Meïr qui l'ont importé avec leurs tripes quatre siècles plus tôt. Leur castillan devra résister face à de nombreux idiomes rivaux.

À leur arrivée dans le port ottoman, les deux hommes et leurs tribus sont accueillis par des coreligionnaires juifs qui s'expriment en grec, en italien, en provençal, en catalan, voire en yiddish. Issus de l'Ibérie entière, leurs compagnons d'infortune tentent d'implanter leurs langues propres, de l'andalou au catalan et au galicien sans compter le portugais. Quatre siècles plus tard, tous à Salonique, Juifs et Gentils, parleront le même castillan, altéré et enrichi par le contexte local, ce judéo-espagnol ou ladino qu'eux nomment tout simplement *judesmo*, le « juif ».

C'est dans cette vieille langue espagnole que la petite Janja balbutiera ses premiers mots, dans cette langue qu'elle parlera à son grand-père Maïr, à sa grand-mère Oro. Et plus tard, quand elle voudra cacher à l'enfant que j'étais ses redoutables secrets, c'est dans cette langue qu'elle les chuchotera, dans l'alcôve, à l'oreille de mon père.

Et c'est aussi dans le ladino de ses ancêtres que Maïr Benveniste, au terme de sa nuit blanche, a pris enfin sa décision de suivre dans l'adversité l'exemple des aïeux :

— *Ya mos vamos a ir*… Nous partirons.

Rafael, le premier dans l'arbre

Partir ? Rester ? Pour Maïr rester serait revivre la vie de son père Rafael. Pour rien au monde !

Rafael est le premier dans l'arbre généalogique qui sera transmis à son arrière-petite-fille Janja un bon siècle plus tard par une cousine. Malgré son existence plutôt terne et monotone, il en est le tronc. Et il est aussi le dernier à occuper sa ville pendant toute cette même existence. Pour ne pas égarer le lecteur de cette histoire, seuls son nom et ceux des ancêtres devenus personnages figurent dans l'arborescence ci-dessous. Les cases vides évoquent les ombres de leurs sœurs, de leurs frères, de leurs époux et épouses que la fiction a laissés de côté.

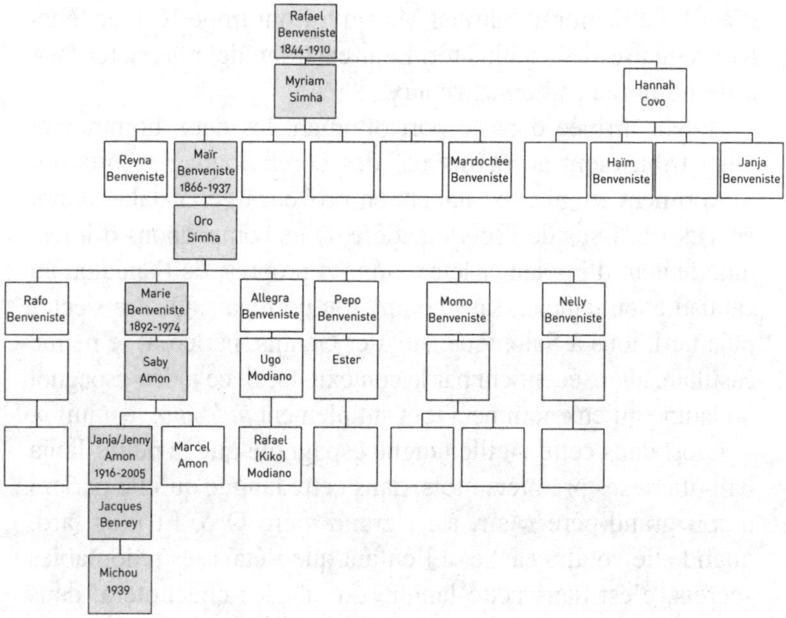

Entre les deux Benveniste proscrits par les Rois catholiques et leur descendant, le petit rabbin couvert d'enfants et démuni qu'est Rafael, il s'est écoulé un peu moins de quatre siècles. Quatre siècles où progressivement la Salonique juive connaît un premier âge d'or, puis succombe au fanatisme d'un messie apostat – Sabbataï Tsevi – qui finit sous la pression du sultan par se convertir à l'islam. Enfin la communauté sombre dans des formes de décadence, alimentée par la peur des catastrophes naturelles – épidémie de peste, puis de choléra, ouragan, tremblement de terre – qui ne l'épargnent pas. La superstition et l'immobilisme s'installent dans la cité juive.

C'est dans ce contexte, au bout de cette longue chaîne de générations, qu'apparaît Rafael Benveniste, né à Salonique en 1844 et mort en 1910 dans la même ville, sept ans avant que le grand incendie ait achevé son œuvre de destruction et convaincu Maïr de plier bagages. Rafael est aussi opposé à son fils que différent de ses glorieux aïeux. Il est cependant le seul dépositaire connu du patrimoine ancestral, le seul de notre famille qui soit né et mort dans la cité. L'histoire fait bien les choses en s'arrangeant avec le tempérament des hommes qui la subissent ou qui la font. Alors que la Salonique juive vit ses derniers bons moments, le sédentaire Rafael est de ceux qui restent, tandis que Maïr est de ceux qui partiront quand il en sera encore temps.

Mais qu'il est loin le jeune Rafael de ses aïeux lettrés dont l'érudition n'avait pas de limite et qui lisaient leur Maïmonide dans le texte en arabe ! Les plus audacieux de ses condisciples se cachent maintenant pour consulter l'impie qui a tenté de concilier le judaïsme et la raison. Pour toute école, l'enfant fréquente le Talmud Thora, réservé aux garçons, alors en pleine anarchie. Rafael et ses pairs sont maigres, maladifs, malpropres, vêtus de hardes, parfois pieds nus. Ils sont assis à même le sol sous l'œil du maître. Rafael plus qu'à son tour reçoit des coups de férule, assenés par un maître somnolent. Il rabâche avec les autres des passages de la Bible, toujours les mêmes.

La troisième ville de l'Empire ottoman est encore enserrée dans ses remparts. Chaque jour, au coucher du soleil, le jeune Rafael voit se verrouiller et se barricader les portes de la cité. Toute la partie sud, à partir des salines qui s'étendent au-delà de la Tour blanche, est encore coiffée de bois touffus et giboyeux. En deçà des remparts, la famille s'entasse dans un quartier étroit, au milieu d'un lacis de ruelles et de venelles étriquées. Lui-même circule quotidiennement dans ce dédale de boyaux sinueux, d'impasses et de passages couverts.

À l'intérieur de ce labyrinthe que Rafael connaît comme sa poche, il croise des hommes courant à leurs affaires, des mères encombrées d'enfants piailleurs et de tâches ménagères multiples, sans compter les ânes, les vaches et la volaille. La rue est une annexe de la maison, le plus souvent en bois ou en torchis. On y a construit, au hasard, des agrandissements personnels, en forme de terrasses, d'encorbellements, de balcons et de belvédères, où l'on se repose à la fraîche autour de quelques cuillerées de confiture.

Plus âgé, Rafael acquiert un vernis d'hébreu pour lire les textes sacrés dans une yeshiva. Car c'est décidé : il deviendra rabbin et épousera la fille d'un autre rabbin.

Ce jour-là de 1864, à l'heure fixée par le père de la jeune fille et le père du jeune homme, Maïr Benveniste l'Ancien pénètre dans la yeshiva où son fils anonne ses prières sous la férule du maître.

— *Rafael, fijo mio, tu vas a cazarte con Myriam, la fija de Jacob Simha.* Rafael, mon fils, tu épouseras Myriam, la fille de Jacob Simha.

— *Yo siguo su dezeo, sinyor padre.* Selon votre désir, Père.

Ces noces ont été arrangées par les deux pères. Celui de Myriam, Jacob Simha, vient d'une famille qui fréquente la synagogue ashkénaze et qui a des moyens. La dot de Myriam compense le visage ingrat de la jeune fille, son corps plutôt disgracieux. Certes un remède contre l'amour. Mais l'amour n'a rien à voir dans cette transaction. Le père de Rafael, qui n'a pas un sou, doit assurer l'avenir de son fils. Quant au père de Myriam, son devoir est de marier sa fille, toutes ses filles, qu'elles soient bossues, boiteuses ou hideuses. De fringants jeunes hommes pauvres s'unissent ainsi à des laiderons, tandis que de superbes vierges sans dot sont appariées à des barbons, parfois répugnants. Ni vieilles filles ni vieux garçons. La communauté case tout son monde. Sans en sortir !

Et Myriam se laissera marier comme la Léa d'Albert Cohen : « "Regardez ma fille, regardez le pigeon ! claironna-t-il. Regardez les dents. (Ouvre.) Toutes saines. Nourrie à l'huile d'olive. Et quelle panse propre à l'enfantement ! Qui a vu un trésor pareil ? J'affirme que c'est la propre épouse du roi Salomon ! Un vrai beurre d'amandes !" Le seigneur Maïmon demanda ses lunettes. Les connaisseurs examinèrent, firent tourner la génisse… Mattathias fit venir Léa qui battit des mains et s'évanouit de joie en apprenant qu'elle était enfin fiancée. On s'embrassa, on se bénit jusqu'à la septième génération et l'on transpira. »

Le jeune Rafael se prépare d'emblée pour la cérémonie nuptiale, et va rejoindre sa fiancée qu'il ne connaît pas, le cœur battant. Myriam n'est guère plus fixée que son futur et elle est encore plus jeune. Elle voit surgir de nulle part l'homme qui la rendra mère jusqu'à dix ou quinze fois, sachant que toute sa progéniture ne survivra pas. Et ils attendront plus ou moins patiemment leur place, marquée par un vide dans la demeure patrimoniale, pour y loger leurs propres enfants.

Mais pour l'heure, cette jeune Myriam-là ne pense qu'à ses noces avec Rafael, qui dureront huit jours. Huit jours pendant lesquels les portes de la maison nuptiale s'ouvrent à toute la ville qui afflue pour être aspergée d'eau de rose et prononcer le *besiman tov*. Le vin coule à flots sur les plats de riz, de poisson, de poulet et de kebab. « *No hay bodas sin panderos.* Il n'y a pas de noces sans tambour de basque », affirme un dicton. S'y ajoute même le violon, importé récemment de Smyrne.

Pour son mariage, Myriam reçoit entre autres cadeaux un petit plat en argent ovale aux bords ciselés, divisé en deux par une fine pièce mobile. Symbole de l'hospitalité locale et accompagné d'un verre d'eau, l'objet est destiné à présenter d'un côté de la confiture de roses et de l'autre des cuillers d'argent au manche finement ouvragé. On remercie l'hôtesse en appliquant un baiser sur l'index de sa main droite tout en tournant le regard vers elle. Cet objet, surnommé la « coupelle ottomane », se transmettra de mère en fille, jusqu'à moi.

Une dizaine d'années après ses noces, une photo sépia manque : celle de Myriam, déjà morte. Vivante, elle aurait porté un *antari* de damas, un pourpoint et un *delantal*, sorte de tablier, et elle aurait été chapeautée d'une *coffia*, coiffe garnie à son extrémité pendante dans le dos d'un carré de soie brodé de perles fines. Vivante, elle aurait régné sur ses sept enfants dont cinq sont des fils, et dont le dernier l'a achevée. Quatorze heures durant, elle a hurlé pour mettre au monde le petit Mardochée. Puis une fièvre puerpérale l'a emportée, sans qu'elle laisse à son mari, comme il est de rigueur, une sœur vivante pour la remplacer dans le lit conjugal.

Cette fois, le veuf fixe son choix sur Hannah Covo, une cousine plus gracieuse, à qui il fera quatre enfants. La dernière et seule fille s'appelle Janja. Elle disparaît avant d'avoir atteint sa quinzième année et c'est à cette jeune morte que Jenny doit son premier prénom. Encore jeune, Rafael ne peut se laisser abattre : il doit gouverner à la fois sa congrégation et sa maison. Même avant la disparition de Myriam, déjà le tout jeune mari se transforme en patriarche-justicier, régnant sur une maisonnée en forme de tribu à laquelle il inspire une sainte terreur. Il devra nourrir onze enfants, puis doter ses trois filles et pourvoir ses huit fils, dont l'aîné est Maïr.

Le samedi, jour de sabbat, le jeune rabbin, vêtu de ses plus beaux habits, se rend au temple pour y donner sa prédication qui commente la *parasha* ou la *haftara* de la semaine et se poursuit en conseils de bonne tenue, de charité, de concorde et de probité, sentences talmudiques à l'appui. La synagogue est bondée et l'on remarque les vieilles personnes en habits de soie avec ample ceinture rouge et fourrure. Le soir, au soleil couchant, les jeunes gens déambulent par bandes, tandis qu'à la troisième étoile Rafael prononce la *havdalah* en allumant la lampe à huile. Puis il bénit le vin, le café cru ou la rue aromatique.

Mais comme la mission de rabbin ne nourrit pas son homme, Rafael sert dans l'activité ancestrale du tissu. Ses activités se concentrent dans le quartier franc, sur une petite place où affluent les voyageurs débarquant de Constantinople, d'Égypte ou d'Europe, et où circulent les nouvelles politiques et commerciales. C'est là qu'il rejoint ses collègues, ses pairs ou ses ouailles. Debout au milieu de cercles serrés ou assis sur des sièges bas sans dossier, il savoure son café dans de petites tasses et aspire la fumée des narguilés à travers de longs tubes en zigzag.

Rafael, silencieux à la maison, est volubile au-dehors. Il échange des nouvelles avec les autres négociants pendant que ses commis vont et viennent entre la petite place et les comptoirs dans les rues adjacentes. La Bourse n'est pas loin, à Yildiz Han, et comme aujourd'hui, elle fait et défait des fortunes en quelques minutes. C'est avec Marseille que s'échange le plus gros du commerce de Salonique, mais aussi avec Lyon, Amsterdam et Londres.

Ce jour-là de l'année 1874, Rafael est en grands conciliabules avec le puissant Joseph Simha, frère de Myriam :

— Topons là, Rafael ! Ma fille a quinze ans mais elle peut attendre quelque temps. Fiançons-la dès maintenant avec ton fils Maïr ! Oro pourra se vanter d'avoir une belle dot. La famille te doit bien cela, puisque nous n'avons pas pu remplacer Myriam... *La prove de mi ermana, bendicha sea del Dio !* Ma pauvre sœur, que Dieu la bénisse !

La situation est claire : en dépit de ses glorieux ancêtres, Rafael Benveniste n'est qu'un petit rabbin, à la solde du grand rabbin Simha, riche notable de Salonique, son beau-frère. Pourtant la Fortune égalitaire a fait deux poids deux mesures. Malgré sa haute position, Joseph Simha, pour son malheur, est affligé comme le dit son arrière-petite-fille d'une « ribambelle de filles, autrement dit d'une ribambelle de dots » – exactement dix, de deux lits différents – et d'un seul fils – dont la naissance a coûté la vie à la mère d'Oro.

Oro Simha, fille aînée du premier lit, et connue pour son caractère rebelle, n'est pas facile à caser. Son père, Joseph Simha, devenu veuf lui aussi, n'a guère attendu pour prendre une nouvelle épouse et la jeune Oro ne s'entend pas du tout avec sa marâtre. Par vengeance, elle a refusé catégoriquement d'aller à l'école et restera analphabète.

Le petit rabbin Rafael Benveniste a beaucoup plus de chance que son supérieur puisqu'il est béni de onze enfants, dont une « ribambelle de garçons ». Son aîné Maïr n'a pas quatorze ans. Il est plus jeune qu'Oro. Qu'à cela ne tienne ! L'endogamie a ses contraintes, les inégalités économiques aussi.

— *Mair, fijiko, saves, la fija del Sinyor Rubi Simha, cale que la vijites, por corteziya.* Maïr, fiston, ta fiancée Oro, la fille de M. le rabbin Simha, tu dois lui faire une petite visite de courtoisie.

— *Si... sinyor padre.* Mais... est-ce que je peux apporter mes billes ? demande le jeune Maïr.

Deux photos donnent une idée des décalages de fortune entre les deux pères. La première, une carte postale d'époque, tirée de l'album *Souvenir*, représente un rabbin jeune, avec une barbe encore noire, et bien vêtu, qui pourrait ressembler au père d'Oro, grand-père maternel de Janja. La seconde est l'unique et plus ancienne photo que l'on possède de son autre grand-père, Rafael Benveniste, à la barbe déjà blanche. Les deux hommes portent le caftan rayé, la large ceinture et la pelisse. Le couvre-chef du rabbin Benveniste est noir, couleur réservée, qui identifie son statut de *dhimmi*, de minoritaire juif. Signe distinctif mais non infamant. L'autre rabbin porte la *bonetta*, accessoire réservé uniquement aux rabbins et aux imams, et une bande de fourrure assortie à sa pelisse. Les rabbins se distinguent des prêtres chrétiens en se rasant la tête et en se laissant pousser une barbe qui leur dévore le visage. La première dissidence consistera pour le fils de Rafael à se tondre le menton.

On fiance donc la fille du grand rabbin avec le fils du petit, son cousin, la fille de Joseph avec le fils de Myriam, Oro avec Maïr, le temps que le promis mûrisse un peu. Et toutes les semaines, le futur vient visiter en bande sa fiancée dans sa belle demeure. Les copains attendent en bas dans la rue. Les fiancés conversent sous surveillance. Que peuvent-ils se dire ? Puis le jeune Maïr, soulagé, retourne jouer aux billes avec ses camarades !

Avec Joseph Simha, son beau-frère, et les autres rabbins, Rafael parle famille, affaires mais aussi politique. L'égalité – entre musulmans et non-musulmans – mais aussi la liberté, non seulement de culte, mais de choisir ses vêtements et de construire son temple, sont dans l'air du temps. Le souci essentiel reste pour le moment le paiement de l'impôt collectif. Préoccupation majeure de la communauté depuis la prise de la ville par les Turcs, aujourd'hui l'« impôt du sang » remplace le service militaire.

De son présent et des *tanzimat*, les réformes qui ont pour but de freiner le déclin de l'Empire ottoman, Rafael, Joseph et les autres ne savent que ce que les gazettes, nombreuses en judéo-espagnol, veulent bien commenter. À cette époque, pourtant, l'Empire s'essouffle, tente de se réformer et s'émiette peu à peu. Une miette pour la Serbie, une miette pour la Grèce, une miette pour la Roumanie, une miette pour la Bulgarie. L'homme malade de l'Europe se ratatine comme peau de chagrin. Les autres tirent à eux la couverture.

Mais en dépit de quelques changements introduits par les *tanzimat* et par le vent qui souffle d'Occident, le petit rabbin Rafael Benveniste demeure proche du passé, dans ses habitudes comme dans sa vision du monde. Il ne se doute guère que son fils Maïr finira ses jours dans la Ville Lumière, la ville des protégés consulaires qui forment non loin de lui une petite élite arrogante. Ses préoccupations à lui restent celles de son père, de son grand-père et de ceux qui les ont précédés.

La ville de Rafael est juive d'un bout à l'autre de l'échelle sociale. Depuis les puissants Allatini jusqu'aux colporteurs. Dans le port, même le portefaix est juif. Le débardeur est juif, juifs aussi le batelier, l'ânier à courtier, le changeur de monnaie, le commerçant en céréales et en laine, le ciseleur, le brocanteur, le rétameur, le petit vendeur de journaux, et encore l'imprimeur, le drogman, l'avocat, le courtier, le banquier. Dans ce melting-pot, tous, même les Gentils, qu'ils soient turcs, grecs, arméniens, bulgares ou albanais, parlent le judéo-espagnol et se reposent le samedi, seul jour férié où les entrepôts du port sont fermés. Mais cette ville est une ville dans la ville. Les Gentils y exercent aussi tous les métiers. Et comme dans l'Espagne médiévale des ancêtres de Rafael et de Maïr, les religions et leurs parures se côtoient également dans la rue, sans se pénétrer.

Le quartier de Rafael et Myriam, avec ses maisons de bois qui flamberont comme des fétus de paille en 1917, se situe près du rivage et du marché. Les Grecs orthodoxes occupent les quartiers de l'ouest, depuis les remparts jusqu'au couvent de Vlatadon. Les Turcs musulmans, eux, dominent la ville des hauteurs de la colline et jouissent de demeures plus spacieuses que les autres, entourées de vastes cours. Entre les deux, à flanc de colline, à flanc de religion, s'élèvent les demeures des *deunmés*, juifs apostats, convertis à l'islam, musulmans sincères, qui sont peut-être des cousins de Rafael, puisqu'une branche de la famille s'est engagée deux siècles plus tôt aux côtés du messie hérétique Tsevi.

Le rabbin Rafael Benveniste, qui parle la vieille langue espagnole et le turc usuel et lit en caractères hébraïques, meurt en 1910 dans une Salonique encore ottomane. Quatorze ans plus tard, sa ville sera redevenue grecque et son fils Maïr sera installé rue du Général-Détrie à Paris avec sa tribu. Entre-temps, ses petits-enfants qui, grâce à l'école de l'Alliance, parleront couramment le français, auront absorbé Corneille, Racine et Victor Hugo.

Dans l'ample cimetière où reposent ses ancêtres, depuis don Juda Senior et don Samuel Meïr jusqu'au rabbin Rafael, Maïr, venu honorer la mémoire de ses ancêtres, pressent, cinq ans avant le grand incendie, que sa ville n'est déjà plus sa ville. Il sent aussi que même s'il le voulait, il ne pourrait plus vivre la même existence que son père, son grand-père et leurs ascendants directs. Mais il ne le veut pas. Il se prépare, sans même encore le savoir, pour le grand départ.

De Rafael l'Ancien à Maïr le Moderne

Jeune adulte, Maïr ne décolère pas. Il ne pardonnera jamais à son père de l'avoir enchaîné à treize ans à la revêche Oro. Leur union, consommée en octobre 1886, durera autant que leurs jours, survivra à l'exil, et générera six enfants. À l'époque de son mariage, Oro a vingt-deux ans et Maïr vingt. Ils attendront encore quatre ans que le jeune mari dispose d'une « situation », pour avoir leur premier enfant Rafo. Ouf, un garçon ! Puis deux ans plus tard Marie, la future mère de Janja.

Ce père frileux, timoré et rigide avec ses ouailles autant que tyrannique avec ses fils, Maïr refuse avant tout de lui ressembler. Les plus grandes décisions de sa vie, il les prendra au revers de Rafael. Et tout d'abord, la première, la plus audacieuse :

— *No, sinyor padre, yo no vo azerme rubi !* Je ne serai pas rabbin !

Il ose la prononcer, cette phrase, à la face de son père et s'y tiendra.

Rafael appartient à l'ancien monde qui aspire au statu quo. Il garde la barbe et porte jusqu'au bout son caftan fourré. Maïr se rase et ne se séparera plus du costume occidental. Rafael vit toute son existence dans le dénuement. Maïr fait des affaires et deviendra de plus en plus fortuné. Rafael vit cloîtré dans son quartier. Maïr prend le tramway, nouveau mode de locomotion qui dessert la grande artère côtière et la rue médiane, puis le train et le bateau, bouge sans cesse, dans la ville et au-delà. Rafael ne parle d'autre langue que son ladino émaillé de rudiments d'hébreu. Maïr suit des cours du soir pour apprendre le français, l'italien, l'allemand et un peu d'anglais. Il lit *La Época* en judéo-espagnol et *Le Journal de Salonique* en français.

Rafael est rigoriste, moraliste. Il est ennemi des voluptés, celles de la table et celles du lit, et mène avec sévérité ses ouailles en conformité avec ses principes. Maïr n'est pas regardant sur ses plaisirs, il adore manger et se montre exigeant sur la qualité de la cuisine, par ailleurs accueillante et ouverte à l'étranger. Si Rafael est resté fidèle aux deux épouses que lui ont attribuées son propre père et le Seigneur, Maïr, lui, ne se prive pas de la bagatelle, ni de chair fraîche, quand elle se présente au cours de ses nombreux déplacements. On murmure même qu'il entretient une danseuse à Paris, capitale de toutes les débauches. Information non confirmée. Mais comme le dira sa petite-fille dans son Cahier, « il n'y a pas de fumée sans feu ».

Et justement le feu habite Maïr Benveniste, à la fois passionné et tendre avec ceux qu'il chérit, surtout ses enfants et ses petits-enfants dont la première sera Janja, mais cassant et sec avec sa femme, avec ses gendres, avec tous ceux qui se mettront en travers du chemin qu'il s'est fixé.

Rafael est soumis à son Dieu, à sa religion qu'il sert rituellement, à l'aveugle, sans se poser de question. Maïr demeure pieux et fidèle à la foi pour laquelle ses ancêtres ont subi mille morts, mais il cherche à la moderniser. Il est appelé de bonne heure à siéger au conseil communal et au comité du Talmud Thora, un conseil qui gouverne la communauté. Maïr travaille avec ceux qui lèvent l'impôt destiné à la Sublime Porte et aux taxes communales, qui gèrent l'éducation, la justice et le budget.

À vingt-six ans, il participe à l'organisation du quatrième centenaire de l'arrivée de ses aïeux Juda Senior et Samuel Meïr, les bannis d'Espagne que les Juifs saloniciens célèbrent avec ferveur et pompe pour la dernière fois en 1892, sans prévoir qu'au prochain centenaire, les descendants des proscrits de

Sefarad auront été réduits en cendres sur une terre étrangère. Il puise plus généreusement que son père dans sa bourse pour les activités charitables. Et à Paris il reconstruira un temple.

Les choix de vie du jeune Maïr épousent les transformations de sa ville qui elle aussi fait peau neuve. En vingt années, la cité de Rafael connaît une véritable révolution. Démolies, les murailles qui enserraient la vieille ville. Le mur maritime ne bouche plus le front de mer qui découvre une belle corniche, en forme de promenade, où flânent les passants. Les routes infestées de brigands, qui reliaient au Danube le golfe Thermaïque, ne sont plus qu'un lointain souvenir.

En 1852, le premier bateau à vapeur faisait son apparition. Le petit Rafael a couru se cacher à la maison lorsque a retenti dans le port son premier sifflement strident. Maïr, lui, devient un habitué de la Compagnie ottomane de navigation et des Messageries maritimes françaises qui relient toutes les semaines Salonique à Istanbul et à l'Adriatique.

Des kilomètres de rails conduisent désormais vers la Salonique de Maïr les parents, les voyageurs, les commis et les brasseurs d'affaires de Monastir aussi bien que d'Andrinople et de Constantinople. La provinciale cité macédonienne, grecque par l'histoire, turque par l'administration, bulgare par la géographie, juive par la population, qui somnolait sous ses moucharabiehs, se réveille dans un cosmopolitisme turbulent. Dans le port mouillent des bateaux battant tous les pavillons tandis que les consulats du monde entier y établissent leurs chancelleries. Le commerce de la Macédoine s'y concentre. Les négociants et les voyageurs occupent à nouveau les voies d'accès à la cité des Benveniste, à peine foulées pendant des siècles par les caravanes chamelières et les chariots à bœufs.

Mais la grande, l'immense nouvelle pour le fils de Rafael, c'est l'ouverture de l'Orient-Express, la ligne ferrée qui relie Salonique à Belgrade, puis en deux jours à Vienne, et en trois ou quatre jours à Berlin, Paris et Londres. Maïr en profite. Il voyage à tout rompre « en Europe », comme il dit déjà. À Vienne, il va faire des achats et consulter une sommité médicale. À Manchester, il négocie ses laines. À Paris, il peut aller au spectacle et, même s'il n'a pas de danseuse, se donner du bon temps avec une de ces « petites femmes » qui le changent de sa lourde et maussade épouse. Ainsi il s'éloigne peu à peu dans sa tête de la vieille métropole ottomane et juive.

Avec ces nouvelles communications, Maïr voit fructifier ses affaires. Il transforme l'activité qui peinait à faire vivre son père et sa famille. Depuis 1870, la guerre franco-prussienne a activé les exportations macédoniennes vers Marseille. Grâce à la dot d'Oro, Maïr crée avec l'un de ses frères une affaire de textile qui prospère. Le tissu est dans ses gènes. Il a des correspondants partout, depuis Constantinople et Smyrne, jusqu'à Aden et aux Indes. Maïr s'enrichit, achète des immeubles et des magasins, installe les siens dans une belle demeure. Des membres de la famille Modiano, plus tard apparentés, logeront aussi dans le carré de maisons proches de la synagogue Aragon. La rue principale qui les dessert est dite *calle de las Doblas*, « rue des Doublons », autant dire des sous.

L'époque tout entière se vit comme un retour – éphémère mais ils ne le savent pas – à l'âge d'or. Même les rapports avec les voisins sont au beau fixe en cette fin d'Empire. On trouve des nourrices turques d'enfants juifs. Bientôt, avec l'échange de populations, il n'y aura plus de Turcs. On voisine avec les *deunmés*, anciens apostats, qui judaïsent peut-être sous le turban. Bientôt les *deunmés* auront déménagé à Constantinople. On échange des cadeaux avec les Grecs à l'occasion des fêtes. Bientôt de nouveaux Grecs arriveront d'Asie Mineure. À l'égard des autres Juifs, notamment les *Tudescos* (les Ashkénazes), qui un jour le leur rendront bien, les gens de Salonique retrouvent l'arrogance de leurs nobles ancêtres bannis d'Espagne. Bientôt la moitié des Judéo-Espagnols se sera exilée. L'autre moitié aura été exterminée.

Pour le moment, c'est la Belle Époque. À Salonique aussi. Danseuses du ventre, charmeurs de serpents et musiciens de rue animent la promenade. Maïr, toujours en mouvement, vole à son cercle pour sa partie de baccara, à laquelle il ne renoncerait pour rien au monde, puis déguste son apéritif à la fraîche au café Olympos au milieu de vieux messieurs enturbannés fumant leurs narguilés. Devant lui des gazettes en ladino et en français, dont *L'Avenir* de son ami Moshe Mallah, oncle de Beniko, qui deviendra, sous le prénom chrétien de Bénédict, le regretté grand-père d'un futur président de la République française.

Oro, qui a passé sa matinée à la cuisine à semoncer les bonnes et à confectionner pour ses fils les plats qu'ils préfèrent, jacasse avec ses cousines l'hiver autour du poêle, l'été dans les jardins de Colombo ou de Bechrinar où il y a un kiosque à musique.

Car, pendant que Maïr s'éloigne du monde de son père Rafael, Oro aussi se distancie de ses aïeules. Une carte postale montrant deux femmes juives vues de dos figure la coexistence des deux générations. La mère porte toujours son *antari* et sa longue coiffe qui se termine par un carré de velours noir décoré de perles. La fille arbore une longue jupe près du corps et un chemisier blanc à manches longues. Elle est coiffée d'un élégant chapeau assorti à sa tenue et tient un sac à la main. Sous la jupe, il est possible qu'elle soit juchée sur des talons car elle dépasse d'une demi-tête la femme plus âgée.

Ce jour-là, Oro reçoit ses parentes, qui viennent la distraire autour d'une partie de cartes. La conversation, un brin languissante, tourne autour des unes et des autres, de quelques commérages et des échos du dernier concert de musique orientale et du théâtre en judéo-espagnol.

— Ils sont où tes fils ? demande l'une.

— Toujours sortis ! soupire Oro. De mon temps les garçons de cet âge restaient à la maison.

— Les miens c'est pareil. Et même pire, parce qu'ils sont plus âgés. Hier soir, mon aîné est allé voir une opérette, *La Veuve joyeuse* – il n'aime que les viennoises –, l'autre est au cinéma où ils passent *Le Voyage dans la Lune*. Et mon petit dernier est parti à bicyclette. La semaine dernière, aucun n'était rentré à dix heures du soir. Vous imaginez mon inquiétude !

— Mes fils aussi voudraient passer leur vie au café-concert… Et encore ce sont des garçons ! ajoute une cousine qui n'a pas sa langue dans sa poche. Mais le pire c'est les filles. Les miennes ne veulent plus manquer un bal. Est-ce que nous allions au bal quand nous avions leur âge ?

— Et est-ce que nous étudiions l'arithmétique et le français comme ma fille Marie ? renchérit Oro. À quoi ça sert qu'une fille devienne savante ? À ce qu'elle ne respecte même plus sa mère ! Est-ce que j'ai été à l'école moi ? Et je ne m'en porte pas plus mal. L'Alliance ! L'Alliance ! Je n'entends plus que ça. Maïr ne parle plus que de ça. Qu'il y envoie Rafo, passe encore ! Mais Marie ! Qui va faire la couture de la famille si Marie est à l'école ? Mon beau-père est de mon avis. Toute cette instruction n'est pas pour nous les Orientaux ! Mais Maïr, il ne veut rien entendre ! Ni de moi ni même de son père.

Oro et ses parentes ne le savent pas encore mais la révolution de l'Alliance israélite universelle est en marche. Et Maïr, qui n'a pas été poussé vers l'école par son père Rafael, y entraînera tous ses enfants.

Marie Benveniste et l'Alliance

Maïr sur ce point est irréductible. Rafo est à l'école de l'Alliance. Et Marie ira à l'école de l'Alliance. Les autres enfants suivront. Il n'en démordra pas.

Tout a commencé quand Rafael avait trente ans et son fils Maïr cinq ans et demi. Exactement le 15 octobre 1873. C'était un mercredi, jour faste pour les Juifs saloniciens, par une belle matinée. Le rabbin et professeur d'hébreu à l'école italienne, David Botton, est en train de regrouper ses élèves dans la cour. Les enfants se mettent en rangs, comme à l'habitude, quand soudain le maître les écarte du trajet habituel et les déroute vers un autre lieu.

— Tiens, remarque Avramiko, qui a toujours eu la langue bien pendue, l'école a changé de place !

— *No, fijo, es que troquimos mozotros de scola*. Non, fiston, c'est nous qui avons changé d'école, dit le maître.

La révolution de l'Alliance israélite universelle vient de s'accomplir. La Salonique juive est entrée dans l'ère de la modernité. Dix jours plus tard, les clés sont remises au nouveau directeur arrivé directement de Paris.

Pour Rafael, ce qui vient de s'accomplir est un scandale, de nature à détruire le judaïsme millénaire, une manœuvre diabolique qui vise à faire renier aux enfants de Moïse leur foi si durement préservée.

— Imaginez, tonne-t-il au milieu de ses ouailles, à quel point cette école est un foyer d'impiété ! N'enseigne-t-elle pas que pour indiquer qu'un nombre s'ajoute au précédent, on doit le faire précéder du signe sacrilège de la croix, le signe plus ?

La colère divine se manifeste peu après, dans la nuit du 12 février 1874. Un affreux incendie naît dans la maison d'un notable acquis aux idées nouvelles. Comme celui qui détruira la ville en 1917, il se propage sous l'effet d'un vent violent qui souffle du Vardar.

— Voyez, hurle Rafael, la voix entrecoupée d'indignation, il y a eu neuf victimes ! Une preuve supplémentaire de la colère du Tout-Puissant !

L'Alliance israélite universelle a été lancée vers 1860 en France par un groupe de personnalités et d'intellectuels juifs français animés par Adolphe Crémieux. Elle entend défendre les Juifs persécutés de par le monde et les éduquer aux valeurs de l'humanisme et de la laïcité. Liberté, Égalité, Fraternité. En créant son réseau d'écoles dans les communautés juives, l'Alliance veut donner aux élèves pauvres un métier ainsi qu'un apprentissage de la langue locale. Tout un programme qui met le feu aux poudres chez Rafael et les conservateurs.

Maïr est élevé dans cette ambiance divisée. À la maison, son père ne veut rien savoir de l'institution inspirée du Malin, tandis que malgré lui l'éducation se réorganise de fond en comble, que soufflent un vent de savoir et une frénésie d'études, joints à une gallomanie galopante. Les écoles poussent l'une après l'autre comme des champignons, partout, dans le centre comme à la périphérie. Et le français supplante désormais le vieil espagnol, le juif.

Les amis de Maïr et lui-même rêvent d'étudier dans la Ville Lumière avec le viatique de Solal, le double d'Albert Cohen, qui consiste en « portraits de Napoléon et de Racine ; livres de Descartes et de Pascal [...] ; un plan de Paris ; un drapeau tricolore et un lampion pour fêter le 14 Juillet ». Pour Maïr lui-même il est trop tard. Il n'échappera pas à la férule de Rafael. Mais il préservera ses enfants de la superstition. Myriam vient au monde en 1892. Le choix de son prénom d'usage est une première rupture avec la coutume. Elle s'appellera Marie. Entre-temps, l'ouverture par l'Alliance d'écoles pour les filles n'est pas le moindre des bouleversements de la communauté et signe une deuxième rupture dont profitera la deuxième-née.

Justement, cette transgression de Maïr s'inscrit sur une photo de l'Alliance israélite universelle, année scolaire 1903-1904. Sans une ride. Marie dans sa classe de l'Alliance au milieu de ses condisciples.

La photo sépia regroupe une trentaine de jouvencelles, recouvertes d'une espèce de long sarrau noir, boutonné par-derrière, sur fond de branchages stylisés. De ces visages adolescents ou préadolescents émane une grâce de jeunes filles en fleurs. Les chevelures sont lourdes et retombent sur les épaules. Certaines portent en guise de barrette un nœud clair sur le côté droit. Marie, deuxième à partir de la gauche au deuxième rang en partant du bas, se tient très droite, le regard direct, exempt de timidité comme d'arrogance. Elle possède déjà ce calme apparent qui masque un caractère bien trempé.

Ce tempérament s'affirme d'abord contre sa mère Oro, l'illettrée volontaire, qui voit d'un très mauvais œil toutes ces transformations. Imagine-t-on pareille chose ! Au lieu de se préparer, à la maison, à coudre les vêtements de la famille, l'aînée des filles, qui a pourtant des doigts de fée quand elle veut bien, passe des heures loin de sa mère, à absorber les grands faits de l'histoire et de la géographie du monde, à intégrer des notions d'arithmétique, de géométrie, de physique et de chimie.

— *I mozotros ? I muestra lingua ? Muestra lingua i muestra fe ?* Et nous ? Et notre langue ? *Mair, kualo vas a azer con tu ija ? No ay ombre de entre los muestros que va a tomarla como mujer.* Maïr, que vas-tu faire de ta fille ? Aucun mari ne voudra d'elle ! se lamente Oro.

— *Calmate, Oriko.* Calme-toi. Tu sais bien que Marie reçoit dans son école une instruction religieuse juive et même qu'elle apprend un peu d'hébreu.

— Est-ce qu'une fille a besoin d'hébreu ? gémit Oro. Est-ce que je parle hébreu, moi ?... Est-ce que je parle turc ?

— Oro, tu sais bien que les filles ne font pas de turc à l'Alliance. Pour Rafo et Pepo au contraire ce sera utile. C'est seulement pour les garçons. Tu vois bien que moi-même j'ai dû apprendre le turc pour mes affaires et pour mes fonctions au conseil. Parce que je n'ai pas pu profiter des cours de l'Alliance.

— Le résultat, c'est que personne ne le parle plus, le *djudio.* Quand je m'adresse à ma fille, elle me répond dans cette langue que vous parlez tous, à l'école et ailleurs, cette langue qui n'est pas *notre langue* !

« Cette langue qui n'est pas notre langue », ce français qui est, selon les maîtres de l'Alliance, l'idiome « en usage dans la population éclairée », est effectivement l'objet de tous les soins des instituteurs. Pour eux c'est évident : le français est la langue universelle.

L'institutrice de Marie a été claire là-dessus :

— Mesdemoiselles, sachez que l'ignorance du français est signe d'ignorance tout court et sa connaissance est signe d'instruction. On manie le fer à repasser avec plus d'adresse quand on connaît le français... Et surtout, veillez à vous débarrasser de votre accent qui n'est vraiment pas fait pour flatter l'oreille !

Marie, qui aime étudier, voudrait bien savoir pourquoi les garçons apprennent le turc mais sont exemptés de couture.

— Encore heureux qu'on t'apprenne la couture dans ta maudite école, grommelle sa mère. C'est pour ça que j'ai cédé à ton père et qu'on t'y a envoyée. Mais tu n'y resteras pas longtemps, crois-moi !

Un des objectifs de l'Alliance est de renverser les barrières entre riches et pauvres par l'instruction. L'enseignement de la couture, qui dessine la frontière entre filles et garçons mais aussi entre nantis et nécessiteux, est un excellent appât pour les familles. La voisine de Marie à l'école vient d'une famille démunie et ses parents la destinent à l'emploi de couturière à la journée. Pour Oro qui a plus de moyens, cet enseignement est le seul avantage de l'Alliance et permettra à Marie de passer ses jours à coudre pour la famille en attendant de trouver un mari. Ce talent pourra faire accepter une dot encore médiocre et l'inconvénient pour un époux ignorant d'avoir une femme trop savante.

D'ailleurs l'Alliance elle-même se gardera d'apprendre à Marie et ses sœurs ce qui n'est bon que pour les garçons comme les subtilités de la grammaire française ou de l'histoire, notamment celle des peuples anciens et des peuples d'Europe occidentale dont les demoiselles n'ont que faire. En revanche, elle stipule que l'éducation morale, une priorité, se dégagera des rudiments d'histoire et débouchera sur la « nécessité de la concorde entre les peuples ».

C'est donc dans la langue de George Sand, mais sans sa liberté d'esprit, que Marie Benveniste se repaît de lectures pour jeunes filles, les romans à l'eau de rose de Delly et notamment *Raoul Daubry* de Zénaïde Fleuriot, son livre de chevet, qu'elle finira par transmettre à sa fille et à sa petite-fille. La plupart de ces livres mettent en scène une jeune personne pauvre et modeste qui, malgré les obstacles, parvient à se faire aimer d'un jeune homme riche et brillant comme dans les bons romans de Jane Austen. Dans le cas de *Raoul Daubry*, l'obstacle à l'union des deux jeunes gens est la possessivité de la mère de la jeune fille. Nulle surprise que le roman ait frappé la sensibilité de Marie, fille d'une mère abusive qui se venge, par la dictature de la couture, de sa frustration d'être analphabète.

En attendant, Marie ne pourra empêcher Oro de la retirer prématurément de l'école bien-aimée et de l'enchaîner à la machine Singer du matin au soir. Maïr lui-même cède pour Marie. Mais il reste obstiné pour ses autres enfants, Allegra puis Pepo et Nelly. Quant à sa fille aînée, il nourrit pour elle un projet matrimonial avec l'un de ses frères à lui, endogamie oblige.

Le moment venu, Marie, formée aux idées françaises et républicaines par l'Alliance, saura en tirer la leçon. Et justement ce moment arrive en 1913, alors que la brune et svelte jeune fille a un peu plus de vingt ans et ose tenir tête à son père sur un chapitre auquel elle n'a pas voix, un chapitre aussi délicat que le choix d'un mari.

— *Sinyor padre, yo refuzo de cazarme con su ermano, el tio Asher*. Père, je refuse d'épouser votre frère, l'oncle Asher.

— Comment te permets-tu ?

— J'aime mon cousin Saby Amon, votre neveu.

— Saby ? Es-tu folle ? Un garçon sans le sou et soutien de famille par-dessus le marché ! Le fils de ma sœur Reyna avec sa nichée d'orphelins sur les bras !

— Je veux épouser Saby et il veut m'épouser.

Et Marie se permet de claquer la porte.

Dans les jours qui suivent cette scène, Maïr ne décolère pas. Il n'adresse plus la parole à sa fille et lui donne des ordres par le biais de son épouse, Oro, qui les communique à l'intéressée.

— Vous direz à Marie de terminer tous les draps de son trousseau pour Pessah. Elle a suffisamment traîné comme cela.

Marie, elle, est résolue. Convoler avec un oncle pour lequel elle n'a pas le moindre penchant, jamais ! En revanche, le cousin Sabbetaï Amon, dit Saby, est plutôt joli garçon. Il a le même âge que l'oncle, soit huit ans de plus que Marie. Mais lui au moins connaît comme elle la douleur d'être l'aîné, voué au sacrifice, condamné à trimer pour que les benjamins puissent profiter de leur jeunesse sans être sans cesse harcelés.

Maïr réfléchit. Saby est le fils de sa sœur Reyna, veuve d'un Amon. Sans fortune, certes. Mais d'une bonne famille, originaire de Constantinople, qui a laissé des traces dans les archives de la diaspora judéo-espagnole. Au moment de l'expulsion, Joseph Amon ou Hamon, ancien médecin du roi musulman de Grenade, a quitté l'Andalousie pour Constantinople rejoindre le service du sultan. Il y est parvenu peu après le cruel édit, accompagné de Moïse, son fils de deux ans. Moïse Amon s'est illustré une fois adulte au service de Soliman le Magnifique. Il a soigné aussi le sultan Bajazet II, ainsi que son fils Selim qu'il a accompagné dans sa campagne contre les Mamelouks. Il est mort au retour d'Égypte à Damas, en 1517, après avoir résisté au sultan Bajazet qui voulait le convertir à l'islam.

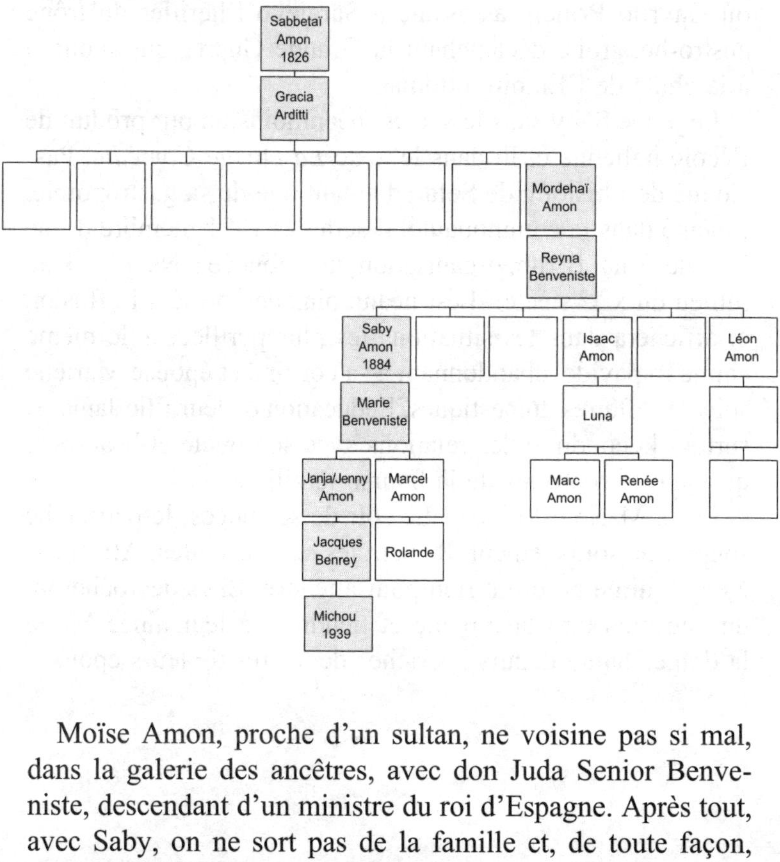

Moïse Amon, proche d'un sultan, ne voisine pas si mal, dans la galerie des ancêtres, avec don Juda Senior Benveniste, descendant d'un ministre du roi d'Espagne. Après tout, avec Saby, on ne sort pas de la famille et, de toute façon,

Maïr devrait subvenir aux besoins du fils de sa sœur et de sa kyrielle de frères. Autant faire d'une pierre deux coups et aider le gendre en même temps que le neveu.

Dix ans après sa photo de classe, Marie épouse sans trop de pompe son cousin désargenté Saby Amon. La modeste cérémonie nuptiale a lieu à la maison et « à la turque », c'est-à-dire à une heure locale qui se distingue de l'heure « franque » et crée un décalage horaire à l'intérieur de la même ville. Le dernier jour, *día del peche*, la mariée enjambe, au milieu des applaudissements, un plat de poisson, symbole de fertilité. Parmi ses cadeaux de mariage figure la coupelle ottomane en argent ciselé que Myriam a transmise à Oro, qui la transmettra à sa petite-fille Janja. On est en 1914, l'année où Gavrilo Princip assassine à Sarajevo l'héritier du trône austro-hongrois, déclenchant la Grande Guerre qui aboutira à la chute de l'Empire ottoman.

Le jeune Saby sans le sou est néanmoins un pur produit de l'école italienne et lit dans le texte *La Divine Comédie*. Passionné de l'histoire de Sefarad autant que de sa gastronomie. Engagé dans la communauté, il sera dès 1921 membre d'une loge du B'nai B'rith, organisation juive fondée à New York au milieu du XIXe siècle. Il est néanmoins peu porté à l'effusion et affichera dans les situations les plus périlleuses le même calme impavide, abandonnant à sa cousine et épouse Marie le soin des affaires domestiques, l'éducation de leur fille Janja, et surtout la conduite des relations avec son oncle et beau-père qui tient les cordons de la bourse familiale.

Enfin Marie est casée ! Le soir de ses noces, le patriarche soupire de soulagement. Restent les deux cadettes, Allegra et Nelly, qui ne perdront rien pour attendre. Elles décrocheront un peu plus tard la timbale et tiendront à leur aînée Marie la dragée haute depuis les riches demeures de leurs époux.

Les noces d'Allegra : la mésalliance

Quelle malédiction que d'avoir des filles ! se désespère Maïr, confronté à un nouvel imbroglio. Allegra, sa cadette, a trois ans de moins que Marie. Mal accordée à ce joyeux prénom, elle aurait plutôt mérité de s'appeler Niobé, comme la célèbre pleureuse de l'Antiquité. Est-ce pour faire contre mauvaise fortune bon cœur que Maïr et Oro l'ont prénommée Allegra ? Depuis sa naissance, elle ne s'est pas arrêtée de gémir. Les *conversos* espagnols auraient pu l'appeler Angustias ou Dolores, prénoms qui n'existaient pas chez les Judéo-Espagnols, en dépit de leur malheureuse histoire. Cette cadette est bien mal placée, après un nouveau Rafael très attendu, et une Marie tolérée parce qu'il faut bien des filles pour faire des garçons.

Après Allegra, il y aura, *grasias al Dio*, deux bébés à circoncire : Pepo et Momo. La benjamine Nelly, née treize ans après Allegra, sera la cerise sur le gâteau et la chouchoute de toute la famille. Elle est la seule des trois sœurs à chanter dans la mémoire de Janja tandis que les deux autres pleurent.

Reste donc Allegra, la malvenue. La seule qui choisira de changer de prénom quand elle émigrera sur le sol belge. Allegra que les dieux, par provocation, ont voulue la plus jolie des trois sœurs Benveniste, avec sa longue chevelure ébène et sa peau mate d'Andalouse. Allegra qui ronge son frein dans les robes défraîchies de son aînée et attend le prince charmant.

— *Sinyor padre, Ugo Modiano... quere cazarse con mi !* Père, Ugo Modiano… veut m'épouser !

— Un Modiano ! Es-tu folle ? Est-ce que tu sais combien il vaut et combien nous valons ?

— Il m'aime.

Décidément les filles d'aujourd'hui ne sont plus ce qu'elles étaient, avec ces idées que les romans leur mettent dans la tête. Maïr n'y comprend plus rien. Un Modiano, c'est beaucoup trop haut pour sa deuxième fille. Maïr n'aime pas les déclassements. Ni par le haut ni par le bas. Et la dot ? Suffira-t-elle pour un Modiano ? Un « Italien », qui fait partie de la haute société, alors que les Benveniste, malgré leurs nobles origines, sont simplement de bonne famille, sans excès, car là comme ailleurs la hiérarchie sociale et économique structure la tribu.

« *Quien puedria ser como los Modiano ? I como los Nahoumim ?* Qui pourrait être comme les Modiano ? Et comme les Nahum ? » interroge cette vieille chanson en ladino.

Les Nahum et les Modiano, dans la cité juive des Balkans, en cette deuxième partie du XIXe siècle, c'est la cuisse de Jupiter.

Car au sommet il y a la *gente alta* comme eux : les Allatini, les Morpurgo ou les Camondo de Constantinople, l'aristocratie des familles issues d'Italie, dont la plus prestigieuse est celle de Livourne. Ces familles bénéficient des capitulations, signées par Soliman le Magnifique et François Ier, qui garantissaient aux marchands français et aux sujets ottomans « protégés » les libertés individuelles, religieuses et commerciales.

Après vient la *gente buena*, une élite de classe moyenne comprenant les anciens bannis de Sefarad aux glorieux ancêtres comme les Benveniste, qui ont quelque peu perdu de leur superbe et vivent dans l'économie.

Au-dessous, la troisième catégorie. Une plèbe qui tire sa subsistance de l'air du temps, les manœuvres, les ouvriers non qualifiés, les hommes de peine, les colporteurs, les petits boutiquiers, les commissionnaires, les courtiers, les bonnes, ceux et celles qui vivent de leur état indécis d'intermédiaires et qui sont plus nombreux dans la minorité juive que dans la minorité chrétienne car, en dépit des préjugés, la fortune des Juifs est inférieure à la moyenne. Et Maïr, qui participe à la gestion de la communauté, le commente souvent à ses pairs :

— Pour un Crésus qui parade sur le devant de la scène, vous ne voulez pas voir la foule des misérables qui grouillent dans la coulisse. Les quartiers juifs se débattent dans une misère affreuse. Soyez charitables. Donnez à vos frères !

Situation incongrue ! Maïr tourne et retourne dans sa tête la déclaration de sa fille. Les Modiano appartiennent à la catégorie haute. Les Benveniste à la catégorie moyenne. Et une Allegra Benvenistc ne devrait pas épouser un Ugo Modiano.

Certes Maïr est un notable mais il est lucide. Il sait que Rafael, père d'Ugo, est un avocat réputé, nourri à la culture italienne. Le père d'Allegra, lui, n'est qu'un marchand traditionnel sans éducation, débordé par les affaires, les siennes et celles de la communauté.

Et quand Maïr pense aux épouses, le décalage entre elles lui paraît encore plus insurmontable. Face à l'analphabète Oro, mère d'Allegra, Clelia, mère d'Ugo, elle aussi une Modiano, est musicienne, lettrée, bonne maîtresse de maison. Et les Modiano font partie du Tout-Salonique, le dessus du panier local.

Quant au soupirant de sa fille, leur fils Ugo, c'est un poète. Artiste peintre aussi. Rêveur, raffiné, habile aux tours de magie et à la voyance extralucide. Dès son enfance, Ugo est promis par ses parents à une fille Allatini. Mais le jeune homme se rebelle et refuse l'héritière. Plus âgé qu'Allegra d'une vingtaine d'années, il la remarque au bal qui suit le mariage de Marie en 1914. Allegra, sa sœur enfin casée, a, pour la deuxième fois de sa jeune vie, revêtu une robe entièrement neuve, une vraie robe à l'occidentale, en velours rose. Elle est resplendissante, la belle Allegra, mais elle a le cœur en berne. Un vrai chagrin d'amour. L'objet en est son cousin Jacob. Même pour ce premier amour, elle a déjà moins de chance que son aînée, qu'elle imite en tout sans le savoir. L'élu ne lui rend pas son attachement passionné. Alors Allegra essaye de se laisser mourir de faim, on ne parle pas encore d'« anorexie ». Puis elle se résout à se venger. Contre le cousin convoité ? Ou contre l'enviable sœur aînée ? Qu'importe !

C'est ce soir-là qu'Allegra décide d'éclipser sa rivale de toujours, sa sœur Marie qui a usurpé non seulement les robes, mais aussi l'amour d'un cousin. La cadette a rongé son frein assez longtemps. Marie verra ce qu'elle verra. Elle, Allegra, est capable de captiver n'importe quel héritier d'une grande famille de la *gente alta*, n'importe quel Livournais authentique, et de trôner à ses côtés dans une des somptueuses villas du bord de mer. Avec ses airs d'Andalouse, la sombre Allegra a mis ce soir-là une rose rouge à son corsage. L'ambiance à Salonique cet été, premier été de la Grande Guerre, est électrique. En pleine canicule, alors que monte le tonnerre de la mer toute proche, c'est le coup de foudre. Ugo est frappé. Il ne s'en remettra jamais. Elle non plus.

Le jeune homme va passer outre à la volonté de son père qui ne renonce pas tout de suite à une belle-fille livournaise riche et éduquée et jusqu'à sa mort regrettera la jeune Allatini. Qui le comprend mieux que Maïr qui connaît bien le caractère emporté de la jouvencelle et reste très hostile à cette union, élevant trop sa deuxième fille dans l'échelle sociale d'une communauté cloisonnée à l'extrême ? Lui aussi, quand il sera mis bien plus tard dans la confidence, regrettera le cousin Jacob qui aurait maintenu le couple dans la bulle endogame. Mais Maïr est un brave homme et il a trop souffert lui-même de son mariage forcé. Les deux pères se rangent donc à la volonté de leurs enfants, preuve que l'Alliance a fait son œuvre et qu'ils se pénètrent de l'idée du mariage d'inclination à l'occidentale.

Malgré la mauvaise volonté des *sinyores padres*, Allegra et Ugo s'unissent donc en grande pompe lors de noces mémorables. Au milieu des chamarrures des uniformes étrangers et du chatoiement des toilettes féminines achetées à Paris, à Londres ou à Vienne, Allegra et Ugo ouvrent le bal et l'on danse infatigablement jusqu'au matin la valse, la polka, le quadrille, la gavotte et le cotillon, interrompus seulement par un souper où l'abondance des délicatesses orientales le dispute au champagne coulant à flots. La chronique mentionne la tenue sombre de Mme Clelia Modiano qui ne se cache pas de pleurer son fils, et par contraste la robe de satin brocart turquoise de Mme Allatini qui, elle, garde sa fille… et sa dot.

Assistent à la fête le gouverneur général, le contre-amiral, des consuls européens et notamment le consul de France, des dirigeants des entreprises occidentales de la ville, des hauts fonctionnaires, des officiers des navires européens de passage et des membres de la bourgeoisie commerçante incluant des Grecs. Les nouvelles autorités officielles sont plutôt bien disposées envers la majorité de la ville, dont les Juifs livournais qu'on appelle les *Francos*, commensaux des Modiano, forment l'élite. En imitation miniature du boulevard Saint-Germain parisien, l'avenue des Campagnes, le boulevard Hamidié et le quartier Franc ont délégué le ban et l'arrière-ban de leurs élégances.

Pourtant personne n'a remarqué que la superbe mariée, dont la longue chevelure aux reflets roux lui tombe sur les hanches, est plus blanche que sa robe et que ses yeux gonflés regardent, au-delà du jeune mari qui la presse dans ses bras, un coin de la salle de bal où se tient le jeune Jacob avec son nouveau « flirt », pratique en vogue dans la haute société.

Soixante-dix ans plus tard, Allegra narrera toutefois avec nostalgie son voyage de noces à Constantinople, ses promenades en bateau sur le Bosphore au clair de lune, le jeune couple bercé par les eaux tranquilles de la Corne d'Or, dans l'ignorance radicale de ce qui les attend.

Ces mariés-là seront pourtant très malheureux ensemble. Dans un premier temps, Allegra s'en va vivre dans la patricienne demeure des Modiano au bord de la mer, chez sa belle-mère Clelia. Et cette dernière entreprend de faire son éducation de maîtresse de maison. La belle-mère érudite n'épargne pas à la belle-fille les petites vexations, qui sous le prétexte de la former ne lui améliorent pas le caractère. Bien que perpétuellement révulsée par la nourriture, Allegra maîtrisera cependant à la perfection l'art de la cuisine mi-toscane, mi-ottomane et son *pasteliko* méritera les trois étoiles.

L'ardente passion d'Ugo a un impact presque immédiat, peut-être dès la lune de miel, à l'ombre de Sainte-Sophie et de la Mosquée bleue. Très vite, Allegra est enceinte. Avant sa sœur Marie qui s'est pourtant mariée plus tôt qu'elle. C'est un garçon. Allegra aurait pu triompher enfin. Mais l'enfant qui l'écartèle est déjà rigide. Mort-né.

Pour la première fois, Allegra étouffe de douleur contre son petit. Ugo se détourne dans la grande maison paternelle.

Il ne veut voir personne. On prénomme le jeune mort Andrea, d'après l'arbre familial des Modiano. Andrée sera le prénom qu'adoptera Allegra au cours de l'émigration vers l'ouest. Andrea… Andrée, le nom du deuil, le nom du chagrin, prénom définitif de la nouvelle Niobé. Plus tard, elle exigera qu'on oblitère le nom d'Allegra. Pour Janja et tous les neveux de la famille, elle deviendra la « tante Andrée ».

Le prochain enfant d'Allegra, Rafael, dit Ralph, dit Kiko, naîtra pendant le grand incendie de Salonique. Déjà marqué par le feu.

Dans le même moment, le même feu léchera de ses flammes voraces le berceau de la petite Janja mais finira par épargner la fille de Marie, la première petite-fille du patriarche Maïr, venue au monde l'année précédente.

La naissance de Janja

« Dans le récit que j'entreprends, je ne veux introduire aucun personnage inventé. Ma mère est ma mère. »

Lydie Salvayre, *Pas pleurer*

Ce 12 juin 1916, jour de naissance de son premier enfant, n'est pas un jour de gloire pour Marie. Elle l'aurait tant voulu, ce garçon, qui l'aurait rachetée auprès de son père de s'être entêtée à épouser son cousin désargenté Saby Amon. Mais c'est bien une petite fille qui réclame maintenant avec force le sein maternel. Il faut donc l'allaiter. Marie s'exécute stoïquement pendant deux ans. Il faut aussi lui donner un nom. Janja est le prénom judéo-espagnol de la jeune tante, morte auparavant. Mais Marie tient aussi à un prénom occidental pour sa fille. Justement son frère aîné, la coqueluche des élégantes de Salonique, est venu à son chevet d'accouchée lui raconter ses dernières frasques. Il vient d'apercevoir, à l'une des soirées offertes par les officiers des armées alliées, une jeune et charmante créature répondant au prénom délicieusement britannique de Jenny. Marie, séduite, l'adopte immédiatement.

Dans le foyer de Salonique, l'enfant restera Janja pour Maïr et Oro, ses grands-parents et pour Sarika, la petite bonne qui s'occupe d'elle. À l'arrivée sur le sol français, elle redeviendra, une fois pour toutes, Jenny.

Janja tète avec force un lait qui n'est pas très nourrissant, et reste maigre. Par-dessus tout, son crâne, recouvert d'un maigre duvet blond, désespère sa mère qui rêve d'une chevelure certes flamboyante mais abondante.

— Si tu veux qu'elle ait de beaux cheveux, tu dois la tondre dès maintenant, lui dit sa sœur Allegra. Comme cela, ils repousseront. Blonds mais drus. Tu te souviens de ma voisine de classe à l'Alliance ? Elle a ratissé à zéro toutes ses filles et vois les chevelures magnifiques qu'elles ont. L'aînée vient de se marier et, crois-moi, avec un gros bonnet !

Entièrement rasés, les cheveux de Janja repoussent effectivement très vigoureux… mais très noirs ! Les années et les catastrophes passeront sur cette chevelure un peu trop sémitique. Une décoloration chez un coiffeur des années quarante lui rendra sa couleur originelle. Pour l'instant elle ressemble à sa mère et à ses tantes. Brune et menue comme elles, avec des yeux noirs perçants, qui, chez elle, pétillent de malice et de curiosité.

Mais Janja n'héritera pas en français de leur accent moyen-oriental rocailleux, avec quelques échos chantants de judéo-espagnol. Un accent qui consternait leurs institutrices de l'Alliance. Un accent inimitable qui demeurera, et malgré qu'elles en aient, la marque indélébile de quatre siècles écoulés dans les eaux mêlées ottomanes, gardant intacte, dans les cours, les terrasses et les jardins croulant sous le chèvrefeuille grec, la mélodie de la vieille langue castillane du XVe siècle.

En attendant, c'est bien en ladino, en juif, que la descendante des proscrits de Castille et d'Aragon, des exilés de Grenade et du Portugal prononce ses premières paroles, en ladino qu'elle exprime ses premières convoitises et ses premières peurs. Et Maïr assiste à l'éveil de sa première petite-fille. De plus en plus il pressent qu'elle ne grandira pas dans la vieille cité séculaire où sont nés et morts tous ses pères, aussi loin qu'il puisse se rappeler leurs noms sur les tombes du vieux cimetière.

L'enfant est née à une période stratégique dans l'histoire de la ville. Maïr, attendri devant le berceau, se remémore ses plus récents soubresauts.

Huit ans plus tôt, il a applaudi à la révolution des Jeunes Turcs décrétant l'égalité de tous les sujets de l'Empire, quelle que soit leur religion. Plusieurs de ses proches se sont inscrits dans les cellules du mouvement. Maïr, même s'il ne participe pas à tout, suit les grèves, les manifestations, les harangues, les hymnes à la liberté et pour finir la proclamation d'une charte constitutionnelle. Deux de ses cousins s'enrôlent dans l'armée partie de Salonique pour détrôner le vieux sultan et le conduire en détention dans la villa Allatini, tandis que le nouveau souverain est reçu sous l'arc de triomphe d'Élie Modiano. Et c'est l'ami de Maïr, l'avocat salonicien Emmanuel Carasso, qui lit la proclamation de la déchéance du vieux sultan.

Maïr et les siens ne prennent pas tout de suite conscience qu'ils deviennent citoyens d'une nation. Dans le vieil Empire, les Juifs se soustrayaient à l'obligation militaire en versant l'impôt dit « du sang ». Désormais il faudra s'en acquitter avec son propre sang. Le cousin Isaac de Constantinople a rejoint l'armée turque avec enthousiasme. Il en est revenu meurtri par les mauvais traitements des officiers turcs. Il a enfin compris qu'il n'était plus, lui Juif, qu'un citoyen de dernière zone dans une grande nation.

Quatre ans plus tard, à l'issue de la première guerre balkanique, Maïr a cessé tout à fait d'être ottoman. La cité byzantine des empereurs chrétiens d'Orient, le port ottoman depuis 1453, la Jérusalem juive des Balkans, redevient la ville hellène de Philippe de Macédoine : la Thessalonique grecque.

Et Maïr ? Que devient-il ? Le dilemme, qui se terminera par l'émigration, se pose déjà à lui avec acuité. Car Maïr ne se considère pas plus grec que turc. Il se sent salonicien et tous ses frères juifs de l'ancien Empire ottoman démantelé, de la

Bulgarie à la Serbie, de l'Égypte à la Palestine, se sentiront de même, liés viscéralement à leur lieu d'origine et détachés de ces grands ensembles nationaux qui se constituent. Où ils n'ont plus de place.

L'année suivante, pendant la deuxième guerre balkanique, les Bulgares et les Grecs deviennent ennemis. Une partie des forces bulgares campe dans l'enceinte de Salonique. La ville est en état de siège. Saby se plaira à raconter à son oncle et beau-père l'anecdote suivante.

Un de ses frères, Léon Amon, est fait prisonnier par les Bulgares. Et Saby part en urgence chercher son jeune frère là où il est interné. C'est ainsi que le nouveau Grec Saby s'adresse à la sentinelle bulgare ennemie :

— Pourrais-je voir mon frère, le soldat Léon Amon ?

— Tu parles le juif, toi ? demande la sentinelle bulgare, qui détecte l'accent.

— Oui.

— Alors tu es des nôtres... Tu rentres... tu sors... avec ton frère... J'ai rien vu.

Et c'est ainsi que le Salonicien Léon Amon quitte sa geôle avec son frère Saby, sous l'œil débonnaire du « cousin » bulgare et sépharade.

Nouveau syndrome quand c'est le pays qui change d'hommes et non les hommes qui changent de pays. En trois semaines, la Salonique turque et juive devient ou redevient grecque. Le reste suit progressivement. D'abord on éradique la présence ottomane en détruisant les minarets des mosquées. Les nouveaux maîtres des lieux font la guerre au fez, qu'arborent également musulmans et juifs. Les employés des chemins de fer qui le portent seront même menacés de licenciement. Et, bien avant l'échange officiel de populations entre Grecs et Turcs en 1923, les musulmans commencent à faire leurs bagages.

Le judéo-espagnol, le vieux ladino, a vécu. Maïr Benveniste, qui habite sa langue comme sa patrie, tentera de l'emporter dans l'exil à la semelle de ses souliers, ainsi que l'avaient fait ses ancêtres après l'expulsion. Et pourtant… la langue de Victor Hugo sera la plus forte.

Non seulement l'idiome de la ville change mais aussi les noms des rues. La grande avenue ottomane Hamidié est rebaptisée « avenue de l'Union », puis « du Prince-Constantin », puis « du Roi-Constantin », puis deux fois « de la Défense-Nationale » et enfin « de la Reine-Sophie ». Quand les réfugiés grecs d'Anatolie et de mer Noire, remplaçant les Turcs, affluent, comme les Sépharades d'Espagne quatre siècles plus tôt, ils rebaptisent leurs nouveaux quartiers des noms des lieux qu'ils viennent de rendre aux Turcs. Neapolis s'inspire par exemple de Nef-Sheir en Cappadoce. Le repos dominical est institué. Et les Juifs devront travailler le samedi.

Que faire lorsqu'on devient du jour au lendemain étranger dans sa propre cité ? Chacun réagit à sa manière. Edgar Nahum, père du futur Edgar Morin, reste salonicien et voyage avec ce passeport d'une communauté disparue. Les oncles de Solal inventent la citoyenneté du N'importe quoi : « Pourquoi le passeport de son grand-père mort depuis quarante ans ? Prudence. On ne sait jamais. Un passeport est toujours utile à garder. Et d'ailleurs n'est-il pas dit que les morts ressusciteront ? Et de quelle nationalité était-il à propos ? Il regarda son passeport. Ah oui, citoyen hellénique. Drôle. Certains d'entre les Valeureux brandissaient des succédanés de passeports. Mangeclous s'était muni de la carte de visite d'une actrice française ; Salomon du permis de chasse d'un Anglais décédé ; Mattathias d'un billet de confession. Et à la grâce de Dieu ! Nous n'avons pas envie d'engraisser les consulats ! »

Quant à Maïr, l'hellénisation après les quatre siècles ottomans lui fait peur. Avec d'autres notables juifs, il a même proposé une alternative à la Thessalonique grecque : que Salonique devienne un petit État autonome garanti par les grandes puissances. Cette internationalisation de la ville a été sérieusement envisagée à Vienne avec des émigrés Jeunes Turcs et des intermédiaires musulmans *deunmès*, provoquant l'ire des Grecs. Car Maïr n'est ni communiste, ni socialiste, ni sioniste, ni hellèniste avec Venizélos. Il est « alliancist », inconditionnel de l'Alliance israélite universelle. Et il le prouvera en partant *a Francia*.

C'est alors que les puissances européennes, évincées en même temps que leurs vieilles capitulations, volent au secours de leurs anciens protégés et offrent assistance et passeports aux juifs et aux musulmans. En six mois, vingt-quatre mille Juifs changent de nationalité pour éviter de devenir grecs. La vieille nostalgie ibérique s'est réveillée. Elle sera encouragée par des décrets, d'abord portugais puis espagnol, facilitant la naturalisation des descendants des proscrits.

Maïr Benveniste et ses fils Rafo, Pepo et Momo choisissent la nationalité espagnole.

Saby et ses frères, les Amon, deviennent portugais.

Ugo Modiano reste italien.

Les femmes suivent la nationalité de leurs époux, Marie l'espagnole, Allegra l'italienne, Nelly, la plus jeune des filles Benveniste, la grecque.

La diaspora familiale distribue au petit bonheur la chance les différentes nationalités et passeports afférents. Une fois en France, Saby Amon demandera sa seconde naturalisation, son beau-frère Pepo Benveniste aussi. Les autres non.

Dans les années quarante, cette sélection en forme de loterie en induira d'autres plus tragiques et chaque passeport deviendra une destinée. Mais comment les Benveniste pourraient-ils l'anticiper ?

Le regard de Maïr, le patriarche, se perd dans cet avenir confus qu'il ne discerne pas encore, tandis que la petite Janja quitte sa couche de bébé pour s'élancer à pas résolus vers son propre destin, passant à travers le grand incendie pour s'installer dans la belle maison de ses grands-parents qui a échappé aux flammes.

Car ils ne partiront pas tout de suite. Et pas tous. L'émigration sera longuement préparée, par groupes. Les aînés d'abord. Puis le patriarche avec les autres. Dans la maison de la *nona* Oro résonneront encore les gazouillis et les rires en cascade de la petite Janja. Entre le Grand Feu de 1917 et le départ de 1921, il s'écoulera quatre années pendant lesquelles Janja se métamorphosera en une petite fille espiègle et curieuse de tout, avant que n'arrive son tour d'exil.

Le *pazvan*

La petite Janja, qu'on voit juchée sur un tabouret, avec un gros nœud dans les cheveux sur la première photo de Salonique, est encadrée plutôt qu'entourée par son père et sa mère. Si Marie passe une main sur l'épaule de sa fille pour l'empêcher de tomber, Saby, campé sur ses jambes et les bras ballants, les ignore toutes les deux. Heureusement qu'il y a *nona*. Tous les trois vivent maintenant chez elle, et chez Maïr. Certes Marie n'a pas caché son immense déception à la naissance de ce bébé. Avoir une fille comme premier enfant dans les deux clans, c'est une horrible frustration. Mais avoir un garçon et le perdre comme Allegra, c'est vivre, dans sa propre chair, la malédiction divine. Par un retournement de destinée, le 5 août 1917 marque d'une pierre noire celle des sinistrés de Salonique et d'une pierre blanche celle d'Allegra qui reçoit enfin dans ses bras son nouveau fils vivant, le petit Kiko.

Allegra a enfin supplanté sa sœur. Elle est l'heureuse mère d'un fils aîné. Et Kiko, né un an après Janja, sera son véritable frère. Marie emmène souvent sa fille rendre visite à sa sœur Modiano dans leur villa du bord de mer. Les deux enfants s'apprivoisent, se poursuivent, se chamaillent et se chériront jusqu'au bout. Janja, malgré la froideur croissante de ses parents qu'illustre la photo, ne manque pas de tendresse. Le grand-père Maïr est attaché à sa petite-fille et lui-même ne sera pas non plus en reste de garçons. Quant à Oro qui fut une mère autoritaire et possessive, elle s'attendrit devant cette fillette si éveillée et si drôle.

Ce sont ses grands-parents qui s'occupent avant tout de l'élever. À l'orientale, sans rigueur. Oro, que Janja appelle *nona,* est illettrée mais elle fait remarquablement la cuisine. L'enfant la suit partout et l'observe dans ses activités domestiques. À la maison, il y a trois bonnes qui turbinent du matin au soir. Mais pour sa petite-fille, *nona* Oro n'hésite pas à confectionner elle-même les *tajikos de almendra*, friandises en principe réservées à la grande fête de Pessah, la Pâque juive. Parfois la grand-mère se lasse de l'enfant collée à ses pas :

— Va demander à ton grand-père de te donner un peu de *nesteakí.*

Nesteakí, autrement dit *no está akí.* Une façon de dire : « Va voir là-bas si j'y suis. »

L'enfant court chez le patriarche chercher la mystérieuse substance, parfois se heurte à l'autre grand-mère, Reyna, sœur de Maïr et mère de Saby, parente pauvre qui vient jouer au rami avec sa belle-sœur pour l'occuper. Maïr est un membre épuisé du conseil communal. Il a bien trop à faire avec le logement des sans-abri et les difficiles affaires de la communauté pour distribuer du *nesteakí.* Et la petite fille, courroucée, va et vient de l'un à l'autre, avant de retourner à l'office, attirée par les odeurs exquises qui se dégagent des fourneaux où s'activent Perla, Luna et surtout Sarika qui ne cache pas son faible pour l'enfant unique.

Ce jour-là est le grand jour de cuisine où l'on prépare les repas pour deux semaines à l'avance. Sarika commence par griller les aubergines avant de s'attaquer à la *berenjena asada*, un plat de quatre heures. L'aubergine est la reine de cette alimentation hispano-ottomane et figure dans les trois quarts des plats. Sous le nez de la petite gourmande, Sarika fait bouillir pendant une heure dans un peu de bouillon un morceau d'entrecôte de bœuf, puis elle y ajoute l'aubergine, dépouillée de sa peau et attendrie par le brasier, qui cuira une autre heure dans la vapeur. La phase suivante est dévolue aux petites boulettes de viande composées moitié de bœuf, moitié de veau, d'œuf et de mie de pain, tandis que la dernière étape est consacrée à faire fondre la tomate fraîche. Sarika n'oublie pas l'oignon qui lui tire bien des larmes, mais qui fait partie des préparations sépharades rituelles alors que l'ail n'y figure pas. L'ail n'est bon que pour les Ashkénazes dont on désigne le temple sous le nom de *kal del ajo*, la « synagogue de l'ail ». Au bout de cinq heures, le plat entièrement cuit à la vapeur se conservera au frais pendant des jours.

— Janja, petite *Janum*, chuchote Sarika, tu veux une boulette toute chaude ?

L'enfant, ravie, tend son assiette minuscule et reçoit le morceau de viande juste sorti de la friture fraîche. Pendant ce temps, Perla creuse les aubergines échappées à la flamme, les tomates, les poivrons, les courgettes, elle les farcit, les fait revenir dans la poêle et les arrose de tomate fraîche avant de les enfourner pour deux heures. D'autres aubergines passées au feu de bois répandent une odeur délicieuse de grillé avant de se transformer en salades ou en farce pour les *borekas*, familièrement nommées *borekitas*, et le *pasteliko*. Les cœurs d'artichauts sont dépouillés de leurs feuilles et de leur foin à cru. Puis Luna recueille la partie comestible des feuilles qui fondra lentement avec les cœurs, dans un coin de la cuisinière, « à l'orientale ». Sarika maintenant s'affaire sur les œufs marron ou *uevos haminados*, les ragoûts de viande aux fèves ou aux pois chiches et sur les *fijones*, aux haricots blancs secs.

Janja sait qu'aujourd'hui n'est pas le bon jour pour les friandises qu'on prépare principalement pour les fêtes et pour les invités et qu'on enferme dans un petit placard odorant interdit aux enfants. Elle s'y est parfois aventurée avec la complicité de Sarika et elle y a subtilisé un des biscuits en couronne appelés *roskas*, francisées en « rosquettes », entre les figues et les dattes farcies aux amandes et aux noix, les *tajikos de bimbryo* ou losanges de pâte de coings, les petites oranges amères pelées et confites appelées *narankitas* ou le délicieux massepain.

La fillette doit rapidement faire son choix car Oro, ou Marie, rôde et Sarika ne veut pas se faire attraper avec l'enfant dans le lieu prohibé. Janja ne mettra donc pas son doigt dans les pots de confiture de roses qui voisinent dans le placard avec le *charope blanko*, marmelade blanche à base de sucre et de citron. Janja sait qu'au déjeuner elle refusera le *mallebi,* ce yaourt au goût lacté qu'elle déteste et qu'on ne lui impose pas, mais qu'il faudra attendre la prochaine fête pour déguster du *sotlatch*, crème de lait saupoudrée de cannelle à l'eau de rose et au riz. Au dîner, elle aura le droit de consommer avec sa grand-mère et sa mère un verre de sirop de pruneaux, de griottes ou de pâte d'abricots tandis que les hommes de la famille boiront du raki.

Lorsque Janja ne goûte pas aux plats, elle insiste pour regarder comment on les prépare. Perla et Luna voudraient bien chasser de leurs jupes la petite gloutonne mais la *nona* intervient :

— Il faut bien qu'elle apprenne… pour son futur mari.

Les œufs marron, cuits au four pendant des heures dans la pelure d'oignon, le marc de café et de nombreux ingrédients qui les brunissent et les imprègnent d'arômes, forment l'un des piliers de la cuisine sépharade salonicienne. L'autre pilier est le *pasteliko*, tourte collective, et sa composante, la *boreka* individuelle. Selon cet autre Salonicien, Edgar Morin, fils de Vidal Nahum qui connut peut-être Maïr Benveniste, les ancêtres ont savouré ces petites merveilles pendant plus d'un millénaire en Espagne et les ont apportées à Salonique, *echo de las manos benditchas de las madres* (faites par les mains bénies de la mère), avant qu'elles ne subsistent comme noyau matriciel, « seul survivant, dans le monde français et gentil, du monde englouti de la Salonique sépharade ».

Ce noyau viscéral est relié aux papilles, et la cuisine, c'est ce qui demeure quand tout le reste a disparu. Janja qui allait devenir ma mère ne voudrait au début rien me transmettre. Ni sa religion. Ni son histoire. Ni sa langue. Mais elle m'a appris à faire les *borekitas* qu'elle francisait en une espèce de néologisme barbare, les « bourikis ».

Pour l'instant elle se goinfre, la première enfant de la famille, de ces *borekitas* délicieuses et elle se fait dorloter par ses trois oncles Benveniste et ses quatre oncles Amon. Sa jeune tante Nelly, qui n'a que dix ans de plus qu'elle et qui étudie à l'école en français, narre à sa nièce les contes de Perrault, lui récite les fables de La Fontaine, le soir avant de se coucher, et lui déclame *L'Enfant grec* avec force effets de voix. À trois ans Janja babille déjà en deux langues. Avec *nona*, le judéo-espagnol. Avec ses tantes et sa mère, le français.

Janja écoute, et retient pour toute sa vie les bribes des conversations entre ses parents, ses grands-parents, les bonnes qui, elles, ne comprennent que le juif, et ses oncles et tantes. Pour l'heure, ces jeunes adultes occupent encore joyeusement la maison salonicienne où ils parlent un jargon mêlant vieil espagnol et français, voire italien, allemand ou anglais. Sarika, Luna et Perla, elles, ne s'expriment que dans le vieil idiome ladino. C'est dans cette langue que Sarika chante à l'enfant les romances et les berceuses venues de Castille, d'Aragon ou d'Andalousie, dans cette langue qu'elle lui raconte les histoires qui ont traversé les frontières et les âges, dont la préférée de la petite évoque la clé de la maison d'Espagne que les fugitifs ont emportée avec eux dans leur exil.

« *Onde esta la yave ke estava en kashon ? Miz nonus la trusheron kon grande dolor. De su Kaza de Espanya, de Espanya.* Où est-elle mais où est-elle la clé qui était dans le tiroir ? Mes aïeux l'ont emportée avec tant de douleur. De leur maison d'Espagne, d'Espagne », dit la chanson de Flory Jagoda. Elle est passée, cette clé, de fils aîné en fils aîné, mais un soir, elle est tombée droit dans le rêve d'une petite fille qui a décidé de partir, par-delà la mer, retrouver la serrure perdue.

Et dans sa petite chambre qui jouxte celle de sa mère, la petite Janja s'endort dans la lumière douce d'une lampe à huile, bercée par le *pazvan*, veilleur de nuit qui arpente les rues jusqu'aux premières lueurs du jour, scandant les heures avec son gourdin à bout ferré qui frappe les dalles granitiques enchâssées exprès dans les pavés. À mesure que la nuit s'avance, le nombre de coups va croissant, d'après l'usage oriental qui compte les heures du coucher du soleil à l'aurore, et non d'une méridienne à l'autre.

Le temps n'a pas changé de voix depuis les belles heures de la Castille. Il s'est simplement déplacé. Le *pazvan* turc ou albanais a remplacé le *sereno* andalou ou castillan qui berce le sommeil des juiveries espagnoles, réveille l'artisan pressé de se mettre au travail ou court chercher la sage-femme aux premières douleurs de la mère en gésine. Le soir du shabbat, cet homme à tout faire vient éteindre les lampes et, le samedi matin, allumer le brasier, activité interdite aux croyants. En cas d'incendie, il lance son cri d'alarme : « *Yanguin var !* Au feu ! » Un cri qui la dernière fois n'a pas suffi à trouver l'eau.

Oui. La veille du grand départ de Salonique a ressemblé comme une sœur à la veille du grand départ de Tolède ou de Grenade. Un même carillon vivant a égrené les dernières heures de la dernière nuit avant l'exode. Et les quatre siècles de présence des Benveniste se sont lentement désagrégés, mélangeant leur poussière aux cendres du Grand Feu.

Le grand départ

— Ton fils est à la gare, lance à Maïr un émissaire de son aîné Rafo Benveniste. Stavros le cherche pour le tuer.

Rafo a vingt-huit ans et le sang chaud. Sa dernière maîtresse – est-ce un hommage aux nouveaux maîtres de la ville ? – est une superbe Grecque aux seins durs, aux yeux clairs, à la longue chevelure aux reflets roux. Elle est aussi pourvue d'un mari à la détente facile. Il a vécu les guerres balkaniques et la Grande Guerre qui vient de se terminer. Et il a des armes et de l'esprit belliqueux à revendre.

Vite. On apporte à l'enfant prodigue une valise avec quelques *borekas* en réserve et du linge de rechange. Vite. Le train s'éloigne, l'emmène vers l'Occident. Dans quelques jours, Rafo sera dans les capitales des plaisirs et pourra faire la nique aux maris sans risquer sa vie. Pendant ces jours et ces nuits où son fils s'éloigne par train, par bateau, par tous les moyens, Maïr réfléchit. Voilà peut-être qu'est fournie à la famille l'occasion dont il rêve depuis l'incendie et même avant, pour laquelle il suit depuis des années des cours de français le soir.

Sa fille Marie n'est pas moins insomniaque. La fuite de Rafo est un signe du destin. Son frère préféré, son grand frère, est celui qui la délivrera de la geôle familiale. Et Marie conçoit une stratégie qu'elle poursuivra sans relâche pendant les trois années à venir, dont le but est le départ, le grand départ, de sa propre petite famille.

Rafo s'arrête d'abord dans une cité italienne où il vit quelque temps en heureux célibataire avec d'autres jeunes gens qui commencent à fuir la Thessalonique grecque et la Turquie qui cesse d'être ottomane. Il fréquente les cafés, court à la Scala de Milan écouter Caruso et oublie son égérie grecque dans les bras de jeunes Italiennes aux maris plus conciliants. Mais un autre empêcheur de danser en rond, Benito Mussolini, fourbit à son tour d'autres armes et prépare sa marche sur Rome. C'est décidé : Rafo accepte de se ranger, dans la Ville Lumière où il précédera le reste de la famille. Et Maïr consent à envoyer à son fils aîné les fonds nécessaires pour qu'il puisse ouvrir une affaire de tissu, avec son neveu Rajah.

Marie ne l'entend pas de cette oreille. Elle ne supporte plus la cohabitation familiale. Et son mari Saby ne gagne plus sa vie dans l'affaire du beau-père et veut devenir indépendant. Alors, dès qu'il met un pied dans sa maison, la jeune femme harcèle son père, en multipliant les scènes et les injonctions qui commencent toutes par : « *Sinyor padre, ke aga alguna koza, no puedo somportar mas !* Père, faites quelque chose, je n'en peux plus ! » et se terminent par : « Saby est prêt, Rafo l'attend. Car *mi kerido* Rafo, mon cher frère, ne veut pas entendre parler de ce *buzdro* de Rajah comme associé de notre famille. *Sinyor padre*, vous devez choisir entre votre fille et votre frère. »

Maïr, qui est un brave homme et qui aime sa fille, lui fait savoir qu'il l'a déjà choisie une première fois et qu'il l'a laissée épouser qui elle voulait. Il la choisira une deuxième fois. En septembre 1920, Saby Amon est le deuxième à quitter Salonique pour devenir l'associé de son beau-frère Rafo dans un magasin de tissu en gros nommé « Benveniste et Amon ». À Paris, il s'emploie à lancer leur affaire et à préparer le terrain à sa femme et à sa fille qui font à leur tour le voyage entre hiver et printemps 1921.

C'est donc par un jour ensoleillé du mois de mars que Marie Benveniste et la petite Janja, qui a presque cinq ans, regardent pour la dernière fois la maison de la rue Venizélos où elles viennent de vivre plusieurs années. Janja tient très fort la main de Sarika qu'elle a décidé de ne pas lâcher. Cela fait près d'une semaine que Sarika et Oro se sont activées dans la cuisine pour préparer les provisions de bouche qu'emportera la petite tribu vers l'exil. On a fait des *borekitas* pour cinq jours, des boulettes de fèves, des feuilletés et des tourtes au fromage, des pâtés de viande, des rosquettes, des biscuits aux noisettes, des craquelins au sésame et des cédrats confits. Oro s'est levée avant l'aube pour confectionner, avec les précieux *tajikos de almendra* frais, le viatique de sa petite-fille.

Puis, accompagnées de Maïr et Oro, de Reyna, mère de Saby, des frères et sœurs Benveniste et des frères et sœur Amon, Marie et sa fille se sont dirigées vers la gare où le Simplon Orient-Express attend sa cargaison de voyageurs, avec leurs malles en osier, dans lesquelles Marie a pris soin de ne pas oublier la précieuse coupelle ottomane en argent ciselé de sa grand-mère Myriam. Janja garde toujours dans sa main serrée celle de Sarika qui ne retient pas ses pleurs. La locomotive du SOE, beau train portant en français l'enseigne de la Compagnie internationale des wagons-lits, va bientôt vrombir et les emporter vers des villes aux noms mythiques dont les dernières gares se nommeront Lausanne et Dijon, avant d'arriver au terminus : Paris, gare de Lyon.

Accueillie par le personnel qui porte l'uniforme marron de la Compagnie, toute la famille a défilé dans les wagons de tek brun et la voiture-restaurant, semblable à celle de la signature de l'armistice trois ans auparavant. Les voitures ont souffert de l'absence d'entretien pendant les années de guerre. Le restaurant a perdu sa réputation d'autrefois, quand le ravitaillement ne relevait pas comme maintenant de jeunes et instables États-nations. Et Marie et sa fille préféreront les provisions familiales au demeurant moins coûteuses. L'Empire ottoman n'est déjà plus depuis deux années et cela fait à peine dix-huit mois que le service du tout nouveau Simplon Orient-Express a été mis en place.

Janja hurle tandis qu'on dégage brusquement sa main de celle de Sarika qui sanglote. Oro verse une larme tandis que sa petite-fille s'éloigne en agitant son grand mouchoir blanc, longuement, bien après que les silhouettes de Sarika et de *nona* ont rapetissé peu à peu jusqu'à devenir deux points à l'horizon, avant de disparaître. Alors Janja pleure beaucoup, sermonnée par Marie, qui finit par trouver une diversion :

— Tu veux qu'on ouvre les provisions de *nona* ?

Les *borekitas* auront raison de son chagrin.

Et tandis que chaque tour de roue l'éloigne un peu plus de la Macédoine et de sa Jérusalem, l'enfant se laisse captiver par la variété des paysages qui la font passer, du levant au couchant, de l'Orient à l'Occident, la conduisant vers des contrées qu'elle porte, à son insu, dans ses gènes.

La traversée de la toute jeune Yougoslavie est lente à cause de la remise en état du réseau ferré et des travaux de réfection. Le personnel des chemins de fer yougoslaves est méfiant, dépassé par son nouveau statut. Après la jonction de Nish, l'Orient-Express arrive en gare de Belgrade et tout le monde descend. Janja et Marie sont accueillies quelques heures chez des parents accourus à la gare et curieux de ces prestigieuses cousines de Salonique qui rejoignent la Ville Lumière. Et puis c'est le retour dans le wagon-salon qui le soir se transforme en couchette. Vinkovci, Ljubljana, Zagreb, Trieste.

— *Kuando vamos a yegar ?* Quand est-ce qu'on arrive ? gémit Janja qui veut voir Sarika, qui veut voir *nona,* qui veut qu'on lui raconte une histoire.

Le relief est hostile, on roule des centaines de kilomètres sur voie unique. Il y a des averses, des vents violents, des canicules, des congères, des pluies de grêle. Les frontières sont instables. Les pays se succèdent. Les douaniers et les policiers des différentes nations se montrent nerveux, parfois inquisiteurs. Et l'Italie est menacée de grèves. C'est une Europe toute neuve que traversent Marie et Janja, une Europe bâtie sur une illusion de paix, mais une Europe ouverte qui entraîne vers le nord les voyageurs du Levant. Dans un haut-parleur, une voix italienne annonce *Milano.* À partir de Domodossola, le train franchira le tunnel du Simplon, ouvert depuis 1906, et ressortira à Brigue en Valais.

— *Kuando vamos a yegar ?* gémit Janja, intimidée par le long tunnel à deux galeries et étonnée par la grisaille qui envahit soudain le ciel de la Suisse.

Après la gare de Lausanne, on traverse Dijon.

— *Kuando vamos a yegar ?* s'étouffe la voix de Janja, un peu remontée par les chocolats au lait suisses, mais qui veut toujours voir Sarika.

Et soudain, tandis que Janja s'est enfin endormie, dans le dernier cahot du train, c'est le terminus : PARIS.

— Nous sommes arrivées, dit Marie. Et rappelle-toi qu'à partir de maintenant, tu t'appelles Jenny.

Les pierres qui parlent

A Francia... Trois ans plus tard, en 1924, Maïr Benveniste, muni de son passeport espagnol, quittera à son tour Salonique avec sa femme Oro et leur dernière fille Nelly, chargeant ses deux fils Pepo et Momo de liquider ce qui reste de biens. J'essaie d'imaginer le dernier regard qu'il porte sur sa ville à l'aurore ou au soleil couchant : la baie de Salonique avec, à l'ouest, le port naguère si industrieux, face au jardin public, à l'est la Tour blanche qui flanque le cimetière, *leur* cimetière, le saint temple où demeurent toujours les pierres tombales de Rafael et Myriam, de Juda Senior et Samuel Meïr, *las piedras ke avlan* (les pierres qui parlent). Derrière lui, Maïr laisse la jeune Sarika qui aimait tant la petite Janja et beaucoup de parents et de proches, d'anciennes camarades d'école de Marie et ses sœurs, des nouveau-nés, des amoureux, des ancêtres et des morts plus que séculaires.

Dans une décennie, au nom de la « volonté collective des Macédoniens », le cimetière juif sera déblayé pour permettre l'extension du campus de l'université et plus de mille dépouilles seront transférées dans une autre zone du cimetière. Les nazis détruiront ce qui en reste à partir de décembre 1942. Quant aux vivants demeurés à Salonique, les Benveniste, les Amon et tous les autres, elles et eux ne seront bientôt plus que des noms, puis des numéros sur les listes des convois qui rouleront vers les camps de la mort, les sinistres expérimentations médicales et la cruauté organisée.

À l'aune de la grande histoire, la Jérusalem des Balkans n'était qu'une parenthèse au carrefour de deux empires, une minorité qui ne régenta qu'une cité, un rêve de terre promise qui se terminerait dans un cauchemar. Aujourd'hui ses traces se sont à peu près évanouies dans la Thessalonique grecque qui peine à se souvenir même du maître ottoman. Seule en témoigne cette carte postale réalisée pendant la Première Guerre mondiale. Un jour un négationniste quelconque finira par nier que cette ville-là ait jamais existé, que des Hébreux s'y soient jamais sentis chez eux, et qu'on y ait parlé une langue étrange qu'on avait fini par nommer le « juif ».

Jenny ne reviendra jamais dans sa ville natale, pas plus que Maïr ou Marie. Mais moi, leur fille, leur arrière-petite-fille et leur petite-fille, un jour j'y retournerai.

II

A Francia… Une jeunesse parisienne

« Du passé, nous nous sommes donc affranchis, du moins en ceci que, condamnés toujours à le connaître exclusivement par ses traces, nous parvenons toutefois à en savoir sur lui beaucoup plus long qu'il n'avait lui-même cru bon de nous en faire connaître. […] C'est, à bien le prendre, une grande revanche de l'intelligence sur le donné. »

Marc Bloch, *Apologie pour l'histoire ou métier d'historien*

« Je rends mon tablier »

— Messieurs les voyageurs, vous êtes arrivés en gare de Paris.

Paris. France… Janja ouvre tout grands les yeux et toutes grandes les oreilles et tout grand son petit nez d'Orientale accoutumé à des arômes plus épicés. Ici point de moiteurs. En ce 21 mars 1921, c'est un soleil exceptionnel et resplendissant qui accueille plutôt joyeusement les voyageuses.

Saby Amon attend à la gare avec l'oncle Rafo. Elle reçoit deux baisers distraits, assortis de ce geste, familier chez les Levantins, qui consiste à pincer et à tordre la joue des petites filles avec une mâle brutalité, une manière impudique de tester le potelé d'une joue enfantine pour s'assurer des autres rondeurs à venir.

Janja est poussée avec Marie dans un taxi parisien où le chauffeur parle français avec un accent différent de celui auquel elle est habituée. Elle ne sait pas encore que cette prononciation est inhabituelle en France : l'homme qui les conduit est en fait un prince russe que la révolution de 1917 a lui aussi déplacé, et qui gère son nouveau fief de rues parisiennes avec une élégance joviale et mélancolique. Janja écarquille ses yeux perçants et reconnaît la tour Eiffel. Passé les Invalides et l'École militaire, le cousin lointain du tsar arrête son véhicule au 6 de la rue Léon-Vaudoyer, à la limite du 7e et du 15e arrondissement.

— Bonjour, madame Amon. Bonjour, mademoiselle Jenny.

Elle est là sur le pas de la porte de l'appartement au rez-de-chaussée. Annie ! La cerbère, cette nouvelle domestique engagée par Rafo pour la famille de sa sœur Marie.

Annie salue mais n'embrasse pas. Et enjoint à « mademoiselle Jenny » d'aller se laver les mains avant de se mettre à table et de découvrir sa nouvelle chambre. L'appartement, ancienne garçonnière de quatre pièces, tout de même moins beau que celui de Rafo qui habite au troisième étage, a été entièrement remeublé par l'oncle. L'entrée, la salle à manger et la chambre de Saby et Marie donnent sur la rue. Au bout d'un long couloir, la cuisine précède deux chambres à coucher. Dans la première s'installeront les futurs nouveaux arrivants. La seconde est la chambre de Jenny… et Annie.

Au coucher, Jenny réclame à sa mère une « histoire de Sarika », assortie ou suivie de quelques chansons en judéo-espagnol.

— Pas question ! déclare Annie. À cinq ans, on n'a plus besoin de ces caprices. Ce n'est pas digne d'une enfant bien élevée.

Marie proteste faiblement, arguant de l'habitude, du changement.

— Pas question ! Si Madame n'est pas d'accord, je rends mon tablier.

Cataclysme… Rafo fronce un sourcil, Saby chapitre sa femme à mi-voix en ladino. Ici on n'est plus en Orient. La petite doit s'accoutumer à se laver, s'habiller et s'endormir seule.

Annie a gain de cause, prélude à d'autres affrontements entre patronne et celle qu'on appelle alors « bonne d'enfant ». Elle arrive en droite ligne d'un couvent de Vesoul, tenu par ses tantes religieuses. Elle est pauvre mais connaît les bonnes manières et c'est elle qui régentera la maison.

Cinq minutes plus tard, c'est l'extinction des feux. « Mademoiselle Jenny » est laissée toute seule dans l'obscurité de sa nouvelle chambre, elle qui avait toujours une petite lampe à huile allumée pour l'endormir.

— Pas le noir… Pas le noir

Janja hurle, puis pleure longuement, appelle Sarika, puis sa mère et sa *nona* qui n'aurait jamais toléré qu'on la traite comme ça, qu'on lui retire toute la lumière.

Mais Annie reste ferme :

— Pas question ! Que Madame ne s'avise pas d'aller la consoler en cachette ! Ou je rends mon tablier !

Annie et l'oncle Corentin

— Mademoiselle Jenny. Vous terminez votre lait.

Jenny, photographiée ci-dessus à Paris, contemple, les yeux dans le vague, le bol blanc empli d'un liquide beige, sur lequel flotte une couche épaisse, toute plissée et peu ragoûtante.

Elle proteste faiblement :

— Mais… Annie ! J'ai déjà mangé la tartine.

Dure est la tartine de gros pain déjà rassis sur laquelle d'épaisses couches de beurre font concurrence à la mie et donnent envie de tout rejeter. Jenny l'a avalée pourtant par toutes petites bouchées en essayant de penser à autre chose… par exemple à sa visite chez tantine, ce jeudi, où elle verra ses cousins, qu'elle attend avec tellement d'impatience.

— Mademoiselle Jenny, vous terminez votre lait ou j'appelle votre oncle.

Jenny frémit. Quand il se fâche, l'oncle Rafo est une terreur pour une toute petite fille. Elle sait que sa mère ne résiste pas plus à son frère qu'à Annie et que ces deux derniers ont partie liée contre elle. Elle boit une cuillerée, n'osant pas approcher de ses lèvres le bol exécré.

— Quand j'étais petite à Vesoul, on ne faisait pas tant de manières ! Encore moins chez les bonnes sœurs. Il n'y a que les enfants de riches pour cracher comme ça sur la nourriture que le Bon Dieu nous envoie.

Jenny ferme les yeux pour retenir ses larmes, avance sa cuiller et en frappe la surface du bol. Du liquide surgit qui se répand sur la toile cirée. Annie bondit.

— Et elle fait son caprice maintenant. Monsieur Rafo ! Monsieur Rafo !

Justement la porte de l'ascenseur claque. L'oncle Corentin. Ah non ! Pas l'oncle Corentin !

— Monsieur Rafo... je ne sais pas ce que cette enfant a dans le ventre. Impossible de lui faire avaler son petit déjeuner... Et elle en a mis partout.

— Jenny !

L'oncle a naturellement une voix de stentor. Quand il gronde, on a l'impression qu'un cortège de lions entre en rugissant dans la cuisine. La petite fille se terre.

— Pourquoi ne veux-tu pas de ton lait ?

Jenny s'enhardit à rappeler à l'oncle le paradis perdu.

— Je voudrais... des *tajicos*... ou même du *sotlatch*...

Comment ose-t-elle ?... et devant la bonne française pardessus le marché !

— Tant que tu n'auras pas tout bu jusqu'à la dernière goutte, tu n'iras pas chez tantine. Tu m'entends ? Et arrête de pleurnicher ! On n'est pas à Salonique ici !

Hélas, l'enfant ne le sait que trop. Sarika, la *nona*, ses *tajicos* et ses *borekitas* sont restés sur le port lumineux au pied de la Tour blanche. Ici, dans cette ville maussade et pluvieuse, sa mère se soumet à tous les diktats d'Annie ; son père, absorbé par ses affaires et celles de la communauté, sait à peine que sa fille existe. Son petit cousin Kiko, fils d'Allegra, qui partage quand il est là sa détresse et sa peur de l'oncle Corentin, habite loin de Paris. Janja est loin. Jenny est seule.

Alors elle prend son courage à deux mains, réfrène ses larmes et son dégoût et avale en une fois la potion amère, avec la peau du lait froide qui se colle à ses dents.

Annie et Rafo la contemplent un instant, rassérénés, sûrs de la victoire que les adultes finissent toujours par remporter sur les enfants.

Mais l'estomac ne suit pas, le liquide ne reste pas dans le conduit, qui le rejette bruyamment... Et Jenny de vomir longuement la potion ingrate qui lui sort par la bouche, par le nez et par tous les pores, expulsant l'interdit dans le bol qu'elle a agrippé à deux mains pour ne pas tacher la table. Puis, terrorisée par ce qu'elle vient de faire, se cache la figure entre ses mains souillées.

La colère d'une grande personne ne connaît pas de borne quand elle se heurte à l'enfant qui la défie. Celle de Rafo, que Jenny et Kiko nomment l'« oncle Corentin », à cause de *Bécassine*, l'album illustré qu'ils savourent en cachette, est démonstrative et orientale. Celle d'Annie est froide. Mais c'est ensemble qu'ils découvrent le châtiment commun.

— Ne crois pas que tu vas t'en tirer à si bon compte, petite impertinente...

— Vous ne recevrez pas d'autre nourriture que celle-là. Les fortes têtes, on les mâte.

Annie sait de quoi elle parle. Elle-même a été à bonne école, entre la ferme et le couvent.

Et le bol attend Jenny, trois fois trois jours, sur la table de la cuisine, rue Léon-Vaudoyer. Rafo aurait peut-être fini par céder mais Annie tient bon. Plus respectée encore que le fils aîné, la bonne française est l'instrument d'une assimilation qui n'aurait pu se faire dans les tréfonds du quotidien sans elle. Et c'est en buvant la coupe jusqu'à la lie que la petite Salonicienne commence à devenir une Gauloise authentique, qui préférera plus tard se rendre malade que de laisser des restes. Le « dragon » Annie fait de Marie et de sa fille non des Franco-Françaises de souche, mais des aspirantes dociles à la francité la plus pure. Les sœurs Benveniste apprennent à préparer la blanquette de veau ou la mousse au chocolat à l'orange. Et elles gardent pour elles et leurs maris l'art de faire des *borekas*, en cachette, le jour de congé de la cuisinière.

À dater de ce jour, Jenny refuse obstinément la nourriture et frôle l'anorexie jusqu'à l'arrivée de ses grands-parents. La *nona* avait quitté une petite fille rieuse aux joues rondes. Elle retrouve un échalas, tout en jambes, à qui il faudra confectionner bien des *borekitas* pour lui faire reprendre des couleurs et des formes.

Comment Jenny devint une petite Française

La première école de Jenny est le cours Bouchut, un jardin d'enfants payant qui se situe juste en face de l'appartement des Amon. À l'époque, toutes les écoles sont payantes, sauf la primaire qu'on appelle la « communale ». À la rentrée d'octobre 1921, Jenny a cinq ans. Elle y passe une année. Le cours Bouchut se situe entre les rues César-Franck, Pérignon, Bellart et Bouchut. C'est un bâtiment en bois à un étage qui occupe tout le pâté de maisons, dont celui de la rue César-Franck, là où Jenny habitera plus tard, une fois mariée.

À la deuxième rentrée, Annie, qui accompagne la petite fille, lit sur la porte de l'école un écriteau indiquant que le cours est fermé. Tous les enfants inscrits doivent aller au lycée Victor-Duruy, boulevard des Invalides, munis d'une enveloppe à leur nom. Et voilà Jenny entrée au petit lycée en onzième. Elle a six ans. Sa maîtresse s'appelle Mlle Wackeinem. Un nom qu'elle ne risque pas d'oublier.

Mais surtout Jenny se rappellera qu'elle était la meilleure en diction. Grâce à Mme Fournier, sa professeure de piano et son grand amour. Car la dame arrondit ses fins de mois et celles de son mari, revenu handicapé de la guerre de 14, par des leçons de musique. Marie et Saby ont fait l'effort d'acheter à leur fille un Gaveau, piano droit, qui trône dans le salon. Tous les jours, une fois ses devoirs terminés, Jenny y fait ses gammes et joue ses morceaux préférés. Mais la vocation de Mme Fournier est ailleurs. Elle est comédienne, et même pensionnaire à la Comédie-Française. Une passion qu'elle ne se prive pas de partager avec sa petite élève.

Le jeudi, jour de délices, Jenny se lève à l'aube, avale sans réticence son petit déjeuner et part dès le matin, accompagnée de la fidèle Annie, toujours aussi grognon, recevoir sa leçon de piano chez Mme Fournier, en face du Bon Marché. Elle déjeune avec sa professeure et le fils de cette dernière, qui a son âge. Puis Mme Fournier devient Claude Riche, pensionnaire à la Comédie-Française où elle joue les soubrettes de Marivaux et les seconds rôles. Lorsque l'étoile de l'époque est la Comtesse, Claude Riche joue Chérubin. Et les deux enfants passent tout l'après-midi dans une loge à regarder et à écouter les pièces classiques.

Mme Fournier prend soin de laisser à son élève le programme pour qu'elle le compulse plus tard, et comme Jenny revoit souvent la même pièce, elle finit par la savoir par cœur. Bien sûr elle ne comprend pas tout. Mais elle absorbe. Et elle mémorise pour toujours les classiques français. La comédienne et professeure revient à l'entracte distribuer le pain et le chocolat du goûter puis retourne à son personnage. À la fin du spectacle, les enfants traversent les coulisses pour la rejoindre dans sa loge.

Entre huit et quatorze ans, Jenny apprendra *Le Cid* par cœur mais aussi Racine, Molière, les romantiques, et même *Le Barbier de Séville*, tout le répertoire. Alors, quand elle doit aller sur l'estrade de sa classe réciter une poésie, elle n'a pas de mal à surpasser tous les autres. Jenny se souviendra encore, à plus de quatre-vingts ans, de Beaumarchais : « Moi j'étais amoureuse de Figaro, le jeune premier de l'époque, dont j'ai oublié le nom. J'adorais l'ambiance, les costumes, le maquillage. »

Plus tard, dans le secondaire, quand les élèves liront leur lot de trois pièces classiques, en quatrième, en troisième ou en seconde, que ce soit *Les Précieuses ridicules*, *Horace* ou *Britannicus*, peu importe, Jenny connaîtra tout de mémoire. Et n'aura pas de mal à devenir l'une des premières de la classe.

Entre-temps, elle a connu les plus grandes joies de son enfance.

D'abord ce fut :

— Jenny ! Prépare-toi. Vite. Ta *nona* Reyna – maintenant il faut dire « grand-mère Amon » – arrive à la gare de Lyon avec tes oncles et ta tante.

Jenny se précipite. C'est un peu de Salonique qui débarque ainsi sur le quai parisien. Et les jeunes oncles Amon sont des boute-en-train qui arrivent même à dérider Annie.

Puis c'est enfin :

— Jenny. Prépare-toi. Vite ! Ta *nona* Oro – il faut dire « grand-mère Benveniste » – est à la gare avec ton grand-père et Nelly.

Cette fois, Jenny jubile. Elle va retrouver sa jeune tante et sa *nona*, avoir des nouvelles de Sarika, des friandises et des chansons. Avec l'arrivée du patriarche en 1924, le règne d'Annie décline un peu. Rafo et Marie n'osent pas contrecarrer leur père qui n'a pas renoncé à la tradition et entend peser sur l'éducation de la jeune génération.

Un an plus tard, les deux autres frères Benveniste, Pepo et Momo, ont rejoint la famille reconstituée. La tribu se réorganise sous l'égide du *sinyor padre*, même si Jenny regrette l'absence de Kiko, son compagnon de jeu. Car Allegra et Ugo sont l'exception belge : ils ont émigré à Bruxelles.

À leur arrivée en Europe, les trois sœurs Benveniste, Marie, Allegra et Nelly, se libèrent de l'Orient par quelques coups de ciseaux. À l'instar de leurs contemporaines qui lisent, elles aussi, *La Garçonne*, elles coupent dru leurs longues chevelures, qui leur tombaient jusque sur les reins, mais que seuls leurs époux étaient habilités à admirer, détachées autour du visage. Celle d'Allegra surtout, ébène avec des reflets roux, la couvrait entièrement d'une toison palpitante. Ugo son mari ne s'en remettra jamais. Le cruel coiffeur ne lui a pas même offert le sacrifice de la magnifique crinière, balayée avec la poussière de ses parquets. Quant à Jenny, surveillée par une mère émancipée, elle n'aura jamais les cheveux longs.

Entre huit et quatorze ans, toutes les fins de semaine, Jenny se précipite, munie de son programme théâtral du jeudi, chez ses grands-parents, dans le quartier du Champ-de-Mars. Nelly, sa jeune tante nouvellement arrivée, vient de rentrer elle aussi au lycée Victor-Duruy, mais dans le secondaire, où elle étudie *Andromaque.* Jenny n'oubliera jamais ces délices dominicales : « Le dimanche matin, de bonne heure, j'allais dans son lit. Elle repassait ses leçons. Elle oubliait la plupart des vers, mais moi je les connaissais par cœur. Je pouvais lui réciter toute la pièce. Après le déjeuner "oriental" du dimanche, mes grands-parents faisaient la sieste. J'allais dans la bibliothèque de l'oncle Momo, autre produit de l'Alliance israélite universelle, qui comprenait tout le théâtre du XVIIe siècle, très bien relié, et aussi Victor Hugo, Musset, Edmond Rostand... Je me mettais devant l'armoire à glace de ma grand-mère, et je récitais ce que j'avais entendu... pendant des heures. »

Jenny a désormais bien besoin de cette évasion. Car, dès 1922, un petit intrus a surgi du ventre maternel, remettant en question son statut de fille unique.

Jenny a un petit frère, ou le privilège des garçons

Pour une enfant de six ans, c'est un événement majeur. Jenny va avoir un petit frère. Mais pour ses parents, c'est considérable. Le but même de leur vie. Un *garçon*, qu'ils ont désiré plus que tout, se désolant de n'avoir qu'une fille qui ne sert à rien, qui coûte de l'argent, à qui il faut donner une dot exorbitante et trouver un mari. Pendant des mois, on a trompeté cette nouvelle naissance. On est si sûr que ce sera un garçon qu'on n'a pas même envisagé d'alternative, encore moins pensé à un prénom féminin. Jenny est très excitée à l'idée de ce bébé et l'attend avec une impatience presque égale à celle de ses parents.

Par surprise, son père Saby vient la chercher à l'école – fait unique dans sa vie – et l'emmène voir sa mère à la clinique, en lui lançant brusquement cette injonction péremptoire :

— Surtout, pas un mot du petit frère à ta maman !

Quand Jenny entre dans la chambre, elle aperçoit sa mère livide, aussi pâle que son oreiller blanc. Et pas de bébé ! Les yeux de la fillette font silencieusement le tour de la pièce, elle tend l'oreille. Pas un cri. Où a-t-il bien pu passer ? « J'étais perplexe, se souvient Jenny, mais je n'osais rien demander. Pourquoi ne me montrait-on pas le bébé ? Avait-il été enlevé par une de ces bohémiennes voleuses d'enfants, dont Annie me racontait parfois les histoires terrifiantes ? Mais l'interdiction était si forte que je n'osai pas poser une question et gardai mes réflexions pour moi. »

C'est Annie qui dévoile le pot aux roses :

— Ton petit frère, pardi… il est mort… Les anges comme lui l'ont emporté…

Puis le « dragon », comme l'appellent Kiko et Jenny, se détourne en grommelant pour contenir sa frustration. Elle sait pertinemment que l'enfant est parti sans être baptisé… Ainsi il n'a pas même accès aux limbes et mieux vaut l'enterrer dans les mémoires puisque le Bon Dieu ne lui a pas permis d'exister.

De fait, c'est plutôt Annic qui est aux anges. Elle n'a pas voulu de ce bébé, n'en veut toujours pas et ne se prive pas pour dire et redire à Marie qu'elle n'est pas sûre de rester s'il y a un nouvel enfant à la maison, elle qui les déteste. Jenny n'est pas loin de soupçonner qu'elle a jeté un sort à celui-là, le *mal de oyo*, le « mauvais œil », comme l'appelle la *nona* Oro.

Néanmoins c'est grâce à Annie que Jenny apprend ce qui s'est vraiment passé. L'accouchement s'est étiré en longueur et les douleurs se sont soudain arrêtées. Faute d'expérience ou signe du destin, le médecin n'a rien fait pour les provoquer. Lorsque l'enfant naît, il est bleu et respire très difficilement. Il ne vivra que quatre jours.

« Sans Annie, j'aurais tout ignoré de ces circonstances, dit Jenny. Je ne sais pas si j'ai souffert plus de la perte du petit frère ou du silence de mes parents. À partir de ce moment-là, j'ai su qu'ils ne me faisaient pas confiance, que j'avais démérité, puisqu'on m'avait caché la vérité, puisqu'on ne m'avait pas même dit que le petit frère avait existé et quitté ce monde. »

Dès lors, Jenny reste curieuse mais devient elle-même cachottière et s'habitue à ne pas trop manifester ses sentiments. Lorsqu'elle apprend, toujours par Annie, que sa mère attend un autre bébé, elle se désintéresse de lui et ne participe pas à l'allégresse générale autour de la naissance de Marcel.

Il naît le 30 avril 1924. Un garçon, enfin ! Marie a vécu des moments pénibles à l'idée qu'elle pourrait avoir une autre fille.

« Je crois, dit Jenny, qu'elle l'aurait noyée de ses propres mains. Mais toutes ses craintes se sont envolées à l'apparition de ce fils tout de suite adoré. Il faut dire que c'était un bébé magnifique et un adorable petit garçon. Tout le monde en était fou. Les oncles le comblaient de cadeaux somptueux et sa présence a été pour beaucoup dans leur propre désir de se marier et de fonder une famille. »

On aurait dû l'appeler Mordekhaï, comme son grand-père Amon. On l'appelle Marcel, comme Proust et beaucoup de petits Français de cette époque. Il est si beau que la marque Cadum propose beaucoup d'argent à ses parents pour qu'il en fasse la publicité, ce qu'ils refusent, surtout par peur – toujours la peur ancestrale – du mauvais œil. Annie, malgré sa répulsion pour les bébés, s'entiche du petit frère et en reçoit les premières risettes, tandis que Marie s'évertue à le nourrir de son lait, qui ne vient pas en abondance comme au temps de Janja, son premier enfant.

« Annie, elle, est restée vieille fille, raconte Jenny avec amertume, mais le seul bébé qu'elle ait vraiment serré dans ses bras avec tendresse a été le petit Marcel. Quant à moi j'étais la chipie, la rapporteuse, celle qui racontait tout ce qu'elle faisait à mes parents. Nos rapports, qui avaient déjà mal commencé, ont encore empiré. »

Avec cette naissance s'achève l'enfance choyée de la petite Jenny. Elle a huit ans. Elle a eu le temps de se construire. Pourtant elle ne s'en remettra jamais complètement. Son désir d'assimilation à son nouveau pays naît aussi de cette rupture avec Marie, sa mère, qui fait suite à la rupture avec Salonique, et qui sera alimentée par les relations difficiles qu'elle entretient dès cette époque avec sa famille. Jenny aurait-elle mieux compris sa propre mère si elle-même avait eu plus tard un fils ? La guerre l'en empêchera et elle n'aura qu'une fille unique.

« Dès lors, je n'ai plus existé, continue Jenny. Je me suis mise à enlaidir. J'avais tout juste huit ans et j'ai été formée à ce moment-là. Cette puberté précoce, jointe à l'arrivée de la *nona* avec sa cuisine salonicienne, m'a fait prendre du poids alors que j'avais été une enfant trop maigre à l'époque du "bol de vomi". Être trop grosse… l'horreur pour ma mère Marie, dont le modèle féminin était blonde, grande et mince, comme Marlene Dietrich dans *L'Ange bleu*. Et moi, rien de tout cela. J'étais brune, petite et boulotte. Et par-dessus le marché, fouineuse. Celle qui voulait tout savoir, dans une famille où l'on cachait tout. »

1924 est une année faste pour la famille Benveniste avec l'arrivée du patriarche et cette naissance. Encore un an et Jenny exulte devant sa première robe de demoiselle d'honneur à volants aux côtés de Kiko, le jeune garçon d'honneur en costume, arrivé tout droit de Bruxelles. Deux mariages en France la même année : la plus jeune fille, Nelly, avec un Salonicien aisé, Richard, et Rafo, l'aîné des garçons, avec une « Américaine », convolent respectivement à la synagogue de la rue Buffault. Deux ans plus tard, c'est le tour de Momo qui épouse une sœur de Richard. En 1929 le dernier fils, Pepo, se marie en grande pompe avec une fille de Constantinople, une *Stambuli*. Maïr peut être satisfait. Il a marié ses trois fils avec des dots confortables et, ce qui ne gâte rien, de belles femmes, de *buena familia*.

Destinée. Les trois fils Benveniste, Rafo, Pepo, Momo. Destinée. L'aîné s'éteindra tranquillement au pied du Popocatepetl. Destinée. Le benjamin décédera dans son élégante maison de Neuilly. Destinée. Le cadet descendra dans son agonie toutes les marches de l'enfer.

Les noces richement célébrées sont suivies de naissances qui se succèdent dans chaque foyer, au rythme du balancier. Mesurées, au plus juste. Un garçon par famille. Avec l'exception de Jenny, née balkanique, et d'une petite dernière, venue à Momo, après l'assurance d'un garçon. Le contrôle des naissances à la française n'a pas connu de délai. On est passé des dix enfants de Rafael et des six de Maïr à un seul, à condition que ce soit un fils.

Puis Marie, Saby et Jenny, les trois « Portugais », ex-Saloniciens sujets de l'Empire ottoman, sont naturalisés français en partie peut-être grâce à la naissance du fils sur le sol hexagonal. Au lycée Victor-Duruy, Jenny n'est pas dans la classe des étrangères. Désormais Jeanne d'Arc, Clovis, Saint Louis et François Ier lui appartiennent en propre. Et elle aura toujours dix sur dix en histoire de France.

Dans ce deuxième versant des années vingt, les Benveniste dansent à nouveau sur un volcan. Années folles. Années aveugles et sourdes. Les affaires semblent aller de mieux en mieux. Les hommes s'occupent de la tribu, construisent leur communauté. Les femmes régulent leurs maternités et apprennent la francité par les domestiques, les toilettes, les régimes amaigrissants et les thés en ville. On devient en apparence comme les autres, tout en restant entre soi. Quinze ans plus tard le masque tombera sur cet Orient défraîchi mais tenace. En ces années dissipées, son souvenir peu à peu se décolore, à force de n'être pas évoqué, voire d'être occulté. Même le vieux rêve du retour à Sefarad est refoulé, puisqu'on le vit déjà, ce retour en Occident, déplacé dans le temps, directement de Tolède à Paris.

Quoique privilégiée par ses ressources financières, la petite élite salonicienne est redevenue une minorité expatriée et isolée. La bourgeoisie française, même juive, ne tient pas à être fréquentée par ceux qui apparaissent ne serait-ce que par leur accent, quelle que soit la nationalité de leurs passeports, comme des « métèques ». Pendant ces quelques années où les Benveniste parviennent ou croient parvenir à réaliser leur rêve d'intégration sans assimilation, le patriarche Maïr veille encore sur l'esprit de la famille tandis que les nurses mènent, en toute innocence, leur travail de sape.

Bonnes et patronnes : le pouvoir de l'office

Champ-de-Mars, un jeudi des années trente.

— Moi, dit Nénène, si un jour j'suis riche, je prendrai jamais de nurse.

Exceptionnellement, elles sont rassemblées, les nurses des Benveniste et d'autres familles alliées, après les agapes familiales chez Maïr et Oro, rue du Général-Détrie. D'habitude elles se regroupent par nationalités. Ce jour-là, elles font bande à part avec, invisible à leurs côtés, un témoin, ou plutôt une petite espionne qui, soixante-dix ans plus tard, se remémorera la moindre de leurs paroles.

— C'est quand même bien pratique de se débarrasser de ses mioches, affirme Geneviève, dite Vivi, tout en secouant frénétiquement le landau du plus jeune des cousins Benveniste, âgé de quelques mois.

— Pourquoi vous en auriez… si vous ne voulez pas… *to look after them*… vous occuper d'eux, affirme bruyamment Miss Papat, dont l'accent britannique est inimitable.

Elle en profite pour administrer une torgnole à son garnement de trois ans qui vient de mouiller sa culotte en jouant sur le tas de sable.

La *Fräulein* renchérit :

— Laisser une autre s'en occuper, pourquoi ? Si c'est elle qui a tout… le premier *areu*, le premier sourire, le premier baiser ? Ça c'est nous qui en profitons.

— Et aussi des nuits blanches… des coqueluches… des rages de dents… des colères…

— Et même le dimanche ! soupire Mezan. Dimanche dernier, ma sœur Anaïs était souffrante. J'ai même pas pu lui porter un bol de bouillon !

— Et *eating*... Manger le plateau dans la chambre toute seule… *I would prefer...* je préférerais dîner avec le *staff*… le reste du personnel.

— Moi, dit la *Fräulein*, je fais exprès de pas *lui* faire voir, quand il sort du bain, qu'il me fait des câlins. Quinze minutes par jour, elle l'a. Pas une de plus. Et quand *je* veux *moi*.

— Les câlins, je les évite comme la peste, proteste Vivi. Je me suis déjà attachée, une fois. Après on doit s'en aller et on les revoit plus. Au revoir et merci.

Un ange passe…

— Vous savez, reprend Vivi, en baissant la voix, ce que m'a raconté ma cousine… Eh bien… la Suissesse, vous vous rappelez, celle qui venait toujours se mettre derrière le manège, avec le gosse qui braillait comme un bœuf… eh bien, elle lui en a tellement donné… qu'il est mort.

— Il est mort ! s'écrient les quatre nurses en chœur.

— Il est mort, répète Vivi, avec un rire un peu sardonique, qui glace Jenny, faisant mine d'être absorbée dans *Les Quatre Filles du docteur March*, qu'elle a déjà terminé et dont elle relit obstinément la dernière page. Enfin… je crois. En tout cas, la fille a reçu son congé… sans ses gages !

La *Fräulein* baisse le ton mais Jenny a l'oreille fine.

— Je vous l'avais bien dit qu'il fallait faire attention aux doses.

Puis se ravisant brusquement :

— Mademoiselle Jenny, vous ne pourriez pas lui apporter son seau ? Le pauvre petit, il le cherche partout.

L'adolescente se lève et s'exécute tandis que s'éloigne la rumeur de la conversation où elle croit distinguer le mot méprisant de « métèque », terme qu'elle entend souvent prononcer par ses camarades d'école, y compris par les autres petites Israélites françaises bon teint.

Chez Saby et Marie, une bonne à tout faire, une bonne d'enfant et une femme de journée qui vient faire la lessive entretiennent l'appartement du 5, rue Pérignon où la famille a emménagé après la rue Léon-Vaudoyer. Annie, dragon fidèle de la petite Levantine, sera rejointe par Germaine, fille de paysans de la Sarthe, qui a quitté pour la ville la grosse ferme de ses parents. Chaque année, on tue le cochon chez elle et on lui en envoie les saucisses et les pâtés, qu'elle garde dans un coin du placard et dont elle agrémente son ordinaire. Elle ne manque pas d'en faire goûter à la fillette, qui trouve excellente la saucisse de porc interdite à Salonique.

Mais ce sont les jeunes couples, autres filles et fils de Maïr, qui ont inauguré le règne des nurses en uniforme. La coutume en a été lancée par le milieu des Sépharades égyptiens. Dans leur droit fil, les Saloniciennes se précipitent, dès le premier symptôme de grossesse, dans les bureaux de placement spécialisés. Marque de richesse et de distinction sociale, la nurse est souvent originaire d'un autre pays européen, notamment l'Angleterre, l'Allemagne, l'Autriche ou la Suisse. Contrairement à la bonne d'enfant comme Annie, d'extraction paysanne, la nurse vient souvent d'une bonne famille appauvrie et a été formée dans son pays à la puériculture. L'uniforme annonce la nationalité et l'on peut identifier immédiatement si la jeune femme qui pousse le landau parle l'idiome de Goethe ou de Shakespeare.

— Ah non, Madame ! Vous ne pouvez pas voir le petit. Ce n'est pas l'heure !

La mère qui aurait des pulsions incontrôlées ou qui a entendu son bébé pleurer désespérément n'est pas autorisée par la nurse à le prendre dans ses bras. C'est la règle ou sinon :

— Je rends mon tablier.

« Ce jour-là, conclut Jenny en serrant les poings, je me suis juré que j'élèverais moi-même mon enfant. »

Dans la famille Benveniste, on préfère les Françaises, comme Nénène ou Mezan qui portent en été un uniforme bleu clair avec voile assorti, en hiver un tablier bleu marine sur une blouse blanche. Chez Momo néanmoins, une gouvernante suisse jouera un rôle de premier plan dans la métamorphose de la tribu. On l'appelle « Mademoiselle ». C'est une Suissesse, protestante du canton de Saint-Gall. Elle réussira ce que les Rois catholiques, Soliman le Magnifique et même Sabbataï Tsevi – le faux messie de Smyrne – ne sont pas parvenus à réaliser en près de cinq siècles. Convertir une partie de la famille. Mais pour cela il lui faudra attendre que le patriarche s'éteigne.

Filles entre elles

Jenny a bien failli ne jamais faire d'espagnol. En cinquième, on a demandé aux élèves quelle seconde langue elles voulaient étudier : l'italien ou l'allemand. Le jour de la rentrée, Jenny apprend l'italien pendant quinze jours. Et puis, il y a tellement de demandes que l'inspecteur d'académie réclame un professeur d'espagnol. Et un matin, Jenny et ses condisciples voient arriver cette belle et jeune Catalane qui n'a pas l'air d'une vieille fille comme les autres et qui commence à leur faire prononcer *para* et *parra*, *pero* et *perro*.

Jenny prononce comme elle en a eu l'habitude avec sa *nona* et Sarika et Mlle Daran lui fait répéter :

— Vous commencez bien, mademoiselle… ?

— Amon. Jenny Amon.

La professeure l'enveloppe de son regard perçant et ne dit rien.

Un peu plus tard, Mlle Daran donne un cours sur l'Espagne des trois cultures et les Rois catholiques. À la fin du cours, elle fait signe à Jenny de rester.

— J'ai vu que vous étiez née à Thessalonique. Êtes-vous une descendante de Sépharades d'Espagne ?

— Oui, mademoiselle.

— Eh bien, je comprends que vous n'ayez aucune difficulté à traduire Cervantès. Si vous aviez chez vous des documents en ladino, pourriez-vous me les apporter ? Je cherche des *romanceros* en vieil espagnol.

C'est l'époque où les Ibériques redécouvrent les « Espagnols sans patrie » qu'ils ont expulsés en 1492 et mènent dans la péninsule toute une recherche historique et littéraire. Jenny apporte les journaux en judéo-espagnol que lit son père, avec des poèmes. Mlle Daran se déclare comblée.

Mais du même coup, Jenny perd sa meilleure amie, Denise Minard, avec qui elle faisait quatre fois par jour le chemin du lycée par l'avenue de Saxe, l'avenue de Breteuil et Saint-François-Xavier et à qui elle confiait une partie de ses secrets. Denise l'invite un jour à goûter chez elle et lui demande :

— Qu'est-ce que c'est, exactement, ces revues que vous apportez à notre professeure d'espagnol ?

La réaction à la réponse ne se fait pas attendre. Denise change brusquement de section, en cours d'année, abandonne l'étude de l'espagnol et ne fait plus jamais le trajet avec Jenny. Cette dernière en conçoit un gros chagrin. Soudain elle réalise que malgré son passeport tout neuf, elle n'est pas perçue par ses camarades comme l'une d'entre elles.

Jenny se tourne alors vers les Russes orthodoxes qui ne sont pas tristes à la récréation.

— Le seul, le vrai tsar, c'est lui, Vladimir.

— Tu veux dire un imposteur… un traître… Le vrai, légitime, c'est Nicolas… et je t'interdis…

— Et moi je te défends…

— Olga… Tatiana… Vous n'allez quand même pas…

Un torrent de paroles russes interrompt toute tentative de faire entendre raison aux fanatiques des deux camps. Et pour un crêpage de chignon, c'en est un – quoique, en fait de chignon, Olga et Tatiana portent de longues tresses roulées en macarons autour des oreilles, que chacune d'elles s'évertue à tirer de toute sa force sur la tête de l'autre. Quant à la bataille verbale entre les deux, elle est perdue d'avance pour les jeunes Françaises, qui ne comprennent pas un mot de l'altercation, sinon que leurs condisciples divergent radicalement sur l'identité de celui qui ne sera jamais tsar et dont le retour signifierait pour leurs pères un changement de vie et d'état : cesser d'être chauffeurs de taxi et retrouver les titres et privilèges anéantis par la grande révolution prolétarienne de 1917.

Olga, Tatiana et Hélène sont russes, mais nées ou arrivées en France autour de la date fatidique de la révolution. Elles appartiennent à de grandes familles de l'entourage impérial mais leurs parents n'ont plus un kopeck et c'est une commission spéciale qui finance leurs études, encore payantes à l'époque, à charge pour elles de les rembourser quand elles seront adultes. Jenny se lie avec Hélène Pilipenco, qui ne se départira jamais de sa croix de Saint-Georges, dont son père était chevalier.

Et puis il y a la classe des étrangères, toutes internes, dont ni les Russes ni Jenny, qui maîtrisent parfaitement l'idiome, ne font partie. Les élèves étrangères sont disséminées au dernier rang dans les classes régulières, comme auditrices. À l'origine, les étrangères étaient des Nord-Américaines, des Anglaises, des Allemandes, des Grecques, des Espagnoles, des Roumaines, et des Alsaciennes après 1870. Puis sont venues les Égyptiennes, les Libanaises, les Syriennes, et d'autres Juives de l'Empire ottoman, comme Nelly Benveniste, qui a conservé l'empreinte de son judéo-espagnol d'origine ou comme Jenny M.

Jenny M., qui vient de Salonique, est pensionnaire. Et l'on a chargé la petite fille de Maïr Benveniste, Jenny Amon, de s'occuper d'elle. Soixante-dix ans plus tard, cette dernière s'en souvient encore : « Jenny M. avait un père très riche qui avait épousé sa femme de ménage. Et leur fille était infernale. À quinze ans, elle s'était enfuie de chez elle avec un Grec. Alors on l'avait envoyée en pension à Victor-Duruy et je suis devenue responsable d'elle, ce qui n'était pas rien. Je devais lui faire faire ses devoirs, la raisonner, écouter ses confidences. Pour finir… elle a mis le feu à sa chambre. "Mais Jenny, comment avez-vous pu ? lui ai-je demandé. — Je sais. Je suis impossible. Toutes les Jenny sont impossibles, sauf vous." On a dû la réexpédier à Salonique… Tiens… je me demande ce qu'elle est devenue… »

Jenny Amon n'ose pas avouer qu'elle a regretté malgré tout ce double avec lequel elle avait noué une relation durable et qu'on avait renvoyée à son tragique destin.

Car les externes françaises, qui viennent de l'arrondissement, comme Denise Minard, ou des quartiers neufs avoisinant le Champ-de-Mars, ne fraient jamais avec la fille d'un marchand du Sentier qui habite le 15e arrondissement, même si c'est en bordure du 7e. Leurs familles appartiennent à l'armée, à la magistrature, au monde médical, à l'industrie, à l'administration coloniale. Elles sont filles de hauts fonctionnaires, de médecins, de gouverneurs, d'inspecteurs des Finances et de l'Instruction publique.

Jenny se rabat alors sur les autres Juives, les *Tudescas* qu'on aurait dédaignées à Salonique, et qui ne la snobent pas, les Polonaises, les Russes comme Rose C. « qui était très belle et très bonne élève sans travailler beaucoup. Rose était le genre de fille qui dansait jusqu'à trois heures du matin, se souvient-elle. Elle arrivait au lycée à huit heures : "T'as fait ta composition de français ? Passe-moi ta copie." Et à la fille d'à côté : "Passe-la-moi aussi !" Elle se mettait dans un coin, elle n'avait rien préparé, elle copiait un peu de l'une, un peu de l'autre, et quand on rendait les devoirs, elle était la première. Ça nous mettait en rage ».

Plus tard il y aura Anna Lévy et Françoise Dreyfus, qui concourront aussi pour les premières places. En attendant, Jenny apprend à ses dépens que les Ashkénazes sont plus avancées que les Saloniciennes.

Le sacrilège

La synagogue de la rue des Victoires est noire de monde. Une foule où prédomine pour une fois l'élément jeune et féminin. On se croirait à Notre-Dame, un jour de communion solennelle, avec rien que des filles. Et la préadolescente est tout excitée. La vedette de la cérémonie, ce pourrait être elle, Jenny Amon. L'impétrante, Myriam Silverstein, a douze ans comme elle. Elle est juive et respectueuse de la loi et de la tradition mosaïque. Elle est tout habillée de blanc comme les communiantes chrétiennes. Et elle fait sa bat mitsvah, sa confirmation religieuse.

Jenny, ce jour-là, accompagne son père Saby Amon, très impliqué déjà dans la loge du B'nai B'rith et dans les relations avec les notables ashkénazes.

— Papa... qu'est-ce que ça signifie « bat mitsvah » ?

— Cela veut dire « fille des commandements », pour les garçons, on dit *bar mitsvah*. La bar mitsvah marque la majorité religieuse. On devient responsable, de ses actes, de ses possessions, on peut lire la Thora en public et suivre ses six cent treize commandements. On peut participer à un *minyan*, un groupe de prière, et contracter un mariage selon la loi juive.

Jenny pose son regard sur les vitraux qui filtrent la lumière de cette journée de printemps, puis s'attarde sur le rite de passage effectué par ces filles de son âge qui rayonnent dans leurs toilettes immaculées. Derrière elle, une dame avec un fort accent yiddish commente pour sa voisine :

— C'est le rabbin Mordekhaï Kaplan qui a initié la chose. Sa fille a été la première à le faire... Oh, c'était il y a six ans.

Jenny est saisie d'une grande émotion. Et tire son père par les manches de son costume.

— Papa ! Moi aussi, je veux faire ma bat mitsvah.

— Ta bat mitsvah. Mais tu es folle. Ce n'est pas pour les filles, enfin pas pour les filles de chez nous !

— Mais pourquoi ? Elles, elles le font bien...

— Ce ne sont pas des Orientales. Les *Tudescos*, ils ont d'autres coutumes.

— Mais papa !

— Ma fille, n'insiste pas. Ce n'est pas pour toi. Je ne l'autoriserai jamais. Et ton grand-père encore moins.

Jenny se calme un peu. Maïr est l'autorité absolue. Et elle sait qu'il l'aime pour de vrai. Pas comme son père Saby. Alors si lui aussi s'y oppose ! Au retour, elle interpelle sa mère, qui n'a pas assisté à la cérémonie. Marie persiste et signe :

— Jenny, c'est impossible. Chez nous les filles ne font pas de bat mitsvah. Mais quand ton frère aura l'âge, on lui en organisera une très belle, tu verras, pas à la synagogue de la rue des Victoires mais à celle de la rue Buffault.

Jenny ne s'est jamais sentie aussi reléguée, aussi abandonnée. Pourquoi elles ? Pourquoi lui ? En quoi a-t-elle démérité ?

La blessure ne cicatrise pas. Au début, Jenny s'applique de tout son être à devenir digne. Le jour du Grand Pardon, elle jeûne avec ardeur sans laisser passer la moindre incartade alimentaire.

Mais voilà que cette fois-là, pour Kippour, comme chaque année, Saby Amon revient du temple où il est parti à une heure matinale avec son costume sombre et son chapeau haut de forme et qu'il s'enferme dans sa chambre.

— Pour prier, souffle Marie. Surtout ne le dérange pas.

Et elle-même se barricade dans la cuisine.

Jenny essaie de cultiver la plupart des vertus qui plaisent à Dieu. Mais la curiosité est son talon d'Achille, une faiblesse contre laquelle elle ne lutte même plus car le désir de savoir est une inclination encouragée par l'école. Heureusement que Jenny a été en son enfance une petite curieuse comme l'Alice du Pays des merveilles. Sinon, il y aurait eu des détails que le diable aurait cachés à l'histoire et qui n'auraient pas été transmis.

Pour l'instant, Jenny avance à l'aveuglette comme la femme de Barbe-Bleue, avant d'ouvrir la porte du cabinet secret. La chambre de ses parents donne sur un petit couloir assez obscur dans lequel une niche, aujourd'hui vide, abritait une statue à l'époque des anciens locataires. Jenny se blottit dans la niche et attend. Quelques minutes plus tard, sa mère arrive sur la pointe des pieds, tenant un plateau, puis se glisse subrepticement dans la chambre et en ressort. Jenny n'a pas de difficulté à se hausser jusqu'au trou de la serrure malgré sa petite taille.

Et elle voit… Elle voit son père assis tranquillement face au guéridon sous la fenêtre, savourant avec sa lenteur coutumière une des *borekas* préparées en début de semaine pour la rupture du jeûne ! Ce n'est pas la scène primitive que l'enfant surprend dans la chambre des parents. Mais une trahison. Trahison de l'Alliance, trahison de la Loi, perpétrée par son représentant le plus éminent, la figure paternelle reflétée par la glace de la grande armoire qui dédouble le forfait et démultiplie l'imposture.

Elle n'en est pas encore revenue, la petite Jenny d'autrefois, lorsqu'elle évoque soixante-dix ans plus tard la vision de son père rompant clandestinement le jeûne, transgressant le tabou, apparaissant plus nu encore que le roi nu, dans son péché capital, le jour du Grand Pardon, souillant sans vergogne ses intestins et compromettant le chemin de la purification pour lui-même et toute sa descendance.

« Cela voulait dire qu'il ne croyait pas un mot de ce qu'il professait avec une autorité incontestée. Que lui qui ne m'avait pas jugée digne de devenir la fille des commandements, lui, ces commandements, il s'en souciait comme d'une guigne. Ce qui comptait, c'était son estomac qui commençait à devenir de la brioche. Ce qui compterait c'était son poste de président du B'nai B'rith. Tout ce qui avait inspiré notre expulsion, notre exil, nos persécutions, notre émigration, les autodafés, les bûchers, les refus d'apostasier, tout ce qui avait conduit notre peuple dans ses dispersions, dans ses perditions, lui, eh bien il n'y croyait pas. Alors moi, j'ai commencé à y croire moins. Le ver était dans le fruit. J'étais bien punie de mon indiscrétion, de ma curiosité. Je n'ai rien dit à personne. Jamais. Même à mon mari, Jacques, qui était d'abord un homme pieux, soucieux des rites et des conventions, quand je l'ai rencontré, quand je l'ai aimé, je n'ai rien osé dire au début, avant qu'on prenne la grande décision. »

Une conversation entre hommes

C'est à la fin de l'un de ces banquets, chez les parents Benveniste, où l'on continuait à manger salonicien sans se soucier des bonnes françaises. Il y a là Maïr l'hôte, Saby Amon son gendre et neveu, ses trois fils Rafo, Pepo et Momo et le docteur Vidal Modiano, sans rapport direct avec Ugo, notabilité de la communauté et grand ami de la famille. La jeune Jenny s'est assoupie dans la profondeur d'une des bergères du salon communicant. Mais la voix de son grand-père la réveille soudain de sa somnolence. Les hommes parlent moitié en judéo-espagnol, moitié en français.

Jenny tend l'oreille, n'entend que des bribes de phrases mais comprend presque tout. On parle du sépharadisme et de la nécessité de son maintien dans le nouveau monde issu de la chute des empires. Pour la première fois, Jenny entend le nom d'un Autrichien fou, dont la popularité monte dans l'Allemagne voisine et qui entend planifier la destruction des Juifs.

— Il faut que notre installation en France, si près de l'Espagne, soit une renaissance, une refondation, affirme le docteur Modiano. Nous devons organiser les *Sefardim* ensemble en une confédération forte et solide pour qu'ils retrouvent la force et les moyens de se ressaisir. Il faut que le Sépharadisme vive ! Il faut qu'il reprenne son rôle historique dans le judaïsme… Il faut que les descendants de Ben Gabirol, Halévy, Spinoza se remettent à l'œuvre.

— C'est ce que nous avions fait au conseil communal et à l'Amicale salonicienne, dit Maïr. Et maintenant à la Cultuelle sépharade.

Vidal Modiano se sert un petit verre de raki et s'emballe :

— Un Juif sans mémoire juive, sans souvenir de ses ascendants, c'est une conscience sans âge, un homme sans passé. Il vit dans une maison vide. Il y erre, il y est perdu… Vous vous souvenez de Salonique, notre ville. Elle offrait la plus parfaite image de la continuité et de la fidélité juives. Toutes les choses que les proscrits d'Espagne avaient apportées avec eux y étaient devenues sacrées… Quand ma mère s'activait autour du *fogarero* à la fin du shabbat, elle disait toujours : « On ne rallume bien un feu que si les cendres sont encore chaudes. » Pressons-nous de rallumer les cendres juives !

— Avant de songer au passé, il fallait tout d'abord nous moderniser, dit Pepo. Rappelez-vous : à notre arrivée, nous étions des « Orientaux », des « Levantins ». Nous-mêmes, nous ne parlions pas de « Sépharades » ni du « ladino » que nous appelions le *judezmo*, le « juif ». Maintenant, il nous faut nous affirmer comme Sépharades face aux Ashkénazes et nous unir à nos frères d'Afrique du Nord.

— Bientôt on célébrera le huit centième anniversaire de Maïmonide, dit Rafo. Ce sera une occasion.

— Et celui d'Isaac Abravanel, renchérit Saby. L'ancêtre de notre président du B'nai B'rith, mon collègue et ami Salvatore.

— Et saviez-vous, ajoute Vidal, que nos frères de Sarajevo ont développé un « courant national diasporique » en marge des sionistes ? Mais ici, en France, cela doit se faire dans le cadre des institutions de la République et dans l'esprit de 91. N'oublions pas la phrase de Stanislas de Clermont-Tonnerre : « Il faut tout accorder aux Juifs comme individus et rien comme nation. » Nous avons néanmoins ici des libertés que bien d'autres Juifs n'ont pas ailleurs. Ne les galvaudons pas.

— C'est pour cela que j'ai tenu à devenir français, dit Saby. Même les rabbins d'ici ont prêté le serment révolutionnaire. Mais nos coreligionnaires français ne veulent pas de nous et nous traitent de « métèques ».

— Je suis d'accord avec l'appel à une Confédération universelle des Juifs *sefardim*, dit Pepo. Les *Tudescos*, nous avons soutenu leur *Askala*, leurs « Lumières », leur intégration aux pays européens. C'est à nous maintenant de conduire notre renaissance. Mais séparément.

— Finalement, c'est peut-être les sionistes qui ont raison, dit Saby. En Palestine, au moins, il n'y a ni Drumont ni Hitler. Et Balfour les a soutenus en 1917. Cette déclaration est fondamentale. Dans notre histoire, je ne vois que l'édit de Cyrus qui puisse lui être comparé.

— En Palestine, il y a les Arabes. Et les Anglais ne laisseront jamais s'y créer un État, dit Rafo.

— C'est pourquoi il nous faut avant tout porter secours à nos frères opprimés… C'est ce que nous avons fait au B'nai B'rith, déjà à Salonique quand j'y ai adhéré, dit Saby. Ici, avec Salvatore, en créant la loge France, nous avons entraîné tous nos frères, Sépharades, Français ou Ashkénazes, dans la lutte contre les persécutions. Nous nous sommes battus pour les Roumains, pour les Russes, maintenant pour les Allemands. J'espère que nous n'aurons pas à attendre des Américains qu'ils se battent pour nous !

— C'est pourtant là que s'est créée la première loge de ton association, dit Maïr. À New York, en 1883, si je ne me trompe. En tout cas tout le monde n'était pas d'accord avec l'idée d'introduire cet ordre en France. La revue *L'Univers israélite* était résolument contre. Son directeur trouvait que vous utilisiez des symboles sacrés, réservés au culte. Et surtout que vous pourriez introduire une confusion avec la franc-maçonnerie française qu'ils qualifient de « milice anticléricale ».

— Il est vrai que, si nous sommes de bons Juifs, des fils de l'Alliance, nous sommes aussi des laïcs, dit Saby. Salvatore a répondu à ces attaques par une lettre ouverte. Il y disait... je me rappelle... textuellement... que « le judaïsme français nous serait un jour prochain reconnaissant de fortifier, par nos loges, les liens nouveaux qui l'unissent à la chaîne juive universelle ». Nous avons même reçu une lettre d'un certain Sigismond Freud, un Viennois qui a écrit sur la théorie des rêves. Il nous disait que lui qui s'était parfois senti comme un pestiféré parmi ses collègues, avait trouvé chez nous un cercle d'hommes cultivés et libéraux qui l'acceptaient malgré ses opinions dérangeantes. Il ajoutait même que le fait que nous soyions juifs était l'une de ses motivations car il l'était aussi et il pensait qu'il serait non seulement incorrect mais absurde de ne pas l'assumer.

— Tout cela est très beau, mais si encore nous nous étions entendus entre nous, gémit Pepo. Entre Rozanès et ses *Stambuli*, les Israélites levantins de Smyrne et l'Amicale des Israélites saloniciens qui se sont querellés dès le début, quel panier de crabes !

— C'est pourquoi, dit Maïr, il faut absolument se rapprocher des Français et adhérer au Consistoire, ce que j'ai fait. Et j'ai même accepté de marier Nelly à la synagogue de la rue Buffault. Pas à la maison. Si ce n'est pas un compromis, ça !

Sans parler du comité d'édification du temple que nous avons constitué. Un vrai temple à nous, avec notre rite à nous, sépharade oriental.

— Et quelle réussite, *sinyor padre* ! dit Pepo. Grâce à vous, nous avons maintenant rue Saint-Lazare un temple digne de nous et digne de notre nouveau rabbin Ovadia.

— Et digne du hazan Algazi, ajoute Rafo. Notre chantre a vraiment une voix superbe !

Et soudain, apercevant Jenny toujours affalée sur sa bergère :

— Tiens, tu es là, toi ! Ce n'est pas une conversation pour une petite fille... Va donc voir à la cuisine s'il reste quelques rosquettes pour compléter notre dîner.

Aucun de ces hommes n'a fait allusion à cet autre point de discorde, déjà ancien, véritable conflit de classe, qui a éclaté dans la synagogue de la rue Popincourt où se sont regroupés les Juifs orientaux sans ressources. Entre les marchands lettrés riches des beaux quartiers et les pauvres levantins du 11e arrondissement a éclaté une bagarre ponctuée d'injures violentes où a fusé le terme de « racaille ». Il y aura pourtant des communistes et des socialistes parmi les Levantins aisés. Mais les Benveniste de cette famille-là n'ont pas de sympathie pour les immigrés sans le sou, venus de Smyrne, d'Istanbul... ou de Salonique, qui seront les premiers à être raflés lorsque déferlera la tempête.

Et personne n'a remarqué que Momo, le plus jeune des fils, est resté silencieux pendant toute la discussion, lui qui est d'habitude le plus loquace de tous. Personne sauf Jenny, la perspicace, qui n'est pas sans savoir que « Mademoiselle », la gouvernante suisse, prêche sa religion protestante non seulement auprès des enfants de Momo mais aussi de leurs parents.

La tribu dans les années trente

Tant qu'il a été là, le patriarche a veillé sur la tribu, rassemblée sur une photo datée de novembre 1931. On y voit la famille modèle : le grand-père et la grand-mère, Maïr Benveniste et Oro Simha en bas au centre, flanqués de leurs trois fils et trois filles accompagnés de leurs conjoints et de leurs six petits-fils uniques, exactement un par famille. Une exception : une seule petite-fille, Jenny, âgée d'une quinzaine d'années, habillée en clair derrière sa *nona.* Une dernière petite fille naîtra plus tard à Momo. Il n'est pas d'usage de sourire pour une photo. Mais certains visages sont plus détendus que d'autres : le patriarche par exemple, plutôt débonnaire, ou Nelly, la plus jeune des filles, assise à sa droite. Les femmes portent toujours leurs cheveux court, quelques années après la grande crise des Années folles où elles les ont coupés, au grand dam de leurs maris et de leurs pères. Toutes, sauf Jenny, sont vêtues de sombre et les hommes portent cravate sur chemise claire, avec parfois pochette assortie.

Maïr pratique avec toute la chaleur orientale l'art d'être grand-père, recevant chaque semaine ses petits-enfants, les conduisant lui-même à la pâtisserie pour leur acheter des douceurs quand les nurses confirment qu'ils ont été sages, et comblant ces dernières de cadeaux et d'égards. Car Maïr a compris le système et, contrairement à ses filles, manipule ces dames plus qu'il n'est manipulé par elles. Pendant les treize années qu'il passera en France, il réussira à maintenir la tradition presque intacte.

Jusqu'à la fin de sa vie, Jenny se remémorera en secret les fêtes juives qu'elle finira par décrire précisément, dans la maison de son grand-père à Paris. Roch Hachana et Kippour bien sûr, « mais c'était des fêtes sévères, où il fallait demander pardon à Dieu et se purifier de toutes les bêtises qu'on avait faites pendant l'année. Tandis que la Pâque, Pessah, c'était vraiment la fête du grand-père, la sortie de l'esclavage. La joie ! »

Et grand-père Maïr est très gai, content de sa vie, de sa famille incluant sa femme si morose avec qui il s'est fiancé à treize ans et qu'il a copieusement trompée, ses fils qui lui succéderont un jour dans toutes ses activités, ses filles qui lui ont fabriqué chacune un garçon, ses petits-enfants qui assureront la continuité dans les siècles à venir, et d'un Dieu qui l'a élu, lui, entre tous, dans le peuple élu.

Certes il a dû émigrer, secouer les habitudes séculaires, renoncer à tous ses petits plaisirs ordinaires dans la douce lumière de la Jérusalem des Balkans, comme son lointain ancêtre avait dû abandonner les siens à Tolède, à Saragosse ou à Grenade. Mais la diaspora coule dans ses veines. Il est l'enfant de la dispersion, capable partout au monde, au sein de sa tribu, de recréer le fil de la vie, et le lien à son Dieu. Et de la sortie d'Égypte, de la grande fête des Juifs que même Jésus célébrait, il règle les moindres détails, tandis que son épouse et ses filles exécutent.

Dans les jours qui précèdent la fête, on prend une aide supplémentaire, on fait le ménage à fond, on lave la vaisselle et l'argenterie spéciales. Jenny et les siens se préparent très à l'avance et s'habillent entièrement de neuf. À huit heures du soir, Jenny, Marie, Saby et Marcel sonnent chez grand-mère et grand-père. Ces derniers sont assis tous les deux dans des fauteuils, comme sur des trônes, dans la salle à manger, près de la table dressée. Chaque arrivant se dirige directement vers grand-mère, puis vers grand-père, et les salue en leur baisant la main. Personne ne peut manquer à l'appel, même pas la plus jeune de la famille, qui a quatre ans à la dernière fête de 1937, et qui est présente, malgré l'opposition de sa mère, travaillée par « Mademoiselle » et qui répugne déjà à ces « juiveries ».

Grand-père a insisté, lui qui ne contrarie jamais ses brus :

— Elle viendra.

Jenny se souvient. Avec précision.

Dit Jenny dans son *Monologue* : « La maison débordait de fleurs. Le salon et la salle à manger communiquaient. On avait donc préparé une table commune d'environ vingt-cinq couverts, sur des tréteaux entre les deux pièces. La table était superbe avec une nappe brodée à la main par Marie, les verres en cristal de Baccarat, l'argenterie particulière et, au milieu de la table, les plats rituels, dont je me rappelle seulement qu'il y avait du céleri et une confiture que l'on exécutait pour la Pâque, le *kharoset*, préparé avec des fruits crus, raisin, figues et dattes, dont on faisait une marmelade. Les biscuits sans levain figuraient les briques avec lesquelles les Juifs en esclavage construisaient les forteresses des pharaons. Le *kharoset*, lui, représentait le mortier. Nous, nous mettions une cuillerée de cette confiture dans une feuille de romaine pour que ce soit plus léger.

» Une fois que chacun était là, on s'asseyait autour de la table et on commençait le *seder*. Et le plus jeune enfant – en l'absence de Kiko qui célébrait la Pâque avec les Modiano, ce fut moi plusieurs fois – gardait dans une serviette propre un morceau de pain azyme spécial qu'on appelait *burito*, petit pain rond comme un petit pain de campagne, réservé pour le mendiant qui se présenterait. Il paraît qu'à Salonique il en venait mais à Paris, je n'en ai jamais vu.

» Alors les hommes se levaient, mettaient leur chapeau, et commençaient à psalmodier et à prier en hébreu, tout en buvant une espèce de vin dans une timbale en argent. Et ça durait ça durait ça durait... on n'en pouvait plus tellement ça durait... et on n'avait pas le droit de dire un mot... seulement d'écouter ce jargon auquel on ne comprenait rien... et les bonnes à la cuisine attendaient pour servir... et l'odeur des bonnes choses se répandait et j'avais des crampes d'estomac tellement j'avais faim... et ça durait... ça durait. Et quand enfin, enfin c'était fini, ce rite-là, on disait une prière spéciale et les hommes se rasseyaient à table.

» Mais ce n'était pas encore terminé car mon grand-père prenait son téléphone et il appelait chacun de ses frères et sœurs, qui lui souhaitaient une bonne Pâque... et ça prenait encore un bon moment !

» On attaquait enfin le repas vers dix heures et demie du soir ! Les plus petits dormaient sur leurs chaises. J'avais l'estomac dans les talons. Mais je me rattrapais vite. Bien entendu, il y avait de l'agneau. Pas du gigot. De l'agneau de lait, revenu en morceaux, avec des petits pois frais, les premiers petits pois, qu'on avait mis des heures à écosser. Et pour commencer, du poisson et d'autres plats qu'il serait trop long d'énumérer. Mais enfin, c'était un grand, très grand dîner, accompagné, comme il se doit, de pain azyme, non levé. Pour les desserts, comme on ne pouvait pas manger de gâteaux, mes grands-mères avaient préparé les fameux *tajicos de almendra*. Dès qu'on avait commencé à se rassasier, les langues se déliaient. La conversation était vive, allègre, intense. On riait beaucoup. Quand c'était fini, on n'en pouvait plus, il était déjà minuit, minuit et demi. Il fallait partir. »

Jenny plonge alors dans un demi-sommeil miséricordieux qui commence une nuit de Pessah des années trente et saute par-dessus l'Occupation, l'Extermination, les survivants, les morts-vivants, les revenants, les disparus, et qui oblitère le temps... Comme si elle était toujours rue du Général-Détrie, à prendre congé de Maïr et d'Oro, avec le ventre plein et le cœur content.

La petite-fille du capitaine

— Ce chiffon de papier que l'on a trouvé dans la corbeille, vous pensez bien que quelqu'un l'y avait mis !

Mlle Maurel, professeure agrégée d'histoire et de géographie, est superbe quand elle s'anime. Et l'« affaire », vieille de près de quarante ans, l'exalte plus que tout. Son regard quand elle raconte, avec une éloquence teintée d'ironie, s'attarde sur les visages concentrés de ses meilleures élèves de la classe de philo, année 1933-1934 : Anna Lévy, Jenny Amon et… Françoise Dreyfus. Oui. Françoise Dreyfus. La petite-fille du capitaine.

Soixante-dix ans plus tard, c'est Jenny Amon qui s'anime au souvenir de cette classe inoubliable où Mlle Maurel faisait son cours sur l'affaire Dreyfus en présence de la petite-fille de l'intéressé.

« Nous étions… fascinées. Et Françoise Dreyfus écoutait, impavide, notre professeure démontrer que son grand-père était un traître, un imposteur, un mauvais Français… un "sale Juif" quoi… Et moi je m'agitais sur ma chaise pendant que ma voisine Suzanne Bruny, qui était de Limoges, me soufflait d'un air excédé : "Mais tiens-toi tranquille ! On sait bien qu'il était coupable, son grand-père." »

— Mesdemoiselles, cette histoire est celle d'un misérable qui eut l'âme assez vile pour trahir son pays. Au lieu de vendre des lorgnettes ou de filouter à la Bourse, à l'exemple de ses pareils, ce bandit est devenu officier d'état-major. Il en profite pour vendre ses secrets à l'étranger. Mais bientôt, on constate des fuites. Une surveillance très étroite est organisée et au bout de quelques mois, on acquiert la conviction que Dreyfus, nouveau Judas, est coupable du crime de trahison, que c'est lui l'auteur du bordereau découvert, de la missive adressée à l'attaché militaire allemand et contenant des secrets d'État. Ainsi le Traître est confondu. Sur les témoignages écrasants de vingt-trois officiers, il est déclaré coupable *à l'unanimité*. À l'unanimité, mesdemoiselles, entendez-vous ? Cependant la clémence du conseil de guerre est telle que le Traître a la vie sauve. Il n'est pas condamné à mort, mais à la déportation perpétuelle. Le jour de sa condamnation, l'imposteur crie qu'il est innocent et qu'on en aura la preuve dans un délai de trois ans.

À cette minute on aurait entendu une mouche voler dans la classe de Blanche Maurel, dont les fenêtres donnent sur le beau parc jouxtant l'actuel musée Rodin. Jenny Amon, Anna Lévy et Françoise Dreyfus fixent leur professeure avec une nuance d'imploration dans le regard. Suzanne Bruny, Olga Trétiakov, Blandine de la Valette et les autres sont suspendues à ses lèvres mais c'est le suspense qui les tient en haleine. Mlle Maurel possède une belle voix grave dont elle sait moduler les intonations. Il ne lui aurait manqué que les effets de manches pour devenir une grande procureure. Mais en 1934, il n'y avait pas de femmes à ces postes-là.

— Retenez, mesdemoiselles, la vilenie de cet imposteur : « Si j'ai livré des documents, avoue-t-il enfin au capitaine Lebrun-Renault, c'était pour en avoir de plus importants. »

L'exaltation retombe un moment. Françoise Dreyfus regarde ses pieds, Anna Lévy contemple longuement par la fenêtre un pigeon perché sur une branche. Jenny Amon lève une main impatiente, mais sa voisine freine son geste :

— Attends... Laisse-la au moins finir !

— Ce n'est pas tout, mesdemoiselles, et vous n'êtes pas au bout de tant de noirceur. Au moment où l'on embarque Dreyfus pour l'île du Diable, ses séides provoquent une émeute pour essayer de le faire évader. Furieux, ces derniers hurlent qu'il est un martyr et jurent qu'il rentrera en France triomphant... À présent vous vous demandez si la prophétie du Traître s'est réalisée. Sachez donc que trois ans plus tard, jour pour jour, un sénateur nommé Scheurer-Kestner découvre soudain que Dreyfus est *soi-disant*... innocent. D'où lui vient, mesdemoiselles, cette inspiration subite ?

Blandine de la Croix de la Valette de Saint-Ouen d'Ernemont écarquille les yeux. Jenny Amon cherche le regard de Françoise Dreyfus, sans parvenir à l'accrocher. La petite-fille du capitaine est comme statufiée. Jenny se demande si elle comprend de qui il s'agit.

— Vous ne vous en doutez pas, mais je vais éclairer votre lanterne. Un certain nombre d'hommes politiques, plus ou moins compromis dans le scandale de Panama et d'autres affaires louches, sont accourus chez Scheurer. « Nous ne demandons qu'à croire à l'innocence de Dreyfus, disent-ils, mais d'abord il faut nous éclairer. » La vérité leur apparaît presque aussitôt, entourée d'un éclat métallique où brillent l'or, l'argent et les pièces de monnaie. « Voici la lumière », crient-ils à pleins poumons.

Et c'est ainsi que se forme le syndicat des malfaiteurs.

Une houle d'indignation secoue la classe d'histoire. Blanche Maurel est prise d'une sorte de transe. Elle inspire longuement. Et, au-delà des tresses en macarons d'Olga Trétiakov et de Tatiana Feodoroff, au-delà des yeux exorbités de Blandine de la Croix de la Valette de Saint-Ouen d'Ernemont et de Nicole Lesault du Pavillon, elle convoque le cortège des ennemis de la France, achetés pour défendre le criminel. Tout d'abord s'avance Mathieu Dreyfus :

— Le frère du Traître, et industriel en Allemagne, ouvre les hostilités en publiant une lettre dans laquelle il dénonce le commandant Esterhazy comme le véritable félon. Mais Esterhazy, mesdemoiselles, vous vous en doutez bien, n'est qu'un prétexte. La bande en veut à notre armée et à ses chefs. Et c'est ainsi que la vermine juive se colle à la peau de nos généraux peu habitués à combattre des ennemis de cette espèce.

Mlle Maurel fixe sans la voir Françoise Dreyfus, petite-fille du capitaine, et petite-nièce de Mathieu Dreyfus. Derrière ce dernier, se profile une autre silhouette, celle de l'écrivain satanique et socialiste, père du naturalisme :

— Zola, l'immonde pornographe, dont le père, officier payeur à la Légion étrangère, mangeait jadis la grenouille, se met naturellement de la partie.

— Hep… Jenny, chuchote sa voisine, tu sais ce que c'est un « pornographe » ?

— Chut…

Jenny fustige l'ignorante. Elle n'en croit pas ses oreilles : un pornographe, Émile Zola, le valeureux auteur de « J'accuse », que sa professeure est en train d'anéantir ! Et pourtant Mlle Maurel est si convaincante !

— Condamné par le jury pour outrage à l'armée, il file à l'étranger afin d'éviter de faire un an de geôle. Un autre meneur est l'ex-colonel Picquart, l'homme au petit bleu qui devrait être depuis longtemps au bagne. C'est pour avoir tenté de déjouer ses abominables intrigues que l'infortuné colonel Henry finit par être acculé au suicide. Tous les ennemis de la France ont marché la main dans la main avec les amis de Dreyfus. Les espions Schwartzkoppen et Panizzardi, toute l'Allemagne, toute l'Angleterre, toute l'Italie n'ont cessé de prêcher la révision.

La sonnerie n'arrête pas l'élan mais en renforce la flamme :

— Mesdemoiselles, vous qui êtes de bonnes Françaises, vous devez comprendre à travers cette effroyable aventure que les Juifs sont des êtres insociables et extrêmement dangereux pour les pays qui leur ont donné l'hospitalité. La seule existence qui leur convienne est celle de leur ancêtre Isaac Laquedou, le Juif errant.

Dans un silence de mort, la professeure donne ses consignes pour la classe suivante où elle interrogera sur le contenu d'aujourd'hui. Sans un mot, Anna Lévy, Jenny Amon et Françoise Dreyfus rangent leurs affaires. Les autres, en chuchotant, suivent Blanche Maurel, qui a repris ses esprits et son ton habituel :

— Pour les détails, mesdemoiselles, vous vous reporterez à votre manuel. À lundi matin.

« Alors, se souvient Jenny, pendant les jours suivant ce mercredi après-midi où nous avions cours de deux heures trente à quatre heures, j'ai bûché l'affaire Dreyfus pour le cours d'après. Maurel interrogeait toujours en début de cours sur la séance précédente. Le lundi, à quatorze heures trente précises, on venait de finir l'appel quand la porte s'est ouverte sur... Mme la directrice et M. l'inspecteur général. Nous, nous étions un peu troublées mais Maurel, elle, ne se démontait pas. »

— Surtout, mesdemoiselles, faites comme si je n'étais pas là, susurre l'inspecteur en se précipitant au fond de la classe tandis que la professeure lui sourit aimablement et commence son interrogation.

— Au tableau, s'il vous plaît : Anna Lévy… Françoise Dreyfus et Jenny Amon.

Selon Jenny, l'une des principales intéressées dans cette scène, Mlle Maurel, comme toutes ses collègues, interroge devant l'inspecteur ses meilleures élèves et ne manifeste aucun état d'âme.

Sait-elle que ses trois élèves modèles partagent avec le capitaine Dreyfus la même religion ?

« Elle savait pour Anna Lévy et Françoise Dreyfus, dit Jenny. Pour moi je ne crois pas. Amon, ça fait plutôt breton ! Elle nous interrogeait parce qu'elle savait que nous ne dirions pas de bêtises. »

— Pouvez-vous expliquer à M. l'inspecteur général, mademoiselle… Lévy quelle est l'origine de l'affaire ?

— Oui, mademoiselle. En septembre 1894, le contre-espionnage français a reçu une lettre, ou plutôt un bordereau, trouvé dans une corbeille et adressé à un attaché militaire allemand. Il n'était ni signé ni daté mais déchiré en plusieurs morceaux. Selon le bordereau, des documents militaires confidentiels étaient sur le point d'être livrés à un État étranger.

— Très bien. Jenny Amon, pouvez-vous nous dire qui était le coupable ?

— Le suspect, mademoiselle. On a identifié un suspect : le capitaine Alfred Dreyfus, polytechnicien et artilleur.

— Vous savez qu'il était alsacien, donc proche des Allemands. Quand a-t-il été arrêté ? Le savez-vous… Françoise ?

La professeure n'ose pas prononcer le nom de famille de la petite-fille du « Traître », qui répond, impavide :

— Il a été convoqué le 13 octobre, puis mis au secret à la prison du Cherche-Midi. Le 4 décembre, il a été renvoyé devant le premier conseil de guerre. Son procès s'est ouvert le 19 décembre à huis clos.

Françoise Dreyfus connaît par cœur la chronologie de l'histoire de son grand-père qu'elle récite comme une automate.

— Vous savez qu'intervient à ce moment-là le commandant Hubert-Joseph Henry qui a juré sur l'honneur et sur le crucifix que le Traître était Dreyfus. Puis un dossier secret est transmis à la cour. Amon ! Dreyfus a-t-il été condamné à mort ?

— Non, mademoiselle. Il a été condamné à la dégradation militaire et à la déportation à l'île du Diable en Guyane.

Blanche Maurel ne s'attarde pas sur le faux du commandant Henry, les investigations du colonel Picquart, la découverte de l'écriture d'Esterhazy, conforme à celle du bordereau. Elle n'interroge pas sur l'article d'Émile Zola dans *Le Figaro* du 25 novembre. Elle est pressée d'en finir avec la séance de la semaine dernière.

— Lévy, voulez-vous commenter la révision du jugement de 1899 ?

— Oui, mademoiselle. Le conseil de guerre de Rennes a condamné à nouveau Dreyfus à dix ans de réclusion et une nouvelle dégradation. Puis il a été gracié par le président Loubet le 19 septembre 1899.

— Bien, mesdemoiselles. Vous pouvez regagner vos places. Si M. l'inspecteur général est d'accord, nous allons passer au sujet de la leçon d'aujourd'hui.

Jenny Amon ne l'entend pas de cette oreille. Elle lève la main pour conclure, dire l'arrêt de réhabilitation du capitaine Dreyfus par la Cour de cassation, le 12 juillet 1906... Mais la professeure se tourne vers l'inspecteur :

— Mademoiselle je-sais-tout, je veux dire mademoiselle Amon, a la langue bien pendue mais nous n'allons pas nous égarer dans ce labyrinthe quand je dois vous parler aujourd'hui de la révolte des Cipayes en Inde, à l'époque de la reine Victoria.

Jenny reprend sa place et se rassied sans un mot. Et Blanche Maurel, de sa belle voix grave, embarque ses élèves, Mme la directrice et M. l'inspecteur général, très loin de l'armée française et de ses traîtres, dans la Compagnie anglaise des Indes orientales et ses combats contre les mutins de la Grande Rébellion, qui amenèrent la couronne anglaise à gouverner directement le nouveau raj britannique.

Quand la sonnerie retentit, tous les esprits sont avec Victoria, reine d'Angleterre et impératrice des Indes. La conteuse se tait soudain tandis qu'un tonnerre d'applaudissements salue la prestation.

— Mademoiselle… mademoiselle – l'inspecteur général en bégaie d'émotion –, je ne puis dire qu'une chose. Ces demoiselles ont de la chance de vous avoir comme professeure.

C'est ainsi que Blanche Maurel réussit devant l'inspecteur à obtenir la note maximum pour son évaluation annuelle après avoir évoqué devant lui l'affaire Dreyfus sans prononcer une seule fois le mot « Juif ». Grâce à Anna Lévy, Jenny Amon… et Françoise Dreyfus. Plus tard l'enseignante n'hésitera pas à choisir, pour tenter le concours général d'histoire nouvellement créé, l'une de ses meilleures élèves, la même Jenny Amon, qui réussit à rafler, croit-elle se souvenir, un huitième accessit. Blanche Maurel a donc aussi ses « bons Juifs » quand cela l'arrange, à moins qu'elle n'ait ignoré jusqu'au bout l'origine orientale de son étudiante préférée.

La photo de cette classe de philo s'est conservée dans les archives de Jenny et la signature au revers de chacune de ses condisciples atteste de la présence de Françoise Dreyfus que sa camarade a oublié d'identifier physiquement. À propos de ce cours d'histoire de l'année scolaire 1933-1934, dans ce lycée de jeunes filles comme il faut, qui avait remplacé un ancien couvent, on peut cependant imaginer la jeune Françoise qui rentre chez elle ce mercredi-là et y retrouve peut-être son grand-père Alfred, le capitaine maudit qui ne mourra qu'en 1935. Lui raconte-t-elle quelque chose de sa journée, et comment une pasionaria de l'Action française l'a interrogée, elle, sur son calvaire à lui, en occultant jusqu'à sa réhabilitation ? Lui révèle-t-elle qu'une de ses camarades de classe du nom de Jenny Amon a été ridiculisée pour avoir timidement tenté de rétablir une vérité ? La vérité. Ou bien parlent-ils simplement de choses et d'autres, du dîner du soir, de la petite pluie fine qui tombe comme d'habitude sur la capitale, ou de la récente affaire Stavisky ?

Aujourd'hui nous savons par ses descendants que le capitaine ne parlait jamais de l'affaire. D'autres si. Que n'ont-ils su se taire eux aussi !

Kiko, l'enfant terrible

Jeudi 24 octobre 1929, le krach boursier à New York a des conséquences imprévisibles, selon la théorie dite « du chaos », dont la prise de pouvoir par Hitler en 1933 n'est pas l'une des moindres. L'histoire de Kiko et de Laurette illustre ces dommages collatéraux.

Sur le moment, la famille Benveniste semble résister à cette nouvelle épreuve. Le magasin de gros Benveniste et Amon doit cependant déménager de la rue du Mail à la rue des Jeûneurs dans le Sentier, le centre commercial s'étant déplacé. Après le Grand Feu de Salonique, c'est la deuxième fois que l'adversité entraîne un changement de boutique.

— C'est la dernière chance, dit Marie avec l'ingénuité de l'ignorance devant ce que réserve l'avenir.

L'autre affaire, patronnée par Maïr avec ses deux derniers fils, le magasin Joseph Maurice, qui se trouve déjà dans le Sentier, s'étant installée plus tard, ne bouge pas.

Celui qui pâtit vraiment de la crise à Bruxelles est Ugo Modiano, le mari d'Allegra. Il a la malchance d'avoir un tempérament artiste et de s'être marié dans un milieu où seuls comptent à présent l'argent et les moyens d'en gagner. Pourtant il est bien né, mais dans une société éteinte. Malgré sa vocation de peintre et ses diplômes d'avocat, l'exil ne lui laisse comme choix que de vendre des diamants ou bien des tapis d'Orient. Il choisit les seconds et fait faillite.

À partir de là, la vie d'Ugo devient un long calvaire. La famille le rapatriera en France et lui donnera un emploi subalterne dans l'un des magasins de tissu en gros. Et celui qui se rêvait peintre, sur les traces de Modigliani, celui qui avait été l'un des patriciens de Salonique, celui que Maïr trouvait trop élevé dans l'échelle sociale pour qu'il lui donne sa fille, va vivre en parent pauvre chez son patriarche de beau-père, et dans le commerce de ses beaux-frères, essuyant des remarques acides sur son manque de talent pour les affaires, et les crises de nerfs de son épouse qu'il ne parvient pas à entretenir.

Allegra, avec fils et mari, vit maintenant dans l'appartement parisien de ses parents où les mariages de ses frères ont laissé des chambres vides. Oro, vieillissante et transplantée, ne s'occupe plus de rien et se languit de la Tour blanche de Salonique. Allegra devient la patronne du clan sous la férule du patriarche. Elle dirige les domestiques et la maison que Maïr exige très ouverte à ses enfants et petits-enfants. Il y a du monde tous les jours pour dîner, déjeuner ou goûter.

L'exaspération d'Allegra s'accentue beaucoup en ces années où elle vit sous la coupe paternelle et ploie, dit-elle, sous le poids des tâches domestiques. Les scènes conjugales se multiplient, elle passe deux nuits sur quatre chez sa sœur, dans la chambre de sa nièce qui émigre alors sur le canapé du salon, afin d'échapper au désir du mari, seigneur et maître qui n'a pas su éveiller cette superbe brune, en apparence si brûlante. Mais un maître qui n'a ni séduit ni réduit sa femelle n'est qu'un moins que rien dans la société des machos.

La banque de Tunis offre à son mari un poste de directeur. Allegra passe trois jours à gémir. Elle fait la grève de la faim. Quitter sa famille, ses frères bien-aimés. Jamais. Saby Amon est donc mandaté par les frères pour raisonner la victime, qui, harcelée par la meute familiale, finira par céder.

— Ce n'est pas bien ce que vous faites... Vous vous en repentirez.

Jenny a été la seule à se réjouir du revers de fortune qui a ramené Kiko, son cousin bien-aimé, dans la même ville qu'elle. Elle a maintenant une quinzaine d'années, l'âge de la photo. Et elle a sauté de joie à l'annonce que Kiko venait vivre en France chez grand-père Maïr, qui a manifesté, lui, beaucoup plus de tiédeur. Car le fils d'Allegra s'est acquis une réputation d'enfant terrible. Tout petit, il s'était déjà fait renvoyer de deux écoles successives en Belgique. L'oncle Corentin était alors intervenu et on l'avait placé à l'internat du lycée Lakanal de Sceaux. Kiko, renvoyé à nouveau, avait passé quelques années dans une pension très stricte à Louvain. Et maintenant il est de retour à Paris, auprès de sa cousine et confidente.

« Il n'en pouvait plus des scènes à la maison, raconte Jenny. Sa mère toujours au bord de la crise, toujours gémissante. Son père effondré, exilé de sa chambre et pleurant dans un fauteuil. Il aurait tant voulu qu'ils divorcent. Mais c'était impossible... Pourquoi ? Oui, bien sûr, il y avait en France une loi autorisant le divorce mais... cela ne se faisait pas ! »

Cette fois on inscrit Kiko au lycée Buffon, non loin de chez sa tante Marie et sa cousine Jenny. Il y effectue une scolarité chaotique, se faisant exclure à plusieurs reprises et terminant le secondaire dans un pensionnat à Fontainebleau. Quand enfin, vers 1935-1936, il émerge et rejoint le clan de sa mère dans un des magasins familiaux, il a déjà remarqué une amie de sa cousine, un peu plus âgée que lui, qui lui fait les yeux doux et qui s'appelle Laura comme l'amoureuse de

Pétrarque. Pour Jenny qui l'a rencontrée au cours de vacances à Saint-Lunaire, elle est Laurette, Laurette Moseri, sa « meilleure amie » :

Dit Jenny : « Elle venait de Salonique, d'une grande famille italienne. Son père, un très bel homme sans le sou avait épousé une grosse dot, mais un sale caractère et une femme laide comme les sept péchés capitaux. Avec Laurette, on se racontait tout. Elle était mon aînée de deux ans et elle avait commencé plus tôt que moi à penser aux garçons. Toute jeune, elle s'était amourachée d'un garçon de la haute : René Thibaud de Beauregard. Un garçon très bien, militaire de carrière et qui semblait épris de Laurette. Mais évidemment, lorsqu'ils ont pensé mariage, c'était une autre chanson. Il ne l'a jamais présentée à sa famille, et petit à petit, il l'a laissée tomber.

» Sur ces entrefaites, la famille Moseri a perdu tout son argent dans la crise. Ils ont déménagé et, de banquier qu'il était, son père a dû prendre une petite affaire de vente de billets de la Loterie nationale, avenue de Wagram à Paris. Laurette y était vendeuse. Elle était payée et ne se plaignait pas de son sort. Et puis moi-même je suis devenue une jeune fille qu'on laissait sortir avec son cousin et ses copains le dimanche au cinéma ou pour aller danser. C'est chez moi que Laurette a rencontré Kiko. Et ça a été le coup de foudre.

» Les Moseri ne demandaient pas mieux que ce mariage avec un Modiano, mais pour les Benveniste, il n'en était pas question. Les parents de Laurette étaient devenus des pauvres. Pas de sous, pas de noces. Kiko ne pouvait être maître de sa propre vie. Elle était réglée par ses oncles qui ont mis leur veto. Leur sœur Allegra entendait garder son fils pour elle, comme soutien de famille, puisque le mari en était incapable, pour qu'il l'entretienne, éventuellement à l'aide d'une belle dot.

» Finalement, elle n'aura rien eu du tout. Même pas de fils. »

Premières amours : de la chrysalide au papillon

Pendant ces années de l'entre-deux, Jenny et sa tribu ne se distinguent guère des familles de ses camarades de classe de Duruy. La crise de 1929 n'a fait qu'interrompre plus ou moins brièvement chez certains la régularité d'une existence ponctuée par les mois de travail ou de scolarité en morte saison et les grandes vacances d'été au bord de la mer avec toute la smala. C'est pendant ce temps-là que la chrysalide se fait papillon et que l'adolescente ingrate que Marie mettait au régime et obligeait à faire du sport devient une svelte jeune fille.

Entre 1932 et 1934, Jenny passe avec succès les deux parties du baccalauréat, encouragée par Marie qui n'a pas oublié son départ prématuré de l'Alliance et l'esclavage de la couture et du raccommodage. « La plupart de mes camarades n'ont pas passé leur bachot. Elles s'arrêtaient avant et attendaient sagement de se marier... Mais j'ai dû repasser l'oral en septembre... à cause des maths. »

Pour les vacances, Marie et sa famille ont élu leur résidence estivale dans des villas de location proches des sœurs et des belles-sœurs, à Saint-Lunaire, en Bretagne.

« Ce que j'aimais le plus pendant ces longues vacances ? dit Jenny. La nature, la mer, la lecture, les longues promenades sur la plage où je me répétais des poèmes de Machado ou de Victor Hugo. Ce que je détestais le plus ? Les devoirs de vacances bien sûr. Mais surtout les interminables obligations inventées par ma mère pour compenser ce qu'elle n'avait pas pu faire à Salonique, quand elle avait mon âge. De neuf heures à onze heures, j'allais au tennis, puis faire de la natation, puis de la gymnastique, puis de nouveau natation. Après j'avais une faim terrible mais on m'empêchait de manger pour ne pas grossir. L'après-midi, je devais retourner au tennis et toute la famille s'y donnait rendez-vous pour vérifier que je jouais bien et me faire des remarques plus ou moins désobligeantes. J'ai pris en horreur le tennis. Et j'ai trouvé un biais pour y échapper. Je suis devenue arbitre et je le faisais si bien qu'on me suppliait toujours de venir arbitrer, ce qui m'évitait de jouer. »

Été 1933, changement de programme : la famille décide d'aller en Suisse à Villars-sur-Ollon, dans le canton de Vaux, et d'envoyer Jenny à Eastbourne, pour perfectionner son anglais, avec son petit cousin, fils de Rafo, et sa gouvernante anglaise. Jenny croyait qu'elle allait s'amuser en Angleterre tandis que la Suisse, « c'était la barbe ». Mais ce mois de juillet commence mal. « C'était une immense plage de galets ; les Anglais du cru n'étaient pas particulièrement accueillants ; le petit faisait des pâtés et la Miss, amoureuse de Kiko qui à Paris s'ébattait avec Laurette, et perpétuellement triste, arpentait le *pier* sans dire un mot, plusieurs fois par jour. Pendant ce temps, tout le reste de la famille s'amusait bien dans les Alpes vaudoises. »

Survient un incident que le petit cousin se remémorera et rapportera plus tard. La gouvernante s'est éloignée, laissant l'enfant à la garde de Jenny pendant qu'il s'amuse à jeter des cailloux dans les grosses vagues qui se brisent sur la jetée. Une énorme pierre l'entraîne dans son sillage et il roule dans l'eau. Jenny, anesthésiée, ne bouge pas tandis qu'un aimable Anglais plonge tout habillé et repêche l'enfant.

Marie, informée, s'inquiète de savoir que sa fille s'ennuie à Eastbourne et mange trop. Elle lui propose de venir les retrouver en Suisse, à Chesières. Et l'adolescente, flanquée de la Miss et de l'enfant, va passer là les « meilleures vacances de ma vie ».

L'hôtel est familial mais il y a là toute une bande de jeunes, Juifs et Gentils, décidés à bien s'amuser ensemble. On y danse trois fois par semaine le soir et on y fait des tournois de tennis. Il y aura même un premier bal clôturant le championnat à l'issue duquel Jenny reçoit un grand prix d'arbitrage.

« J'avais obtenu le premier prix, se souvient Jenny. La récompense consistait en une énorme boîte de chocolats suisses qui m'a comblée. Hélas, avant la fin de la soirée, j'ai vu surgir ma mère, qui ne songeait guère à me féliciter. "Donne-moi cette boîte, Jenny. — Pourquoi, maman ? — Donne-moi cette boîte, te dis-je. Tu ne vas pas te bourrer de sucreries alors que tu as énormément engraissé entre l'Angleterre et la Suisse. — Mais qu'est-ce que tu veux en faire ? — Je suggère que tu l'offres à ta grand-mère à notre retour de vacances. Nous n'avons pas de cadeau pour elle et j'ai trop dépensé déjà pour ton séjour. *Nona* adore les chocolats… Et tu sais bien qu'elle les partagera avec toi."

» Et ma mère de me confisquer la boîte, avec une seule concession : celle d'offrir moi-même le présent à ma *nona* Oro, ce que j'ai fait à mon retour avec mauvaise grâce. Mon aïeule, bien diminuée par rapport à celle qui me faisait des *tajicos* dans la cuisine de Salonique, a reçu le cadeau sans bien comprendre de quoi il s'agissait, m'a embrassée affectueusement, et a fourré la boîte dans son armoire, sans que j'ose intervenir. Je n'ai jamais vu l'ombre d'un chocolat au cours des visites que je lui faisais régulièrement. Je me suis résignée à oublier mon prix.

» Six mois plus tard, une amie en visite chez ma mère et qui voulait la remercier pour un service rendu lui a tendu fièrement un paquet un peu défraîchi où j'ai reconnu sur le papier blanc qui enveloppait la boîte une petite tache d'encre rouge, faite dans ma valise au cours du voyage Villars-Paris et que nous n'avions pas pu retirer avant de l'offrir à ma grand-mère. Cette fois, j'ai ouvert la boîte malgré les faibles protestations de ma mère. Les chocolats étaient intacts… mais tous moisis ! »

Heureusement Jenny n'a alors plus la tête aux chocolats. Elle pense et repense au clou de l'été : le grand bal costumé au cours duquel elle a rencontré son premier amour.

« Il s'appelait Pierre. Pierre Djian. C'était un Sépharade, mais d'Afrique du Nord, et ces maris-là n'avaient pas bonne réputation chez nous parce qu'ils passaient pour trop stricts avec leurs femmes. Sa famille était de Constantine mais avait une affaire à Aix-les-Bains. Et il faisait des études de tissage à Mulhouse. On l'avait promis à une cousine orpheline dont son père s'occupait, et qui avait une très grosse dot. Au début, quand je suis arrivée d'Angleterre, il n'a pas fait attention à moi. Et puis, le soir du bal costumé, où j'ai étrenné ma première robe du soir, nous avons flirté ensemble. Enfin… flirté… en respectant les limites imposées par ma mère. On avait droit au baiser et aux caresses, mais “jamais *au grand jamais* au-dessous de la ceinture”.

» Après le bal nous sommes montés chez Paulet, une boîte de nuit construite au sommet de la montagne. Au lever du soleil, nous sommes redescendus et la cuisine de l'hôtel nous a préparé une soupe à l'oignon. Mon Dieu ! Comme je me suis amusée ! J'ai l'impression que cela a duré… des années. »

Soixante ans plus tard, Jenny revit encore cette nuit unique, cette première nuit du premier amour où rien ne put être consommé.

« Oui. Une nuit unique… Parce qu'après… eh bien il m'a laissée tomber, quoi ! Ou c'est moi, en un sens, qui l'ai devancé. Pendant l'année scolaire où il était à Mulhouse, on s'est écrit. Et l'été suivant, il est retourné à Chesières en Suisse, où on s'est rencontrés trois jours. Cela a ranimé les braises. Toujours au-dessus de la ceinture. Et on s'est envoyé des lettres très fortes, très romantiques, avec des poèmes… et tout… Pendant… un mois environ… Peut-être deux.

» Et puis, il m'a écrit une longue lettre pour m'expliquer qu'il devait obéir à son père, qu'il regrettait… Et moi je ne lui ai pas répondu. Mais quelques jours après, je reçois un coup de téléphone de Jane, une amie anglaise qui faisait partie de la bande de Chesières. Je trouvais bien qu'elle avait une drôle de voix, mais avec l'accent, j'y ai cru. Elle m'explique qu'elle est de passage à Paris et me demande si on peut se retrouver… Et elle me donne rendez-vous dans les jardins des Invalides, pas loin de chez moi.

» J'y vais et je tombe sur mon Pierre, en uniforme de lieutenant. Il faisait son service militaire. Il m'a demandé pardon d'avoir déguisé sa voix et de m'avoir trompée pour me revoir. Il m'a répété que son père était un vrai tigre, qu'il y avait “certains intérêts en jeu”. Il m'a dit qu'il était à Paris pour un moment, qu'on pouvait se revoir. Et je lui ai donné rendez-vous le lendemain entre deux et quatre heures au même endroit.

— Et alors ?

— Alors... je n'y suis pas allée... J'ai hésité. Mais j'ai résisté... Et après, j'ai appris qu'il l'avait épousée, la cousine. Donc, j'avais bien fait... Si j'ai eu de la peine ? Oui. »

Derrière la vieille dame se dresse encore la jeune fille, silhouette minuscule de petite princesse de Clèves, toute droite sur ses talons, ennemie des compromis, étrangère aux faiblesses et aux complaisances de l'amour.

« Si j'ai su ce qu'il était devenu ?... Oui... Il a été déporté. »

Le voile est retombé sur ces petits malheurs d'avant le désastre. Ceux que Jenny nommera plus tard les « soucis d'avant-guerre » et qui allaient des chagrins d'amour aux ennuis de fins de mois, des infirmités ou des maladies... à la mort tranquille dans un lit.

En ces années trente, la famille de Jenny n'est exemplaire que par la banalité de son existence d'« avant ». La part judéo-orientale exceptée et assumée, elle n'aime, ne pense, ne rêve, ne vit pas autrement que ses homologues de la bourgeoisie française de l'époque. Ce n'est pas le calme d'avant la tempête mais les effusions, les chuchotements et les rires d'avant la nuit. C'est le crépuscule, mais ils ne le savent pas.

L'année grise

« Bonne renommée vaut mieux que ceinture dorée » est la devise occidentalisée de Marie et elle n'en démordra jamais. Mais derrière les apparences, il y a la dure contrainte orientale de réunir une dot qui, mieux que la renommée, attirera les soupirants puis les candidats à la main de sa fille.

Quant à cette dernière, elle est à des années-lumière des préoccupations de sa mère. Après l'année du bac et l'euphorie du premier amour, voici l'année grise. Il pleut sur la ville où Jenny se morfond dans une attente sans objet. Il pleure dans ce cœur de jeune fille qui vient de traverser son premier chagrin. La Jenny de la rentrée 1934 ressemble à bien des jouvencelles d'alors et d'après.

— Bon, maintenant que tu l'as eu, ton bachot, dit Marie, qu'est-ce que tu veux faire ?

— Une licence d'histoire.

— Ma fille ! Tu sais comme moi qu'il aurait fallu que tu continues le latin. Alors, quoi ?

— Alors je vais faire mon droit.

— Ton droit ! Ton père n'acceptera jamais cela.

Marie sait à quoi elle s'expose. Elle a déjà essayé de convaincre son époux qui ne veut rien entendre. La faculté de droit ? Un lieu de perdition ! Le quartier Latin ? Pire encore !

— Et si tu tiens à ce que ta fille trouve un mari, il vaudrait mieux que tu lui apprennes à cuisiner.

Cette phrase, Saby a dû la prononcer en ladino. Il sait qu'il touche un point faible chez son épouse. Si Marie veut que Jenny capture un oiseau rare, obsession de toutes les mères, il ne faut pas en faire un bas-bleu. Les Orientaux ne sont pas des Ashkénazes, encore moins des Juifs français qui poussent leurs filles vers les livres. Si on veut la marier à un Salonicien, il faudrait *d'abord* qu'elle sache faire les *borekas* et le reste… tenir une maison, quoi !

— *D'abord*, concède Marie, mais après, si elle a fait quelques études, ça ne peut pas faire de mal. Il y a des maris qui n'aiment pas les idiotes.

Saby lui lance un regard noir.

— Alors à une condition : qu'elle vienne travailler au magasin. Au moins, si elle ne trouve pas de mari, qu'elle sache faire quelque chose de ses dix doigts !

Tous les deux, Marie et Saby, savent qu'il y a un appât surpassant tout le reste au regard des soupirants potentiels, cette dot qu'ils n'évoquent même pas mais qu'ils travaillent à constituer, sans perdre de temps. Jenny a dix-huit ans. À vingt-cinq, la chasse au mari sera quasi fermée. Les chrétiens appellent cela « coiffer Sainte-Catherine », mais pour les Juifs, c'est la même limite d'âge.

Jenny accepte le compromis : le matin elle travaillera chez Benveniste et Amon, l'après-midi elle suivra les cours de la faculté de droit.

« Mon idée n'était pas de devenir avocate. Je n'avais pas de telles ambitions. Je ne tenais pas à aller jusqu'au bout, mais à faire tout au plus une licence. Pas pour devenir avocate – pour une femme, dans ma famille, c'était impensable –, mais par exemple secrétaire d'avocat. »

Marie appuie avec vigueur ces études qu'elle n'a pas faites. De toute façon, ce sera un plus dans le curriculum de la postulante à l'union conjugale.

Et cette année-là, l'ex-brillante élève de Victor-Duruy, candidate au concours général d'histoire, prépare des paquets et recopie des factures, sous l'œil vide de son père, de l'oncle Rafo et des employés du magasin. Elle passe des heures à interroger la pendule qui tourne avec une lenteur désespérante et à se moquer dans sa tête des clients de détail, étrangers pour la plupart, qui ne font pas la moindre attention à elle et dont elle rapporte les balourdises à Kiko et Laurette le dimanche après-midi.

Un matin, cependant, la porte s'ouvre sur un inconnu, jeune, blond et plutôt bien de sa personne.

— Jenny, s'écrie Rafo, je te présente M. Benrey, Jacques Benrey. Son père vient de Bulgarie et ils ont le petit magasin de tissu au détail, tu sais, rue du Faubourg-Poissonnière.

Jenny ne sait pas et se moque éperdument du petit magasin de la rue du Faubourg-Poissonnière, ignorant qu'elle y passera quarante années de sa vie adulte.

— Bonjour, monsieur.

— Bonjour, mademoiselle. Je ne vous avais jamais vue ici.

— Je ne suis là que provisoirement. Je viens d'avoir mon bac, en septembre. Et j'étudie le droit l'après-midi.

— Vous avez donc échoué en juin ? demande maladroitement l'inconnu.

— Oui. À cause du concours général que j'ai passé en histoire. Je n'avais pas eu le temps de préparer les autres matières du bac.

Le jeune homme lui jette un regard où elle croit lire de l'inculture et de la condescendance.

Justement Saby surgit à ce moment-là, une pièce sous le bras.

— J'ai exactement ce que vous vouliez, un velours de laine, de toute beauté.

Le client salue la jeune fille et lui glisse au passage :

— Nous mettons sur pied une association de jeunes. Votre père vous expliquera. Il faut venir.

Plus tard, au cours du trajet, qu'elle fait toujours avec Saby, pour revenir déjeuner rue Pérignon et au cours duquel ils s'adressent rarement la parole, elle hasarde :

— Qu'est-ce qu'il a voulu dire, ton client, ce Beu… Ben… ?

— Benrey. Jacques Benrey. Eh bien lui et le jeune Edgar Abravanel, le fils de mon président, ils sont en train de monter une association de jeunes Sépharades, au sein de la Cultuelle.

— Ah bon ! Ce garçon est lié à la famille Abravanel ?

— Plus que tu ne crois. Il est au bord des fiançailles avec Irène, la sœur d'Edgar… D'ailleurs il faut que je m'en occupe !

Jenny regarde son père avec une certaine curiosité. Elle sait que la communauté a ses marieuses et ses marieurs, dont beaucoup sont des rabbins. Elle sait aussi que son père vénère Salvatore Abravanel, père d'Edgar, pour son nom – l'un des plus prestigieux chez les Sépharades – et pour sa position : il a fondé avec Saby la loge France du B'nai B'rith, cette institution juive internationale. Salvatore en est le président et Saby le vice-président. Ainsi donc, c'est Saby, son père, qui joue le rôle d'intermédiaire entre la fille Abravanel et le petit Benrey. Il faudra qu'elle raconte cela à Kiko et Laurette dimanche. Cela les changera des insipides commérages sur les magasins familiaux.

Plus tard, à Marie qui lui demandera : « Alors, comment tu le trouves, ce Jacques Benrey ? », Jenny répondra dédaigneusement :

— Il a de beaux yeux. Mais je le trouve franchement antipathique.

Et Marie, quelques heures plus tard, de souffler à sa sœur Allegra autour d'une table de bridge :

— Elle n'est pas guérie encore de son lieutenant constantinois !

Le 14 juillet 1935, le Rassemblement populaire organise un grand défilé unitaire à Paris avec pour mot d'ordre « Pain, paix et liberté ». Et Jenny Amon est reçue brillamment à sa première année de droit, avec mention. Marie et ses sœurs se montrent très enthousiastes devant ce premier succès féminin dans la famille, mais Saby se renfrogne. C'est autant de perdu sur la dot. Il aurait préféré un échec.

Le 19 août, tandis que la France aisée est en vacances, Hitler se fait plébisciter comme *Reichsführer*, avec quatre-vingt-dix pour cent des suffrages. La gauche, naguère pacifiste, réclame la fermeté face aux diktats d'Hitler et de Mussolini tandis que la droite nationaliste préconise la conciliation.

Jenny a-t-elle pris garde à ce plébiscite qui va entraîner le bouleversement radical de sa vie et de celle des siens ? Sans doute pas. Elle est trop occupée, par Marie interposée, à se disputer avec son père sur ses activités de la rentrée suivante.

— Non. Non et non. Tu diras à papa que je ne retournerai pas chez Benveniste et Amon. Je veux continuer mon droit.

— Mais, ma fille, tu n'es pas mariée. Il faut bien que tu travailles.

— Je veux bien travailler mais pas au magasin.

— Mais où ? Tu n'as aucune formation. Et ce n'est pas avec une année de droit que…

— Maman, j'ai une idée. Si vous vouliez bien me laisser une année de plus pour me former. Le matin, je pourrais suivre des cours de sténotypie et de secrétariat à l'institut Grandjean. J'y suis allée voir. Avec un diplôme de droit, ils promettent de vous placer dans des organismes prestigieux comme la Société des Nations ou la Chambre des députés. Il suffit de savoir transcrire à la vitesse discours, c'est-à-dire cent quatre-vingts mots par minute. Et ça, j'y arriverai. Je vous jure que j'y arriverai ! S'il vous plaît, maman !

Marie cède et convainc Saby. Après tout, si Jenny peut gagner quelques sous en attendant l'élu, pourquoi pas ? En ces temps où les fortunes se défont à la vitesse de l'éclair, c'est une assurance de plus, qui peut avoir son utilité. Et puis, une simple secrétaire ne peut pas effaroucher un mari. Au contraire.

Du côté de Jacques

Quelle pimbêche ! se dit Jacques Benrey en tirant derrière lui la porte de Benveniste et Amon, 1, rue des Jeûneurs, dans le Sentier.

Il a juste eu le temps de descendre jusqu'au 65, rue du Faubourg-Poissonnière, où se trouve le magasin de son père, qu'une photo de l'époque a éternisé, avec ses deux vitrines savamment organisées par un étalagiste professionnel.

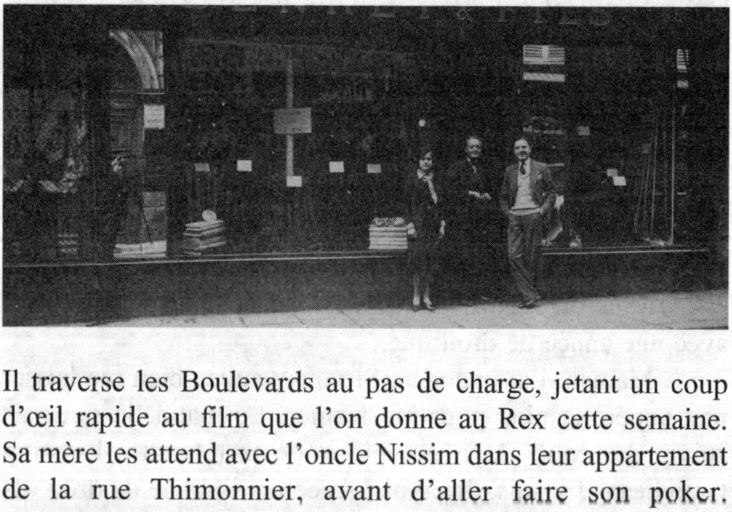

Il traverse les Boulevards au pas de charge, jetant un coup d'œil rapide au film que l'on donne au Rex cette semaine. Sa mère les attend avec l'oncle Nissim dans leur appartement de la rue Thimonnier, avant d'aller faire son poker. Aujourd'hui, c'est lundi et il est de permanence au comité de la Jeunesse Sépharadite dont il s'occupe activement depuis sa création récente. Il regrette bien de ne pas l'avoir mouchée plus brusquement, cette fille Benveniste et Amon, des gens qui se croient tout permis parce qu'ils viennent de Salonique et se prétendent les seuls descendants des bannis loyalistes espagnols. Les Bulgares, presque tous sépharades, de pure souche, anciens sujets eux aussi de l'Empire ottoman, ne sont pas moins nobles et n'ont pas moins souffert pour sauvegarder leur langue et leurs traditions.

Et elle, mais qui est-ce qu'elle se croit, cette petite mijaurée, sous prétexte qu'elle vient d'avoir son bachot… et encore, en octobre, à l'oral de rattrapage ! Il se repent de ne pas lui avoir assené ses diplômes à lui, dont celui de l'École supérieure de commerce, tous obtenus dans l'excellence et comme major de sa promotion. Jacques traverse sans regarder et se fait insulter par l'automobiliste qui doit faire une embardée pour l'éviter. Il se reprend un peu. Cette môme n'est qu'une gamine qui sort de l'école et il a vingt-sept ans. Tout de même, elle ne ressemble pas aux sœurs de ses camarades qui viennent de temps en temps à la Jeunesse Sépharadite.

De vraies dindes ! se dit-il en se remémorant l'une ou l'autre de ces demoiselles qui lui font les yeux doux.

Non, Jenny Amon n'est pas une dinde mais une prétentieuse. Du moins a-t-elle quelque chose à dire et il a toujours aimé les femmes intelligentes. Il faudrait attirer des filles de ce genre dans l'association, si on veut que cela prenne de l'envergure. Il en parlera ce soir à Edgar et Irène au comité de la JS.

La Jeunesse Sépharadite vient de se créer à l'instigation du grand rabbin Ovadia dans le but de regrouper les jeunes et de les familiariser avec leur propre culture qui s'étiole dans le giron français. Le comité général élu comprend Jacques Benrey, Edgar Abravanel, Oscar Arditti et plusieurs joyeux drilles capables de mettre de l'ambiance dans les bals, les compétitions sportives et les goûters à la campagne qui ont été prévus, entre autres activités plus intellectuelles. Dans son allocution inaugurale, le grand rabbin Ovadia a insisté sur le réveil planétaire des Sépharades :

— Des communautés qui ont vécu des siècles isolées les unes des autres, sans élan, sans envolée, sans souci de l'avenir et sans un regret pour les splendeurs passées, se rapprochent déjà grâce à la Confédération universelle des Juifs *sefardim*, et son organe de presse, *Le Judaïsme sépharadi*. Souvenez-vous toujours, mes chers amis, a conclu le rabbin, que vous êtes les soldats de la cause juive… Mes chers amis, notre grand Moïse avait dit à Israël : « Voici le chemin de la vie et voici le chemin de la mort ! Tu choisiras la vie ! » Cette voix qui ne cesse de retentir à travers les siècles vous dit ce soir, sous la forme d'un ordre impératif : « Tu choisiras la vie. »

La première réunion amicale et dansante de la JS a lieu au pavillon Dauphine, suivie d'une tombola gratuite et accompagnée par un air de *La Juive* d'Halévy, avec la voix « puissante et chaude » du chantre yougoslave. Une photo de groupe d'un numéro du *Judaïsme sépharadi* montre la première assemblée générale de la Jeunesse Sépharadite l'association, dont Jacques Benrey assume la vice-présidence pour trois ans. Assis en demi-cercle au premier plan : le grand rabbin Ovadia, entouré de sa femme et des « huiles » de la communauté. Tout autour : les jeunes, incluant Jacques Benrey, le « petit blond » de la troisième rangée, troisième place sur la droite à partir du bas, très juvénile malgré sa cravate, et tout sourire.

Le vice-président de la Jeunesse Sépharadite est en effet très actif en cette première année de l'existence de l'association. C'est lui qui a fait dans la revue le compte rendu de la soirée et annoncé le programme de son comité : conférences, sections sportives, pique-niques et chorale dirigée par José Papo. Mais se réunir en ces années difficiles ne suffit pas. Il faut s'unir pour « sauvegarder le flambeau du judaïsme menacé ».

Le jeune Oscar Arditti est de ceux qui veulent reprendre le flambeau. Et il offre en cet automne 1935 une conférence sur son récent voyage en Palestine. Ce « Bulgare » muni d'un passeport français, qui a fréquenté à Sofia la même école que Jacques Benrey, tient à rendre hommage aux jeunes qui n'ont pas cessé de défendre « ce foyer national si cher à nous tous, ce refuge qui est la joie et l'espérance de tout un peuple en exil depuis deux mille ans ». Il veut aussi honorer les victimes de tous ces troubles, de toutes ces persécutions.

Et de citer à l'appui ces vers de Victor Hugo :

Ceux qui, pieusement, sont morts pour la patrie
Ont droit qu'à leurs cercueils la foule vienne et prie.

S'ensuit une polémique virulente autour de l'idée de Sion. Pour le rabbin Ovadia :

— Dans tout cœur de Juif sommeille la foi d'un véritable sioniste.

Pour le président Edgar Abravanel :

— Il n'est absolument pas recommandable pour la Jeunesse Sépharadite de prendre, dès sa naissance, une part active dans le mouvement sioniste.

Pour Jacques Benrey lui-même qui clôture la séance :

— L'entente entre les Juifs et les Arabes se raffermit. Sans pouvoir faire ici même une analyse complète des rapports entre ces deux éléments frères, peuplant le pays, entre ces fils d'Israël et ces fils d'Ismaël, il est évident que leur intérêt propre est de se rapprocher, de se comprendre, de se servir, de se compléter.

Au bord du gouffre, ces jeunes Juifs espagnols d'Orient veulent faire renaître leur héritage dans la France des Droits de l'homme, tout en se reconstruisant une patrie avec les fils d'Ismaël. Mais Jacques Benrey, Oscar Arditti et Edgar Abravanel, le noyau de la future « bande », sont face au mur qui les immobilisera dans leur édifice communal, pour toute la fin de l'histoire, la leur et celle de leur tribu.

Thé dansant au pavillon Dauphine

Pendant que la France et le monde retiennent leur souffle et osent à peine regarder l'Allemagne nazie, Marie et ses sœurs n'ont qu'un objectif pour la première fille de cette génération : lui trouver un époux. Marie multiplie les dîners mondains et dépense pour les toilettes de sa fille ce qu'elle économise dans la vie de tous les jours.

« J'ai eu jusqu'à sept robes du soir, se souvient Jenny avec rancœur. Provisoires. Plus tard elles ont été offertes à la femme de mon frère qui pourtant avait déjà trouvé un mari ! Mais je n'avais pas de quoi me payer une paire de bas ou faire ressemeler mes chaussures. Quand ma mère recevait, la table était abondamment garnie et servie par une domestique en uniforme et tablier de dentelle, mais le reste du mois, nous étions rationnés et ne mangions que du maïs et du riz. »

En cette année 1935, Saby s'agite au magasin moins peut-être qu'à la loge où il seconde Salvatore Abravanel jusqu'au 2 septembre, date à laquelle la mort de ce dernier le hisse à la place de président. Pendant toute l'année qui suit, tandis que Jenny fait sa deuxième année à la faculté de droit et étudie le matin la sténotypie chez Grandjean, il continue à jouer les intermédiaires entre la famille Abravanel et la famille Benrey.

Jenny ne manque pas de lui poser régulièrement la question :

— Alors ces fiançailles du petit Benrey, on les annonce ?

— Pas encore !... Mais très bientôt.

Le « très bientôt » traîne. Mais désormais Saby a une bonne réponse :

— Si tu venais à la JS, tu connaîtrais tout cela mieux que moi. J'ai moi-même encouragé la création de cette association entre jeunes Sépharades, qui œuvrent ensemble au rapprochement avec de jeunes Ashkénazes. C'est une excellente occasion de vous réunir entre vous et de vous amuser.

Saby sait très bien que la motivation essentielle de ce groupe est d'encourager secrètement les unions en milieu endogame. Le clou de la JS, c'est le bal, cristallisation de la rencontre potentielle entre jeunes gens des deux sexes. Mais il ne le dit pas.

Et Jenny n'est pas convaincue. Et le fait savoir fermement à sa mère :

— Qu'est-ce que tu veux que j'aille y faire ? Et d'abord je ne connais personne.

— Raison de plus pour y aller. Si tu ne vas nulle part, tu ne rencontreras personne.

— Non et non. Dimanche j'ai promis que j'irais au cinéma avec Laurette et Kiko. Je ne peux vraiment pas.

— Et pourquoi Laurette et Kiko ne t'accompagneraient pas ? Ils pourraient s'amuser eux aussi.

Jenny sait que ces deux-là sont bien ensemble et n'ont envie de rencontrer personne. Mais elle n'avoue pas – pas encore – qu'elle commence à en avoir assez de ces sorties à trois, où elle tient la chandelle.

Cet automne-là, l'Allemagne se durcit. Le drapeau à croix gammée a été adopté en septembre. Les lois de Nuremberg codifient l'antisémitisme par une législation monumentale et minutieuse, en spoliant les Juifs de leur citoyenneté et de leurs droits politiques et en affirmant la toute-puissance du sang et de l'honneur allemands.

Jenny est-elle consciente de ce qui se passe là-bas ? Sûrement pas.

Le quartier Latin, pour des raisons différentes, est très agité. Le Front populaire publie son programme en janvier. On parle encore de l'affaire Stavisky où neuf condamnations ont été prononcées. En février 1936, Léon Blum est attaqué et blessé par les Camelots du roi, militants de l'Action française. En mars, Charles Maurras est condamné à quatre mois de prison pour incitation au meurtre par voie de presse et la remilitarisation de la Rhénanie est acceptée. Mais en mai le Front populaire remporte la victoire aux élections législatives.

Jenny ne participe pas au défilé de soutien pour commémorer la Commune de Paris et n'applaudit pas aux trois femmes qui entrent dans le premier gouvernement socialiste de Léon Blum. Mais en ce jour pluvieux d'octobre, la jeune fille se rend, à son corps défendant, à un thé dansant de la Jeunesse Sépharadite. Pendant des semaines, elle a pourtant tenu bon face à l'insistance de son père.

— Jenny, à la fin, je te l'ordonne. Je suis le président de la loge, ton grand-père est une autorité de la Cultuelle. Alors si ma propre fille ne coopère pas !

Et Marie a appuyé. Cette fois-ci, elle ne serait pas de son côté. Jenny s'est sentie misérable. Jusqu'à Kiko qui lui a lancé :

— Vas-y donc et laisse-nous un peu d'air à Laurette et à moi. On a envie d'être seuls.

Cette fois, il faut y aller. Elle ira. Et c'est pourquoi en cet après-midi brumeux de l'automne 1936, une fille de vingt ans va vers son destin, tout en pestant contre son père, sa mère, son cousin et sa meilleure amie qui l'ont lâchée. « Je me vois encore, se rappelle l'intéressée, ayant quitté mon métro à l'Étoile et descendant sans enthousiasme l'avenue du Bois, aujourd'hui avenue Foch, pour atteindre le pavillon Dauphine où avait lieu la réunion. Je me demandais si j'allais devoir m'asseoir seule à une table, ne connaissant pratiquement personne. Quel n'a pas été mon soulagement quand, à mon arrivée, Irène Abravanel s'est précipitée sur moi pour m'inviter à sa table et me présenter à tout le monde. J'ai passé un excellent après-midi, vraiment… je n'en revenais pas moi-même. »

— Jenny, je voudrais vous faire connaître Lucien, Lucien Lévy.

Ce beau garçon est assis à la table d'Irène, et il danse avec elle tout le temps.

Jenny promène son regard sur la joyeuse bande de quelques filles et de beaucoup de garçons, quand soudain elle entend :

— Mlle Amon nous fait un grand honneur… et un grand plaisir d'être enfin parmi nous. M'accordera-t-elle cette valse ?

Jenny se retourne et dévisage le « petit blond », dont les yeux très bleus pétillent de malice. Mais… c'est Jacques Benrey, le client de son père, le « fiancé » d'Irène. Décidément elle n'y comprend rien.

Le jeune homme l'entraîne dans une valse endiablée, qui la laisse tout étourdie. Puis ce sera un tango, un paso-doble, une rumba, un fox-trot, déjà ringard pour l'époque, un blues à nouveau. Au début ils ne parlent pas, soucieux d'accorder leurs pas. Le blues les rapproche, mais à peine Jenny s'est-elle rassise qu'un autre jeune homme lui prend la main tandis que les premières notes de charleston font hurler de joie quelques aficionados. Elle dansera le charleston qui la fatigue en la désarticulant, tout en cherchant des yeux son dernier cavalier qui s'agite, cette fois avec Irène.

Tandis qu'elle se repose, Jacques revient s'asseoir auprès d'elle sur le siège déserté par Mlle Abravanel qui semble se pâmer dans les bras de Lucien. Il lui parle de jazz qu'il semble bien connaître, et de l'origine du boogie-woogie qui succède à présent à un boléro. Il lui parle de Louis Armstrong, son idole, de Benny Goodman et de Katherine Dunham dont il a admiré les ballets de danse moderne.

— Et vous-même ? Vous êtes musicien ? demande l'ancienne élève de Mme Fournier, qui brilla naguère dans les auditions de piano avec les valses de Chopin.

— Oh ! Un peu. Je joue du violon. J'ai même été enfant de chœur à la messe en Bulgarie.

Jenny regarde Jacques avec stupeur.

— À la messe ? Vous voulez dire, la messe catholique ?

— Oui. Catholique. À Sofia, j'allais à l'école chez les Frères français, les frères de Saint-François-de-Sales.

— Comment… comment se fait-il… ?

— Oh ! Il faut dire qu'en Bulgarie, on était assez tolérant ! Et puis… il n'y avait pas beaucoup de choix. L'Alliance israélite n'existait déjà plus.

Certes Jenny ne s'attendait pas à trouver à la Jeunesse Sépharadite un ancien des frères salésiens. Elle y songe encore, alors que l'après-midi se termine et que les jeunes filles font la queue au vestiaire.

— Revenez… revenez, lui lance Irène, avec un enthousiasme qui ne laisse pas de la surprendre, elle qui se sent un peu coupable d'avoir autant dansé avec ce Jacques Benrey.

Justement, le voilà qui se rapproche.

— Mademoiselle Amon… vous permettez que je vous appelle Jenny… Acceptez-vous que je vous raccompagne ? C'est plus sûr. Il y a beaucoup d'agitation à l'Étoile…

Marie n'est pas sans remarquer que sa fille a une allure de conquérante en rentrant à la maison mais elle n'en laisse rien voir.

— Alors ? C'était si terrible ?

— Non. Finalement… ce n'était pas si mal…

« Cet après-midi-là, conclut Jenny, a vu mon adhésion enthousiaste à la JS, à laquelle je suis devenue assidue, et a changé du tout au tout mon opinion sur le dénommé Jacques Benrey. »

Le soir, pourtant, notre sainte-nitouche attend avec quelque impatience son papa pour le sonder :

— Alors, ces fiançailles entre Irène et… ce Jacques Benrey… dont tu nous avais parlé ?

— Ma fille… des fiançailles ne se font pas en un jour… mais j'y travaille.

Et Jenny Amon de retourner avec régularité aux après-midi dansants de la JS, le cœur de plus en plus battant, mais cette fois du désir de retrouver le beau Jacques et de l'angoisse de ce qui se trame entre lui et cette Irène Abravanel, qu'elle juge tellement plus séduisante qu'elle.

Les fiançailles de Jenny

Non, Jenny n'est pas près d'oublier l'après-midi d'octobre où elle a fait connaissance avec la Jeunesse Sépharadite et surtout avec son attirant vice-président. Dans les semaines qui suivent, elle ne manque pas une seule séance. Elle se prépare avec soin, le cœur battant, dans la terreur d'apprendre une nouvelle qui devient pour elle de plus en plus insoutenable. Elle n'ose questionner son père qui n'évoque plus jamais le mariage entre le « petit Benrey » et Mlle Abravanel. Elle n'ose questionner le candidat virtuel qui continue à l'inviter à danser plus que toute autre jeune fille et avec lequel elle a de longues conversations sur la littérature. Il a lu plus encore qu'elle. Ils auront une discussion particulièrement animée sur *Le Peseur d'âmes* d'André Maurois. L'âme existe-t-elle ? Peut-on la mesurer ?

— Il s'est appuyé sur la théorie de MacDougall, un médecin américain, dit Jacques. Il a estimé que l'âme aurait une masse de vingt et un grammes. Au moment de la mort, elle s'échapperait du corps humain qui s'allégerait de ce poids.

Jacques est déjà un inconditionnel de Marcel Proust dont Jenny n'a pas encore abordé la *Recherche*. Les deux jeunes gens ont dévoré les premiers volumes des *Hommes de bonne volonté* de Jules Romains et continuent ensemble. Ils en parlent longuement. Mais d'eux-mêmes, rien.

Pourtant Jenny n'a pas trop longtemps à attendre. Ce 14 novembre, avant que commence la danse, le président de la JS, Edgar Abravanel, demande la parole.

— Mes chers amis, j'ai la joie de vous annoncer les fiançailles de ma sœur Irène avec... – Jenny retient son souffle, elle sent son cœur qui bat la chamade – avec bien sûr... le meilleur d'entre nous... j'ai nommé... mon ami, mon camarade... Lucien Lévy.

Tonnerre d'applaudissements, salve de félicitations. Jenny applaudit à tout rompre. Elle se jette dans les bras d'Irène et l'embrasse avec effusion. Puis jette un regard en coulisse sur le faux fiancé qui étreint le vrai avec une jovialité non feinte. Non, vraiment, il n'a pas l'air de souffrir.

« À cette minute, souffle Jenny, encore bouleversée par la nouvelle qui l'avait transportée, près de soixante ans plus tôt, j'ai su qu'il était pour moi. »

Et que lui importe le reste du monde ! La reconduction d'Hitler par le Reichstag avec les pleins pouvoirs en janvier 1937, le bombardement de Guernica par la légion Condor en avril, la démission de Blum en juin, les attentats de la Cagoule en septembre.

Le mariage d'Irène Abravanel et Lucien Lévy est célébré le 17 février à la synagogue Saint-Lazare dans le rite oriental instauré par Maïr Benveniste et ses collègues. Le temple, décoré pour la circonstance, présente l'aspect des jours de fête. Un accès direct à la rue vient d'être aménagé. Pour la première fois, le cortège nuptial s'avance dans le couloir ainsi pratiqué. Recouvert de tentures et orné de fleurs et de verdure, il évite de traverser la cour. Le hazan José Papo, le grand rabbin Ovadia et le conseil de la communauté où siège Maïr Benveniste sont là au grand complet. La jeune Jenny Amon n'est pas la dernière à se réjouir de ces noces et elle se régale de bon cœur à la réception de l'hôtel Royal Monceau, en compagnie de Jacques Benrey.

Mais malgré la grande espérance levée dans le cœur de Jenny, les réunions à la JS continuent comme par le passé et le jeune homme ne se déclare pas. Jenny ronge son frein, fait de l'insomnie, et se lève avec les yeux rouges et gonflés. Et puis…

« Un matin… je devais aller au marché place de Saxe chercher du poisson frais et j'étais debout dans l'embrasure de la porte. Ma mère m'a retenue. »

— Viens une minute. J'ai quelque chose à te demander. Il y a trois soupirants, enfin trois jeunes gens qui sont sur les rangs…

— Sur les rangs de quoi ?

— Enfin qui voudraient… qui aspireraient à demander ta main.

— Qui ?

— Eh bien… il y a d'abord Maurice S., ce jeune Salonicien de très bonne famille que tu as rencontré…

— Et puis ?

— Raoul D., un *Stambuli* dont la mère…

— Et le troisième ?

— Eh bien, ce petit Benrey… puisqu'il n'épouse plus Irène et que…

— Ne va pas plus loin. Celui-là me plaît… beaucoup.

— Ah bon !… Alors, tu vas réfléchir.

— C'est tout réfléchi. Vous pouvez y aller.

— Ah bon ! Eh bien… on va voir… si l'occasion se présente.

— Comment cela, si l'occasion se présente ?

— Jenny, calme-toi. Nous allons voir avec ton père quelles sont les conditions. L'expérience passée avec Irène n'est guère encourageante… Nous verrons. Alors tu me prends une livre de maquereaux et des rougets s'il y en a… Vérifie leur fraîcheur. La dernière fois…

Jenny n'écoute plus. Si elle pouvait, elle répondrait à Marie, lui dirait haut et fort ce qu'elle a sur le cœur et dans le cœur. Mais l'époque l'interdit.

« En avril, il y a eu une soirée dansante à la JS où tous les parents étaient invités, raconte Jenny. M. et Mme Benrey étaient à la table à côté et ils se sont fait beaucoup de politesses avec mes parents. Les négociations officieuses étaient engagées et ils venaient voir la tête que j'avais. Mais moi je n'étais pas au courant. Jacques m'a beaucoup invitée à danser mais ni lui ni ma mère ne m'ont lâché le morceau et j'ai continué à ronger mon frein. »

Il faut dire que les parents Amon ont la tête ailleurs. Le 30 du même mois, cinq jours plus tard, on célèbre la bar mitsvah de Marcel, au temple Saint-Lazare. Le ban et l'arrière-ban de la communauté sont là pour le fils de la fille aînée de Maïr Benveniste, le fils unique du nouveau président du B'nai B'rith. La seule qui n'est pas vraiment à la fête, c'est Jenny.

Dit Jenny : « Mon frère était tout en blanc. Il était toujours superbe et la famille entière réunie n'avait d'yeux que pour lui. Pour la première fois cependant, j'ai entendu en catimini la femme de Momo dire en petit comité qu'elle regrettait beaucoup de faire partie d'une religion où les femmes n'étaient rien. Elle était déjà travaillée par le protestantisme de “Mademoiselle”. Et moi qui ne m'étais pas remise de n'avoir pas eu droit à la bat mitsvah, et moi qui étais exclue de mes propres fiançailles, j'ai trouvé qu'elle n'avait pas complètement tort.

» Les jeunes générations ne peuvent pas comprendre à quel point nous étions bridées. Je savais qu'il me fallait patienter, attendre. J'ai attendu… longtemps. J'ai su ensuite que des tractations s'étaient engagées entre les deux familles sur la dot, d'abord, et puis sur le trousseau, et encore sur différentes modalités comme l'endroit où nous allions habiter, de quoi nous allions vivre. J'étais entièrement tenue en dehors de tout cela. C'est mon existence qui se jouait et on ne me demandait mon avis sur rien.

» Quant à Jacques, il ne voulait pas me mettre au courant avant qu'il y ait eu accord entre les familles sur le montant de la dot et le reste. Il avait peur que ça capote avant et il attendait le résultat pour me demander lui-même. Mais moi je savais sans savoir et pas par lui. Et j'ignorais si vraiment il me voulait, si ce n'était pas une invention des familles… Jusqu'à ce qu'il m'invite à sortir avec lui, un soir. On donnait *Faust* au théâtre Montparnasse. Après, il m'a emmenée souper et il m'a raccompagnée. Et là… il m'a embrassée… pour la première fois…

» Et encore après… ça a galopé… D'abord, il m'a demandée officiellement. Et puis la semaine suivante, il y a eu une réception familiale chez moi et M. Benrey père est venu cérémonieusement demander ma main à mon père, devant toute la famille. Oui, j'étais soulagée. Mais l'attente avait été si longue que je n'arrivais pas à réaliser ni à me réjouir vraiment. Et j'en voulais à Jacques d'avoir tant tardé à se déclarer quand moi j'étais pieds et poings liés. Je ne pouvais faire aucune avance sans passer pour une "fille facile". »

Jenny exige alors des explications :

— Pourquoi avez-vous rompu, Irène et toi ?

— C'est Lévy qu'elle voulait. Pas moi ! Et moi ? Franchement, ça m'était égal. Je ne te connaissais pas encore. Quand Irène s'est fiancée officiellement, mes parents ont recommencé à me harceler pour que je me marie enfin. On m'a présenté toutes sortes de filles qui arrivaient de Salonique, de Constantinople, de Sofia, de Burgas. Je les ai toutes refusées. Alors le rabbin Ovadia est venu me voir et m'a demandé si c'était la déception occasionnée par Irène qui m'empêchait de me décider. Et je lui ai répondu que j'étais enchanté qu'Irène soit mariée et heureuse. Mais il a insisté : « Et il n'y a pas une seule fille dans toute la communauté qui te plairait ? — Si. Une seule. C'est Jenny Amon. — Et tu m'autorises à en parler à ses parents ? — Oui. »

Il n'y aura pas de réception de fiançailles en juin. Juste un dîner avec les deux familles où la jeune fiancée porte une robe en organdi imprimé, bleu très pâle avec des petites fleurs plus foncées. Jenny se souviendra plus de sa robe que de son promis.

L'été qui suit les fiançailles, l'été 1937, les deux fiancés passent quelques jours à la plage dans deux hôtels de Dinard, chacun avec sa mère. Les deux Marie se rapprochent provisoirement pour ces quelques jours avec leurs enfants. Marie Benveniste, Marie B., la brune, la Salonicienne, fière de ses origines et de sa famille, produit de l'Alliance israélite et francisée à l'extrême, observe avec dédain Marie Jerusalmi, Marie J., la blonde, la Roumaine, sa co-belle-mère, plus orientale qu'elle, malgré ses attaches à la Mitteleuropa germanique, qui ne s'est jamais adaptée à la langue et aux coutumes de la France, son pays d'accueil.

Toutes les deux communiquent en ladino puisque Marie Jerusalmi, à l'aise en roumain et dans l'allemand de son école de Braşov, ne parle pas du tout le français. De quoi causent-elles ? De leurs lointaines jeunesses passées dans les ornières de l'Empire ottoman ? De leurs familles à elles, qui ont la priorité sur celles du mari ? De ceux qu'elles préfèrent à leurs époux facilement relégués au deuxième plan : leurs frères adorés mais surtout leurs fils, uniques, la prunelle de leurs yeux ?

Et pendant ce temps-là, les amoureux se bécotent et se mangent des yeux, comme dans la chanson de Brassens, sur un banc de la promenade du Clair-de-lune, en choisissant le prénom de leur premier-né, qui sera moi.

Gens de Roumanie et d'ailleurs

Des confidences qu'a chuchotées Marie J. à l'oreille de Marie B., répétées par celle-ci à Jenny, elle ne se souviendra que de bribes complétées par la connaissance ultérieure de la jeunesse de sa belle-mère, recueillie pendant la brève période où le jeune couple vécut chez les parents de Jacques. À cette mémoire plus tard bien défraîchie s'ajouteront les récits que Jacques fait à sa femme sur sa famille à l'époque où ils en parlent encore.

Marie Jerusalmi est née à Constanţa, petit port roumain situé sur les rives de la mer Noire où le poète latin Ovide pleura il y a bien longtemps son exil de Rome. La ville fit partie de l'Empire ottoman quasiment jusqu'en 1882. Une photo montre Marie à l'âge de sept ou huit ans, en petite

Ottomane, coiffée d'un fez rouge brique orné d'un pompon. Orpheline de mère, elle a été en partie élevée par sa sœur Esterina à laquelle elle voue une adoration filiale. Esterina Abouaf vit alors à Bucarest avec ses deux fils Lionel et Mordi, que Jacques considère comme ses frères. Et Marie, qui n'est pas capable, dit Jenny, d'acheter un œuf toute seule dans son quartier du 9e arrondissement de Paris, traverse l'Europe chaotique de cette fin des années trente pour aller retrouver sa sœur à Bucarest.

L'amour de sa Roumanie natale ne l'a jamais quittée depuis qu'elle l'a abandonnée pour épouser le Bulgare Moïse Benrey. Celui-ci, lors d'un voyage d'affaires, s'est amouraché d'un portrait d'elle, où une Marie de dix-huit ans, ses longs cheveux blonds lui tombant à la ceinture, figurait en costume national roumain. Moïse a juré qu'il n'épouserait pas d'autre fille que celle-là et il est parvenu à ses fins. Et l'image de celle qui deviendrait ma grand-mère, par la grâce de ce même portrait, se conservera jusqu'à moi, bien longtemps après sa disparition, suivie de celle de sa chevelure.

La famille de Marie appartenait à la minorité judéo-espagnole de Roumanie, perdue dans la majorité ashkénaze. Marie ne tarit pas d'éloges sur sa Roumanie natale, sur la gaieté et le raffinement de ses compatriotes. À Constanţa, à Braşov dans les Carpates où elle a fait ses études dans une pension allemande, à Bucarest où vit sa sœur Esterina, les Juifs, dit-elle, ne sont pas ostracisés. La mère de Jacques a des souvenirs exaltés des bals de la marine où elle était invitée et courtisée par les élégants officiers roumains. Comme ils savent s'amuser, ces sujets du roi Carol, qui parlent une langue latine proche de son ladino maternel ! Pas comme les Bulgares, ces primitifs slaves sans éducation, parmi lesquels elle a dû vivre sa vie d'épouse et élever son enfant.

Mémoire contre histoire. Au revers de la Bulgarie, la Roumanie passe alors avec la Russie pour l'un des pays les plus antisémites d'Europe. Ce témoignage n'apporte rien à la vérité historique si ce n'est que toute généralisation comporte sa part d'exception.

Mais Marie a dû quitter sa famille, sa sœur bien-aimée, le bel officier qui l'avait serrée dans ses bras sur la plage du casino de Mamaia un beau soir d'été où la mer Noire roulait des vagues violettes sur fond de crépuscule pourpre, pour suivre un homme de dix ans son aîné, fortuné, à ses pieds, mais traînant derrière lui une famille insatiable.

« Presque aussi insatiable que la sienne propre, conclut Jenny. Il y a eu jusqu'au bout, en Roumanie comme en Bulgarie, des nièces à doter, des neveux à installer, des études à financer en Allemagne, en France et en Angleterre. Ces bouches à nourrir étaient la source de querelles constantes entre les deux époux, querelles dont Jacques leur fils se serait bien passé et qui ont assombri son enfance. Puis est venu l'exil, et la séparation des sœurs et des cousins. »

De ces deux immenses familles ne subsistent à Paris à l'époque du mariage de Jacques et Jenny qu'un frère de Marie, l'oncle Nissim, et la tante Aseo, avec qui le lien de parenté est assez vague.

Les deux Marie sont intarissables sur leurs maternités et leurs avatars. Marie B. a fait plusieurs fausses couches « provoquées », dit-elle – soit plusieurs avortements – après la naissance du fils unique, Marcel. Marie J. a fait huit fausses couches non désirées avant la naissance de l'unique fils Jacques.

— Au début, raconte Marie J. à Marie B, chaque fois que j'étais enceinte à Burgas, je n'avais qu'une envie, aller voir ma sœur qui vivait encore à Constanţa, un peu plus au nord sur la mer Noire. Je prenais le vapeur et, invariablement, je perdais l'enfant. À ma neuvième grossesse, le médecin m'a ordonné de me coucher et de ne plus bouger jusqu'à la naissance du bébé. Ce que j'ai fait et j'ai eu le bonheur de mettre au monde mon Jako. Mon fils n'est malheureusement pas né à Constanţa. Mais à Burgas, dans ce trou de province bulgare si ennuyeux ! Et nous avons dû attendre la fin de la Première Guerre pour aller vivre à Sofia, toujours la Bulgarie, mais la capitale. Enfin ! Jako a fait son gymnase en français, chez les frères de Saint-François-de-Sales. C'était un élève si brillant que les salésiens ne voulaient pas le laisser partir et ils l'ont tellement regretté !

À cet endroit, la mère de Jacques s'arrête, pousse un long soupir, et se retourne vers sa co-belle-mère pour lui demander quand et comment elle a quitté Salonique. Sur les circonstances mystérieuses de leur départ de Bulgarie, elle ne dit rien et personne ne l'interroge.

Quant à Jacques, il élude longtemps les détails de ce départ apparemment précipité.

— Pourquoi ?

— À la suite d'une lettre.

— De qui ?

— Oh… anonyme… Une menace de mort.

— Adressée à qui ?

— Eh bien… à mon père…

Jenny se souvient vaguement que les Oustachis en étaient les auteurs. Mais Jenny ignore qui étaient les Oustachis. De fait, ce ne sont pas les Oustachis croates mais les Comitadjis bulgares, membres de l'ORIM (Organisation révolutionnaire intérieure macédonienne), héros-bandits de la libération macédonienne, devenus tueurs d'une cause perdue, qui ont été responsables de la fuite éperdue des Benrey. Ces ex-révolutionnaires indépendantistes anti-ottomans étaient des terroristes au service d'une Grande Bulgarie. C'est en son nom qu'ils rançonnaient et tuaient leurs compatriotes bulgares, Gentils et Juifs, car ils n'étaient pas exempts du commun préjugé antisémite, et notamment les marchands juifs aisés comme Moïse Benrey.

Un matin, ce dernier a reçu une lettre numérotée portant comme en-tête « La liberté ou la mort ». La vie de son fils contre une grande partie de sa fortune. Il n'a pas hésité une minute.

Marie, Moïse et un Jako de dix-sept ans ont donc clandestinement quitté Sofia la nuit même pour Milan. Pourquoi Milan ? Parce que les époux Benrey avaient un passeport italien. Pourtant Moïse avait combattu sous l'uniforme bulgare pendant la Grande Guerre, quelque dix ans auparavant. Et Jako ? Jacques, lui, est resté bulgare.

— Mais pourquoi ? demande un jour Jenny à son fiancé, qui lui répond sur le ton de la plaisanterie.

— Parce que le divorce n'existait pas en Italie. Comme je ne savais pas que j'allais te rencontrer, je voulais pouvoir divorcer si je tombais mal.

Jenny n'insiste pas. Dans sa propre famille, il y a une telle diversité de passeports et la tante Allegra, devenue Andrée, a bien elle aussi un passeport italien.

Jacques qui a donc fait de très bonnes études à l'école catholique française de Sofia est rentré à l'école secondaire de commerce à Paris. Là il s'est illustré dès la première semaine par une rédaction. Le professeur a rendu les devoirs et annoncé :

— La meilleure copie de français, c'est un étranger qui l'a faite. N'avez-vous pas honte, messieurs ?

L'étranger, c'était lui, Jacques. Le professeur a lu son devoir à haute voix. Et un certain Henri Doueck, qui était dans la même classe, est venu le voir :

— Alors, c'est toi, le métèque ?

« Il faut dire qu'Henri Doueck, Juif de vieille souche, se considérait comme plus français que les Français, explique Jenny. Mais il s'est montré quand même solidaire et c'est ainsi que Jacques le métèque et Henri le bon Français sont devenus amis. »

Après l'école secondaire, Jacques passe un examen de commerce, équivalent au bac, et rentre à l'École, cette fois supérieure, de commerce, Sup de co aujourd'hui, qui est la continuation de l'autre. Il en sort major de sa promotion. Il aurait voulu faire HEC mais son père refuse. Pas trop d'études ! Il est contre les intellectuels et les artistes, comme le père de Jacques Canetti, cet autre Sépharade bulgare, qui a confisqué son violon à son fils sous prétexte que la musique l'empêchait de se consacrer au commerce auquel les Juifs étaient destinés. Malheureusement ni Jacques Canetti, père d'Elias, futur prix Nobel de littérature, ni Jacques Benrey ne sont doués pour les affaires.

Quant à Moïse Benrey, alors qu'il avait en Bulgarie une grosse situation, il a pratiquement tout perdu en arrivant à Paris. Lui qui avait dirigé une importante affaire de coton filé dans son pays d'origine, ne connaît rien au commerce de détail auquel il est acculé. Il commence par faire le mauvais choix d'un magasin de tissu rue du Faubourg-Poissonnière plutôt que rue Tronchet. Son fils perd du temps à essayer de l'aider dans ce magasin. Puis Jacques cherche du travail.

« Ce n'était pas facile, commente Jenny. Il était étranger, il y avait du chômage. »

Mais toute cette situation a dû être partiellement occultée aux Amon par les Benrey, ce qui permet à Jenny de conclure ingénument : « Heureusement, ma dot a dû aider ! Mais tout de même, j'ai eu un beau mariage. »

Les noces de Jenny

La préparation du mariage se fait sur deux scènes : celle de l'amour et celle de l'argent. Pendant que les fiancés roucoulent, les familles s'affrontent. Qui va payer quoi ? La bague de fiançailles est bien entendu à la charge du marié. Mais on s'est longtemps battu sur la dot et son montant, condition préalable à la déclaration du soupirant et à la demande officielle de son père. Maintenant on se chamaille sur le trousseau. Les Amon feignent de croire que les Benrey financeront tout ou partie. Pour bien s'en assurer, la mère de Jenny, adepte de la voie oblique, glisse à sa fille :

— Tu demanderas à ton fiancé s'il préférera acheter des draps blancs ou des draps de couleur.

S'y ajoute une question très précise sur le choix des broderies, lesquelles doivent être exécutées au couvent par les religieuses et les petites orphelines.

Jenny, mortifiée, hasarde timidement la question, à laquelle Jacques répond courtoisement mais fermement :

— Non, ce n'est pas à nous de le financer. Je crois que cela n'a pas été convenu ainsi.

Jenny, plus morte que vive, sait que ses parents réagiront avec fureur.

— Comment ? Mais tu vas rompre ! Tout de suite. C'est à eux de payer.

Marie monte sur ses grands chevaux. Après les frais de la bar mitsvah de son Marcel, elle n'a plus d'argent. Elle doit implorer son père. Finalement, Maïr règle l'addition de ce très grand mariage car il en va de sa position dans la communauté.

Le trousseau de Jenny consiste en linge de maison, draps, serviettes, taies d'oreiller, torchons, linge de table, nappes et serviettes. Auxquels s'ajoute le linge de corps, dont combinaisons et chemises de nuit qui doivent être assorties aux robes de chambre en soie. Et pour la nuit de noces, tout doit être blanc.

La dot de Jenny se monte à environ un million d'anciens francs. Ce n'est pas énorme. Ses tantes par alliance ont eu cinq ou six millions. Jenny reçoit également de nombreux cadeaux de mariage, dus à la position de son père et de son grand-père dans la hiérarchie de la communauté. Marie, entre autres présents, lui remet gravement la coupelle ottomane en argent ciselé, qui avait voyagé dans les bagages de l'Orient-Express.

Tout le reste de l'été se passe à préparer le mariage, qui a lieu le 10 octobre 1937 au temple de la rue Saint-Lazare dont Maïr a été l'un des fondateurs. La veille, Marie donne à sa fille, toujours vierge, des conseils afin d'éviter de tomber enceinte ainsi qu'une canule en caoutchouc pour faire des injections d'eau salée. À chaque rapport, il conviendra de se précipiter à la salle de bains et de se laver dans le bidet. Jenny écoute distraitement les admonestations maternelles. Mais elle s'en souviendra le moment venu.

Rue Saint-Lazare, le temple décoré et fleuri est comble. Une délégation du B'nai B'rith est venue rendre hommage à son président, Saby Amon. Le grand rabbin Ovadia est assisté d'un autre rabbin, tandis que José Papo est le ministre officiant du chœur. La mariée a souhaité qu'entrent d'abord les dix petits enfants, ses cinq demoiselles d'honneur et cinq garçons d'honneur. Ils empruntent le couloir inauguré durant le mariage d'Irène Abravanel et Lucien Lévy, qui relie désormais le temple à la rue. Les dix enfants se tiennent la main par deux. Ainsi entrent-ils dans la synagogue tandis que commencent les premières notes de la musique et que s'élève la voix chaude et puissante du chantre.

Sous le dais, en haut dans le chœur, les attendent le rabbin Ovadia, Maïr Benveniste et sa femme, Reyna Amon, sœur de Maïr et mère de Saby, le jeune Marcel, déjà trop grand pour faire partie des garçons d'honneur, et les témoins, dont le docteur Vidal Modiano, le grand ami de la famille. On rappelle aux témoins leur obligation de regarder, d'entendre et de voir tout le rituel, notamment le don de la bague et les bénédictions. Leur rôle de témoins est capital et, s'ils y faillissent, on doit recommencer toute l'étape. Deux fauteuils ont été ménagés, l'un pour le marié, l'autre pour la mariée. Les enfants, qui ont plusieurs fois répété, forment une haie.

Selon la coutume, c'est aux accents de la *Marche nuptiale* de Mendelssohn que la mariée fait son entrée au bras de son père, suivie de Jacques au bras de sa mère et de Marie Benveniste avec Moïse Benrey. Ils passent entre la haie des enfants, la longue traîne de la mariée glissant harmonieusement sur le sol, à distance respectueuse du marié et de sa mère. Marie Benveniste la Salonicienne porte une robe de velours vert avec un chapeau et un sac assorti en daim vert serti de doré. Marie Jerusalmi la Roumaine est en noir avec des broderies. N'est-elle pas en train de perdre son fils ? Le marié est en habit, les autres hommes en jaquette et tous portent des chapeaux hauts de forme, puisqu'on se couvre la tête dans une synagogue.

Sous le dais, Jacques passe l'alliance de platine au doigt de Jenny en prononçant la phrase rituelle : « À toi qui m'es consacrée par cette bague selon la religion de Moïse et d'Israël. » Elle la reçoit sans rien dire car « c'est la réception qui est acte, c'est l'asymétrie qui est féconde ». Alors le grand rabbin Ovadia procède à la lecture de la *ketouba*, l'acte de mariage énumérant tous les devoirs de l'époux envers l'épouse : affection, entretien et protection. Puis il lit des passages de la Bible. Il adresse aux nouveaux mariés des paroles paternelles, les exhortant à suivre la voie de leurs parents, dont on connaît l'activité pour la cause, soulignant que le jeune marié, M. Jacques Benrey, est un des fondateurs et des membres les plus actifs de la Jeunesse Sépharadite.

Des bénédictions sont dites, à l'issue desquelles les époux reçoivent des deux mains la coupe intacte. Puis ils la tiennent de la main droite et boivent chacun une gorgée de vin. Jacques pose alors son talet sur ses épaules et le place sur lui et sa fiancée. Moïse Benrey lui tend ensuite un verre intact et vide, enveloppé dans un drap pour ne pas projeter d'éclats, que Jacques pose par terre. Et il le brise du pied droit pour ressentir la perte de la destruction du Temple : « Si je t'oublie, Jérusalem, que ma droite m'oublie, que ma langue colle à mon palais, si je ne fais pas monter Jérusalem au sommet de ma joie. » Plus les brisures de verre auront été nombreuses, plus le couple sera prospère. Et le chantre fait vibrer les murs de ce nouveau temple, de sa voix de ténor aux accents vigoureux.

Puis ils ressortent, les enfants d'abord, les mariés ensuite, cette fois ensemble. Et les félicitations durent très longtemps, « des heures », dit Jenny qui se souvient qu'Allegra l'a contrainte à retourner à la maison pour se remaquiller et se coiffer et qu'elle est arrivée à la salle Hoche avec deux heures de retard, signal qu'on pouvait se ruer sur le buffet. Les nouveaux mariés dansent une valse et se font photographier. Puis ils partent à l'hôtel Claridge dîner et passer leur nuit de noces dans une suite.

Jenny ne dira jamais rien de cette nuit-là mais quand elle l'évoque son visage prend une douceur de vierge, de Vierge à l'Enfant.

Le lendemain, il faut être à la gare de Lyon à huit heures et demie. Les deux amoureux, essoufflés, arrivent à neuf heures moins trois, découvrant toute la famille en désordre sur le quai avec des monceaux de fleurs. Le couple bondit dans le train, le porteur lance les valises. L'une des Marie jette un gros bouquet de lys par la fenêtre. Ils sont sur un petit nuage qui emmène tout droit les amoureux à Stresa, à Milan, à Venise, à Capri, cette Italie où les privilégiés de ce monde passent leur lune de miel, ignorant encore que la roue va tourner, que dans moins de deux années la destinée va faire d'eux les parias de la planète.

Pour Jenny ce mariage aura été l'apothéose de sa vie. Tandis que le train d'avant-guerre roule vers les plus beaux endroits du monde, là où certains de leurs ancêtres ont fait des escales séculaires sur les routes de l'exil, un jeune homme et une jeune femme connaissent ensemble ces élans amoureux qui ne se produisent qu'une fois dans une vie, tout au moins dans leur vie, et qui aboutiront à ma conception. Ils ont de la chance. Ils ont fait un mariage d'amour et cet amour ne les quittera plus, même lorsque l'histoire les aura défigurés, même lorsqu'ils ne pourront plus dire leur nom, ni raconter à leur enfant qui ils sont ni qui elle est.

Le départ du patriarche

À son retour de voyage de noces, Jenny revient à la synagogue de la rue Saint-Lazare, mais pour une cérémonie funèbre. À la suite d'une pneumonie, Maïr Benveniste le patriarche, âgé de soixante et onze ans, s'est éteint. En ce jour glacé de décembre, Jenny, tout habillée de noir, grelotte de froid et de chagrin dans le temple de son grand-père, au milieu d'une nombreuse assistance.

Dans un silence impressionnant, elle écoute Vidal Modiano faire l'éloge du mort :

— Le défunt descendait d'une famille de rabbins éminents. Son père, Rafael Benveniste, était un de ces rabbins désintéressés qui ne vivent pas de la profession rabbinique et qui joignent à leur service talmudique une culture générale. Maïr Benveniste avait donc de qui tenir. Il fut lui aussi élevé dans cette tradition. Mais sa vraie vocation fut un intérêt actif pour les affaires communales. Dans ce domaine, il déploya pendant la plus grande partie de sa vie une activité méthodique et intelligente. À Salonique, sa ville natale, il fut appelé de bonne heure à siéger au conseil communal et au comité du Talmud Thora. Arrivé à Paris en 1924, il fut bientôt sollicité pour les œuvres de la communauté sépharadite. Là aussi il apporta le concours de sa méthode, de son intelligence et de sa sérénité. À Paris comme à Salonique, il fut le conseiller, l'arbitre dont on sollicite les avis et qu'on écoute avec respect. Mais Maïr Benveniste fut aussi…

La voix familière et protocolaire du « docteur », comme on dit chez les Benveniste, s'éloigne d'elle tandis que Jenny est prise d'un frisson de regret du « jamais plus ». Avant tout, son grand-père était ce qui restait de Salonique et des quatre siècles passés dans l'Empire ottoman. Il était le passeur des routes et des langues, des coutumes et des sentiments, il était le conservateur du dogme et de la Loi.

Lui parti, la famille commencera à se disloquer. Tous les germes de l'oubli sont en place… Si je t'oublie, ô Salonique, que ma droite m'oublie ! Il s'en est allé, le patriarche, avec la Jérusalem des Balkans, rejoignant dans l'imaginaire collectif la Tolède ou la Grenade des Benveniste immémoriaux. Et il laisse sa famille face au plus épouvantable désastre que son peuple aura jamais connu, même en comptant le bannissement d'Espagne et les deux destructions du Temple.

De lui, Jenny se souviendra avec nostalgie lorsqu'elle atteindra l'âge auquel il a lui-même disparu : « Moi j'étais née à Salonique, j'étais la petite-fille aînée, celle qui partageait avec lui le plus de souvenirs, celle avec qui il pouvait parler dans le vieil idiome de ses pères, celle qui chantait encore les vieilles romances castillanes. Tant qu'il était là, je me sentais… protégée. »

Mais il ne la sauvera ni de la dispersion, ni de la désintégration, ni de l'abjuration.

En ce 21 décembre 1937 où Jenny écoute distraitement Vidal Modiano prononcer l'oraison funèbre de son grand-père, l'histoire est aux portes. Et celle de Jenny l'accompagne, d'abord de loin, puis violemment la rencontre avant l'explosion finale qui les épargnera peut-être, car pour le moment rien n'est joué… Juste une année qui s'achève…

L'année prochaine, elle, commencera par l'Anschluss, scellé par les accords de Munich.

À Paris, Jenny et Jacques lisent les journaux avec inquiétude mais avec aussi le fatalisme du « Ça n'arrive qu'aux autres », reflet probable des démocraties qui, tels les États-Unis, s'indignent mais ferment leurs frontières aux damnés du Reich. Car Jenny et Jacques, comme tous les autres, ont leurs propres soucis, des soucis d'avant-guerre. Sans savoir encore qu'il y a deux catégories de soucis.

Soucis d'avant-guerre : la crise du logement et les difficultés financières d'un jeune couple qui doit provisoirement cohabiter avec Moïse et Marie, dans leur appartement de la rue Thimonnier, dans le 9e arrondissement de Paris.

Dit Jenny : « Mes beaux-parents étaient des gens aimants et affectueux et je m'accoutumai peu à peu à ces épanchements qui manquaient cruellement chez nous. Ma belle-mère Marie m'aurait donné sa chemise, elle voulait déjà me donner son appartement, sa chambre, son lit. Elle m'avait effectivement donné son fils, ce qui n'était pas peu. Mais c'était une jeune fille qui vivait encore dans la Roumanie aisée du XIXe siècle et rêvait aux bals de la marine et aux promenades romantiques sur le bord de la mer Noire. Elle était accoutumée à vivre en tribu et la présence de son frère Nissim, qui habitait avec nous, et d'une tante Aseo, qui était là tous les jours pour jouer au poker, lui suffisait à peine, tandis que je ne rêvais que d'un appartement à nous deux avec Jacques où je n'aurais pas été constamment donnée en spectacle au reste de la famille. »

Et la meilleure élève de Mlle Maurel, ancienne candidate au concours général, bachelière et presque diplômée en droit, se transforme, à l'instar de ses congénères, en jeune bourgeoise oisive, initiée le matin par sa belle-mère qui y excelle aux secrets de la cuisine sépharade bulgare et à ses variantes saloniciennes. L'après-midi, la jeune femme prend l'autobus pour la rue Pérignon où elle retrouve sa mère et ses tantes. Ou va prendre le thé avec sa meilleure amie, Laurette Moseri, que la famille Benveniste est en train de séparer de Kiko et qui sanglote dans son giron, tandis que le jeune homme rêve d'en découdre avec le monde… ou de mourir.

Le soir le jeune couple retrouve sa bande, le noyau d'amis de la Jeunesse Sépharadite où se détachent leurs futurs inséparables, les frères Arditti, dont Oscar, l'aîné, vient d'épouser la jeune Lily Alcalaï, un tempérament de feu.

Pendant ce temps en Allemagne, les Juifs, interdits d'emploi dans le secteur public, doivent détenir des passeports marqués d'un large J rouge, et ne peuvent plus envoyer leurs enfants dans les écoles des Gentils.

Pour finir, Jacques réussit à entrer comme représentant chez Aulagne, chez Blois d'Angoulême, chez Verboren et chez Bigot Schers de Hambourg. Jenny l'accompagne dans sa Citroën quand il va vendre aux paysans des produits contre le mildiou des pommes de terre, contre les maladies des pommes et des poires. Son territoire couvre quatorze départements avec la Seine-et-Marne, la Champagne, tout le nord de Paris jusqu'à Soissons, l'Aisne, Épernay.

« Au début, dit Jenny, il y allait avec des scientifiques de l'institut qui expliquaient le produit. Après, il a fait cela tout seul. À un moment, il s'est mis en cheville avec un Bulgare qui avait inventé un remède contre la douve, une maladie des moutons qui faisait des ravages dans les troupeaux. Il avait fait acheter les droits par les Français qui avaient créé une société et il essayait de placer l'invention dans les milieux scientifiques. Il avait même fait faire des expériences au Jardin des plantes, et au bout de quelques années on est parvenu à guérir la douve des moutons. »

Pendant ce temps dans le Reich, des violences inouïes provoquent l'incendie de cent quatre-vingt-onze synagogues et la mise à sac de milliers de magasins juifs, massacrant les uns et déportant les autres en camps de concentration. Au total la terrible nuit de Cristal cause la mort de deux mille à deux mille cinq cents personnes, prémices de ce qui va suivre sur une immense échelle.

L'annonce de cette nuit de Cristal, un beau nom pour un tel crime, se répand dans toute la communauté comme une traînée de poudre parisienne. Ce soir-là, Jenny a préparé avec plus de soin que d'habitude la canule contraceptive dans la salle de bains. Peine perdue ! J'étais décidée ou destinée à naître.

Je naîtrai.

1939 : la fin d'un monde

Je ne peux pas maudire l'année 1939. C'est l'année de ma conception et de ma naissance. Je fus conçue un peu après la nuit de Cristal, vers la mi-janvier. Malgré la précaution maternelle, la canule n'a pas fonctionné. La sinistre année est déjà entamée. Et j'existe peut-être déjà lorsque Hitler annonce en ce premier mois : « La guerre à venir entraînera la destruction de la race juive en Europe. »

En mars, au moment où Jenny doit se rendre compte qu'elle est enceinte, la Bohême, la Moravie et la Slovaquie sont envahies à leur tour. Et tandis que les franquistes s'emparent de Madrid et que les armées républicaines espagnoles se rendent, c'est la valse-hésitation des alliances dans le reste du monde. Pendant ce temps, Jenny et Jacques sillonnent les rues du quartier Breteuil où Jenny est restée attachée à sa mère et à son cher lycée Victor-Duruy. « Les appartements à louer étaient affichés à la porte des immeubles. On allait voir les concierges qui prenaient un bakchich », se rappelle-t-elle.

Je suis depuis trois mois dans le ventre maternel lorsque, le 20 avril, une immense parade militaire célèbre à Berlin le cinquantième anniversaire d'Hitler. Les Waffen SS sont en tête, suivis de la Luftwaffe, des panzers, de l'artillerie lourde, et des nouveaux canons d'assaut. On les montre aux actualités dans les cinémas où Jacques et Jenny, enceinte, peuvent toujours voir *La Règle du jeu* et *La Bête humaine* de Jean Renoir.

Mais ces distractions ne les empêchent pas de lire avec inquiétude « Mourir pour Dantzig ? », l'article du socialiste et pacifiste Marcel Déat dans *L'Œuvre*, juste après l'annexion de l'Albanie que l'Italie envahit sans déclaration de guerre. Qui voudrait mourir pour que la Pologne conserve cette mince langue de terre lui permettant d'accéder à la mer ? Pourtant la France s'engage à aider militairement la Pologne en cas d'attaque allemande. Et Londres et Paris acceptent le principe d'un pacte d'assistance mutuelle en cas d'agression contre la Pologne. On se rassure. Non, la guerre n'aura pas lieu, ne peut pas avoir lieu.

Et Jenny découvre enfin une offre de logement bien placé et une concierge fort aimable, Mme Chaliès. Situé rue César-Franck, dans le quadrilatère qui enfermait autrefois l'école de son enfance, l'appartement du cinquième, entièrement redécoré par Leleu, se loue cher : douze mille francs de l'époque avec une reprise assez salée de dix mille francs. Jenny s'enthousiasme. Les fenêtres de ce cinquième étage, salon et salle à manger, donnent sur la rue Pérignon, juste en face des Amon. Depuis le petit balcon, Jenny pourra parler à sa mère qui vit au quatrième. Jacques renâcle :

— Il n'est pas question de prendre un appartement aujourd'hui. L'Italie va entrer en guerre. Nous aussi, nous en écoperons peut-être dans moins de trois jours.

Mais la visite du lieu l'éblouit. Et il ne résiste pas à sa jeune femme. En conséquence, malgré l'imminence du conflit et le prix trop élevé pour ses moyens, Jacques signe.

Le 1er juillet, j'ai cinq mois d'existence dans le ventre maternel. La famille, comme d'habitude, loue une villa à Saint-Lunaire. Jacques et Jenny y passent le mois. Tandis qu'ils s'allongent sur le sable de la plage bretonne ou font de longues promenades, les négociations entre la France, le Royaume-Uni et l'URSS, en vue d'un pacte d'assistance mutuelle, s'enlisent. Kiko a cédé à sa mère et à la famille. La mort dans l'âme, il a rompu avec Laurette. Il ne lui reste plus qu'à en découdre avec le monde… ou mourir. L'ex-enfant terrible vient de réussir à Saumur les examens d'officier. Il vient fêter en famille son grade d'aspirant. À la fin du mois, les futurs parents rentrent à Paris, contents de retrouver leur intimité et leur bel appartement.

23 août : ai-je tressauté dans le ventre de Jenny à l'annonce du pacte germano-soviétique ? Il sonne le glas de tous les espoirs de paix. Jacques et Jenny n'en croient pas leurs oreilles. L'URSS vient de signer avec l'Allemagne un pacte de non-agression. Dans les cafés parisiens, on discute avec ardeur de l'aube à la nuit. Staline a-t-il voulu gagner du temps en s'appropriant une partie de la Pologne et des pays baltes ? Où est-ce plutôt à Hitler que profite cette alliance ? Elle lui laisse désormais les mains libres pour envahir la Pologne. Mais en France, on discute rarement du même sujet plus de quelques heures. Et en ce mois d'août, grâce aux congés payés, les Français partent en vacances. Sans surprise, les communistes approuvent le pacte germano-soviétique. Les ressortissants des États-Unis, pays neutre depuis la loi votée en 1936, sont évacués sur le paquebot *Normandie*.

Ce jour-là, alors que j'atteins sept mois d'existence in utero et que je suis déjà viable, Jacques révèle à Jenny qu'il a l'intention de se porter volontaire. Il se l'est juré à lui-même. Il n'attend que son aval.

— Mais pourquoi ? Elle n'a qu'un cri. Pourquoi ? Tu es bulgare. Tu n'as aucune raison de t'engager !

— Tu me demandes pourquoi ? Mais la France m'a accueilli, *nous* a accueillis. Et je tiens un jour à devenir français… comme toi. Et puis je veux me battre contre ce fléau qui est en train de détruire là-bas tous les nôtres, les Juifs du Reich.

Jenny ne répond pas. Elle sait qu'il a raison de vouloir s'engager, lui le doux, qui a échappé à l'obligation militaire bulgare et fait profession de pacifisme. Elle a peur mais elle se tait, et accepte de protéger son ventre, tandis que son homme ira les défendre.

Le 1er septembre, le premier coup de canon est tiré sur Dantzig. Pour la première fois la campagne de Pologne pratique la guerre éclair, avec intervention massive des chars et de l'aviation. L'Allemagne rejette l'ultimatum de la France et du Royaume-Uni. « Ce sont des vermisseaux qui voudraient s'embarquer dans une guerre mondiale pour Dantzig », dit Hitler.

La mobilisation générale est décrétée en France. Jacques tient sa parole et s'engage. Son livret militaire indique : « Mobilisé le 3 septembre 1939. Affecté au 4e régiment d'infanterie, 3e compagnie à Sens, Yonne. » Son ami Oscar Arditti, qui a fréquenté la même école catholique que lui à Sofia mais qui dispose de la citoyenneté française, prend le train pour Verdun le premier jour de la mobilisation, non sans avoir confié sa jeune femme Lily à la garde de ses amis.

L'imminence de la guerre sème la panique. On s'attend à ce que la capitale soit bombardée. Les Parisiens font leurs paquets. « La famille a décidé d'envoyer les femmes et les enfants à Saint-Lunaire, dit Jenny, et je suis partie la première, étant enceinte de huit mois. Jacques, qui attendait sa mobilisation, ne m'a pas accompagnée. »

Le 3 septembre, le Royaume-Uni, la France, l'Australie et la Nouvelle-Zélande déclarent la guerre à l'Allemagne. Deux mois plus tard, moi Michou, je naîtrai chez les religieuses dans une petite maternité voisine de Saint-Lunaire.

Un premier silence, appelé chez les Français la « drôle de guerre », chez les Allemands la *Sitzkrieg* (guerre assise) et chez les Anglais la *phoney war* (fausse guerre), précède le bruit et la fureur qui assourdiront les cinq années suivantes.

III

Le bruit et la fureur

« Ce n'est que grâce à la narration chronologique que l'on peut échapper à la tentation de voir le passé à travers le prisme des obsessions du présent [...]. La chronologie reste la meilleure façon de trouver un sens. »

Simon Sebag Montefiore, *Jérusalem*

C'est la guerre

Le 3 septembre 1939, à onze heures du matin, à l'issue d'un ultimatum demandant le retrait des troupes allemandes de la Pologne, la France déclare la guerre au Troisième Reich.

Saint-Lunaire, même jour : l'annonce de la déclaration de guerre par Édouard Daladier, Jenny et moi, dans son ventre, nous l'avons écoutée sur un vieux poste de radio, qui rend la voix du chef du gouvernement quasi inaudible. C'est cependant à nous Françaises, précédant les Français, que s'adresse l'injonction du dernier président du Conseil de la IIIe République : « Nous nous sommes résolus à ne pas nous soumettre au diktat de la violence. Nous avons pris les armes contre l'agression. »

Jenny pousse un petit cri d'effroi, qui se répercute jusqu'à moi et c'est là que je décide sans doute de ne pas sortir de son ventre à moins d'y être vraiment acculée. Je suis prévue pour le 15 octobre. Je traînerai jusqu'au 31.

En attendant, c'est la guerre qui traîne. Les Français ont attaqué mollement en Sarre, entraînant un exode allemand, et ils ont récupéré les vélos abandonnés par l'ennemi, avant que la situation ne s'inverse. Dans la triste maison de Saint-Lunaire dénommée Isba, dont les fenêtres donnent sur un cimetière, c'est la terrible attente de temps bien plus terribles encore. Jenny est arrivée la première en Bretagne, avant le 3 septembre. Sont venus la rejoindre sa mère Marie, sa tante Allegra avec Ugo Modiano et Oro, sa grand-mère. Peu après la mobilisation de septembre, Saby amène sa propre mère Reyna en catastrophe et la dépose comme un colis, avant de repartir sans dormir pour Paris. La panique de la ville et les soldats en armes à la gare ont dérangé l'esprit de la vieille dame et occasionné une congestion cérébrale. Elle arrive à Isba pour se coucher et s'éteindre doucement.

Là-bas, la capitale est en alerte. Hitler a menacé de détruire Paris. Les habitants évacuent la ville en hâte. Les hommes de la famille, comme Pepo, muni d'un passeport français, sont mobilisés. Marcel, qui vient d'avoir quinze ans, a pourtant fait sa rentrée régulière au lycée Buffon et Saby est resté, pour son fils et pour le magasin. Kiko termine ses classes à Saumur et, en mal de Laurette, médite des solutions radicales. Sa mère, Allegra, l'ignore mais ne perd pas une occasion de soupirer et de maudire la situation et l'absence du fils.

C'est la guerre. Dans la maison d'été délabrée que l'automne défraîchit plus encore, toute douceur et tout plaisir, si minuscules soient-ils, sont prohibés par Allegra et sa sœur. C'est la guerre. Jenny n'a pas le droit de manger du sucre, pas le droit d'écouter de la musique, pas le droit même de lire. Alors elle tricote. Tout le monde tricote jusqu'à ce que la laine fasse défaut.

Mais Jacques n'a pas été appelé.

— Et ton mari alors, il fait quoi ? demande rageusement la mère de Kiko à sa nièce.

— Mais… tante Allegra…

— Cesse de m'appeler Allegra. Tu sais très bien que mon nom maintenant est Andrée.

— Tante Andrée, vous savez bien, toi et maman, que Jacques s'est engagé. Jusqu'à présent, il n'a pas été appelé.

— Ah ! C'est dommage ! C'est bien dommage. Un homme de son âge, qui n'est pas mobilisé… Kiko, lui…

— Il n'est pas parti non plus.

— Parce qu'il n'a pas fini Saumur. Il est beaucoup trop jeune, mais ton mari, lui, il a l'âge…

Jenny ne répond rien et ronge son frein.

— Je vais faire un tour.

— Ah non. Tu ne vas pas sortir à nouveau. Avec le temps qu'il fait ! Viens plutôt m'aider à préparer le déjeuner. Mais à condition de ne toucher à rien. Pas de grignotages. Tu es tellement grosse ! Je n'ai jamais vu une femme enceinte aussi grosse. C'en est presque inconvenant !

— *Ay Dió !* – La voix de Marie des grands jours… – Grand-mère ! Elle est en train de mourir !

Tout le monde se précipite. Allegra lui prend le pouls.

— Tante Reyna ! Elle est mourante !

Et se retourne vers sa sœur.

— Marie, qu'est-ce qu'on fait si elle meurt ici ? Tu sais très bien qu'on ne pourra pas l'enterrer… Il faut que tu la ramènes à Paris.

— Allegra… je veux dire… Andrée, on m'a dit qu'il était interdit de voyager avec des cadavres.

— Justement. Il ne faut pas que tu ramènes une morte. Tu dois la ramener vivante. En ambulance. Si elle est décédée, tu n'auras pas droit à l'ambulance.

Et c'est ainsi que Marie ramène sa belle-mère à Paris in extremis. Et Reyna Amon, née Benveniste, rendra son dernier soupir aux portes de Paris, quelques jours avant la naissance de son arrière-petite-fille – moi. La famille possède un caveau dans le carré juif au cimetière de Pantin où son fils Saby la fait inhumer. Elle aura été notre première morte de la guerre. Une chanceuse qui connaît un trépas de luxe, avec ambulance et sépulture.

Jenny serait bien rentrée à Paris à la place de sa mère mais elle n'ose pas insister. On est le 14 octobre, veille de la date prévue pour le terme. Je m'agite beaucoup mais refuse de sortir. J'attends… mon père. Il débarque avec Marie, de retour de son voyage funèbre, et avec Saby qui a laissé derrière lui son fils, son magasin et la loge.

— Jacques !

J'entends parfaitement le hurlement de joie que pousse Jenny. Je suis heureuse moi aussi qu'il soit là pour ma naissance, malgré la méchanceté de la tante Allegra, pardon… Andrée, qui ne décolère pas. Elle fait même pleurer Jenny, un peu plus tard, en lui affirmant que son mari ne pourra pas aller la voir à la maternité, qu'il ne faut surtout pas qu'il sorte car « on pourrait lui faire un mauvais coup, si on le voyait comme ça dans la rue, jeune, et en civil ».

Mais à présent, nous sommes ensemble. Tous les trois. Toutes les circonstances sont réunies pour que je vienne au monde.

Je nais

Le 29 octobre au matin, branle-bas de combat. Jenny perd les eaux. Justement Allegra a daigné cuisiner ce jour-là et préparé un ragoût d'abats à la sauce tomate qu'elle réussit divinement. Elle l'enveloppe avec soin dans un petit paquet qu'elle donne à sa nièce en lui souhaitant une bonne délivrance. Marie et Jacques s'en vont avec la parturiente et moi dans son ventre, qui cette fois me suis décidée d'en finir et de sortir… mais en prenant mon temps.

Dans la petite maternité religieuse d'à côté, Jenny a retenu un lit en arrivant à Saint-Lunaire, prévoyant qu'elle ne pourrait pas accoucher avec son gynécologue réputé dans la clinique parisienne où Jacques avait pourtant réservé une chambre particulière pour elle et son bébé, avec les draps brodés de son trousseau.

En temps normal, la maternité des bonnes sœurs, qui ne dispose que d'une sage-femme, pratique trois à quatre accouchements par semaine. La guerre déclarée, elle en assure quinze par jour, sans un médecin, car tous ont été mobilisés. Outre les estivants restés sur place, pour cause de guerre, toute une escouade d'Alsaciens-Lorrains a fui l'armée allemande vers l'ouest avec armes, bagages et femmes enceintes. Parmi eux, des Juifs qui ont tout emporté, jusqu'à l'âme de leurs synagogues, et qui continuent à vivre et à enfanter.

Dit Jenny : « Il régnait dans la maternité une panique indescriptible. Aucune hygiène et, en cas de problème, pas un docteur pour intervenir. L'accouchement “sans douleur” était inconnu à cette époque. J'ai crié du dimanche jusqu'au mardi. Le règlement de l'hôpital obligeait les familles à partir à sept heures du soir. Mais heureusement, ma mère et Jacques se sont cachés et ont réussi à rester clandestinement à l'intérieur de la chambre plongée dans l'obscurité, durant les deux nuits. Pendant ce temps, je hurlais dans ce qui était pompeusement appelé “salle de travail”, à quelques mètres de là, avec cette grosse dame qui ne m'a pas quittée mais qui s'endormait d'épuisement pendant que je m'époumonais, et m'enjoignait de pousser, pousser plus encore.

» Enfin, le mardi 31 octobre à cinq heures du matin, tu es venue au monde. Un beau bébé de trois kilos cinq, si lumineuse que tu as fait rayonner cette salle sinistre. À peine étais-tu née que la sage-femme qui répondait au nom bien porté de Mlle Gaillard t'a mise à côté de moi sans couper le cordon, ni jeter le placenta, ni me changer, ni m'offrir une goutte d'eau, sur un chariot à transporter les malades. Elle nous a laissées là toutes les deux et toutes seules. Et elle est partie se coucher. Ma mère et Jacques, n'osant se montrer mais rassurés quand même, ont filé en douce de leur cachette. Et je suis restée, couverte de saletés, avec ma petite fille dans les bras, jusqu'à ce que, à sept heures du matin, arrive une femme de ménage qui a ouvert toutes les fenêtres sans me voir et a commencé à balayer. Alors, je l'ai appelée et je lui ai dit que je venais d'accoucher. “Ah bon !” a-t-elle dit, sans nous accorder un regard. Puis s'est remise à astiquer. “C'est que… vous pourriez me passer le bassin ? — C'est pas possible… Vous n'avez pas envie… C'est une idée que vous vous faites… Laissez-vous aller.”

» Alors je me suis laissée aller. J'étais toute mouillée mais je me suis sentie brusquement heureuse, libérée, avec mon enfant dans mes bras. »

C'est ainsi que nous avons refait connaissance, Jenny et moi, cette fois-ci à l'extérieur d'elle.

Pendant ce temps, Jacques et Marie frissonnent dans le petit matin sur la route déserte et soudain Marie s'enhardit :

— Tu ne lui en veux pas trop ?

— Lui en vouloir ? Mais de quoi ?

— Mais de n'avoir eu… qu'une fille.

Jacques, stupéfait, regarde sa belle-mère :

— Au contraire ! Moi je préférais une fille !

C'est au tour de Marie de fixer son gendre avec étonnement. Celui-là vraiment, ce Bulgare… il ne ressemble à personne ! Pour une fois qu'elle était prête à s'excuser !

Puis ils se quittent. Marie peut attraper le premier car du matin pour retourner à Saint-Lunaire. Jacques file annoncer la nouvelle à Moïse et Marie, ses parents, qui ont loué une petite maison dans le coin. L'autre Marie bat des mains en apprenant la nouvelle :

— Une petite-fille ! *Gracias a Dió !* Le rêve de ma vie !

Plus tard, il va voir le soleil se lever sur la promenade du Clair-de-Lune. À quoi pense-t-il, Jacques, mon père, en ce matin de ma naissance alors que la guerre n'a pas deux mois et qu'Hitler continue de liquider les Juifs dans le grand Reich ? Évalue-t-il le péril que court un enfant juif né dans la pire époque de l'histoire de son peuple ? Ou bien est-il simplement heureux d'être vivant, que sa femme soit vivante et qu'ils aient réussi à mettre au monde une petite fille si résolue à vivre ?

Quant à Jenny, soixante ans plus tard, elle exprimera sans ambages son opinion : « Moi aussi j'étais drôlement contente que tu sois une fille parce que si tu avais été un garçon, il aurait fallu te faire circoncire quelques jours après la naissance… Et une circoncision… chez les bonnes sœurs ! »

Je sursaute à l'évocation de cette absurdité : « Vous m'auriez circoncis ? À cette époque ?

— Nous ne pouvions pas faire autrement… Si tu avais été un garçon, ton grand-père l'aurait exigé… Quant à nous, nous étions partagés… mais “à cette époque”, comme tu dis, il n'y avait rien eu encore. On ne pouvait pas savoir !… D'ailleurs, j'avais connu à Saint-Lunaire des gens… comme nous… avec une jeune femme enceinte, qui a eu son bébé un peu après moi, et ils ont fait la cérémonie de circoncision à l'hôpital… On ne pouvait pas savoir ! »

Je regarde Jenny avec un mélange de compassion et de sévérité. « On ne pouvait pas savoir ! » Quelle innocence !

Mais si, on pouvait savoir. Rien qu'à jeter un coup d'œil sur le grand voisin et les lois de Nuremberg qui dataient de 1935. Mais les humains ont du mal à imaginer qu'on les haïsse, eux, qu'on les haïsse au point de vouloir les anéantir. On accepte d'être les agents de la haine – nous avons tous haï quelqu'un à un instant de notre vie – mais être soi-même objet d'une telle haine, c'est inimaginable.

Le lendemain, Jacques se rend à la mairie pour me reconnaître officiellement : Michèle (pour Michèle Morgan), Marie (pour Marie Benveniste et Marie Jerusalmi, mes deux grands-mères), Reine (pour Reyna Benveniste, épouse Amon, mon arrière-grand-mère, qui vient de s'éteindre, sur la route comme une authentique Sépharade en exil). Mais pendant toute mon enfance, je resterai pour ma famille la « petite Michou ».

Je peux disposer d'un passeport français car j'ai vu le jour sur le sol de France. D'une mère née en Grèce, devenue portugaise par choix familial, puis naturalisée française par la même élection à l'arrivée *a Francia.* Et d'un père bulgare dont les parents disposent de passeports italiens. Tous deux issus de l'Empire ottoman défunt. Maigre viatique pour une époque où même un grand-père français ne suffira pas à protéger de l'extermination.

La mort de Kiko

Le 16 mai 1940, l'aspirant Ralph Modiano, dit Kiko pour sa famille, fils d'Allegra et Ugo, frère de cœur de Jenny, et toujours passionnément amoureux de Laurette Moseri, trouvera la mort à son poste de combat aux Petites-Armoises, au cours d'un bombardement ennemi. Depuis une semaine environ, la drôle de guerre avait pris fin pour faire place à la vraie guerre.

Entre-temps – un long entre-temps – Jenny m'a prise sous son bras et nous sommes remontées à Paris, malgré la désapprobation des hommes de la famille, qui se gobergent dans les deux appartements de la rue Pérignon et de la rue

César-Franck, enchantés que leurs femmes soient restées à l'arrière et les laissent en paix. Nous, Jenny et Michou, arrivons juste avant le dernier jour de décembre à la gare Montparnasse, où Jacques nous attend, et nous nous accordons tous les trois un petit réveillon, dont je n'ai pas souvenance, mais qui rend très heureux les auteurs de mes jours, pendant que je repose dans mon berceau retrouvé et tète vigoureusement le lait de Jenny.

Puis une redoutable vague de froid balaie l'Europe au mois de janvier 1940. Il fait moins quinze dans le nord de la France et moins treize à Paris. Le 21 février, on a trouvé enfin un endroit convenable pour un camp dont Himmler décidera la construction, situé à Auschwitz, une ville de douze mille habitants perdue dans les marais, mais carrefour ferroviaire, avec quelques usines et d'anciens baraquements d'unités de cavalerie autrichienne. Une nouvelle dont l'importance sur sa destinée échappe à toute la famille, dont les femmes, pour la plupart restées à Saint-Lunaire.

Quant à Moïse Benrey et Marie Jerusalmi, ils sont toujours en Bretagne tandis qu'Hitler s'affaire en Pologne, et Gamelin derrière la ligne Maginot, à l'abri de laquelle il compte réarmer. La France « se recueille » et, dit-on, il ne se passe toujours rien.

Kiko, lui, a fini par être mobilisé et envoyé en garnison à Épinal. Était-ce son chagrin d'amour, ou bien l'impasse familiale, l'enfant terrible a trouvé l'occasion de devenir un héros. Un héros ou rien.

— J'en reviendrai avec la croix de guerre ou je n'en reviendrai pas, déclare-t-il à sa cousine Jenny, lors d'une permission. Laurette sera fière de moi.

Il n'en reviendra pas.

Dans la nuit du 9 mai, des bombardements nous expédient, mes parents et moi, dans les caves de notre immeuble rue César-Franck. Je ne me souviens que d'un bruit de sirène, entendu aussi plus tard à plusieurs reprises, dont le son s'infiltrera en moi et fera resurgir l'angoisse chaque fois qu'il retentira.

Le lendemain matin, la rumeur se répand. L'armée allemande est entrée en Belgique. C'est au sud, dans les Ardennes, que les Allemands, ardents à servir et fanatisés par leur Führer, ont concentré leurs quarante divisions. Elles foncent à travers la forêt, que les Français et les Alliés n'ont pas sécurisée, afin de franchir la Meuse et se précipiter vers la mer. C'est là que Kiko, engagé dans les corps francs, vient de partir avec son unité. Les dés sont jetés.

Les troupes françaises se retirent derrière la Meuse que les Allemands, puissamment soutenus par la Luftwaffe, franchissent à Dinant, Monthermé et Sedan, tandis que Winston Churchill déclare qu'il n'a rien d'autre à offrir aux Anglais que « du sang, de la sueur et des larmes ». Enfin le 18 mai est annoncée à la radio la nomination du maréchal Pétain au poste de vice-président du Conseil. Le lendemain, les chefs du gouvernement français se rendent à Notre-Dame de Paris, afin de prier pour le salut de la France, tandis qu'une partie de la population se précipite vers l'autre moitié du pays.

L'exode a commencé.

C'est alors que Jenny tâche de gagner Bagnoles-de-l'Orne, une petite fille de six mois dans les bras, avec les millions d'autres réfugiés qui s'enfuient d'est en ouest et du nord au sud, en train, en wagon à bestiaux, en voiture, en charrette, à cheval, en bicyclette, ou à pied, traînant derrière eux des baluchons, des vieillards, des bébés, des valises et des éléments de mobilier hétéroclite, marchant sans savoir où, subissant le feu des bombardiers en piqué, couchés sur les routes par les bombardements. Au total le quart de la population erre sur les routes, devenues champs de bataille, dans une improvisation et un chaos sans précédent, à l'image de son gouvernement qui fuira à Bordeaux le 14 juin, ou à l'image de Jenny qui trouve refuge chez une cousine.

Jenny n'a jamais oublié cet épisode, pourtant bien moins horrible pour elle que ce qui va suivre. Elle dit dans son *Monologue* : « De Bagnoles, nous avons vu refluer tous les civils traqués par l'inexorable avancée allemande, d'abord les Belges, qui sont arrivés en transit, avec de belles voitures pleines d'enfants, de malles, de caisses et de meubles. Les suivirent les habitants du nord de la France, affolés, traqués, poussant toujours plus loin. Et nous ! Et moi, avec ma fille, coupée de mon mari resté seul à Paris, et dont il était vain d'attendre des nouvelles. Les trains étaient pris d'assaut, puis s'arrêtaient. Les gens étaient mitraillés sur les routes, abandonnant des voitures sans carburant, ou mises hors d'usage par les bombardements. »

Jenny est escortée par son frère Marcel, en plein « délire adolescent », dit sa sœur, divagation inspirée par l'obsession de la cinquième colonne où s'infiltrent des espions ennemis. Et elle arrive à Bagnoles-de-l'Orne avec son jeune frère et moi, sa fille. J'aime bien ce jeune oncle de seize ans, qui me fait des grimaces et me tient de grands discours, me racontera Jenny plus tard. Je saurai aussi un jour qu'il raconte beaucoup d'histoires et que mes parents ne le croient pas.

Jenny essaie alors de trouver un abri pour le reste de sa famille. Et la tribu débarque à Bagnoles. Allegra et Ugo d'abord avec Oro. Puis plus tard Marie et Saby.

C'est le moment où les forces françaises et le corps expéditionnaire britannique luttent à un contre quatre dans la poche de Dunkerque. Une division d'infanterie française est sacrifiée pour que se refasse la réserve militaire anglaise. C'est la fin de la campagne de France. L'écrivain Paul Nizan est tué au front près de Dunkerque. Il avait écrit cette phrase qui hantera ma jeunesse : « J'avais vingt ans et je ne permettrai à personne de dire que c'est le plus bel âge de la vie. » Il en avait quinze de plus quand il est mort.

Ralph Modiano dit Kiko meurt, lui, le 16 mai, pour la France et pour Laurette. Né le jour du grand incendie de Salonique, il n'a que vingt-trois ans.

Et c'est dans le logement minuscule de Bagnoles-de-l'Orne, où toute la famille vit entassée, qu'un matin du début juin, une délégation de la mairie vient annoncer à Allegra et Ugo la mort de leur fils, aspirant au 93e groupe de reconnaissance divisionnaire, qui sera cité à l'ordre du corps d'armée.

Marie, elle, sait déjà, depuis Paris. L'armée possède l'adresse des Modiano rue du Général-Détrie, et deux soldats ont été mandés pour annoncer l'affreuse nouvelle. Ne trouvant personne, ils ont alerté la concierge qui a fait prévenir Marie, encore dans la capitale. Elle arrive à Bagnoles, décomposée, au moment même où la délégation de la mairie de Bagnoles frappe à la porte. Avant de partir, elle a téléphoné au docteur Cazès, le médecin traitant de la famille qui est de Salonique lui aussi.

— C'est épouvantable... Si Allegra veut se suicider, que dois-je faire ?

Et ce fut épouvantable. Un hurlement d'abord de la mère, poignardée dans son ventre, tandis qu'Ugo, le père, s'affaisse sur une chaise, entièrement replié sur lui-même. Et Allegra continue de hurler puis de gémir pendant des heures, tandis que Marie lui bassine le front avec des compresses. « Après, se souvient sa nièce, elle est restée sans parler, ni manger, ni dormir des jours et des jours, tandis qu'Ugo, toujours accablé, tassé sur lui-même, pleurait interminablement. Tout de même, rumine Jenny, soixante-dix ans plus tard, s'ils avaient été plus compréhensifs avec lui, s'ils avaient accepté Laurette, Kiko ne se serait pas précipité en Belgique pour s'engager dans l'armée de Corap et être l'un des premiers soldats de la campagne de France à se faire tuer. »

Kiko est mort. L'ambiance est lourde dans le petit logement de Bagnoles où l'on parle en chuchotant, où l'on n'ose pas même échanger les rumeurs et les échos de la guerre, où l'on a teint en noir tous les vêtements disponibles.

Kiko est mort. Jenny essaie de ne penser à rien, elle nourrit sa fille, effectue mécaniquement les tâches domestiques aux côtés de Marie et la relaie auprès de la mère prostrée. Marcel, adolescent imaginatif et extraverti, évite de se montrer devant sa tante Allegra qui ne supporte plus de le voir, lui qui est le portrait de Kiko quand il avait son âge. Il disparaît de l'aurore à la nuit, ne revenant que pour se nourrir, frayant avec d'autres adolescents qui ont des yeux fous et des mèches rebelles comme lui, et qui ne parlent que de musique et d'en découdre avec l'ennemi. Qu'est-ce qu'il concocte, ce jeune Marcel, qui réussira cette année 1940 sa première partie du bac ?

Kiko est mort. Personne, pas même sa mère, ne s'occupe en ce moment de ce nouvel insoumis qui a atteint l'âge des premières poussées de fièvre. Cette disparition au champ d'honneur est la première de la famille en temps de guerre. Il y a des morts honorables sur lesquelles on peut verser des larmes. La mort de Kiko est de celles-là. Et puis il y aura les autres. Qu'on ne détaille pas, sur lesquelles on reste l'œil sec et dont on ne peut pas, on ne peut toujours pas parler. Celle de Laurette par exemple, en déportation. Classée : « N'est pas revenue. » Ni sa mère. Ni son petit frère.

Et Kiko ne sera pas là non plus pour l'attendre. Et la pleurer.

L'été 1940

Le 12 juin est l'anniversaire de Jenny.

Il paraît que moi, Michou, je me suis beaucoup agitée cette nuit-là et que j'ai beaucoup pleuré. J'ai des excuses : je perce ma première dent. Jenny, qui n'a donc pas dormi depuis plusieurs nuits, me change tristement en pensant à Kiko qu'elle ne reverra plus jamais et à son mari dont elle ne sait plus rien. Des bruits de voix l'attirent à la fenêtre. Il y a là un de ces groupes de réfugiés qu'on a pris l'habitude de voir passer, hâves, fatigués, les cheveux hirsutes et la barbe de plusieurs jours. Soudain, sans y croire encore, elle reconnaît une des voix, attrape brusquement le bébé et se précipite dans les bras de son homme qui accourt à sa rencontre.

Jacques a eu bien des difficultés à quitter Paris déserté par ses habitants. Il s'est rappelé que sa voiture, reléguée au garage depuis la déclaration de guerre, pouvait peut-être servir grâce aux bons soins de Basile, un Russe blanc qui fait office de gardien et de mécanicien, moyennant finances. Avec le couple de cousins qui l'accompagne et un ami ramassé aux portes de Paris, ils ont réussi à trouver de l'essence dans le dernier poste ouvert, après avoir fait la queue durant de nombreuses heures. À Chartres, ils ont passé la nuit dehors, sur la place. Il pleuvait ce soir-là si fort que les avions allemands ne pouvaient pas bombarder. Ils se rattrapent le lendemain. Chartres est anéanti. Mais Jacques est là, sain et sauf, et une fois de plus, nous sommes réunis et heureux, malgré mes gencives qui continuent à me faire mal et bien que ce souvenir ne se soit pas non plus gravé dans ma mémoire de bébé.

Dans la nuit, couchés par terre, Jacques et Jenny entendent les gens siffler les suspects de la cinquième colonne, ces espions envoyés par les Allemands dans ce qui était encore la France. Jacques chuchote à sa femme des nouvelles des proches, des connaissances, éparpillés un peu partout. Leur grand ami Oscar Arditti, mobilisé parmi les premiers, est vivant mais prisonnier dans un stalag. On saura plus tard que dans l'après-midi du 8 juin, il est entré en captivité sur le canal de l'Ailette près de Soissons. Sa femme, la vaillante Lily, essaiera par tous les moyens de le sortir de là.

Bien que brinquebalante, ils ont une voiture, véritable trésor en ces moments difficiles. Dans ce trésor : un autre trésor. Sur le toit et dans le coffre, Jacques a entassé tous les objets sur lesquels il a pu mettre la main. Il ne sait pas combien de temps il restera au loin sans travailler. On pourrait peut-être en tirer quelque argent. Il prend notamment les plats en argent, et les plus précieux ou les plus légers des cadeaux de mariage que sa femme, fille de Saby Amon et petite-fille de Maïr Benveniste, a reçus en abondance trois ans plus tôt.

Jacques est très inquiet pour ses parents, Moïse et Marie, qui sont restés à Dinard depuis l'été 1939. Il veut absolument les retrouver. Le 10 juin, soit deux jours plus tôt, l'Italie a déclaré la guerre à la France et au Royaume-Uni. Que va-t-il arriver à Moïse et Marie qui ont la nationalité italienne et deviennent ainsi les ennemis de la France ?

Moïse et Marie les accueillent avec des pleurs, et des étreintes, et probablement des *borekas* dont je suis privée, ne m'alimentant alors que du lait maternel. Ils ne m'ont pas vue depuis longtemps déjà et me trouvent bien grandie.

« Tu n'étais qu'un bébé, dit Jenny, mais tu ressemblais déjà tellement à ta grand-mère Marie que Moïse s'en étonna. Entre elle et toi, il passait un courant spécial dont j'étais presque jalouse. »

Jacques et Jenny ont le droit de faire la cuisine mais la maison ne dispose que d'une chambre qu'ils partagent avec Moïse, Marie et moi. Mes parents, tout ragaillardis, dorment à poings fermés, remettant au lendemain matin l'effort de décharger la voiture, garée sur la place.

Las ! Quand ils arrivent à l'endroit du stationnement, la voiture a disparu. Plus de bagages, plus de paquets, plus de plats en argent ! Disparu de même le tailleur de Jenny et son chapeau. À la place, ils découvrent un document très officiel, établissant que le véhicule a été réquisitionné par l'armée de l'air française pour des aviateurs qui doivent se rendre en Angleterre. Plus tard, la voiture sera bureaucratiquement remboursée à ses propriétaires par l'État français, au prix de l'argus. Mais il n'y aura pas de compensation pour les plats en argent, les petites cuillers en vermeil, le tailleur et le chapeau. À la guerre comme à la guerre ! Jacques et Jenny ne peuvent qu'espérer que les aviateurs parviendront indemnes en Angleterre. Et je ne peux que souhaiter qu'ils y aient grossi la poignée d'hommes entourant de Gaulle lorsqu'il arrivera à Londres peu après.

Ce même jour, le 14 juin, les troupes allemandes s'abattent sur la capitale, déclarée ville ouverte. Les loups ont envahi Paris. Des Parisiens se suicident, tandis qu'Otto Abetz est nommé représentant de la Wilhelmstrasse à Paris. Deux jours plus tard, Philippe Pétain est déjà chef du gouvernement français. Le 17 il délivre son discours, que Jenny, Jacques, Moïse et Marie écoutent, sur le poste de radio de leurs logeurs, avec la rage de l'impuissance et l'angoisse dans l'estomac : « C'est le cœur serré que je vous dis aujourd'hui qu'il faut cesser le combat. »

Le lendemain, ils sont à nouveau pendus à leur poste. Autre ton : « Quoi qu'il arrive, la flamme de la résistance française ne doit pas s'éteindre et ne s'éteindra pas. Demain comme aujourd'hui, je parlerai à la radio de Londres. Foudroyés par la force mécanique, nous pourrons vaincre dans l'avenir par une force mécanique supérieure. Le destin du monde est là. »

Ce discours de De Gaulle, « extraordinaire », dit Jenny, leur met du baume au cœur. Mais l'armistice entre l'Allemagne nazie et la France sera signé, ce samedi 22 juin, symboliquement, par manière de représailles, dans le vieux wagon de novembre 1918.

Les Allemands se répandent sur toute la France mais les deux familles sont provisoirement réunies. Saby et Marie Amon ont loué une petite maison près de Saint-Énogat où il y a de la place pour les cinq. Jenny se procure un exemplaire d'*Autant en emporte le vent*, sorti depuis 1936, et paru récemment en français. « Nous le lisions à tour de rôle, se souvient-elle. Chacun avait son laps de temps, ce qui engendrait des chamailleries. Mais le monde perdu de Scarlett O'Hara et des siens nous permettait d'échapper au nôtre et à ses lancinantes questions. »

Gone with the Wind. Y avait-il lecture plus opportune pour ceux qu'un vent, plus mauvais que celui qui ravagea le monde sudiste américain, était sur le point d'emporter ? Un vent ! Le mot est faible pour l'apocalypse auquel se prépare leur monde à eux. Mais ce qui se lève en cet été 1940 n'est encore qu'une brise légère.

Dit Jenny : « Qu'allions-nous devenir et combien de temps cela allait-il durer ? Nous aurions le temps d'y réfléchir encore et encore pendant ce long été 40, où juin et juillet furent magnifiques. Un temps comme on n'en avait pas vu depuis des années et qui avait d'ailleurs facilité la traversée de la France par les troupes allemandes. Elles avaient eu raison de notre pays en trois semaines. Nous allions à la plage mais on ne se baignait pas. La mer appartenait tout entière à nos occupants. Ils étaient beaux, ces premiers soldats de la Wehrmacht. Jeunes, pleins d'allant, grands Aryens blonds comme les rêvait Hitler, ils n'en revenaient pas de la promenade de santé qu'ils venaient de faire sans tirer un coup de fusil, alors que les civils fuyant devant eux étaient canardés par leurs avions.

» Le 9 juillet 40, la Chambre, qui avait en 36 voté pour Blum et le Front populaire, appuya la résolution gouvernementale entraînant la mort de la IIIe République. Le lendemain, le maréchal Pétain obtenait les pleins pouvoirs du Parlement réuni à Vichy. Et dès le 16 juillet, un décret allait déchoir de leur nationalité française les Juifs trop récemment naturalisés.

« Ce décret-là ne concernait pas notre famille, naturalisée en 1924. L'Allemagne hitlérienne victorieuse occupa les deux tiers de la France suivant une ligne qui allait de Bordeaux à Besançon. Des douanes allemandes furent installées devant cette ligne de démarcation, que nul ne pouvait franchir sans être muni d'un *Ausweis*, laissez-passer délivré par la Kommandantur allemande. Devant cette arbitraire frontière furent apposées, dès le mois d'août, des affiches interdisant aux Juifs qui se trouvaient au sud, en zone libre, de rentrer en zone occupée. Nous y étions déjà. Nous n'avions plus un sou et Paris renfermait tout ce que nous possédions.

» À la mi-août enfin, on remit des trains en marche et nous avons pu rentrer chez nous. Nous avons pris le bateau jusqu'à Saint-Malo où s'arrêtaient les trains. La ville que nous avons retrouvée n'était plus le Paris que nous avions connu. On marchait désormais à l'heure allemande. Les horloges étaient réglées sur celles d'Europe centrale, soit avec deux heures de retard par rapport au soleil. Il était interdit de circuler après vingt-trois heures. Tous les jours, on avait droit à un défilé des troupes ennemies, l'un sur les Champs-Élysées, l'autre rue de Rivoli.

» Nous avons essayé de reprendre une vie normale. Jacques avait représenté une maison allemande de produits chimiques, dont les activités avaient été bloquées par la guerre. Il rouvrit le petit magasin de tissu de Moïse, qui était revenu de Bretagne avec sa femme Marie. Au début, les affaires marchaient du feu de Dieu. Il suffisait de trouver de la marchandise. Les soldats allemands, rationnés chez eux, sautaient sur les tissus comme des sauterelles et achetaient n'importe quoi pour envoyer en Allemagne à leurs femmes. Nous avons fait des réserves pour l'avenir effrayant qui nous attendait.

» La France versait trois cent mille francs par jour pour l'entretien des Allemands. Ils étaient pourris de fric et ils payaient bien. Et le soir pour endormir ma petite fille, je lui chantonnais la “Ballade de*s* dames du temps jadis”, revue et corrigée : “La crème blanche comme un lis / Le lard rose à la brune couenne / Nos bons fromages de pays / Les patates de nos domaines / Et les lapins de nos garennes / Qui sont occis par l’occupant / Où vont-ils, Vierge souveraine ? / Mais où vont les neiges d’antan ? / Prince, n’enquerrez de semaine / Où tout s’en va, ni de cet an / Tout part chez notre sœur germaine / Mais où vont les neiges d’antan ?” »

Pendant toute cette époque, la famille de Jenny mène la vie normale de Parisiens occupés par un adversaire que beaucoup déclarent « plus que correct ». Les soldats allemands dans le métro trouvent mignonne l’enfant blonde que je suis, dans les bras d’un papa du genre aryen.

— *Schön*, *Schön*, commente l’un d’eux à son camarade, tout en me glissant un bonbon dans la main.

Il paraît que je pleure beaucoup lorsque Jenny m’arrache la gluante friandise ennemie. Une photo de studio montre mon père et ma mère m’encadrant de leur double regard. A posteriori, je lis dans toute leur attitude comme une détermination farouche à défendre leur enfant jusqu’à leur dernier souffle.

Mais tout à leurs soucis « normaux » du retour de l'exode, Jacques et Jenny ne prennent pas garde à ce qui se trame contre eux, les « anormaux ». Des lois contre les étrangers qu'on appelle élégamment les « indésirables » sont pourtant préparées pendant l'été tandis que le décret Marchandeau, prohibant la propagande raciste, est supprimé. Désormais les vannes de la haine antisémite sont ouvertes et elles déferlent. Leur but : justifier ce qui est en réserve.

C'est durant ce même printemps-été 1940 que le nazi Hans Frank, gouverneur général de Pologne, dit en riant qu'il n'a pas encore pu détruire tous les poux et tous les Juifs et s'adresse à ses chers camarades en ces termes : « Je dois vous demander de vous défaire de tout sentiment de pitié. Nous devons anéantir les Juifs. »

Devenir des parias

« Nous étions si heureux de rentrer chez nous après le cauchemar de l'exode. Comme tout le monde. Enfin je veux dire comme tous les Français, s'attendrit Jenny. D'ailleurs, c'était la fin de l'été, la rentrée des classes. Bien sûr le ravitaillement commençait à être difficile mais, malgré les queues et les restrictions, le tissu pouvait devenir une monnaie d'échange, bref, nous n'étions pas plus mal lotis que le commun des mortels, sauf que…

— Sauf que ?

— Sauf qu'en septembre une ordonnance allemande et en octobre un arrêté de la préfecture de police ont enjoint à tous les citoyens de confession israélite, possédant plus de deux grands-parents de religion juive, d'aller s'inscrire. Nous y sommes donc allés.

— Vous êtes allés vous inscrire, *nous* inscrire comme juifs ? Sans vous poser de question ?

— Eh bien non. Il n'y avait pas de raison. Et nous n'avions *rien*, *rien*, tu entends, à nous reprocher ! Tout le monde y est allé. Les gens bien, qui n'avaient rien fait de mal. L'avenue

Victoria était noire de monde. Tous avaient à cœur d'obéir, de montrer qu'ils respectaient la loi. Tous les membres de nos deux familles y sont allés, y compris mes beaux-parents Moïse et Marie qui venaient de revenir à Paris. On nous a inscrits sur un registre, avec chacun une fiche, bleue pour moi parce que j'étais française, et orange ou beige pour ton père bulgare. Plus tard on imprimerait sur nos cartes d'identité la marque JUIF, en lettres rouges sur carton beige.

— Comment avez-vous pu ?

— Comment avons-nous pu ? Mais nous ne savions pas, nous n'imaginions pas ! Et puis on nous menaçait de sanctions graves si nous n'obtempérions pas. »

Jacques et Jenny ont des modèles autrement exemplaires. Le philosophe Henri Bergson, gravement malade, met un point d'honneur à descendre en pantoufles et en robe de chambre au commissariat de Passy se faire inscrire comme juif. Quant au colonel Pierre Brisac, il s'acquitte de cette tâche en tenue militaire.

J'essaie d'imaginer ce qu'ils peuvent bien se dire entre eux dans cette longue file où ils attendent patiemment de s'enregistrer comme damnés. Quelles politesses peuvent-ils échanger ?

— Vous ici ! Quelle bonne surprise ! Nous n'aurions jamais pensé !

Ou plutôt le silence. Il commence, ce silence qui tâche de signifier la dignité. Une dignité qu'ils possèdent encore.

— Nom ? Prénom ? Domicile ? Profession ? Nationalité ?

Et toutes ces inscriptions sont méthodiquement réparties dans quatre sous-fichiers.

Mais pendant que Jenny, Jacques et les autres s'efforcent de vivre comme tout le monde, dans l'espoir fou qu'ils seront épargnés, le piège se referme à leur insu.

Début octobre, Marie envoie le signal par le balcon du quatrième orienté sur la rue Bouchut où donne aussi notre balcon du cinquième. Un linge blanc, comme la voile des navires messagers des nouvelles. Et Jenny se précipite tout essoufflée chez sa mère, de l'autre côté de la rue.

— Que se passe-t-il ?

— Il se passe, dit Marie, que le Conseil des ministres vient d'approuver un statut des Juifs. Comme en Allemagne. Et ça nous concerne nous, ceux de la zone occupée.

— Et qu'est-ce que ça veut dire ?

— Ça veut dire que nous sommes « exclus », je te lis, « de la vie politique, de la justice, de la diplomatie, de l'administration, de l'éducation, de la presse et du monde du spectacle… de la fonction publique, de l'État, de l'armée ».

— Alors Kiko… il n'aurait pas pu être dans l'armée ! Et il ne serait pas mort !

— Ma pauvre fille ! Kiko est mort pour rien. Regarde ce qu'écrit Doriot dans ce torchon que Saby vient de rapporter tout à l'heure : « Les Juifs sont *enfin* chassés des fonctions publiques, et leur accès aux autres professions est réglementé », mettant fin à leur « influence insinuante et finalement décomposante ».

Jenny repose avec découragement le torchon en question intitulé *Le Cri du peuple.*

— Mais comment… comment allons-nous faire ?

— D'après Saby, le statut promet qu'on ne touchera ni aux personnes ni aux biens.

— Tu parles ! Vois ce qu'ils ont fait en Allemagne !

— La France n'est pas l'Allemagne !

— Pour l'instant… Mais Drumont était là avant Hitler.

Jenny n'a pas tort de douter de l'optimisme impénitent de son père, pourtant bien renseigné par la loge du B'nai B'rith. La promesse du premier statut sera vite infirmée par les mesures d'aryanisation, puis rendue plus sévère par un second statut, applicable aussi en zone sud, dite « libre ». Une note dans une circulaire précise que « dans la plupart des cas, l'appartenance à la religion juive des grands-parents sera la meilleure présomption qui sera retenue. En présence de Juifs détachés de la pratique de leur religion, des indications utiles pourront être trouvées dans l'aspect de certains noms patronymiques, dans le choix de prénoms figurant sur les listes d'état civil et dans le fait que les ascendants auraient été inhumés dans un cimetière israélite ».

Pour les Allemands l'ennemi est le Juif, le sous-homme. Pour les Français, l'ennemi est l'étranger, l'indésirable. Les Allemands veulent éliminer les sous-hommes. Les Français veulent écarter les indésirables. La solution est commune aux deux parties et porte un nom : la déportation à l'Est. Au fur et à mesure que les indésirables seront écartés pour être éliminés, les Allemands voudront transformer le maximum de Français en indésirables facilement déportables, d'où les demandes incessantes de dénaturalisation de Hitler à Pétain et – il faut le dire malgré tout – les réticences de ce dernier. Cette question va hanter les relations entre le gouvernement allemand et le gouvernement français presque jusqu'au bout et déterminer le destin de notre famille et le mien. Ce destin commence à se dessiner dans la terrifiante simplicité de quelques équations.

Le gouvernement de Vichy veut se débarrasser des étrangers. Jacques est bulgare. Il est déjà promis à l'exclusion de la communauté française, à la privation des tickets d'alimentation et à l'arrestation plus ou moins immédiate.

Les nazis veulent se débarrasser des Juifs, quels qu'ils soient. Jenny est française, mais naturalisée en 1924, donc sur la corde raide.

Je suis née sur le sol français mais fille de ces deux-là. Pour l'instant je n'ai qu'un an et ne suis pas affectée par ces mesures. Pas encore. À terme, mon sort est plus qu'incertain.

Moïse et Marie sont italiens. Ils étaient des ennemis. Ils deviennent des alliés. Mais en tant que juifs, ils sont ennemis de tous. Ils ne savent donc pas ce qui les attend. D'ailleurs, au début, personne ne le sait.

Pour fuir, il faut de l'argent, des contacts. Les États-Unis ferment leurs frontières. La Palestine est verrouillée par les Anglais. Reste l'Amérique latine, que ces Judéo-Espagnols pourraient atteindre par la péninsule Ibérique où les gouvernements de Franco et Salazar, et surtout certains de leurs consuls, sont plus souples. Quelques membres de la famille y parviendront.

L'aryanisation commence dès octobre 1940. Dès lors, Moïse et Jacques sont contraints d'apposer, sur leur petit magasin de tissu de la rue du Faubourg-Poissonnière, l'infamante affiche jaune. Toutes les affaires juives doivent être signalées et marquées. Quatre mille six cent soixante affiches sont installées début décembre sur les entreprises maudites. Au début, les Juifs français « de souche » entendent se distinguer des autres et fanfaronnent non sans panache. Rue du Temple, près de la place de la République, un important magasin de bonneterie est orné du carton jaune : « Entreprise juive ». Au-dessous, un grand carton blanc, entouré d'un cercle bleu et rouge : « Maison fondée en 1909 par Maurice Lévy, mort pour la France à Douaumont en 1916. Maison reprise par son fils, ancien combattant de 1939-1940, décoré de la médaille de guerre à titre militaire avec citations. » Un autre propriétaire juif étale en devanture la médaille de Sainte-Hélène de son ancêtre, ancien des campagnes de Napoléon.

Très vite le carton jaune est remplacé par un placard rouge : « Direction assurée par un commissaire-gérant aryen, nommé en application de l'ordonnance allemande du 18 octobre 1940. » Les honneurs de naguère ne paradent déjà plus sur les vitrines déchues. Huit jours après l'ordonnance, Pétain rencontre Hitler à Montoire, puis annonce la collaboration officielle de la France avec l'Allemagne.

Jusque-là, notre vie n'était pas différente de celle des autres Français. J'étais un bébé, comme tant d'autres, qui avait pris la route de l'exode avec sa mère et son oncle et qui avait atterri quelque part. Au retour à Paris, mes parents avaient retrouvé leur appartement et ils gagnaient leur vie. Nous étions des privilégiés.

Dans le mois qui suivit, nous sommes devenus des parias.

Digne... d'être aryanisé !

Début 1941, Jacques et Moïse sont spoliés de leur petit magasin de tissu, leur instrument de travail.

Terrible année 1941 ! Elle consacre le fossé qui se creuse entre les Français et les Juifs ! Elle n'est peut-être pas la plus terrible de toutes les années noires. Mais c'est la première. Et les violences s'y succèdent sans hâte, avec la lenteur bureaucratique normalement attachée à des questions juridiques plus secondaires, à des règlements plus triviaux.

Une seule bonne nouvelle pour la bande des anciens de la Jeunesse Sépharadite. Oscar Arditti, leur ami préféré, réussit le 18 janvier, après huit mois de détention, à s'évader du stalag, avec l'aide de sa femme Lily. Comment a-t-elle fait ?

« Oh, dit Jenny, c'était un véritable feuilleton que Lily me racontait lors de nos communes chasses au ravitaillement et qui se terminaient par des conversations chuchotées, chez elle ou chez moi. Il n'y avait pas grand-chose à manger mais nos langues allaient bon train. Oscar, qui était l'homme le plus avisé, le plus futé que j'aie jamais connu, était parvenu à échapper aux fils barbelés de son stalag en se faisant recruter comme interprète et mécanicien automobile à Beauraing en Belgique, puis à Charleville comme cheminot.

— Mais comment saviez-vous tout ça ?

— Imagine-toi qu'il était parvenu à communiquer avec Lily par l'intermédiaire de Thérèse, une jeune fille de Charleville qui vivait dans une chambre de cet immeuble où Oscar et quatre autres prisonniers de guerre cohabitaient avec des cheminots allemands.

— C'est elle qui écrivait les lettres ?

— Non, c'est lui, avec son écriture, reconnaissable par sa femme. Mais il signait du prénom de la jeune fille. Surtout ils avaient un code, un signe distinctif, dont ils étaient convenus dès avant la guerre. Une signature terminée par un rond signifiait "texte conforme et véridique". Dans le cas contraire, la signature restait normale c'est-à-dire sans signe particulier.

— Et c'est comme ça qu'ils ont préparé son évasion ?

— Oui. Grâce à cela, Oscar a commandé à Lily des vêtements civils de cheminots de l'époque : casquettes, bérets basques, pull-overs, vestes, pantalons de ville pour passer inaperçus. Qu'elle lui a fait parvenir.

— Et il a eu des complicités ?

— L'homme qui les gardait, un Sudète qui n'aimait pas trop les Allemands. À un moment ils ont été chargés de distribuer des boulets d'anthracite qui arrivaient par wagons aux différents postes allemands. Oscar s'était fait désigner comme chauffeur. Il a eu l'idée de proposer à son gardien de vendre une partie de ce charbon aux civils français démunis et de se partager les sommes gagnées. Avec l'aide monnayée du Sudète, il est parvenu à organiser son évasion et celle de quatre de ses compagnons. »

Et c'est ainsi que le 18 janvier 1941, Oscar Arditti et ses quatre compagnons arrivent gare du Nord à Paris grâce à leur gardien sudète qui empoche l'argent et disparaît.

Lily les attend chez son frère rue de Rivoli. Elle a passé la nuit chez Jacques et Jenny et bien lui en a pris car à sept heures du matin la Gestapo est à sa porte, heureusement close. Jacques l'a accompagnée. Oscar et Lily tombent dans les bras l'un de l'autre. Jacques étreint son vieil ami de Sofia. Vite. Lily a concocté une cachette ou plutôt une cache. En attendant de trouver un moyen de passer en zone libre.

« Oscar, c'était une espèce d'Ulysse, conclut Jenny. Par deux fois, il a rejoint son Ithaque. Mais la première fois, sa captivité avait été presque… heureuse. Nous nous croyions tous bien malheureux en 1941 mais nous ignorions le gouffre noir qui nous attendait. »

À peu près au même moment, le magasin de soieries, lainages et bonneterie Benrey et Fils, dont Moïse et Jacques vivent avec leurs familles, est livré à un personnage qui va prendre une importance démesurée en cette première année de spoliation : l'administrateur provisoire. C'est lui qui décidera si l'affaire doit être vendue ou abandonnée, si elle mérite ou non d'être aryanisée, c'est-à-dire reconvertie en maison respectable, de souche.

L'administrateur des Benrey s'appelle Charles Quantin. Il est nommé en février. Dans une lettre du 17 juin suivant, il déclare avoir vérifié la comptabilité de la société Benrey et Fils et bloqué le compte de cette firme au Crédit commercial de France. Il a également indiqué les nationalités des deux associés, Moïse Benrey, juif et italien, Jacques Benrey, juif et bulgare « par option », dans une autre lettre adressée à M. le président du service de contrôle des administrateurs provisoires.

Cette mention de nationalité tombe comme un couperet. Les Juifs italiens sont un cas particulier de l'imbroglio bureaucratique des alliances en ce début de la guerre et de l'occupation allemande. Les Italiens, de même d'ailleurs que les Espagnols, les Portugais, les Turcs et autres pays neutres ou alliés des Allemands, commencent à s'inquiéter pour leurs intérêts lorsque les biens de leurs ressortissants sont voués à l'aryanisation. Pour éviter qu'ils ne tombent sous le contrôle du gouvernement de Vichy, ils finissent par obtenir que ces biens reviennent à des administrateurs italiens gérés par les consulats d'Italie. Xavier Vallat, nommé en mars au tout nouveau commissariat général aux Questions juives, gère le casse-tête.

Et c'est donc au printemps 1941 que Charles Quantin, administrateur provisoire français, est relevé de ses fonctions par l'état-major de l'administration du *Militärbefehlshasber* en France et que le magasin de Moïse Benrey, ressortissant italien, est confié à un administrateur italien. Pendant la transition, le Français fait l'inventaire des marchandises en stock. Et en conclut que « cette maison, bien dirigée, fait des affaires suivies et régulières. Seule maison dans le genre dans le quartier, elle alimente une clientèle de détail. J'estime, conclut-il, qu'il y aurait intérêt à maintenir son activité et à procéder à son aryanisation ».

Le principe est clair et efficace : à un bien appartenant à un Italien correspond un administrateur provisoire italien. Et à une maison bien gérée par un Juif correspond une procédure d'aryanisation.

Apparemment les relations avec l'administrateur italien Giuffrida ne sont pas mauvaises puisque Moïse Benrey continue à fréquenter son magasin tous les jours. En revanche Jacques y renonce. Mais il continue ses activités de « distributeur de produits antiparasitaires pour le GIRPIA (Groupement interprofessionnel de répartition de produits indispensables à l'agriculture), notamment pour une maison d'Angoulême dirigée par un certain M. Blois. En attendant, comme tant de commerçants juifs qui n'ont plus le droit de travailler dans leurs propres magasins, il déambule tristement dans Paris et trompe son désœuvrement en rencontrant ses proches là où ils peuvent puisqu'ils sont interdits partout.

C'est dans sa clandestinité du 9e arrondissement qu'en septembre 1941 Oscar Arditti, en partance pour Marseille, et toujours au fait des dernières nouvelles, lui explique la succession des ordonnances françaises après les allemandes et le deuxième statut des Juifs, français celui-là.

— Le statut français est encore plus draconien que l'allemand, commente Oscar, amèrement.

— Tu veux dire, le statut dicté aux Français par l'occupant allemand, répond Jacques, qui ne peut accepter que cette France qui les a accueillis, celle dont les Ashkénazes disaient si justement : « Heureux comme Dieu en France », puisse être responsable d'un tel malheur.

— Jacques, ouvre les yeux ! Ce sont les Français qui en remettent. Et prends bien garde à toi. Nous nous sommes connus à Sofia. Nous avons fréquenté la même école. Mais moi, au moins, j'ai un passeport d'ici, tandis que toi tu es resté bulgare. Un indésirable !

— Nous sommes tous les deux des « *Sefaradis* aryano-latins de confession israélite », dit ironiquement Jacques. C'est comme cela que notre Cultuelle a signé le mémoire qu'elle a envoyé au commissaire aux Questions juives. Et elle a en même temps commencé des démarches auprès du gouvernement de Franco pour qu'il nous réintègre dans la patrie espagnole qui s'était débarrassée de nous bien avant les Allemands.

— Jacques, écoute-moi bien. J'ai compris bien des choses dans ma captivité, en parlant avec tout le monde. Ce n'est pas seulement aux Anglais, ou aux Soviétiques maintenant, qu'Hitler fait la guerre. C'est à nous, les Juifs. Et c'est cette guerre-là qui l'intéresse en priorité. Ce qu'il veut ce n'est pas seulement gagner la guerre, c'est nous éliminer. Il est dément, Jacques. Complètement dément ! Je n'ai qu'un conseil à te donner : fous le camp ! Prends ta petite famille et foutez le camp.

— Foutre le camp ? Pour aller où ?

— N'importe où ! Moi je file en zone libre. Au moins là, il n'y a pas de recensement.

— Mais les Alliés ? Les Russes ?

— Ils ne bougeront pas un cil pour nous. Jusqu'à *leur* victoire. Je te le répète. Pour Hitler, les Alliés ne sont que les pantins des Juifs, « nos » pantins. Tu verras, ce n'est qu'un début !

Jenny confirme dans son *Monologue* : « Effectivement ce n'était qu'un début. Les décrets et les ordonnances pleuvaient sur nous. Nous sommes devenus des citoyens de deuxième zone, puis de troisième, puis nous avons cessé d'être des citoyens, puis nous avons cessé d'être des humains.

» J'avais droit, et ma fille aussi, aux tickets d'alimentation. Pas Jacques, qui était bulgare. Mais très vite, tout cela n'a même plus compté quand les rafles ont commencé. Le pire du pire, c'était les rafles. On ne savait jamais sur qui ça tomberait. La plupart d'entre nous n'étions informés de rien, même après. Mais Saby, mon père, en général savait par le B'nai B'rith et à chaque nouvelle rafle, Marie hissait le linge, que nous avions fini par prendre en grippe, à son balcon et faisait "Hou hou".

» Il y eut trois grandes rafles cette année-là et trois fois le signal fatal fut suspendu au-dessus de la rue Bouchut. La première était du 14 mai. Elle portait le nom de "rafle du billet vert" parce que les victimes avaient reçu un document vert leur demandant de se présenter, accompagnées d'une personne de leur famille pour "examen de situation".

» C'était des Juifs apatrides, fuyant déjà l'Allemagne et la Pologne. Seulement des hommes. On ne pouvait pas imaginer qu'un jour il y aurait des femmes et des enfants. »

La remémoration est éloquente. Ce sont des apatrides, ce sont des hommes, ce sont les « autres ».

Mais deux grandes nouvelles qui redonnent le moral à Jenny et aux siens entraînent des attentats, qui provoquent à leur tour des rafles de représailles. Le 22 juin, Hitler tente le coup de poker qui avait détruit l'empereur des Français. Il envahit l'URSS. Cette action fait entrer dans le combat de l'ombre les jeunes communistes. Un attentat contre un officier allemand jette dans le camp de Drancy plus de quatre mille deux cents Juifs dont une minorité, cette fois de nationalité française, arrêtés dans le 11e arrondissement de Paris.

Et le 7 décembre 1941, le Japon, allié d'Hitler, attaque les États-Unis à Pearl Harbor et les précipite eux aussi dans la guerre contre les puissances de l'Axe. De nouveaux attentats sont le prétexte à une troisième rafle en décembre. Cette fois ce sont sept cent soixante-neuf Juifs français, dont une élite de « notables », qui sont envoyés au camp de Compiègne, en compagnie de trois cents prisonniers de Drancy. Quatre-vingts otages sont fusillés dont cinquante-trois Juifs.

Désormais les pions sont en place sur l'échiquier de l'Apocalypse. L'humanité retient son souffle et veut ignorer que l'élimination physique d'un peuple entier vient de commencer à l'Est.

Le 31 octobre 1941, j'ai deux ans. Ma grand-mère Marie la Roumaine, que j'appelle *nonamali* parce que je ne prononce pas encore les *r*, a préparé un déjeuner chez elle. Elle a réussi à se procurer de la farine et des œufs au marché noir. Et elle a fait des succédanés de *borekas* avec du succédané de fromage, et une espèce de succédané de *sotlatch*. Je n'ai pas de souvenir de cet anniversaire, que Jenny m'a raconté avec des yeux humides et une voix blanche.

Ce jour-là, *nonamali* et son frère Nissim sont préoccupés par leur sœur Esterina, de Bucarest, dont ils n'ont plus de nouvelles depuis plusieurs semaines.

Ce jour-là, Moïse a eu une altercation avec Aldo Giuffrida, l'administrateur provisoire du magasin, qui décide de tout et lui donne des ordres.

Ce jour-là, Jacques médite toujours l'injonction de son ami Oscar : « Fous le camp ! », tandis que Jenny tempête sur les jeunes terroristes qui provoquent les fusillades d'otages, ignorant que l'un d'entre eux se trouve parmi nous.

Ce jour-là, cette petite famille, la nôtre, est encore réunie tout entière dans l'appartement du 2, rue Thimonnier, Paris 9e.

Terroriste ou résistant

10 janvier 1942. Samedi après-midi. On sonne au quatrième du 5, rue Pérignon. Police française.

Jenny, Jacques et Michou sont venus passer l'après-midi de ce qu'on n'osera bientôt plus appeler « shabbat », avec Marie et Saby. J'ai deux ans et des poussières, donc aucun souvenir direct. Mon oncle Marcel en a dix-sept et demi. Il fait sa philo au lycée Buffon. En apparence… tranquille.

Depuis l'entrée en guerre de l'Union soviétique, les Allemands traquent les jeunes terroristes communistes en zone occupée. Au mois d'août, il y a eu des attentats contre des officiers allemands. En octobre aussi. Depuis se sont multipliées les affiches jaunes et rouges qui annoncent des exécutions d'otages en représailles contre les espions et les terroristes « étrangers ». Mais cela ne concerne pas la famille Amon Benveniste qui se sent protégée par la nationalité française.

Marie n'a donc pas trop de raison de paniquer à ce coup de sonnette jusqu'à ce qu'elle voie, encadré, menottes aux mains, entre deux inspecteurs… son fils Marcel.

— Madame Amon ? Police judiciaire.

— Mais que se passe-t-il ?

— Votre fils vient d'être arrêté dans sa classe de philosophie. Nous voudrions perquisitionner ses affaires.

— C'est certainement une erreur, monsieur l'inspecteur ! Vous vérifierez par vous-même.

Marie est convaincue de l'innocence de Marcel, encore un adolescent, presque un enfant. Mais tout de même il est juif. « La question de l'identité juive ne se posera pas », dit Jenny.

Pendant que la famille se replie dans un silence de mort, les inspecteurs fouillent la chambre, ouvrent et vident les tiroirs, palpent le matelas, soulèvent le tapis… mais oublient le poêle à bois, bourré de tracts. Premier coup de chance.

Le jeune homme est impavide. En passant devant sa sœur, il murmure :

— Préviens Rolande. Par Marc.

Jenny ne sait pas qui est Rolande. Mais Marc Amon et sa sœur Renée, enfants d'un frère de Saby, sont les cousins préférés de Marcel qui est tout le temps fourré chez eux.

Exit Marcel dans la voiture banalisée de la police française. Sa mère, accompagnée de sa sœur Andrée, court toutes les prisons de Paris pour le retrouver. Elles finissent par apprendre qu'il est à la Santé mais quand Marie arrive à la prison, elle est informée qu'on l'a transféré à Fresnes, parce que mineur.

D'après les archives, « sur ordre des autorités d'Occupation », Marcel a effectivement été conduit aux Renseignements généraux de la préfecture de police, où il est resté quelques jours, puis à la Santé, puis à Fresnes. Il a été inculpé de « participation à la constitution d'un comité de Front national » parmi les étudiants, et de « propagande communiste clandestine ». Amon, Marcel Mardochée Samuel, né le 30 avril 1924 à Paris, lycéen, a été arrêté en même temps que Daix, Pierre Georges, né le 24 mai 1922 à Ivry-sur-Seine, étudiant, et Canou, Robert, né le 6 juillet 1921 à Paris, lycéen. « Le principal animateur de ce groupement est le nommé Daix, Pierre, qui, en outre, a fourni au nommé Bloncourt, Tony, terroriste récemment arrêté, une fausse carte d'identité. Il était secondé dans son activité par les nommés Canou et Amon. Ces trois militants ont été inculpés d'infraction au décret du 26 septembre 1939 et ont été envoyés au dépôt à la disposition de M. le procureur de la République, à l'exception du nommé Daix, qui a été déféré aux autorités allemandes. »

D'après le document du 14 février 1942, rédigé au lendemain de sa libération, « au cours de son interrogatoire devant le commissaire de police », Marcel Amon a déclaré « s'être abstenu de toute activité politique en raison de ses origines israélites ». Inculpé d'infraction au décret du 26 septembre 1939, il a fait l'objet d'un ordre de mise en liberté provisoire en date du 12 février 1942. Enfin, ce même 13 février 1942, jour de sa libération, le jeune homme a signé la déclaration suivante : « Je soussigné, Amon, Marcel, déclare désapprouver l'action communiste clandestine sous toutes ses formes. Je prends librement l'engagement d'honneur de ne me livrer dans l'avenir, directement ou par personne interposée, à aucune activité communiste. »

« Deuxième coup de chance, dit Jenny : il est encore mineur. »

Pierre Daix, lui, sera déféré aux Allemands. Il passera de la Santé à la centrale de Clairvaux puis sera déporté à Mauthausen. À Fresnes les conditions sont moins dures mais il fait, en ce mois de janvier, un froid de loup. Le directeur de la prison autorise Marcel à recevoir un sac de couchage et des visites de ses parents dans son propre bureau. Il aura droit à un avocat et à une procédure judiciaire.

Pendant six semaines, Marie passe toutes ses nuits blanches. L'affaire est suivie par un juge d'instruction. À la mi-février, les avocats ont bon espoir de faire sortir les deux jeunes gens des griffes du système pénitentiaire.

« Enfin on nous a dit qu'on le relâcherait, que nous devions aller le chercher à la Conciergerie, reprend Jenny. Nous avons pris le premier métro, ma mère et moi, et nous sommes arrivées à la prison. La mère de Robert Canou était là aussi. Nous avons attendu toutes les trois, attendu des heures la sortie promise, au milieu des prostituées arrêtées dans la nuit. Aucun des deux n'est apparu. Le bruit courait qu'on allait les mettre dans une maison de récupération à Poissy. Nous avons téléphoné à l'avocat, qui est arrivé et nous a intimé l'ordre de rentrer chez nous. »

Marie et Jenny rentrent donc, la mort dans l'âme et, à trois heures de l'après-midi, reçoivent un coup de téléphone de Marcel, du métro Pasteur :

— Jenny, viens me chercher. Je suis couvert de poux. Je ne peux pas rentrer comme ça.

Sa sœur va le chercher et on le plonge dans un bain.

D'après Jenny, troisième coup de baraka pour mon jeune oncle. Non seulement le directeur de la prison de Fresnes, mais aussi le juge d'instruction qui a instruit le dossier ont, selon elle, des « sympathies » pour la Résistance naissante et ses jeunes protagonistes, « terroristes ».

On sent chez Jenny comme une pointe de rancœur à l'égard de la « baraka » de Marcel, comparée à la tragique malchance de Kiko. Mais qui était vraiment ce Marcel Amon, le petit frère qui avait fait tant d'ombrage à Jenny, le chouchou de Marie, le fils du fils aîné des Amon et de la fille aînée des Benveniste, dont la bar mitsvah avait été l'un des grands moments de la famille dans les années trente ? Le portrait qu'en fait Jenny est une vision incomplète. Pour suivre ses traces ne restent que des bribes dans la biographie excentrique de celui qui fut l'icône de mon enfance, mystérieuse tête de Janus à deux faces, celle d'un héros, celle d'un imposteur.

D'après sa sœur, un tempérament frondeur, subversif, qui n'en fait qu'à sa tête, elle dit de lui qu'il est une « tête brûlée ». Idolâtré par une génitrice possessive. Entré en adolescence avec la déclaration de guerre. Il est courageux, d'un courage qui, selon Jenny, « frise l'inconscience ». Surtout, il a le goût du canular, des détails qu'on invente pour transformer et embellir une réalité glauque ou simplement triviale. Ses parents, issus de l'Orient juif et qui ont fait un saut de plusieurs siècles en une seule génération, il les trouve conventionnels et rigides, mais ne les heurte jamais de front. Il préfère occulter ce qui les dérange et leur servir des fables, qui les rassurent et les calment. Moyennant quoi le jeune homme transgresse toutes les conventions et n'hésite pas à se mettre en danger, en une époque de violence et de démesure, une époque qui convient aux caractères de sa trempe.

Car il est bien de sa génération, ce jeune Marcel qui ressemble aux enfants terribles de Cocteau ou aux personnages du théâtre de Sartre. Justement, il a rencontré sa Jessica. Elle s'appelle Rolande L. Une très jolie brune aux yeux verts, taille de guêpe… comme dans la chanson. Issue de la petite bourgeoisie catholique, et rebelle, elle aussi, elle vient d'une famille qui veut imposer ses normes. Marcel et Rolande en 1940, c'est Bonnie and Clyde à Paris, des amoureux qui n'ont pas froid aux yeux, qui vont aux manifs interdites par l'occupant, qui se pelotent sur les bancs publics au nez et à la barbe des Allemands et qui – peut-être – posent des bombes sur des rails et mitraillent des officiers à l'uniforme vert-de-gris.

Rolande, il l'a rencontrée chez ses cousins, Marc et Renée Amon, les enfants d'un frère de Saby. Mais il n'a pas soufflé mot de son existence à sa famille proche. Et Jenny ne sait pas encore qui est cette jeune femme, au moment où elle prévient les cousins.

Ce qu'elle sait en revanche, c'est que son petit frère s'intéresse ardemment à la musique et qu'il « compose ». Marcel et son beau-frère Jacques, le violoniste de Sofia, se rejoignent dans cette passion. Tous deux, inconditionnels de Yehudi Menuhin, avant-guerre étaient allés à l'Opéra écouter Munch.

C'est Marcel qui a imposé le changement de vocabulaire au reste de la famille.

— On ne dira plus « Juif », a-t-il suggéré. On dira « musicien ». Ça sonne mieux.

Jenny donne donc l'alerte au cousin Marc afin qu'il prévienne la jeune Rolande dont elle ne sait rien. Et certainement pas que Marc est engagé lui aussi jusqu'au cou aux Éclaireurs israélites de France, dans une autre forme de résistance.

En attendant, il faut trouver une solution pour mettre l'enfant terrible à l'abri en zone libre. Dès le printemps, le concierge de la rue Pérignon, M. Charles, homme de confiance dûment mandaté et payé, fait passer la ligne de démarcation au jeune résistant à partir de Jarnac, ville frontière entre zone libre et zone occupée, où M. Charles a un contact.

— Ainsi, monsieur Charles, vous l'avez bien conduit jusqu'à Lyon et il est à présent en lieu sûr ?

— Ils sont en lieu sûr, monsieur Amon, tous les deux, votre fils… et mademoiselle Rolande.

Saby et Marie, une fois de plus, tombent des nues. « Mademoiselle Rolande » n'était pas prévue au programme du voyage. Quant à la famille de la demoiselle, elle le prend plus mal encore et menace le père de l'impétrant – juif de surcroît – de plainte pour détournement de mineure si la jeune fille ne regagne pas immédiatement ses foyers en zone occupée. Marcel, avec sa Rolande, aura franchi la ligne avant la date de la deuxième partie de son bachot, qu'il ne repassera plus.

Quatrième chance du préféré de Marie : il ne connaîtra pas le sort de ses condisciples, les lycéens martyrs qui seront fusillés moins de deux ans plus tard.

Du côté de Buffon : les Cinq, les Sept et les armes de la colère

Pour Marcel et les autres lycéens de Buffon, tout a commencé à la rentrée 1940 durant le cours d'un professeur très déterminé. Dès l'été en effet, Raymond Burgard a couvert les casernes allemandes de « Vive de Gaulle » et, dès le 20 septembre, a fondé, avec des amis, un groupe de résistance et le journal *Valmy*. Alsacien d'origine, intellectuel chrétien et humaniste, il s'était déjà engagé avant-guerre dans le mouvement catholique de gauche Jeune République. Dans son cours et dans son journal, le professeur appelle « à secouer les chaînes, à ne pas être un peuple de chiens courants, à ne pas lécher les bottes prussiennes ». Et les élèves affluent, les siens et ceux d'autres classes, attirés par le bouche-à-oreille. Parmi eux, Marcel Amon et les Cinq, soit Lucien Legros, Pierre Benoit, Pierre Grelot, Jacques Baudry, Jean-Marie Arthus.

La subversion de ces débuts de résistance consiste à chahuter les cours des professeurs soupçonnés de vichysme – Marcel et ses amis ne s'en font pas faute – ou à glisser un tract entre les pages d'un livre feuilleté chez Gibert. Marcel, plus souvent qu'à son tour, va distribuer les pamphlets du Front national au quartier Latin, partout, y compris dans les cafés. Pendant qu'un camarade jette ses libelles au café Cluny, en commençant par le premier étage, les frères Benoit lancent les leurs de la plateforme d'un autobus qui descend le boulevard Saint-Michel. Marcel à vélo est chargé de faire diversion.

À cette époque aussi, les premiers actes de sabotage sont perpétrés : coupure de câbles téléphoniques et télégraphiques, destruction du matériel de l'armée d'Occupation. Ces attentats directs contre l'occupant seront suivis de beaucoup d'autres.

Le 11 mai 1941, Marcel, Rolande, Marc Amon et tous leurs amis de Buffon sont là devant la statue de Jeanne d'Arc, place des Pyramides. Le professeur Raymond Burgard entonne le premier *La Marseillaise*, strictement interdite par l'occupant. Les jeunes reprennent en chœur, au nez et à la barbe des Allemands.

Le Front national, auquel Marcel Amon reconnaîtra appartenir, a été lancé par un manifeste du Parti communiste le 27 mai 1941, en tant que « Front national de l'indépendance de la France ». Son appel s'adresse à « tous ceux qui veulent agir en Français, » excluant « les capitulards et les traîtres », contre l'« oppression nationale ».

Mais c'est surtout après l'invasion de l'Union soviétique par les Allemands, l'été 1941, que les jeunes communistes français s'organisent pour attaquer l'occupant. Le 13 août se déroule une nouvelle manifestation, dans le quartier de la République à Paris. Le porte-drapeau n'en est autre que Pierre Daix et l'organisateur Pierre Georges, qui sera connu plus tard sous le pseudonyme du Colonel Fabien. Ce jour-là, la police fait appel aux Allemands qui ouvrent le feu et arrêtent des manifestants. Deux d'entre eux, dont le surnommé Titi, sont condamnés à mort et exécutés le 19 août dans les bois de Verrières, près du Plessis-Robinson.

Fabien, l'organisateur de la manifestation, a vingt ans. Un ancien des Brigades internationales, qui n'a pas froid aux yeux. Il jure de les venger. Le matin du 21 août 1941, il est sur le quai du métro Barbès avec trois camarades chargés de le protéger. L'un deux racontera les détails à Marcel :

— À ce moment, un jeune officier, casquette et costume bleu marine, descend sur le quai. Fabien me confie : « C'est celui-là qui va payer. » La rame entre en gare et le wagon de première classe s'immobilise devant nous. L'officier monte aussitôt et Fabien lui tire alors dans le dos deux balles de 6.35. Fabien se précipite vers l'escalier de sortie. « Titi est vengé ! » s'écrie-t-il simplement.

Les manifestations sont encore possibles. Le 8 novembre, Marcel prend part à la protestation étudiante et lycéenne contre l'arrestation du professeur communiste Pierre Langevin.

Trois jours plus tard, il répond à l'appel du général de Gaulle qui depuis Londres invite les Français à fleurir la tombe du Soldat inconnu. La foule est nombreuse et on peut entendre le cri de ralliement :

— À nous, Buffon !

Cette fois, la police française organise le début de la répression, bientôt secondée par l'armée allemande. Douze élèves du lycée Buffon sont arrêtés dont le camarade de Marcel, Pierre Daix, qui purge sa première condamnation à la Santé. Parmi les manifestants ou détenus relaxés se trouvent des membres du groupe des Cinq, un Juif de Salonique ouvrier métallurgiste qui, le premier, a abattu des officiers allemands, rue Lafayette, ainsi que Tony Bloncourt qui fait partie du groupe des Sept, jeunes résistants du 11e arrondissement. Ce dernier sera mentionné dans le dossier de Marcel comme « terroriste récemment arrêté », à qui Daix aurait fourni une « fausse carte d'identité ».

En décembre, certains des professeurs de Marcel, Lévy, Dreyfus et Cahen sont rayés des cadres du lycée Buffon. Un Irlandais, recruté par Raymond Burgard dans son réseau de résistance, échappe de justesse à la Gestapo. Il s'appelle Samuel Beckett. C'est pendant cet hiver-là que les lycéens, dont Marcel, se fédèrent. Pierre Benoit recrute Pierre Grelot. Lucien Legros recrute Jean-Marie Arthus. Ils adhèrent tous les quatre au Front national, dont Jacques Baudry est déjà un membre actif.

Marcel et son complice Robert Canou, arrêtés en janvier 1942, passeront, eux, miraculeusement entre les mailles du filet.

Tony Bloncourt et le groupe des Sept n'auront pas la même chance. Le 4 mars 1942, deux mois après la relaxe de Marcel Amon, s'ouvre, dans une salle de la Chambre des députés, un simulacre de procès public : « Sept terroristes rouges jugés publiquement par le conseil de guerre de Paris ». Le parquet les rend responsables des exécutions d'otages, ordonnées par le commandant en chef allemand. Les sept jeunes gens sont condamnés à mort « comme francs-tireurs et pour s'être livrés de concert à des actes de violence répétés contre l'armée allemande et les membres de celle-ci ». L'avis est signé par le commandant en chef du Grand Paris.

Marcel a déjà pris le large en zone libre quand ses amis du groupe des Cinq plongent dans la clandestinité à partir de l'arrestation par la Gestapo de leur professeur, Raymond Burgard, en avril 1942. Condamné par un tribunal allemand, ce dernier sera plus tard décapité à la hache dans la cour de la prison de Cologne.

Les Cinq passent alors à la lutte armée. Ils abattent un officier allemand quai Malaquais, en attaquent un autre rue de Vaugirard, lancent des grenades sur les invités d'une réception à bord d'une vedette sur la Seine. Quatre d'entre eux sont dénoncés, condamnés aux travaux forcés à perpétuité tandis que le dernier, Pierre Benoit, s'acharne seul, multiplie les actions de sabotage de voies ferrées et d'aérodromes avant d'être repris et livré à la Gestapo. Les Cinq repassent en jugement devant le tribunal de la Luftwaffe en octobre et sont condamnés à mort pour « participation à des attentats contre l'armée allemande ».

De ces cinq jeunes gens, Lucien Legros est sans doute le plus proche de Marcel. Il a exactement le même âge, se passionne pour la poésie et la peinture et surtout est un excellent pianiste. Il a probablement sensibilisé son camarade à la musique et exécuté les morceaux que Marcel « composait ».

Aucun d'entre eux n'aura droit à une visite d'adieu. Ils sont tirés à l'aube de leurs cellules et partent en chantant au champ de tir d'Issy-les-Moulineaux, où ils seront fusillés tous les cinq à onze heures du matin le 8 février 1943.

Avant de partir pour leur exécution, ils ont rédigé chacun une lettre d'adieu. Lucien Legros a écrit : « Mes parents chéris, mon frère chéri, je vais être fusillé avec mes camarades. Nous allons mourir, le sourire aux lèvres, car c'est pour le bel idéal. J'ai le sentiment à cette heure d'avoir vécu une vie complète… Reconstruisez une belle famille… Jeudi, j'ai reçu votre splendide colis. J'ai mangé comme un roi. Pendant ces quatre mois, j'ai longuement médité. Mon examen de conscience est positif. Je suis en tous points satisfait. Bonjour à tous, les parents, les amis, je vous serre une dernière fois sur mon cœur[1]. » Le jour de son exécution, Lucien Legros n'a que vingt ans.

À son père, le plus jeune, Jean-Marie Arthus, qui n'a plus de maman, a écrit : « Mon grand chéri, je ne sais si tu t'attendais à me revoir… On nous a appris ce matin que c'était fini. Alors, adieu ! Je sais que c'est un coup très dur pour toi mais j'espère que tu es assez fort et que tu sauras continuer à vivre en gardant confiance en l'avenir. Travaille. Fais cela pour moi, continue les livres que tu voulais écrire, pense que je meurs en Français, pour ma patrie. Je t'embrasse bien. Adieu, mon grand chéri[2]. » Jean-Marie Arthus n'a pas dix-huit ans le jour où il est fusillé. Et un visage d'enfant sur la dernière photo de lui.

Léger bémol à cette mort en majesté, la lecture des interrogatoires des cinq jeunes gens. À la question d'établir qui donnait les ordres et qui obéissait, Jacques Baudry a chargé Pierre Grelot, qui a chargé Pierre Benoit. Mais qui pourrait jeter la pierre à un gamin qui se détourne sous la torture ! Il faut simplement mesurer à quel point ce n'est pas simple et que le bien est fragile.

Paul Éluard était un ami de la famille de Lucien Legros. Le poète a écrit ces quelques vers en hommage aux cinq jeunes fusillés de Buffon :

La nuit qui précéda sa mort
Fut la plus courte de sa vie
L'idée qu'il existait encore
Lui brûlait le sang aux poignets
[…]
C'est tout au fond de cette horreur
Qu'il a commencé à sourire
Il n'avait pas UN *camarade*
Mais des millions et des millions
Pour le venger il le savait
Et le jour se leva pour lui.

1. « Lettre de Lucien Legros », *in La vie à en mourir, Lettres de fusillés, 1941-1944*, éditions Tallandier, 2003.
2. « Lettre de Jean-Marie Arthus », *ibid.*

Destinée. Le plus âgé des Cinq avait vingt et un ans le jour de son exécution. S'ils avaient vécu jusqu'au jour où j'écris cette phrase, Pierre Benoit et Jean-Marie Arthus n'auraient pas même quatre-vingt-dix ans et une vie entière derrière eux. Destinée. Marcel Amon, lui, franchira la ligne de démarcation, ira vers Grenoble et ses réseaux de résistants, vers le Vercors et ses maquisards. Avec ses « compositions » que Lucien exécutait mieux que personne.

Vent printanier

Ce mois de janvier 1942, Marie ne hisse pas de linge au balcon de l'appartement qui fait face au nôtre. Et pour cause. C'est dans le plus grand secret que la Solution finale vient d'être mise en place à la conférence de Wansee. Tout le vocabulaire de la machine de mort est refoulé et remplacé par une terminologie *rose*. Ainsi la programmation de l'anéantissement des Juifs est-elle dénommée « Vent printanier ». « Déportation vers l'Est » est remplacé par « transfert de population », tandis que « salle de douche » se substitue à « chambre à gaz ».

Plus de cinq mille personnes meurent déjà dans le ghetto de Varsovie. Des lieux de souffrance et de mort se mettent à exister dont les noms se murmurent à peine : Belzec, Chelmno, Sobibor, Treblinka, Auschwitz, Birkenau. Pour exterminer dans des camions et aussi dans des chambres aménagées à cet effet, on utilise un gaz, le zyklon B. Dans les territoires russes occupés par la Wehrmacht, on massacre les Juifs par dizaines, bientôt par centaines de milliers.

Jacques et Jenny n'en ont pas encore conscience.

En mars 1942, Saby entend dire qu'un convoi de Juifs déportés depuis Drancy et le camp de Compiègne quitte la France pour Auschwitz. Il y a beaucoup de Français parmi eux. Saby ne répercute pas. Destination « inconnue ». On lui a parlé de mines de sel en Pologne, de camps de travaux forcés en Allemagne. Saby rentre chez lui, dévore les rutabagas qui forment l'ordinaire des repas. Ne dit rien à sa femme.

En ce printemps 1942, une poignée d'hommes tient entre ses mains la vie de Jenny, de Jacques, de moi-même, et de millions d'autres. Laval est revenu au gouvernement de Vichy, René Bousquet est à la Police. Et c'est Jean Leguay qui le représente en zone occupée. Darquier de Pellepoix remplace Xavier Vallat aux Questions juives. En juin, Eichmann vient réclamer à Paris la déportation de *tous* les Juifs de France. Vichy tient à ses nationaux mais cherche à se débarrasser des « indésirables », étrangers des deux zones, en les expédiant à l'Est. Les nazis ont besoin de la police française pour arrêter les Juifs. Donnant-donnant. Les autorités françaises prêtent leur police pour les basses besognes. En échange les Allemands ne touchent pas – pas encore – aux Juifs français.

Querelles de chiffres et de quotas sur le matériel humain. On négocie. On mégote. Heydrich a estimé à onze millions de personnes la totalité du peuple juif. Il s'agit de les faire disparaître. Tous. Y arrivera-t-on ? Pour l'instant, en France, Dannecker en veut cent mille. Les Français en accordent quarante mille en trois mois. Encore faudra-t-il, pour remplir les quotas, relever l'âge limite des femmes juives déportables, de quarante à cinquante-cinq ans. Ces marchands de tapis sont des trafiquants de vies humaines. Ils font du chiffre. Mais pour déporter plus, il faut recenser plus. Et pour recenser, marquer.

À partir du 7 juin 1942, obligation est donc faite à tous les Juifs français, apatrides et étrangers dont les pays d'origine imposent le signe infamant, de porter l'étoile jaune en zone occupée. Ordre est donné aux Juifs de plus de six ans de coudre sur leur vêtement une étoile à six pointes ayant les dimensions de la paume d'une main et des contours sombres. Elle doit être en tissu jaune et porter en caractères noirs l'inscription « Juif ». Elle doit être portée visiblement sur le côté gauche de la poitrine. L'étoile n'est pas gratuite. Il en coûte aux Juifs eux-mêmes un point textile contre trois étoiles au commissariat de police.

Jenny est française. Elle le coud à son vêtement.

Jacques est bulgare. Il est pour le moment dispensé.

J'ai moins de six ans. Je servirai de camouflage. Jenny ne sort plus sans me porter dans ses bras afin que je dissimule la malédiction.

En France, notre sort se joue en juillet 1942.

Jacques et Jenny n'ont plus le droit de faire leurs courses, sauf entre quinze et seize heures, quand il n'y a plus rien dans les magasins.

Ils n'ont plus le droit d'écouter la radio, même celle de l'occupant. La BBC leur manque et ses « Français [qui] parlent aux Français » par la voix de Pierre Dac, martelant : « Radio Paris ment. Radio Paris est allemand. »

Ils n'ont plus le droit d'aller au spectacle. Mais Jenny et Jacques n'ont plus aucune envie de se rendre au cinéma. Pour choisir entre *Le Péril juif* que projette le cinéma Balzac et *Le Juif Süss* qui continue à hanter les écrans ?

S'ils n'étaient pas des parias, ils pourraient aller écouter un de ces concerts publics donnés par les Allemands deux ou trois fois par semaine, au Luxembourg ou au jardin de Paris des Champs-Élysées. Mais Jacques et Jenny n'en ont plus le désir depuis que la Compagnie du chemin de fer métropolitain les relègue dans le dernier wagon, rebaptisé la « synagogue ». Autant que faire se peut, ils ne prennent plus le métro.

Ils n'ont plus le droit de téléphoner. On débranche leurs lignes, les cabines publiques leur sont interdites. Ils n'ont plus le droit d'aller au restaurant, ni au café, ni au cinéma, ni au théâtre, ni au concert, ni au music-hall, ni à la piscine, ni à la plage, ni au musée. Ils n'ont plus le droit de visiter un château, ni une exposition, ni un monument historique. Ils n'ont plus le droit de fréquenter les champs de courses, ni les parcs, ni les campings, ni les stades.

Je n'ai plus le droit de jouer dans les jardins publics, ni, si j'avais l'âge, d'emprunter un livre à la bibliothèque municipale.

Mi-juin 1942, le calendrier des déportations de Juifs étrangers est établi par le gouvernement de Vichy : d'abord la province de zone nord occupée, puis le Grand Paris, enfin la zone sud non occupée. Les nazis voient plus loin. Leur cible : tous les Juifs de France. Sinon la France d'aujourd'hui sera la Pologne de demain. Cette idée fait trembler Pétain qui s'aplatit et s'aplatit encore.

Le 15 juillet au soir, un chiffon blanc apparaît à la fenêtre de Marie et Saby. Jenny attrape sa fille, qui se fait un peu lourde, la plaque sur l'étoile, et file chez ses parents.

— On annonce une rafle de Juifs étrangers pour demain, dit Marie. Saby a vu un tract en yiddish enjoignant aux personnes concernées, Allemands, Autrichiens, Polonais, Tchécoslovaques, Russes et apatrides, de résister par tous les moyens, de barricader leur porte, d'appeler à l'aide, de se battre contre la police. Il n'y a rien à perdre. On les adjure de sauver leur vie, de fuir si nécessaire.

— Ça concerne les immigrés récents, dit Jenny. Pas nous.

— Non, pas nous, répond Marie.

— Leurs hommes, dis donc, ils ont intérêt à se cacher !

C'est ce qu'ils font. Les pères se cachent mais laissent à la maison les femmes et les petits. Les policiers français, ne trouvant pas les pères, embarquent les mères et les enfants. Les raflés sont regroupés d'abord dans des commissariats, des écoles, des garages baptisés « centres primaires de rassemblement » puis au vélodrome d'Hiver pour les familles. L'enfer du Vel d'Hiv dure jusqu'au 22 juillet, c'est-à-dire une semaine.

Que savent Saby et Marie de cette tragédie ? S'ils savent, ils ne parlent pas. Jenny ne se rappelle aucune précision supplémentaire. Ce qui s'est vraiment passé au Vel d'Hiv, elle ne l'a pas su tout de suite. N'a pas non plus voulu le savoir. A fermé ses oreilles aux témoignages, si elle en a eu connaissance.

Pourtant les rumeurs voyagent. À la vitesse de la lumière. Elles imprègnent les bribes de conversations, se glissent dans les interstices des non-dits, passent entre les chuchotements de gens qui ne se connaissent pas mais qui se reconnaissent d'instinct comme les victimes expiatoires de la prochaine fournée.

Jenny entend-elle ces témoignages qui surgiront cinquante ans plus tard et se substituent à ma plume, au moment où je tente d'enfermer dans ces quelques lignes l'abomination de cette année 1942 ?

Une certaine Hélène Berr, par exemple, étudiante, agrégative d'anglais, de cinq ans plus jeune que Jenny. Elle note dans son journal le samedi 18 juillet : « On a emmené des enfants qui se traînaient par terre. À Montmartre, il y a eu tellement d'arrestations que les rues étaient bloquées. Le faubourg Saint-Denis est presque vide. On a séparé les mères des enfants… Dans le quartier de Mlle M., une famille entière, père, mère et cinq enfants se sont suicidés au gaz pour échapper à la rafle. Une femme s'est jetée par la fenêtre. »

Un certain Jacques Bielinski, par exemple. Il note dans une chronique de *L'Univers israélite* que, dans le même temps, près de quatre mille enfants juifs prennent le chemin du Loiret, certains encore accompagnés de leurs parents, d'autres seuls. Ils arrivent du Vel d'Hiv, « les regards affolés, les visages tirés, vieillis, des petites filles bien habillées, et des petits du 20e arrondissement, des chérubins de seize mois et des petits hommes de huit ans ».

Jenny veut-elle savoir que le dernier jour de juillet et les premiers d'août, les mères sont brutalement séparées de leurs enfants et déportées, qu'on statue que les petits ne doivent pas s'en aller dans les mêmes convois que leurs parents mais être gardés dans le camp, en attendant les trains d'enfants ? Que, fin août, il ne reste presque plus personne dans les camps de Pithiviers et Beaune-la-Rolande ? Que les parents sont emmenés début août à Auschwitz ? Qu'en quelques jours, la tête rasée, après une fouille minutieuse et brutale, des petits sont envoyés eux aussi vers une « destination inconnue » ? Tout seuls ? Qu'une certaine Édith Thomas, archiviste, journaliste et résistante, regarde passer le convoi et l'évoque ainsi : « En tête, un wagon contenait des gendarmes français et des soldats allemands ? Puis venaient des wagons à bestiaux. Plombés. Des bras maigres d'enfants se cramponnaient aux barreaux. Une main au-dehors s'agitait comme une feuille dans la tempête. Quand le train a ralenti, des voix ont crié : "Maman !" Rien n'a répondu, que le grincement des essieux. »

Reste un mot, unique, qu'un certain déporté du nom de Georges Kohn note sur son carnet de Drancy : « Pitié. » La pitié, ce mot dévalué, n'a sauvé aucun de ces petits qui viennent d'être déportés de France en cet été 1942. Pas un d'entre eux ne reviendra.

Pour moi, Michou, ce que cela signifie, je le comprendrai bien plus tard. Cela veut dire que des enfants qui comme moi sont juifs et n'ont peut-être pas trois ans sont arrachés à leurs parents et jetés dans des wagons à bestiaux qui roulent vers des abattoirs. Et que seule une naissance en Bretagne par hasard et un petit carnet de papier nommé « passeport », obtenu par mon grand-père vingt ans auparavant, me séparent – *provisoirement* – de la destinée des enfants du Vel d'Hiv.

Pour Jenny, c'est ce « provisoirement » qui va déterminer dorénavant les stratégies de survie.

Dans l'autre camp, celui des responsables français, c'est un dilemme bureaucratique : que faire des enfants si on rafle les parents ? Que faire des petits indésirables qui n'ont pas été inclus par les Allemands dans les premiers convois de la déportation ? Que faire de moi plus tard quand mon père, puis ma mère et tous les autres y seront passés ? L'arrachement public des enfants à leurs parents fait désordre. Et les autorités craignent l'effet des séparations déchirantes sur l'opinion.

Lors de l'évacuation des familles juives de la zone non occupée, Laval répond à Dannecker :

— Qu'on emmène aussi les enfants de moins de seize ans !

— Et les enfants juifs qui restent en zone occupée ?

— La question ne m'intéresse pas !

Quant à Eichmann, il consent par téléphone puis par télex à ce que « les enfants de Juifs apatrides soient déportés dans des proportions adéquates ».

Et désormais les convois d'enfants roulent vers l'Est, dans l'indifférence ou la méconnaissance générale.

Laval sait-il mieux que Jenny ce que signifie cette « destination inconnue » ? Sa réponse figure dans une entrevue avec le pasteur Boegner que ce dernier rapporte ainsi : « Que pouvais-je obtenir d'un homme à qui les Allemands avaient fait croire – ou qui faisait semblant de croire – que les Juifs emmenés de France allaient en Pologne du Sud pour cultiver les terres de l'État juif, que l'Allemagne affirmait vouloir constituer. Je lui parlais de massacre, il me répondait jardinage. »

Certains catholiques pourtant comprennent tout de suite. Et Mme Troublé, qui habite le quatrième étage du 8, rue César-Franck, l'appartement au-dessous de chez nous, prévient Jenny la première fois qu'elle la rencontre dans l'ascenseur, portant l'étoile :

— Si on vient vous prendre, mettez la petite sur notre paillasson du palier de service.

Au milieu de ces milliers d'enfants de toute l'Europe qui seront massacrés et dont s'égrènent aujourd'hui les noms, dans une salle obscure du musée de Yad Vashem, je retiens le visage de celui qui fut mon premier fiancé. Ou plutôt c'est Jenny qui a retenu son visage et me l'a transmis. Il avait cinq ans et moi deux.

« Il voulait absolument t'épouser, se souvient Jenny, mais à condition que sa maman t'apprenne à faire la cuisine, car il aimait tellement les *borekas*. »

Déporté avec ta mère en 1943. Gazé, j'espère très vite, toi, mon petit fiancé qui aimais tant les *borekitas*. Tu n'as jamais eu de visage adulte et Jenny, dans un surprenant trou de mémoire, n'a pas pu se souvenir de ton nom. N'importe… au milieu du million d'autres, c'est toi que je veux chanter.

En ces temps de troubles, je suis encore dans l'appartement de la rue César-Franck avec mon père et ma mère. J'ignore la chance que j'ai. Le tract en yiddish, avant la rafle du Vel d'Hiv, se terminait ainsi : « Chaque Juif libre et vivant est une victoire sur notre ennemi ; il ne doit pas, il n'a pas le droit, il ne permettra pas notre extermination. »

En cette fin d'été 1942, je suis toujours vivante.

La rafle des Bulgares

14 septembre 1942. Deux policiers français se présentent au 8 de la rue César-Franck, flanqués de la concierge, Mme Chaliès, pour arrêter le Juif bulgare Benrey. Ils sonnent et resonnent. La porte reste close. Et pour cause, il n'y a personne dans l'appartement.

— Il ne s'en tirera pas à si bon compte. Nous reviendrons demain.

« Pour nous, le glas a sonné ce matin-là où des inspecteurs français sont venus chercher Jacques, raconte Jenny. Par un miracle inouï, nous avions pu être prévenus qu'on prendrait les Bulgares.

» La veille au soir, il y avait eu des rumeurs effroyables sur des rafles de Juifs étrangers. Mais lesquels ? On embarquait par nationalités. Au Vel d'Hiv, on avait pris surtout les apatrides et les Polonais. Nous n'avions plus aucune communication. Ni radio ni téléphone. Et le couvre-feu. Implacable.

» Or il se trouvait que ma tante Nelly, qui avait la nationalité grecque, avait gardé son téléphone. Et la tante Eda aussi. Ne me demande pas qui était la tante Eda mais qu'elle soit bénie ! Le fils de la tante Eda avait entendu dire que le lendemain, on prendrait les Bulgares et la tante a cherché qui, dans son entourage, avait la nationalité bulgare. La plupart des Juifs bulgares étaient des cousins judéo-espagnols. Elle a pensé à Jacques. Elle a appelé Nelly vers sept heures du soir, en plein couvre-feu. Nelly habitait près du Champ-de-Mars. Elle a hésité à envoyer son fils, à peine adolescent, donner l'alerte et risquer de se faire embarquer. Mais le jeune garçon a insisté : “Il faut prévenir le cousin Jacques. En vélo, je n'en ai pas pour longtemps.”

» Il est parti en trombe chez sa tante Marie, rue Pérignon, et a eu le temps de faire savoir : “Demain, on prend les Bulgares.”

» Et il est reparti à toute allure.

» Alors Marie s'est mise à sa fenêtre. Elle a accroché son linge blanc et elle a fait “Hou hou”.

» Tu dormais. Alors je t'ai réveillée, t'ai prise dans mes bras, toujours à la place de l'étoile. Et nous avons traversé la rue tous les trois pour aller coucher chez mes parents, en prévenant la concierge, Mme Chaliès. Bien entendu, nous n'avons pas fermé l'œil de la nuit.

» Et le lendemain, à sept heures du matin, Mme Chaliès a traversé la rue à son tour. Elle est arrivée rue Pérignon en disant : "*Ils* sont venus !"

» Nous étions plus morts que vifs, et nous avons commencé à discuter des mesures à prendre, quand il y a eu un autre coup de sonnette : Mme Chaliès à nouveau. Cette fois avec le patron de Jacques à Angoulême, M. Blois. Ils avaient rendez-vous ce matin-là chez nous pour parler affaires, puisque Jacques avait continué à travailler pour lui. Au début, la concierge l'avait pris pour un autre inspecteur. Puis elle avait compris qui il était, et lui avait fait traverser la rue. Robert Blois était un très brave homme et un gros bonnet de la ville d'Angoulême, à la tête de l'Union française et de la SFEC de Limoges, usines de produits chimiques et de phosphates. Jacques représentait leurs produits contre le mildiou des vignes de Dordogne, la bouillie bordelaise de Sarlat et les engrais Dauby de Normandie. D'abord surpris, il a vite dominé la situation : "Je vais faire le nécessaire. Je rentre immédiatement à Angoulême. Planquez-vous tout de suite en attendant. Vous ne pouvez pas rester ici."

» Jacques est parti se cacher avenue de Breteuil, dans la cachette de Clément S. qui, après avoir logé chez nous, était parti dans le Midi, en zone libre, et nous avait laissé ses clefs. Il n'y avait bien sûr ni électricité ni eau mais Marie, avec mille précautions, a réussi à lui apporter à boire et à manger. Il est resté terré là pendant plusieurs jours.

» Quant à moi, le soir, je suis rentrée à la maison avec toi, ma petite fille… pour sauver les meubles… Oui, dans la gueule du loup ! Mais nous ne risquions rien ni l'une ni l'autre. Nous étions françaises. Et puis Annie, Annie ma redoutable nounou d'autrefois, était venue dormir avec moi pour me donner du courage. Et on avait tout combiné ensemble.

» Les inspecteurs ont sonné à l'aube… et moi je suis sortie de mon lit avec ma robe de chambre où l'on n'avait pas besoin de mettre l'étoile… et j'ai commencé à hurler à travers la porte comme si c'était mon mari qui rentrait de goguette : “Menteur… traître… Tu n'as pas honte de rentrer à cette heure. Et devant ton enfant ! Non, je ne t'ouvrirai pas… et ce n'est pas la première fois… je ne te pardonnerai jamais… tu entends… Jamais ! Ne t'avise pas de revenir… espèce de…”

» Et j'ai continué la comédie pendant un bon moment. Jusqu'à ce qu'ils menacent au milieu de mes cris d'enfoncer la porte et que je me résolve à leur ouvrir. “Calmez-vous, madame. Pouvez-vous nous dire où est votre mari ?” J'ai continué le cirque. Je ne savais pas où il était. Avec sa gourgandine, bien sûr. Et j'ai recommencé… jusqu'à ce qu'ils se lassent.

» L'inspecteur, bien français, avait des yeux glauques de limande. Son collègue se tenait à ses côtés, en imperméable sombre, glacé comme lui. La brave Mme Chaliès avait tenu à les accompagner.

» Pendant qu'ils descendaient, elle leur a demandé avec candeur : “Mais pourquoi voulez-vous arrêter ces gens qui sont si gentils ? Ils ne vous ont rien fait.” L'inspecteur aux yeux de limande l'a regardée. “Si vous aimez ces gens, dites-leur qu'on leur prendra *tout* et qu'on les prendra *tous*.”

» J'ai encore dormi là deux ou trois nuits. Entre-temps, M. Giraud, l'employé de Blois, nous a apporté deux vraies-fausses cartes d'identité, au nom de Bourinet, Fernand et Germaine Bourinet.

— Et moi ?

— Toi, tu étais Michèle Bourinet, notre fille. Mais tu n'étais pas sur les papiers car les vrais Bourinet n'avaient pas d'enfant. J'ai essayé de t'apprendre ton nouveau nom mais tu voulais continuer à t'appeler Michèle Benrey. Et tu le clamais sur tous les tons, ce qui a failli nous faire prendre. Quant à Jacques, il est parti directement avec Giraud pour

Angoulême. Il n'a pas même eu le temps d'embrasser ses parents. »

Jenny croit qu'en occupant son appartement, elle le protège des scellés. Et aussi que notre précieuse nationalité française, à elle et moi, est un rempart contre l'arrestation. Certes, à cette époque encore, il vaut mieux être français que bulgare. Cela changera bientôt. C'est déjà en train de changer. Mais la communication se déplace à la vitesse d'une étoile morte. Pas à celle de la lumière. Alors qu'avoir un train de retard pouvait vous coûter pire que la vie.

« Et puis un soir, reprend Jenny, cela allait très mal et on murmurait qu'il y aurait de grandes rafles le lendemain matin. Alors j'ai couché dans la chambre de bonne de la rue Pérignon avec toi. Et toi, tu as eu envie de faire pipi, ce qui était dangereux parce qu'on entendait tout. Là, j'ai pris peur et j'ai décidé de partir rejoindre mon mari avec nos faux papiers, puisque je ne pouvais pas voyager sous mon vrai nom et avec mon étoile.

» Avant cela, j'ai prévenu mes beaux-parents, qui vivaient toujours rue Thimonnier. Ils ont accouru, la veille de notre départ. Ils voulaient tellement embrasser leur petite-fille, te revoir… Comme s'ils avaient eu… le pressentiment…

» *Nonamali* n'arrêtait pas de te caresser, de te faire sauter sur ses genoux. Et puis soudain, elle a retiré de son doigt sa bague de fiançailles, avec un petit diamant, qu'elle portait toujours. "Ça, c'est pour Michou. Je veux qu'elle soit pour Michou. — Mais elle est trop petite. Et surtout vous pouvez en avoir besoin."

» Elle a regardé Moïse, qui a acquiescé. "Prends-la, Jenny. Elle sera pour Michou. Nous insistons tous les deux."

» Où est passée la bague ? Franchement, je ne sais plus. Perdue ! Ou vendue… Il a fallu que je t'arrache à leurs bras. Ma belle-mère sanglotait. Et même Moïse pleurait doucement. Je ne valais pas mieux. Mais il fallait trancher. »

Le lendemain, la fidèle Mme Chaliès, Michèle et Germaine Bourinet se préparent à prendre le train pour Angoulême. Jenny abandonne l'étoile jaune à Paris, puisqu'elle n'est pas requise en zone libre. C'est son premier pas en dehors de la légalité. Ne pas porter le signe expose à l'arrestation immédiate mais la fausse carte d'identité sert de viatique protecteur. Jenny empile quelques affaires personnelles – photos, lettres et documents, avec les carnets de notes du lycée Victor-Duruy, contenant les appréciations de Blanche Maurel – et la coupelle en argent ciselé, héritage de Salonique, qu'elle ne veut pas risquer de perdre ou de vendre, dans les deux chambres de bonnes de Mme Chaliès au septième étage du 8, rue César-Franck. Le reste est laissé dans l'appartement à la disposition de l'occupant allemand et de ses collaborateurs français, mais toujours à la grâce de l'ange gardienne.

Dès que Jenny a eu tourné le dos, des scellés sont apposés sur la porte de l'appartement. Et Jacques, Jenny et Michou deviennent des « bêtes traquées », comme dit un rapport de 1942. Une ordonnance de fin 1941 exige des personnes juives ou non juives qui hébergeraient des Juifs d'en faire la déclaration au commissariat de police dans un délai de vingt-quatre heures. Demeurer chez elles les expose eux à des représailles. Rentrer chez soi est impossible. Jacques et Jenny en cavale continuent néanmoins à payer leur loyer. Même quand ils n'ont plus d'argent pour de nouvelles cachettes.

Dans le train, il n'y a aucune place assise. Les deux femmes voyagent donc debout, Mme Chaliès me tenant dans ses bras. À la gare d'Angoulême, Jenny sort d'un côté, Mme Chaliès et moi de l'autre. Il a été entendu que si Jenny était arrêtée, Mme Chaliès prendrait le train de retour avec moi. On ne demande de papiers ni à l'une ni aux autres et elles se rejoignent à la sortie de la gare. Jenny embrasse Sophie Chaliès avec une effusion contenue et celle-ci entre dans la salle d'attente pour espérer son train de nuit.

Destinée. L'histoire retiendra que ce même 14 septembre 1942, la police française a raflé un peu plus de deux cents Juifs de nationalité bulgare, mais aussi lettone, lituanienne, estonienne, yougoslave et néerlandaise. Si Jacques avait été pris le 14 septembre ou le lendemain par les deux inspecteurs français venus le chercher, il aurait été déporté deux jours plus tard, le 16 septembre, puis gazé le 18 à Auschwitz, en même temps que les deux cent huit autres, que la tante Eda n'avait pas pu prévenir.

Une enfant vivante contre un lièvre mort...

« De la gare d'Angoulême, où personne n'était prévenu, nous avons cheminé toutes les deux jusqu'à la rue de Bellegarde où se trouvait le bureau de M. Blois, poursuit Jenny. J'avais une valise très lourde, alors je t'ai demandé de marcher. Tu avais presque trois ans. Tu n'as pas rechigné devant la petite grimpette. Je voulais éviter l'autobus à cause des contrôles de papiers. Nous sommes arrivées presque à la fermeture mais heureusement M. Giraud, second de Blois, n'était pas parti. Il s'est montré étonné de nous voir. Ce n'était pas prévu et l'arrivée d'une femme et d'un enfant compliquait les choses. Mais il a appelé Jacques tout de suite. Nous sommes tombés dans les bras les uns des autres. Une fois de plus tous les trois. Vivants ! »

Un souvenir ancien, archaïque, dont je ne saurais dire s'il est réel ou recomposé, se lève en moi au dernier récit de

Jenny : une espèce de Neptune à la barbe poivre et sel, une divinité païenne dotée de la bonhomie d'un Père Noël, qui me lance en l'air et me rattrape avec un rire tonitruant. Est-ce M. Giraud cet aimable géant qui joue si bien avec moi ?

Pendant que je rêve à Giraud, Jenny évoque l'autre divinité en forme de petite dame, toute ronde, avec une verrue ornée d'un poil au coin de la bouche : Mme Chaliès, autre Française « de souche », qui n'hésite pas une minute à se mettre en péril pour nous alors qu'elle n'est menacée de rien. « Elle était auvergnate, s'attendrit Jenny, du Cantal exactement, charbonnière de son état et femme de bougnat. Ils avaient eu une fille qui s'appelait Lucie et qui était morte, les laissant inconsolables. Et ils étaient partis à Paris pratiquer leur métier et elle avait pris cette loge de concierge. Oui, elle était croyante. Mais surtout généreuse… Et elle nous aimait vraiment. Elle disait toujours à Jacques : "C'est une perle votre dame. Une perle !"

» À Angoulême, tout allait plutôt mal. Mais nous étions ensemble. Nous logions, comme Giraud lui-même, dans la maison d'une amie de Robert Blois. La chambre où nous dormions avait été réquisitionnée par des soldats allemands, momentanément en manœuvres mais qui pouvaient revenir d'un moment à l'autre. Il fallait faire vite. Mais nous y étions encore le 10 octobre 1942. Pour notre anniversaire de mariage, nous avons même eu du lapin dans le petit restaurant d'à côté. Un lapin ! Peut-on imaginer cela ? Du civet de lapin un 10 octobre 1942 ! »

Jenny, tout à ses élucubrations gastronomiques, s'extasie sur son lapin, qui est peut-être du chat, alors qu'à tout moment les Allemands peuvent surgir dans la chambre. Pour trivial, pour futile que cela puisse paraître, ce 10 octobre 1942 peut se résumer dans le journal imaginaire de Jenny et Jacques Benrey, alias Bourinet, par : « C'est notre anniversaire de mariage et nous avons mangé du civet de lapin. » Mais cette fixation s'explique peut-être par l'épisode qui va suivre, où il est question d'un lapin – ou d'un lièvre sauveur.

Jacques et Jenny se rendent-ils compte de la chance que représente pour eux la générosité du franc-maçon Robert Blois, qui a fait passer la ligne à plus d'un clandestin gracieusement et gratuitement, tandis que les passeurs professionnels se remplissent les poches et que depuis l'été, le prix du franchissement de la ligne a été multiplié de douze à vingt fois ? L'échec ou la trahison signifie le pire. Un peu plus tôt, le 6 août, quatre cent quarante hommes, femmes, enfants et vieillards, arrêtés alors qu'ils tentent de franchir la ligne, sont envoyés directement de Poitiers à Drancy, et après vers la « destination inconnue ».

« M. Blois a mis trois semaines pour établir les faux laissez-passer, se souvient Jenny. Il connaissait le maire d'Écuras, qui se trouvait dans la bienheureuse zone libre, de l'autre côté de la Vienne, et qui l'a signé. Les vrais Bourinet charentais, originaires du petit village, étaient censés devoir visiter leurs terres du côté d'Écuras. Et nous, les faux Bourinet, nous voilà partis dans la voiture à gazogène de notre bienfaiteur Robert Blois, une Hotchkiss noire à capot blanc. À La Rochefoucauld, premier poste-frontière coupé en deux par la ligne, la sentinelle allemande a examiné les *Ausweis*, le blanc renouvelable de Robert Blois qui avait ses affaires à Limoges, et le nôtre, qui était jaune, pour un seul voyage. Avec suspicion. Puis il a regardé à l'intérieur de la voiture. Et il a vu une petite fille d'à peine trois ans, assise sur mes genoux. “*Nein !* L'enfant… pas sur papiers.”

» Blois a insisté. Rien à faire ! Nous sommes donc retournés à la case départ, le cœur en berne. Mais Robert Blois, grand chasseur dans sa propriété familiale de Pontauroux, et adjudicataire de la forêt de la Braconne, n'était pas homme à se décourager. “Je connais une autre sentinelle qui adore le gibier. Je lui promettrai un lapin ou un lièvre. Il est amateur.”

» Le soldat polonais de Chazelles, humainement glouton, a mordu à l'hameçon. Et nous sommes passés avec toi en zone sud, contrôlée non plus par les nazis du Reich mais par le gouvernement de Pétain. Pendant le court voyage, M. Blois a trompé notre angoisse en bavardant avec bonhomie, expliquant comment cette démarcation arbitraire coupait en deux certaines exploitations agricoles, et même certains champs. La commune de La Rochefoucauld était traversée par la ligne, et séparée de sa mairie. Le cimetière de Chazelles, en zone occupée se trouvait, lui, en zone libre. Une famille de fermiers de Bouëx, qu'il connaissait bien, guidait aussi les clandestins à travers bois sur leur propre terrain qui relevait des deux zones et les remettait à un oncle, maire d'un village voisin.

» Une fois de l'autre côté de la ligne, nous avons étreint M. Blois, incapables de lui exprimer l'immensité de la gratitude que nous ressentions. Lui plaisantait, racontant d'autres passages. C'est dans le filtre du gazogène qu'il cachait les bas de soie de ses passagères. Au dernier franchissement, il avait dissimulé des bijoux en or et des louis dans la chaudière. À l'arrivée, tout l'or avait fondu. »

Jenny se tait. Et je mesure le réseau de solidarités qu'il a fallu pour sauver la vie de la petite fille que j'étais : la tante Eda et son fils, la tante Nelly et son fils, la concierge Sophie Chaliès, paysanne auvergnate, Annie, employée de maison des Amon dans les années trente, MM. Blois et Giraud, notables d'Angoulême, leur amie la dame logeuse d'Angoulême, le maire d'Écuras, les vrais Bourinet. Doit-on y ajouter la sentinelle germano-polonaise qui aimait le gibier, les deux inspecteurs français qui avaient peut-être fait semblant de croire au boniment de Jenny et n'ont pas fait de zèle en ne nous embarquant pas ? Et en supplément, Mme Troublé, la dame catéchiste du quatrième qui était prête à m'adopter ?

L'histoire retiendra que la ligne de démarcation, cette « blessure du pays », comme de Gaulle l'a appelée plus tard, découpait la France en plusieurs zones, séparées par cette frontière longue de mille deux cents kilomètres, entre territoire espagnol et nord-est du pays. À vingt kilomètres à l'est d'Angoulême, elle passait par la forêt de la Braconne, certainement très giboyeuse, et coupait du nord au sud la Charente, sur laquelle il y avait au total quatorze points de passage contrôlés par les Allemands. Sur ces quatorze-là, nous avions échoué à La Rochefoucauld, mais réussi à Chazelles.

Destinée. Jenny n'a jamais su que dans la nuit du 8 ou 9 octobre, alors qu'elle se repose avec son mari et sa fille dans la chambre réquisitionnée, à leur tour quatre cent vingt-deux Juifs étrangers sont arrêtés en Dordogne et en Charente occupée, qu'ils sont rassemblés dans la salle philharmonique, l'école maternelle attenante et la maison des œuvres, rue Fénelon, qu'ils quittent Angoulême pour Drancy le 15 octobre puis que les 4 et 6 novembre ils sont déportés vers l'Est en wagons plombés.

Quant à la petite histoire, la mienne, elle retiendra que, sur la promesse d'un chasseur, l'enfant vivante que je suis a été échangée contre un lièvre mort de la forêt de la Braconne. Que cette enfant passe ainsi la ligne qui sépare la zone occupée de la zone « nono », non occupée. Et que, par là même, elle se rapproche d'une chance supplémentaire de survie. Le tracé de la ligne de démarcation, plus encore que toute autre limite, relève de l'aléatoire. Son passage, non moins arbitraire, est à l'origine de ma survie.

L'arrestation manquée de mon père et notre arrivée en zone libre constituent pour Jenny et Jacques une initiation à l'existence masquée qu'ils sont désormais contraints d'adopter. En se débarrassant de son étoile jaune, en devenant Germaine Bourinet, ma mère fait un premier pas vers l'occultation et le silence. À l'image de leurs bourreaux, Jenny et Jacques se mettent désormais à tout travestir, jusqu'au vocabulaire, reprenant à la lettre la blague du jeune Marcel qui a si bien intégré l'air du temps.

Pour rendre compte de cette histoire, je recours au même stratagème. Et l'aventure de la forêt de la Braconne, qui aurait pu tourner au tragique, devient sous ma plume une joyeuse équipée de « musiciens » en partance pour une « destination inconnue », sous la poussée d'un « vent printanier ».

L'opération Anton : la zone libre a vécu

« Quel soulagement, soupire Jenny, d'avoir enfin pu franchir cette maudite ligne et d'atterrir dans la zone sans étoile jaune ! M. Blois nous avait laissés en fin d'après-midi dans une petite gare, avec un teuf-teuf pour Limoges. Alors nous sommes montés là-dedans, fous de joie d'être en zone libre, et nous avons atteint Limoges. Là, nous devions prendre un train pour l'Espagne, juste à la frontière de Portbou, en changeant à Toulouse. À la gare de Limoges, bondée de gens, nous nous sommes assis sur les valises. Le train a dû arriver vers trois heures du matin, bourré à craquer, et nous avons eu un mal de chien à monter dedans. Enfin nous y sommes arrivés et nous avons même trouvé une place assise, puis deux. C'était un train "normal", avec des gens qui partaient en vacances, et ça nous a semblé extraordinaire. Des gens qui partaient en vacances ! Toi, tu as dormi comme un seul homme. »

Ce paradoxal « Tu as dormi comme un seul homme », expression familière de l'époque, jeté à une ex-enfant par Jenny, me renvoie à ces premiers souvenirs de trains de nuit, dans les bras de ma mère qui me serrent si fort que le sentiment de sécurité l'emporte, dans ces bribes de mémoire, sur l'angoisse ambiante qu'on s'efforce de ne pas me transmettre. Pourtant j'entends encore le roulement du train, le vrombissement de la locomotive, les arrêts dans les petites villes sans lumière, les chefs de gare avec l'accent du Sud-Ouest… « Brive-la-Gaillarde… Trois minutes d'arrêt ».

À la même époque et sur les mêmes rails roulent les épouvantables convois, les wagons plombés des déportés, dont ces trains « de vacances » nous éloignent en ce moment, mais qui nous rattraperont, moi ou d'autres, en d'autres nuits, en d'autres jours.

Jenny, elle, a déjà sauté sur le quai. « Nous avons atteint Toulouse vers sept ou huit heures du matin, rapporte-t-elle. Là, nous avons pris un autre train qui nous a emmenés à Marseille dans l'après-midi. Nous avions voyagé pendant vingt-quatre heures. Mais qu'importe ! Nous étions saufs. En zone libre !

» Une fois arrivés à Marseille, nous avons pris nos jambes et nos valises, pour ne pas trop nous montrer, et nous sommes allés chez Clément S., le même chez qui Jacques s'était caché avenue de Breteuil, après la rafle des Bulgares, et dont nous avions l'adresse. Là-bas, ils nous ont très bien accueillis et nous ont amenés à la Valentine, chez eux, dans une maison de bric et de broc, toute délabrée. Mais l'essentiel était qu'ils ne nous déclaraient pas.

» Une nouvelle existence commençait pour nous, début d'une errance aux dangers multiples, en rupture totale avec notre ancienne vie, qui n'était pas très aventureuse. Nous ne savions pas combien de temps elle durerait et si nous allions en réchapper. Mais nous ne pensions qu'au moment présent et à la chance d'avoir pu franchir cette frontière infernale. Pendant quelques jours, tout nous a semblé beau : le soleil, la Méditerranée, les amis que nous avions retrouvés.

» Car à Marseille, nous n'étions pas seuls. En plus de nos hôtes, nous retrouvions nos amis Oscar et Lily Arditti et Léon, le jeune frère, sans compter les rescapés de la bande de la Jeunesse Sépharadite, avec qui on avait fait la bringue, il n'y avait pas si longtemps, mais cela semblait être des siècles. Et aussi la branche marseillaise des Benveniste, famille de Haïm, frère de Maïr, et de cette tantine qui me fêtait mon Noël quand j'étais petite. Ceux-là, ils n'en revenaient pas de ce qui nous arrivait : “Mais enfin, Jacques, pourquoi ils sont venus te chercher ? Qu'est-ce que tu as fait ? — Rien. Je vous assure. Je n'ai *rien* fait.” Ils ne pouvaient pas y croire qu'on arrête des hommes qui n'avaient rien fait et qu'on les envoie dans des camps où on ne savait pas la moitié de ce qui s'y passait. “Enfin, Jacques. Dis-le-nous, à nous. Tu as bien fait quelque chose ? — Non ! Je vous le répète. *Rien*.” Ils n'arrivaient pas à s'y faire qu'on détienne des gens seulement parce qu'ils étaient juifs.

» Mais ils n'avaient ni yeux, ni oreilles ! s'insurge Jenny. Quand les Allemands ont commencé les rafles en zone libre, là ils ont déchanté. Entre-temps, ils avaient dû faire tamponner leurs cartes d'identité avec la marque infamante ! Ils étaient à leur tour dans le puits. Comme nous, en zone nord, quand nous avions tous été nous faire recenser en 40. Mais eux, maintenant, où pouvaient-ils aller ? Et nous-mêmes, où trouver un refuge ? »

Car le 11 novembre 1942, moins d'un mois après le passage de la ligne par les faux Bourinet, se déploie l'opération Anton. Avant sept heures du matin, les unités de la Wehrmacht franchissent la ligne de démarcation, sans rencontrer le moindre obstacle. L'armée allemande et les alliés italiens envahissent la zone sud et abolissent toute démarcation. Même la fiction de la zone dite « libre » a vécu.

Le lendemain, les Allemands occupent Marseille et réquisitionnent les écoles, les casernes, les centres téléphoniques, les stades et les grands hôtels. Le Vieux-Port hanté par les fantômes de Marius, Fanny et César devient une enclave germanique. Les tortionnaires de la Gestapo logent rue Paradis, la malnommée. Le QG de l'état-major de la Wehrmacht est abrité dans le grand hôtel de Noailles, sur la Canebière, où paradent les chars allemands.

À la mi-décembre, Jacques et Jenny se trouvent chez Oscar et Lily Arditti.

— Vous avez vu le dernier décret de Laval ? demande Oscar. Je vous le lis : « Toute personne de race juive est tenue de se présenter, dans un délai d'un mois, au commissariat de police de sa résidence ou, à défaut, à la brigade de gendarmerie, pour faire apposer la mention “Juif” sur la carte d'identité dont elle est titulaire ou sur le titre en tenant lieu, et sur sa carte individuelle d'alimentation. »

— C'est très précis, ajoute amèrement Lily. Le mot maudit doit être « apposé à l'encre rouge, en surcharge ou en diagonale à l'aide d'un timbre humide comportant des caractères d'une hauteur d'un centimètre ».

— Cette fois, on est tous dans le même bain, dit Jenny, qu'on soit français ou étrangers. Heureusement que je ne suis pas allée remplir la fiche de recensement à la gendarmerie lorsque je suis arrivée à Marseille.

— Et toi, Jacques, toujours bulgare, de toute façon si tu t'étais signalé, c'était le camp de rassemblement, puis la déportation à plus ou moins long terme, ajoute Oscar.

— Mais cette fois, j'ai compris, répond Jacques. Qu'on ne compte pas sur moi pour aller faire tamponner « Juif » sur ma carte d'identité !

— Et de toute façon, les vraies-fausses cartes au nom de Bourinet, ajoute Jenny, nous les avons renvoyées à M. Blois dans des boîtes de conserve vides.

— Vous n'avez plus aucun papier ? demande Lily. Ni cartes d'identité ni cartes d'alimentation ? On va essayer de voir ce qu'on peut faire.

Pas de papiers, pas de travail, pas de logement, pas d'existence. La mort sociale. La mort civile. La mort de faim. En attendant la mort tout court.

Mais il y a tout de même la solidarité. Quelques jours plus tard, Momo et sa femme, réfugiés à Lyon, et bénéficiant toujours de leur nationalité espagnole, font parvenir de fausses pièces d'identité moins sûres que celles des Bourinet d'Écuras. Ces cartes figurent toujours dans les archives de Jenny, libellées à leurs noms véritables. Mais Jacques Benrey y est né à Bourges au lieu de Burgas et Jenny Amon à Salon-de-Provence au lieu de Salonique. De bons lieux de naissance, bien français, qui changent tout. Aucun tampon infamant n'est apposé sur ces papiers parfaitement trafiqués.

Les amis Arditti, quant à eux, fournissent les fausses cartes d'alimentation sans tampon. Mais il n'y en a que deux. Pour les deux Françaises, Jenny et moi. Jacques le Bulgare n'en a pas. Depuis l'arrestation manquée de septembre 1942, il ne vit plus qu'à demi. Il respire. Le moins possible. À Marseille, plus que partout ailleurs, les cartes d'alimentation sont un instrument de survie car la nourriture manque cruellement. La ville est sans arrière-pays agricole et la viande et le poisson sont désormais bloqués en zone occupée.

Quant aux Benveniste de Marseille, ils cherchent un logement aux Benrey. « Grâce à leur appui, précise Jenny, nous avons réussi à trouver un abri dans une famille gréco-italienne. Il y avait là trois générations de femmes, d'origine transalpine, catholiques. Le gendre, père et mari, M. Papazoglou, qui était grec, était interné au camp de Gurs avec les étrangers. C'était un importateur de produits exotiques, accusé d'avoir fait du marché noir. Les femmes avaient accepté de nous loger sans nous déclarer, moyennant fortes finances. Nous partagions la cuisine et le cabinet de toilette avec elles et disposions de deux pièces, une chambre et une salle à manger.

» Cela aurait été très vivable si les Allemands n'avaient pas débarqué, mais la cohabitation avec des gens qui pouvaient nous chasser ou nous dénoncer à tout moment était terrifiante. Il suffisait d'un incident, d'un malentendu. Un détail de rien. Et dans la vie quotidienne les détails abondaient. Nous devions manger à la cuisine commune avant ou après eux et utiliser le cabinet de toilette quand ils n'en avaient pas besoin.

» Il y avait là la grand-mère italienne, une bien brave femme et bonne cuisinière qui m'a appris à faire des tas de plats avec rien. Et puis sa fille, qui avait épousé le Grec, M. Papazoglou. Et enfin sa petite-fille de dix-sept ou dix-huit ans, une belle fille, indifférente à tout ce qui n'était pas la toilette. La sœur aînée de celle-là était partie en Égypte avec son mari et son enfant, une petite fille qui avait exactement ton âge. Tu leur rappelais cette petite fille et c'est aussi pour cela qu'ils nous avaient pris. La grand-mère surtout… Elle t'adorait. Mais je devais te faire la leçon. Il fallait qu'elle continue à t'adorer jusqu'au bout. »

J'essaie de reconstituer la scène qui n'a pas laissé de traces dans mon souvenir. Une petite fille de trois ans et demi qui doit comprendre que le salut de trois personnes est suspendu à ses sourires, à ses câlins, à sa docilité, à sa gentillesse.

Car notre refuge de Marseille est visé à son tour et Adolf Hitler donne lui-même le 16 janvier 1943 l'ordre de destruction de la vieille cité qu'il appelle le « chancre de l'Europe ». L'instruction générale pour l'opération baptisée « Sultan » sera donnée deux jours plus tard par une circulaire, française celle-là. À nouveau le gouffre noir, avec combien de chances de survie ?

Rafles à Marseille

Rafles monstres sur Marseille en ce début d'hiver 1943. Rafles des clochards et des vagabonds, rafles des filles de joie et de leurs souteneurs, rafles des trafiquants et des repris de justice, rafles des vagabonds, des cosmopolites et des « gens sans aveu ». Rafles de tous les dépourvus de cartes d'alimentation, des étrangers en situation irrégulière, des expulsés, et de « toutes les personnes ne se livrant à aucun travail légal depuis un mois ». Et surtout rafles des Juifs. Tous les Juifs. Sans considération de nationalité, de sexe ou d'âge, Israélites marseillais comme réfugiés de la zone occupée, comme nous.

« Les rafles nocturnes étaient les pires. Nous avions repéré une cachette dans le jardin, se souvient Jenny. L'hiver 43 fut affreux. Il faisait un froid de loup dans la maison sans chauffage et tu avais attrapé une grosse grippe avec une fièvre de cheval. Nous nous relayions à ton chevet sans pouvoir dormir une minute. On entendait les pas, les portes enfoncées, les sommations, les cris, les hurlements qui perçaient la nuit.

» À trois heures, quatre heures du matin, *ils* sont venus chercher des gens à côté, à quelques mètres de nous. Ce soir-là, la vieille Mme Papazoglou a décidé que tu ne pouvais pas sortir dans le jardin par un temps pareil, et que s'ils venaient, elle te ferait passer pour sa petite-fille. Jacques est parti seul dehors tandis qu'il commençait à neiger, ce qui a un peu freiné les recherches policières.

» La maison était dans la banlieue de Marseille, juste là où *ils* se réunissaient avant de partir dans toutes les directions. À ce moment-là, ce n'était pas des Allemands. C'était des Français. Et ça a duré sans relâche au moins une semaine. »

Le vieux Marseille est dans l'œil du cyclone. Pas seulement aux yeux d'Hitler et de Himmler. Mais aussi sous la plume du

Français Lucien Rebatet qui évoque « cette populace bâtarde, cette vulgarité huileuse ». Ou de Louis Gillet qui parle d'« un enfer vermoulu, une espèce de charnier de décomposition… Ces quartiers abandonnés à la canaille, à la misère, à la honte ! Quel moyen de les vider de leur pus et de les régénérer ? »

Le moyen est simple : les anéantir.

« Ne sortez pas sans pièce d'identité », a averti *Le Petit Marseillais* du 5 janvier 1943. « Ne circulez pas sans votre carte d'alimentation », ajoute-t-il le 27 du même mois.

Le cyclone s'abat le 22 janvier. La veille, les habitants de la ville ont vu arriver douze mille gendarmes, venus de Toulouse, Lyon, Nancy et même Paris, pour éviter les complicités locales. Gardes mobiles français et policiers allemands quadrillent les quartiers ; tous les Juifs rencontrés sont impitoyablement ramassés. Les immeubles sont passés au peigne fin ; des serruriers ont été réquisitionnés pour forcer les portes de ceux qui simuleraient l'absence. Des arrestations, notamment aux abords des gares, et plus particulièrement de tous ceux qui présentent des papiers tamponnés au contrôle d'identité, marquent le début de l'action.

Puis les rafles s'intensifient, surtout la nuit, pour pouvoir déloger plus de gens. Elles se poursuivent sans trêve jusqu'au 27 janvier, de jour comme de nuit. Le 24, débute l'évacuation du quartier nord du Vieux-Port. En vingt-quatre heures, le vieux quartier de Marseille est bouclé, tout le berceau historique est rasé. Le même jour, les quartiers commerciaux du centre habités par des familles juives marseillaises y passent à leur tour. Rue Sénac, rue de l'Académie, rue Saint-Saëns, rue Pisançon.

Le lendemain, les alentours de la gare sont cernés et les arrestations se multiplient. Le surlendemain, des quartiers entiers sont occupés par la police. Le 27 encore, des rafles sauvages se déchaînent dans les salles de cinéma et dans les quartiers excentrés. C'est la plus grande rafle organisée en France après celle du Vel d'Hiv.

Pas de pitié pour les Juifs. « Nos soldats meurent de faim depuis huit jours à Stalingrad, dit un officier allemand. Ces Juifs-là n'ont pas besoin de manger. »

Sont entassés dans des wagons à bestiaux sans banc, sans eau, sans nourriture, sans seau hygiénique, rapporte un ami des Arditti, Raymond Raoul Lambert, des passagers venus à Marseille pour la journée, sans linge et sans manteau, des anciens combattants, des jeunes filles, des malades, des vieillards en traitement, un pulmonaire cent pour cent, prisonnier libéré, des rapatriés, la femme d'un aveugle déportée avec les cartes d'alimentation de son mari, la veuve de guerre d'un capitaine d'artillerie. Des familles entières établies à Marseille depuis des générations, des pères de sept ou huit enfants, environ mille cinq cents personnes sont soumises à la brutalité des Allemands et des gardes mobiles français.

Que pèse le sort des Juifs dans une ville martyrisée, au sein d'un pays martyrisé ? À partir du 1er février 1943, mille cinq cents immeubles sont dynamités par les Allemands. À chaque explosion, les cloches de l'abbaye médiévale de Saint-Victor, de l'autre côté du Vieux-Port, s'ébranlent sinistrement et, comme en écho, le curé du quartier, barricadé dans son église de Saint-Laurent, fait sonner le glas sans interruption, pendant les dix-sept jours que durent les opérations de destruction de sa paroisse. Parallèlement, le gouvernement de Vichy crée sa Milice afin de mieux traquer les réfractaires du STO et bien sûr les Juifs. Leurs méthodes : délations, tortures, rafles, exécutions sommaires et arbitraires, massacres.

« Quant à nous, ajoute Jenny, nous menions une vie précaire ou plutôt nous subsistions, ensevelis dans une belle maison, moi seule sortant pour essayer de trouver à manger. Il fallait se ravitailler au marché noir, ce qui impliquait des allées et venues supplémentaires, c'est-à-dire des risques de fouille et d'arrestation.

» Je devais aller régulièrement au diable vauvert chercher nos deux cartes d'alimentation renouvelées, car Jacques n'y avait pas droit, au risque de me faire embarquer dans les queues interminables ou dans les tramways. Cela a failli m'arriver plusieurs fois. Dans un tram un dimanche, j'ai eu la peur de ma vie. L'une des peurs de ma vie ! Mais j'avais mes faux papiers avec mon vrai nom. Ils n'y ont vu que du feu… Une autre fois, j'ai pu descendre… au moment où ils arrivaient. J'ai dû faire le tour de la ville pour les éviter… Le marché noir non seulement c'était loin et dangereux mais si cher. Nos réserves fondaient comme neige au soleil. »

Des milliers de détenus « gentils » sont en partie relâchés. Pas les Juifs. Des non-Juifs déportés dans les camps allemands, il semble que la moitié ait péri. Mais il n'y aura aucun survivant parmi les Juifs. Cette fois, la carte tamponnée vient de montrer son efficacité : les Juifs français en règle sont arrêtés. Comme les autres.

Jacques et Jenny peuvent se féliciter de n'avoir pas été s'enregistrer en zone libre. Destinée. L'opération Sultan prend au piège sept cent quatre-vingt-deux Juifs dont nous ne faisons pas partie. La majorité d'entre eux partent de la gare d'Arenc pour le camp de Compiègne, puis pour les camps d'extermination de Sobibor, Maïdanek et Auschwitz.

« Les rafles et les perquisitions étaient devenues notre lot quotidien, raconte Jenny, mais nous avons appris à vivre au jour le jour. Quant à vous, ton père et toi, vous n'êtes jamais sortis. Les voisins auraient pu vous repérer. Moi je passais plus facilement car il y avait beaucoup de femmes dans cette famille.

— Nous ne sommes pas sortis ? Jamais ?

— Jamais. Seulement les pires nuits, Jacques s'est camouflé dans le jardin pour le cas où *ils* entreraient dans la maison.

— Et cela a duré combien de temps ?

— À peu près cinq mois.

— Cinq mois ? Sans sortir ?

— Sans sortir ! »

Ainsi, de la bouche de Jenny, ai-je appris mon enfance, sur le tard, comme autant de leçons ponctuant d'anecdotes absurdes l'itinéraire de ma survie : une naissance en Bretagne dans les courants d'air, puis entre l'âge de trois et quatre ans une arrestation manquée à Paris maquillée en vaudeville, un échange sur la ligne de démarcation avec une bête morte, une captivité de cinq mois dans une maison de Marseille.

Mais *avec* mon papa… À côté de Juliette, internée au camp de Gurs à l'âge de cinq ans, à côté de Monika qui passe ces mêmes mois à Varsovie sans bouger sous une table à coudre, à côté de mon petit fiancé sans nom qui n'est plus qu'une poignée de cendres, à côté des enfants qui continuent à rouler dans les wagons plombés, je suis une privilégiée.

La ligne de démarcation s'est retournée sur elle-même, alignant la zone libre sur la zone occupée, à l'intérieur des frontières hexagonales. L'anneau de Möbius permet de comprendre cette nouvelle situation à la fois historique et personnelle. L'anneau est une figure symbolique paradoxale, un ruban sans fin, clos sur lui-même, où une surface devient l'autre. On l'obtient en collant bord à bord ses deux extrémités après torsion d'un demi-tour. Le graveur Escher a eu l'idée d'y enfermer des insectes tournant à l'infini dans ces méandres sans couture. Si on assimile à ce ruban le territoire français, la décision du haut commandement nazi de supprimer la ligne de démarcation, en étendant à toute la France la zone occupée, revient à faire tourner comme des insectes toutes les personnes, naguère avides de passer en zone libre, dans une ellipse sans limite et sans échappatoire. Ainsi la France tout entière, à l'instar de l'Europe, est-elle devenue une prison étanche. Ainsi Jenny, Jacques et moi-même, Michou, nous retrouvons-nous, avec des millions d'autres, enfermés à l'intérieur d'un pays, dont nous ne pouvons sortir que par les voies ferrées qui mènent aux camps de la mort.

Dispersion…

En cette fin de l'atroce hiver 1943, on est à mi-parcours. Mais on ne le sait pas. Oscar Arditti l'a bien dit à Jacques : il y a deux guerres. Contre les Alliés et contre nous. La première est en train de basculer, après le débarquement en Afrique du Nord et la victoire de Stalingrad. Mais pour nous, le pire est encore à venir. De loin en loin leur parvient un colis de Marie et Saby, une lettre censurée de Moïse. Jacques et Jenny ne savent que vaguement ce qui arrive au reste de la famille. En mars, ils reçoivent deux visites, l'une de Marcel depuis Grenoble, l'autre de Momo, frère de Marie, et de sa femme depuis Lyon.

— Bonjour, grande sœur ! Bonjour, ma nièce préférée ! Tu as drôlement grandi depuis qu'on s'est vus la dernière fois !

Marcel, forci, mûri, n'est plus l'adolescent gringalet du lycée Buffon.

— Tu sais, tonton. J'ai trois ans et demi !

— Une vraie jeune fille, ma foi ! Jenny, ne dis rien aux parents… mais Rolande est avec moi à Grenoble… Et il y a du travail… Vous avez entendu parler du STO ? dit-il, en baissant la voix. Ça tombe sur plusieurs de nos camarades. Bien sûr, ils n'iront pas. Moi je suis déjà dans la clandestinité. À Grenoble, nous sommes déterminés.

Depuis peu en effet, le gouvernement de Vichy a instauré le service du travail obligatoire, qui contraint tous les jeunes à partir travailler en Allemagne. Les réfractaires s'enrôlent dans différents mouvements clandestins et prennent le maquis. La Résistance revêt de nombreuses formes : Armée secrète, Organisation de résistance de l'armée, Front national, Francs-tireurs et partisans français, Main-d'œuvre immigrée, Résistance-Fer. Marcel et ses camarades viennent désormais grossir les rangs de l'armée des ombres.

Quelques jours plus tard, c'est Momo et sa femme qui s'annoncent. Avec son passeport espagnol, Momo continue à travailler et à voyager. Il est passé à Paris et rapporte des nouvelles de toute la famille. Tous les quatre font le point sur la tribu en commençant par la doyenne, Oro. On a réussi à la faire entrer dans une clinique où elle mourra de mort naturelle, dans son lit, comme sa belle-sœur Reina, ce qui pour l'époque est un exploit.

De tous les enfants d'Oro et Maïr Benveniste, au repos dans son carré du cimetière de Pantin, le seul qui a pu quitter la France est Rafo, l'aîné, avec son passeport ibérique. Il a pu partir avec sa femme et son fils. De France en Espagne, d'Espagne au Portugal. Du Portugal au Mexique. Pepo, le cadet, qui est français, refuse, avec Ester, de quitter Paris et sa chère maison d'Auteuil. Momo et son épouse, Nelly et son époux vivent à Lyon. Mais tous leurs jeunes enfants, convertis au protestantisme grâce à « Mademoiselle » et de nationalité française, sont en pension au Chambon-sur-Lignon, chez le pasteur André Trocmé, qui deviendra célèbre pour avoir sauvé un grand nombre de Juifs durant l'Occupation.

Deux frères de Saby Amon, qui avaient conservé leurs passeports portugais, vivent en sécurité à Lisbonne.

Marie Benveniste et Saby Amon, français comme Jenny depuis 1924, n'ont pas été inquiétés, en dépit des activités de Saby au sein de la communauté. Ils se préparent à quitter la capitale pour retrouver Marcel en Isère.

Restent les « Italiens » : Allegra et Ugo Modiano, et les parents de Jacques : Moïse Benrey et Marie Jerusalmi.

— Les Modiano ainsi que tes parents, Jacques, dit Momo en ladino pour éviter les oreilles indiscrètes, ont pris le train de rapatriement des ressortissants italiens. Je les ai accompagnés à la gare. Franchement, l'Italie s'est montrée à la hauteur.

— Dès 41, répond Jacques, je savais que le consul italien à Paris avait réussi à faire libérer de Drancy les Juifs italiens qui s'y trouvaient. Et ce malgré l'opposition de Rome. Il a même distribué des laissez-passer de rapatriement. Et surtout il a obtenu que les Juifs italiens ne soient pas obligés de mettre l'étoile jaune. Mes parents n'ont pas eu à la porter.

— Quand tu as été arrêté en septembre 42, ni tes parents ni Allegra et Ugo ne risquaient rien en France, dit Momo. Ils étaient toujours protégés par leur nationalité italienne. Et le consulat général a fait savoir à Röthke que les mesures antijuives n'étaient pas applicables aux Juifs italiens sans l'assentiment des consulats d'Italie. Il paraît que Mussolini lui-même a commencé à se démarquer de son allié sur la politique antijuive. Il y a deux mois environ, le comte Ciano a prévenu les Allemands que les Juifs italiens de France et d'autres pays seraient rapatriés. Et c'est ce qui s'est passé. Le gouvernement italien a frété un ou des trains qui ont fait revenir au pays les ressortissants israélites transalpins. Avec l'accord de la Gestapo et du gouvernement de Vichy, bien contents de se débarrasser d'eux. Enfin tu peux être tranquille, Jacques. J'ai vu partir M. et Mme Benrey. J'ai même une lettre d'eux pour toi.

Jacques soupire, soulagé que son père et sa mère aient quitté la France nazie même si c'est pour rejoindre l'Italie de Mussolini, dont ils sont les ressortissants.

— Et la tante Allegra, je veux dire Andrée, comment l'avez-vous trouvée ? demande Jenny.

— Ils vont mal tous les deux… Un tel deuil ! On ne s'en remet jamais. Mais le séjour à Parme leur fera du bien. Tes parents, Jacques, ont choisi de partir pour Milan où ils ont des contacts… Mais à propos d'Italiens, nous avons une proposition à vous faire.

La proposition est mirifique. Momo possède à Nice un petit appartement que Rafo et sa famille ont déserté pour leur grand voyage vers la péninsule Ibérique puis les Amériques. Si Jacques et Jenny désirent quitter Marseille, l'appartement niçois est à eux.

Désormais les Benrey, les Jerusalmi, les Benveniste, les Amon ne sont plus une famille ancrée dans un lieu unique, mais les parias d'une tribu nomade dont les nationalités chaotiques déterminent l'identité, donc l'existence et la survie. À ce moment, tous les dés ne sont pas jetés, ni toutes les cartes distribuées. Mais le destin se met en marche, qui pointe les uns et désigne les autres. Pourquoi lui ? Pourquoi pas elle ? Pourquoi tous les deux ? Ils sont du même sang. Le nôtre. Mais un passeport, un chiffon de papier, un document misérable qui peut être contrefait, mais le choix d'une région, d'un village, d'une ville décidera sans raison des vivants et des morts.

Lorsque Momo et sa femme quittent Marseille en ce début de printemps 1943, ils laissent Jenny et Jacques complètement remontés. Un événement, vital pour eux, est passé inaperçu en décembre 1942, juste avant les affreuses semaines de Marseille. La ville de Nice est passée aux Italiens. Un havre sur la Riviera. Et pour les persécutés de partout, les exclus, les déshérités qui y parviennent : un refuge.

La colombe de l'Arche

Pendant le long après-guerre – qui a duré des décennies – où Jenny a censuré les événements qui avaient fait d'elle et des siens des sous-humains, deux périodes échappent à son silence : la première est notre séjour à Nice en 1943, la deuxième la période héroïque du Vercors.

Quant à moi, je ne me souviens guère du voyage entre les deux villes par le train. Sans encombre. Mais c'est à Nice que se sont formés mes premiers souvenirs. J'avais alors entre trois ans et demi et quatre ans. C'est là que j'ai découvert la mer. À Marseille, comme je n'avais jamais quitté la maison, je ne l'avais même pas remarquée.

« Nous nous sommes installés dans le petit appartement du quartier des Musiciens, authentiques ceux-là, à quelques pas de la promenade des Anglais, au 48 de la rue Rossini, avec son balcon, détaille Jenny. C'était le début du printemps. L'immeuble se dressait, relativement isolé, entouré de terrains vagues plantés de potagers. Nous avons vécu là des mois radieux, avec tout de même la peur au ventre pour l'avenir et l'argent qui filait sans qu'on puisse travailler.

» Quelle différence avec Marseille ! Même le soleil était plus lumineux, nous étions entourés de roses, de rhododendrons, de mimosas. Ça sentait la lavande, le jasmin et la fleur d'oranger et la vie, si difficile à Marseille, était tout à fait aisée à Nice. Du moment qu'on payait, on avait ce qu'on voulait. Les occupants italiens étaient d'une douceur et d'une gentillesse qui nous laissaient pantois. Ils n'étaient pas antisémites comme les Français et ils faisaient libérer les pauvres gens qu'on arrêtait. Leurs officiers étaient superbes et toutes les femmes les regardaient d'un œil assassin. »

Le surprenant enthousiasme de Jenny est confirmé par l'histoire. Lors de l'occupation de la zone sud par les Allemands en novembre 1942, leurs alliés italiens ont agrandi leur part. Sont tombés sous leur contrôle la Haute-Savoie, la Savoie, la Drôme, les Hautes-Alpes, les Basses-Alpes, le Var, les

Alpes-Maritimes, une partie importante de l'Isère et du Vaucluse, une petite partie de l'Ain, la Corse, ainsi que la principauté de Monaco. Mais les fascistes italiens ne font pas la guerre aux Juifs comme les nazis auxquels ils ne sont pas non plus soumis comme les Français. Certes les motivations de Mussolini ne sont pas différentes de celles des Allemands. Il garde des visées annexionnistes sur une partie des départements qu'il occupe. La rivalité politique qui se développe alors entre Français et Italiens favorise les Juifs dans les zones d'occupation italienne.

Bruit de bottes sur la Promenade… On craint les Allemands. Ce n'est qu'un régiment italien qui défile sous les yeux de Jenny et Jacques d'un pas martial, baïonnette au canon. Leur ami Jacques Franck les accueille à Nice avec un rassurant :

— Ici vous êtes dans le paradis des Juifs.

Un autre ami se reprochera plus tard d'avoir stupidement blagué sur les plumes de coq des militaires italiens qui lui paraîtront, avec le recul, figurer la « colombe de l'Arche ».

Dit Jenny : « Avec les Italiens : plus de tampon sur les cartes d'identité, plus d'incorporation dans la compagnie des travailleurs étrangers. Des permis de séjour pour tous les réfugiés, qui les plaçaient sous la protection transalpine. On a même vu des carabiniers intervenir pour empêcher la police française de procéder à des arrestations. Du coup, les réfugiés affluaient. Et dans cette terre promise se sont installés un centre de fabrication de faux papiers et un comité d'aide aux réfugiés. Les actions de sauvetage se multipliaient et j'en passe.

» Début mars, juste avant notre arrivée, Mussolini avait été sommé de répondre à un ultimatum envoyé par Ribbentrop : choisir entre ne pas contrarier l'action de la police française, remettre cette action à la police italienne, ou laisser les SS et la police française la prendre en charge. Mussolini a choisi la deuxième option. C'est la police italienne qui prendrait la relève de l'armée. Résultat : la police en question gérait le transfert des Juifs à l'intérieur des terres où ils étaient pris en charge par des organisations juives. Elle avait même posté des carabiniers dans la synagogue du boulevard Dubouchage pour empêcher la police française d'approcher. »

L'histoire confirme le récit de Jenny. Il y avait bien deux bords dans le sud de la France en ce printemps 1943. Les Italiens occupants et tolérant les réfugiés juifs d'une part, leurs alliés nazis et les Français collabos de l'autre. Les premiers libéraient ceux que les autres arrêtaient. Ceci explique cela : pendant toute mon enfance et ma jeunesse, j'ai entendu ces brèves incises qui interrompaient la conversation de Jenny sans que son interlocuteur prenne conscience qu'elles la trahissaient :

— Nice ? Vous avez dit Nice ? C'est la ville la plus agréable de France. Tout le contraire de Marseille !

De plus, dans cet eldorado, Jenny et Jacques ne sont pas seuls. Toute la bande de la Jeunesse Sépharadite, augmentée de quelques-uns, unie par la jeunesse et renforcée par la persécution, les attend à Nice. Il y a là Betty Alcalaï et son mari Jacques Franck, Yolande et André Prévost, dit Doudou, qui n'est pas juif, Léon et Simone, Oscar et Lily qui ont quitté Marseille avant eux, et les autres.

Jour de farniente en plein été niçois. La bande est étalée sur la plage de galets. On échange des souvenirs. De la Bulgarie d'abord. À Sofia, Oscar et Léon ont connu, comme Jacques, l'école catholique de la rue Pirot. On y faisait des niches au bon frère Flavien qui la dirigeait d'une main de velours et qui leur récitait des vers échevelés dans son cours de français. Salomon Arditti, leur père, comme Moïse Benrey, faisait commerce de tissu. Les deux familles se connaissaient, et se retrouvaient l'été sur la mer Noire dans la grande maison des Arditti à Varna ou à Mamaia, dans la Roumanie où étaient nés Salomon Arditti comme Marie Jerusalmi.

La France est aussi dans leurs gènes depuis longtemps.

— Citoyens français depuis la nuit des temps, ironise Léon.

À dix-sept ans, Oscar, le premier, a sauté le pas. Il est parti étudier à l'école textile de Roubaix. Plus tard, le cadet Léon, pensionnaire au lycée Louis-le-Grand, a préparé fiévreusement son bac, tandis que le Führer tonnait de plus en plus fort, face aux foules germaniques déchaînées. Léon, de cinq ans plus jeune qu'Oscar, a été mobilisé, lui aussi, en 1939. Contraint de reculer avec son unité, il n'a pas été fait prisonnier et s'est fait démobiliser dès l'armistice.

Oscar Arditti et Lily Alcalaï se sont connus enfants en Bulgarie mais ne sont tombés amoureux l'un de l'autre qu'en France en 1936. Ils étaient parmi les piliers de la Jeunesse Sépharadite où Oscar a fait une conférence remarquée sur la Palestine, où leurs fiançailles, puis leur mariage ont été annoncés en grande pompe dans *Le Judaïsme sépharadi*. Puis Oscar Arditti est parti au front, a été fait prisonnier, s'est évadé. C'est dans le petit appartement de la rue de Rivoli qu'il a retrouvé Jacques et lui a parlé de l'« autre » guerre des nazis.

À son retour de captivité, alors qu'ils attendaient toujours de passer la ligne de démarcation, Lily a annoncé à son homme d'un air triomphant :

— J'attends un enfant.

Oscar a commencé par accuser le coup. Ce bébé intempestif, il n'était pas question de le garder. Il ne se sentait pas le courage d'accueillir un enfant dans ces circonstances. Mais Lily s'est obstinée. Et une petite fille est née en zone libre un 31 janvier à une heure trente du matin, ce qui a permis à sa famille d'obtenir une carte d'alimentation pour le mois entier. Inestimable cadeau, qui fait paradoxalement de Claudine, ma future compagne de jeu, un bébé désiré de la guerre.

Tous ces événements, la bande se les remémore, dans le détail, en ce jour de rémission sur une plage de Nice.

— Nous sommes bien ici, dit Oscar avec une pointe d'inquiétude. Mais j'aurais préféré que ma sœur Ida et ses enfants, Jako et Ninon, restent en Bulgarie, avec mes parents.

— Puisqu'elle a divorcé, dit Lily, il valait mieux qu'elle nous rejoigne.

— En les emmenant avec elle ? Non ! Il aurait mieux valu que nous soyons dispersés.

— Dispersés veut dire séparés, dit Lily. On est mieux tous ensemble, non ?

— Être juif et débarquer en France en août 39, dit Jacques Franck, c'est vrai que ce n'était pas ce qu'il y avait de plus prudent… Mais n'oubliez pas que la Bulgarie est entrée dans l'Axe, alliée des nazis, avec probablement des lois raciales, comme ici. Bon… Qui m'accompagne à l'eau ? Les enfants, vous venez vous baigner ?

Les enfants, c'est Jako, treize ans, Ninon, neuf, Jean-Pierre et Jean-Michel, cinq, et moi, presque quatre. Le bébé Claudine fait la sieste dans un couffin.

— Nous, on construit un château en pierres, crie Jean-Pierre qui s'acharne sur son donjon branlant, entouré de ses acolytes, Jean-Michel et moi.

Seules les femmes, moins pressées de se baigner, demeurent auprès des enfants. Il y a là Jenny et Betty, Lily et Ida. Elles se rapprochent et chuchotent entre elles, en judéo-espagnol. Bribes de mémoire. Banalité de ces souvenirs de mer, de galets, d'éclats de rire, de blagues en ladino, de chansons en bulgare, de discussions à perdre haleine en français sur l'histoire, la poésie, la recherche alimentaire au sein de la pénurie, sous l'œil débonnaire d'officiers italiens en uniforme, tandis que les vagues méditerranéennes s'échouent tout doucement sur les galets.

Ces jours heureux de l'intermède italien laissent peu de traces, peu d'anecdotes à raconter. C'est comme si chacun reprenait son souffle avant que le pire ne revienne à la charge par une vague, chaque fois plus déferlante, chaque fois plus près de les engloutir. Nice au printemps 1943 ! Inoubliables vacances dans le cratère du volcan. Les amis de la bande sont bronzés. Ils jouent au tennis et s'invitent à manger « sépharade bon marché ». Oscar, couvé par les yeux admiratifs de son jeune frère Léon, raconte les détails de son évasion télécommandée par Lily. Ils rigolent beaucoup. Et font des plaisanteries à usage interne sur les « musiciens ».

Jacques, blond aux yeux bleus, comme sa mère et comme son père, ressemble tellement à un officier ennemi que quelqu'un s'y méprend et lui adresse la parole en allemand, langue qu'il maîtrise d'ailleurs parfaitement, ayant hanté, en sa jeunesse dorée, les villes balnéaires de la feue République de Weimar. Oscar, le bien Français, qui a le teint mat et les cheveux noirs et frisés, ainsi que toute la bande, Juifs et Gentils confondus, s'en esbaudissent longuement.

Ils sont encore là. Ils sont jeunes. Entre dix-huit et trente-cinq ans. Nous sommes encore là. Entre treize et un an. Sur les galets de la plage. Dans le printemps, puis l'été finissant. Plus pour longtemps.

L'ange Donati

Le 8 septembre 1943, à nouveau, le destin bascule.

L'été a traîné après lui la déroute des troupes allemandes et italiennes en Tunisie, le débarquement anglo-saxon en Sicile, et surtout, dans la nuit du 24 au 25 juillet, la chute de Mussolini, démis de ses fonctions par le Grand Conseil fasciste et emprisonné par le roi. Le gouvernement Badoglio s'est installé dans le flou général. Saby Amon et Marie Benveniste viennent de quitter Paris pour la zone italienne. Ils ont fait halte quelques jours à Nice, puis sont allés en Isère rejoindre Marcel. Sur place, ils ont arraché leur fils à la jeune Rolande, renvoyée dans ses foyers. La région est ensuite passée des Italiens aux Allemands. Et tous sont montés à Villard-de-Lans, au cœur du Vercors encore protégé.

De là, Marie envoie des lettres rassurantes et même enthousiastes, ce qui n'est pas dans son caractère. Marcel qui, déjà au lycée, manifestait pour la musique un vif intérêt, encouragé par Lucien Legros, l'un des cinq fusillés de Buffon, Marcel, pendant son séjour à Grenoble, a beaucoup composé, dit-elle. Et un premier disque de son œuvre, exécuté par le pianiste réputé Jean Doyen, vient de sortir. Évidemment on ne peut pas se le procurer dans le minuscule village du Vercors. Mais Jenny pourrait peut-être le trouver à Nice. Elle se précipite, écume toutes les boutiques de la ville. Sans succès. Le chef-d'œuvre n'est pas parvenu jusque-là.

D'autres missives de Villard-de-Lans suivent, de plus en plus dithyrambiques. Non seulement le disque est sorti, avec la participation de l'un des plus célèbres pianistes de l'époque, mais le jeune compositeur a reçu des témoignages d'admiration de la part des plus grands. Charles Munch et même Ernest Ansermet lui ont écrit des lettres personnelles, plus qu'élogieuses. Marie ne peut contenir sa fierté. Elle en a oublié la guerre, les difficultés de ravitaillement, l'épée de Damoclès qui plane sur eux. Elle en transmet même une, de ces lettres, à l'enseigne de Basler Gesellschaft. Signée Ansermet, la missive commence par « Cher maître » et qualifie le jeune homme de « musicologue de génie ».

Sa sœur montre la lettre à l'un des joyeux drilles de la bande, érudit et artiste et qui s'y connaît en musique. Il la lui rend avec un sourire ironique.

— Je n'imagine pas un grand musicien employant de pareils termes ! Ça sent la carambouille à plein nez !

Mais Jenny et Jacques ont d'autres préoccupations. À la joie des premiers instants succède une anxiété croissante dans la zone d'occupation italienne. Que va-t-il se passer si les troupes évacuent le havre qu'elles ont contribué à créer ? Dans la nuit du 28 au 29 juillet 1943, une division motorisée allemande arrive à Nice, cantonnée dans une caserne des environs. Mauvais augure !

Pendant que la bande hésite entre la panique et la jouissance du dernier instant au bord du gouffre, un Juif italien s'affaire, entre Nice et le Vatican, pour mettre à l'abri les damnés de la zone, avant qu'il soit trop tard. Angelo Donati, qui porte bien son prénom, secondé par le père capucin Marie-Benoît, prévoit, avec l'appui des représentants américain et britannique au Vatican, de fréter des bateaux pour faire passer des milliers de Juifs par l'Italie, à destination de l'Afrique. Les Italiens commencent à regrouper leurs forces et les Juifs de toute la zone affluent à Nice.

À la même époque, selon l'histoire, l'autorité française des Alpes-Maritimes change. Le ton aussi. « Je n'admettrai désormais aucun acte arbitraire à l'égard des Juifs se trouvant même dans une situation irrégulière ou illégale, écrit le nouveau préfet. Je ne veux pas laisser aux Italiens le noble privilège d'être les seuls détenteurs de la tradition de tolérance et d'humanité qui est pourtant celle de la France. »

Du coup, ce sont les Allemands qui ne décolèrent pas. Knochen s'indigne : « Entre les troupes italiennes et la population juive règne la meilleure entente. Les Italiens habitent chez des Juifs, se font inviter par les Juifs qui paient pour eux ! »

Leur vengeance sera atroce. Elle est aux portes.

Depuis l'arrestation du Duce, c'est la course contre la montre entre Italiens et Allemands. Pendant qu'Angelo Donati et le père Marie-Benoît s'activent pour mettre les Juifs en lieu sûr, Röthke met au point une stratégie de capture, pour la chasse à l'homme, à la femme et à l'enfant. On commencera par les Juifs riches et influents. On arrêtera les Juifs des pays amis ou alliés. Les Juifs français y passeront comme les autres. Il n'y aura pas d'exception, pas de quartier.

Le 8 septembre 1943, à neuf heures du matin, Donati a une dernière conversation avec les diplomates britannique et américain et repart à Nice pour finaliser son projet de sauvetage. Le même jour à dix-huit heures trente, le quartier général du général Eisenhower annonce *prématurément* qu'un armistice a été signé le 3 septembre avec l'Italie.

La nasse se referme. À Nice et dans la zone, c'est la débandade pour les Transalpins, la panique pour les Juifs. Les Italiens fuient leurs anciens alliés dans le désordre. Ils se cachent sous les banquettes des wagons et abandonnent aux nazis tout ce qui reste, armes et biens.

« Malgré notre angoisse, nous avions pitié de ces pauvres soldats italiens qui s'étaient montrés si généreux avec nous. Nous savions ce qu'on encourait en devenant les ennemis des nazis. Nous leur avons offert des vêtements civils, de l'argent, des provisions, quand c'était possible, un abri. Ils n'avaient plus de commandement. C'était la confusion la plus totale », raconte Jenny.

Un dernier regard de femme, de femme juive, sur un uniforme transalpin. Un dernier regard « assassin », car déjà l'histoire tourne et les occupants vont avoir à leur tour besoin des victimes programmées. En deux jours les Italiens disparaîtront de Nice, laissant la place aux nazis et à leurs sbires. La colombe de l'Arche s'envole vers d'autres cieux, abandonnant le « paradis des Juifs » aux ténèbres et au spectre de la déportation.

Brunner ou le génie du mal

Le 13 décembre, la famille Arditti est prise.

Deux mois plus tôt, dès le 10 septembre, Aloïs Brunner est déjà à pied d'œuvre à Nice. Cet homme de sinistre réputation va conduire les rafles. Il vient de faire ses preuves à Salonique où tout ce qui restait des Benveniste, des Amon et de leurs proches a été anéanti, déporté en quelques semaines vers Treblinka, Sobibor, principalement Birkenau. Brunner a sévi à Vienne, à Berlin et à Drancy. Il ne laisse derrière lui que violences, et annihilation.

Les rafles, elles, n'ont pas attendu un seul jour. Dans la nuit du 8 au 9 septembre, elles se sont abattues sur Nice, avant même l'occupation militaire de la zone. Dès le lendemain, la Gestapo et la Wehrmacht, secondées par la police française, sont en place, inspirées par Aloïs Brunner, véritable génie du mal. Il a installé son centre de regroupement à l'hôtel Excelsior, dans le quartier de Jenny et Jacques. Ses hommes achètent des dénonciateurs professionnels, les physionomistes, qui exercent à grande échelle la chasse au faciès. Leur spécialité ? Reconnaître les Juifs dans la rue. Ils sont payés pour ça, selon les cas, entre cent, mille et même cinq mille francs par tête. En cas de doute, les hommes arrêtés doivent baisser le pantalon aux chevilles. Leur circoncision témoigne contre eux mieux qu'un tampon. Les rues, barrées des deux côtés par ces commandos, se transforment en souricières. Au total, mille huit cent vingt Juifs sont déportés depuis Nice, entre le 18 septembre et le 15 décembre. Ceux qui en réchappent se terrent.

« Pour nous, fini la baignade, le tennis, la promenade ! se remémore Jenny. De toute façon, le front de mer était interdit.

Les Allemands avaient fait murer les rues qui y aboutissaient. Ils avaient construit là un mur, semblable au mur de l'Atlantique, et les riverains avaient été évacués. On se calfeutrait chez soi dans l'épouvante, la peur au ventre. Terreur des dénonciations. Terreur d'un simple contrôle d'identité. Betty et Jacques Franck, les parents de ton ami Jean-Pierre, ont subi une rafle dans leur immeuble, dont ils se sont tirés de justesse. Et c'est un Juif français qui a été arrêté à leur place. »

Le 12 décembre 1943, Oscar et Lily ont réuni leurs amis dans le petit appartement où ils cohabitent avec leur bébé, leur frère et beau-frère Léon, leur sœur et belle-sœur Ida et ses deux enfants, Jako et Ninon. Le père, Salomon Arditti, soixante-quatre ans, et sa femme ont une chambre chez l'habitant, un capitaine français, oncle de leur amie Maguy. Les Arditti ont tenu à se disperser pour ne pas tenter le diable. Ils ont reçu ce jour-là la visite d'une connaissance, fille d'un colonel rencontré au stalag. Juive elle aussi. Mais surtout pourvue de dons de voyance « exceptionnels » selon Oscar. Tous volets fermés, la bande s'offre un après-midi de prescience sur des avenirs plus incertains les uns que les autres. Conjectures, divination, anticipation, augures. La sphinge, qui n'est pas une Cassandre, fait tout pour rassurer chacun. À Oscar, à Lily, à Léon, à Ida, elle prédit qu'ils s'en sortiront. À Jenny aussi, « quoique avec quelques déboires ».

Le lendemain, 13 décembre, en fin de matinée, la famille Arditti, moins les parents, est rassemblée dans le petit appartement. Il y a là Léon, Oscar, Lily et leur fille Claudine, Ida et ses enfants, Jako et Ninon. Leur amie Maguy, nièce du capitaine qui héberge les vieux parents, est venue leur rendre visite.

On sonne à la porte. Avec insistance.

Ida ouvre. Sur le seuil : trois hommes en manteau de cuir et imperméable long.

— Police allemande ! Contrôle d'identité. Vos papiers !

Les hommes de la Gestapo scrutent à tour de rôle les documents dans un silence de mort. La carte de Maguy leur fait relever la tête. Elle n'est pas juive.

— Vous allez venir avec nous, dit le chef aux cinq autres, dans un français presque parfait.

Et son regard converge en même temps sur les deux petites filles, assises sagement sur le divan : le bébé Claudine et Ninon, qui a huit ans.

Alors Maguy s'avance et désigne les deux enfants :

— Ce sont mes filleules… Je les prends en charge. Je m'occuperai d'elles.

Le ton est résolu. L'Allemand a une minute d'hésitation. Mais il a déjà cinq personnes dans son filet, sans compter le père, qui a fait prendre tout le monde.

— Bon ! En route !

Ida se précipite sur sa fille. Elle l'embrasse. Elle la serre violemment, sans pouvoir s'en détacher, tandis que Maguy voit les hommes de la Gestapo qui s'impatientent. Maguy attrape alors le bébé dans un bras. Son autre main saisit celle de Ninon et la fait venir à elle. Et elle disparaît rapidement dans l'escalier avec les deux enfants, suivie des hommes de la Gestapo et du petit groupe. Sur le trottoir, deux tractions avant noires attendent. Jacques et Ida montent dans la première, Oscar, Lily et Léon dans la seconde.

L'hôtel Excelsior est à quelques rues, dans le quartier des Musiciens. Devant sa façade blanc et ocre, deux SS sont en faction à l'entrée. Couloirs étroits. Deuxième étage. Dans une chambre sans meuble, envahie de sommiers, Oscar, son frère, son neveu et sa sœur voient leur père, Salomon Arditti, assis, la tête dans ses mains.

— C'est ma faute. J'ai été pris dans une rafle au marché et mes papiers portaient encore l'adresse de l'appartement. Je n'avais pas eu le temps de les faire rectifier. C'est moi qui vous ai fait prendre !

Pendant les deux jours qui suivent, ils sont interrogés, chacun leur tour :

— Acceptez-vous de dire que vous êtes juif ou faut-il que je vous fasse baisser la culotte ?

Le surlendemain, c'est à Lily de pénétrer dans le bureau de la Gestapo. Elle commence par déclarer :

— Je ne suis pas juive mais chrétienne, de religion maronite, née à Beyrouth.

— Prouvez-le !

— Mon acte de baptême est resté au Liban.

Comment fait-elle ? On la cuisine. Pendant des heures. Elle ne flanche pas. Maintenant les SS en veulent à la petite Ninon, sa nièce, qu'ils ont laissée filer avec Maguy.

— Où est-elle ?

— Je ne sais pas.

— Si vous nous dites où elle est, on vous relâche.

— Je ne sais pas.

Des minutes qui sont des heures, des heures qui paraissent des minutes. Des violences qui ne se racontent pas. Lily compte intérieurement le temps qu'il a fallu à Maguy pour faire sortir la vieille Mme Arditti de sa chambre, et pour la mettre en lieu sûr avec la fillette et le bébé, son bébé.

Elle finit par « cracher » n'importe quoi, quelque chose, qu'ils croient :

— Elle est… au lycée de jeunes filles de… Montpellier.

L'ont-ils vraiment crue ? Se sont-ils fatigués de courir après l'ennemie jurée du Reich, Ninon, une petite fille de huit ans ? Non, elle n'a pas flanché, la brave, la téméraire Lily. Et les hommes de Brunner ont fini par la libérer.

Alors Lily revient dans la chambre prison. Elle se jette dans les bras d'Oscar.

— Ils me laissent partir !

D'un geste rapide, elle vide le contenu de sa poche intérieure dans le veston de son homme. Leurs économies, ultime viatique !

— Va, va vite, dit Oscar.

Lily les serre, chacun dans ses bras, le grand-père, Ida, Léon et le grand Jako avec ses yeux d'enfant. Longuement. Violemment. Et elle part sans se retourner.

Le lendemain matin, Lily et Betty sont au coin de la rue, dévorant des yeux le groupe d'une quinzaine de personnes qui ont quitté l'hôtel Excelsior et cheminent vers la gare, en colonnes de quatre, entourés de SS casqués et armés de mitraillettes.

— *Los... Los... Schnell...* Vite... Plus vite !

Les passants sont sans regard pour les malheureux qui marchent vers leur destruction, avec de lourdes valises au bout des bras. Il y a là Salomon Arditti, le père, Oscar, Léon, Ida et Jako, l'adolescent dégingandé, démesuré, qui n'a que quatorze ans. Lily reconnaît un couple ami, et une femme qui porte un très jeune enfant dans les bras. Leurs yeux se croisent avec une intensité inouïe, dans la ville aveugle, la ville sourde, qui veut ignorer où ils vont. Destination : *l'inconnu*. Ils s'éloignent à présent. On entend leurs pas décroître dans le quartier des Musiciens. Un pâle soleil de décembre éclaire cette scène muette.

Et c'est tout. Lily se réfugie chez son frère et part très vite avec Ninon, la toute petite Claudine et sa grand-mère, en Saône-et-Loire, où elles resteront cachées. Les détails, Lily ou Betty les aura fournis à Jenny dans la hâte et la panique d'autres rafles, d'autres arrestations comme celle, en mars, de Simone Jacob, alias Simone Veil, et de toute sa famille. Comme l'a fait à son échelle la Gentille Maguy, des chrétiens et des juifs œuvrent dans l'ombre pour tirer des petits des griffes des SS. Les fondateurs juifs du réseau Marcel, Moussa et Odette Abadi, avec l'aide de l'évêque Paul Rémond de Nice, du consul de Suède et de familles locales de bonne volonté, sont en train de sauver la vie de cinq cent vingt-sept enfants promis à la chambre à gaz.

Sans le savoir, du haut de mes quatre ans, je côtoie au quotidien d'insoutenables tragédies. De ce cruel hiver 1943-1944, je ne retiens qu'une bribe de souvenir, réactivée par le récit de Jenny, celui de Noël, mon premier Noël conscient, qui doit être si insupportable pour les adultes autour de moi. Ils ont cependant la vaillance de m'offrir une vraie fête de petite Française, la messe en moins. Comme tous mes congénères, j'ai, d'après Jenny, du mal à m'endormir, l'espoir de la venue du Père Noël me taraudant, mais j'offre néanmoins à mes parents mon concerto quotidien, fait de comptines que Jenny m'a transmises et de chansons qu'elle aime, telles que « Tout va très bien, madame la marquise » des deux fois « musiciens » Paul Misraki et Ray Ventura. Je les connais par cœur et les chante d'habitude pour endormir mes parents qui ont plus de mal à trouver le sommeil que moi. Le matin du 25 m'attend, dans la petite salle à manger ensoleillée, un berceau de poupée que Jenny a dégoté quelque part, et rafistolé. Elle l'a recouvert d'un tissu de plumetis rose à petites fleurs ton sur ton, provenant d'un vieux rideau.

Je m'élance, identifie une poupée usagée qui dort sagement dans le berceau magique et m'écrie avec conviction :

— On voit bien qu'il vient du ciel !

Je déclenche l'hilarité générale, et cet éclat de rire que je ne comprends pas, qui en ces temps de terreur doit soulager mes parents, nous demeurera dans les oreilles, à Jenny puis à moi, jusqu'à aujourd'hui.

Il y a aussi non pas un arbre, mais des guirlandes de Noël qui laissent une trace sur une photo. Elle nous représente, mon copain Jean-Pierre Franck et moi, assis sur les marches d'une espèce de perron, avec les guirlandes sur les genoux. Nous avons tous les deux des manteaux d'hiver et j'ai les cheveux assez longs avec deux coques sur le sommet de la tête. Trompeuses images qui ne reproduisent qu'une normalité passagère et exceptionnelle alors que l'anormalité est la règle ! C'est ce type de fausseté qui alimentera plus tard tous les systèmes de dénégation, y compris ceux de Jenny et de moi-même.

Pourtant, depuis le 17 décembre 1942, l'imposture est découverte, la destination inconnue est connue. La Grande-Bretagne, les États-Unis, l'URSS et le Comité national de la France combattante à Londres font savoir au monde que les Juifs d'Europe sont en train d'être exterminés. Il s'agit bien de l'« autre » guerre. Eux se consacrent à la première, qui tend à vaincre militairement le Troisième Reich. Quant à Oscar, Léon et les millions de « musiciens », ils n'ont plus, en attendant la victoire des Alliés, qu'une seule alternative : *tenir*.

Le maestro de Fleur des Alpes

Fin février 1944 parvient à Nice une lettre censurée de Marie où, à mots couverts, elle presse Jenny de les rejoindre dans les Alpes, où ils profitent « tranquillement » de l'air pur des montagnes et des prés aux vaches. Jacques et Jenny n'ont plus un sou. Ils décident d'affronter les périls du voyage, à la merci d'un contrôle d'identité, puisque leurs fausses cartes ne les protègent plus. Le premier train nous emmène à Marseille, de sinistre mémoire. Cinq heures d'attente à la gare dans une insupportable tension. Puis le train de nuit pour Grenoble où je dors, comme d'habitude, blottie dans les bras de ma mère. À Grenoble, il fait très froid mais Marie est là, descendue de la montagne par le car du matin. Il faut attendre toute la journée pour attraper celui du soir qui nous conduit, au terme de notre voyage, à Villard-de-Lans, en plein massif du Vercors. La guerre n'est pas finie, mais Jacques et Jenny peuvent pousser un soupir de soulagement. Ils ont franchi une autre étape.

Dit Jenny : « À notre arrivée à Fleur des Alpes, petit immeuble d'appartements tout au bout du village, sur la route de Corrençon, le premier objet qu'a désigné Marie avec fierté, dans le minuscule deux-pièces où elle vivait avec Marcel et Saby, fut une armoire avec un phono, remplie de partitions, de disques et d'accessoires de musique. “Fais-leur écouter ta composition”, a ordonné Marie à Marcel.

» Tout le monde s'est assis et a écouté dans le recueillement. Ma mère ne prit pas garde que nous avions voyagé quarante-huit heures et que nous avions faim et froid. Elle écoutait dans une sorte d'extase. Elle qui avait gardé toute sa vie les yeux secs avait les larmes aux yeux. Marcel paraissait un peu embarrassé. Il détournait le regard tandis que Marie s'extasiait.

» De fait, avec ses amis de Grenoble occupé, réfractaires au STO, Marcel s'était joint au plan Montagnards et au maquis que, depuis bientôt trois ans, Pierre Dalloz et Jean Prévost avaient imaginé de transformer en “cheval de Troie pour commandos aéroportés". Et c'est ainsi qu'il était monté à Villard-de-Lans, village de montagne, et station de ski, fréquentée avant-guerre, qui avait été relativement préservé, d'abord par l'occupant italien. Quand les Allemands avaient envahi la zone, ils n'y avaient pas laissé de garnison parce qu'ils ne pouvaient pas occuper tous les petits pays. Et puis le village était très haut, à plus de mille cinq cents mètres. Il y avait juste un car qui desservait Grenoble. Il partait le matin et rentrait le soir. Et c'est dans ce coin tranquille, dans les profondeurs de la montagne, que s'était installée la Résistance. Les paysans étaient disséminés et on pouvait facilement se réfugier dans les fermes. Le maquis du Vercors, avec tous ses villages avoisinants, était isolé de la France mais communiquait avec Londres et Alger.

» À Villard, on n'avait pas vu beaucoup d'Allemands, ce qui, bien sûr, avait attiré les réfugiés juifs. Ils vivaient là, avec de faux papiers et des noms d'emprunt. C'était plutôt comique que M. Dubois ou Mme Dupont, dès qu'il ou elle ouvrait la bouche, se paye un accent russe, polonais ou allemand à couper au couteau. Certes il y avait bien eu quelques descentes de Citroën noires venues cueillir de temps en temps des "étrangers" qu'on ne revoyait plus. Mais cela ne s'était pas reproduit souvent et le bouche-à-oreille ne fonctionnait pas beaucoup tant on se méfiait les uns des autres.

» Il était difficile de ne pas remarquer qu'à côté de nous, dans l'appartement de droite, il y avait les Janovski qui chuchotaient en yiddish. Dans celui de gauche, un couple tchèque qui écoutait beaucoup la radio anglaise et nous pouvions l'entendre à travers les cloisons qui n'étaient pas épaisses. Fleur des Alpes comprenait deux étages avec six appartements, ainsi que des chambres de bonne sous les combles, qui se louaient meublées. Le rez-de-chaussée avait été occupé par une école polonaise à l'usage des exilés de guerre. Les Papo, autres "musiciens", habitaient au premier, ainsi que la propriétaire du lieu, Mlle C., vieille demoiselle et forte femme. Elle avait un ami qui ressemblait à un petit vieux, avec sa casquette. Il pouvait disparaître pendant des semaines puis revenir, et deux fois par semaine manger une fondue chez elle. Et quelquefois, ils venaient prendre le café chez nous. Quand on se voyait, on ne parlait que de la pluie et du beau temps. Nous pensions qu'ils étaient plutôt du côté allemand… Mais corrects.

» On bougeait le moins possible. Pour aller au village, il fallait monter un raidillon. J'y faisais avec mon père Saby les courses "officielles" contre les cartes de lait et de pain et nous nous ajoutions aux interminables queues dans les boutiques à moitié vides. La pharmacie était tenue par une Bretonne, Mme Ravalec. On chuchotait que son mari, juif et médecin, le docteur Eugène Samuel, était un chef de la Résistance. Les deux demoiselles du tabac, elles aussi, aidaient les clandestins, résistants ou juifs, et échangeaient la ration de tabac contre des cigarettes qu'on négociait ensuite chez les paysans contre de la nourriture. L'après-midi, mes parents, Marie et Saby, jouaient au bridge avec leurs amis, les Alfandari, les Rovanou et les Bienenfeld. Tous connaissaient Marcel, le grand musicien, la gloire de la famille, et la jeune Violette Alfandari en pinçait vraiment pour lui.

» Pour nous, les fonds étaient bas, mais Marie et Saby avaient quelques réserves. La question primordiale, celle du ravitaillement, me fut donc dévolue. Chaque semaine, le mercredi, munie de sacs, de bidons de lait et de vêtements à troquer, dans un gros pantalon de Jacques et des chaussures de montagne, je prenais le car pour Méaudre et Autrans, communes de fermes et d'élevages très disséminés, dans une vallée entre deux petites montagnes. Il fallait marcher beaucoup, je visitais jusqu'à vingt-cinq fermes dans ma journée.

» Pour déjeuner, j'allais à l'arrêt du car, au milieu de la vallée, dans une petite auberge où l'on servait du pain blanc, accompagné de la radio anglaise à plein tube. Puis, je faisais l'autre côté avec mes sacs qui pesaient de plus en plus lourd. Quand Jacques pouvait m'accompagner, c'était vraiment la fête. Nous revenions par le car de quatre heures, avec de la farine, sept à huit litres de lait, des fromages, et un peu de beau beurre couvert des rosaces qu'y imprégnaient les mottes de bois. Une fois, j'ai même réussi à obtenir un lapin contre des vêtements d'enfant. Je remettais le tout à ma mère et nous n'en revoyions pas les meilleurs morceaux. C'est pourtant Jacques qui pétrissait le pain avec Marie, mais c'est elle qui payait la farine et Marcel qui engloutissait le résultat. »

Jenny parle et soudain se lève un souvenir personnel dans le tas de ceux que j'extirpe à même la mémoire de ma mère. Un matin, je l'accompagne dans sa tournée des fermes. J'ai très faim. J'ai toujours très faim en ce temps de restrictions, ce qui exaspère Marie qui préfère réserver les bonnes choses pour l'artiste de la famille. Les aboiements des chiens, à chaque entrée de ferme, me font peur. Cette fois-là, nous pénétrons dans la vaste cuisine où l'on entend des pleurs d'enfant. La fermière donne à manger à son fils qui a à peu près mon âge. Je dévore des yeux le bel œuf à la coque, dont le jaune barbouille la joue du petit garçon qui l'a recraché. Je n'en reviens pas. Il rejette la cuiller délicieuse, accompagnée de mouillettes de pain blanc. La fermière se retourne, interprète mon regard, et dans un geste de colère à l'égard de son enfant qui refuse la nourriture, elle désigne à Jenny une demi-douzaine d'œufs où pendent encore quelques plumes :

— Ce gosse me rendra folle ! Prenez-les donc pour votre petite, puisqu'il n'en veut pas.

Jenny ne se le fait pas dire une deuxième fois. Moi non plus, le soir au dîner, tandis que mon jeune oncle s'approprie la moitié de notre butin à lui tout seul.

« Le logement était minuscule, se rappelle Jenny. Comme il n'y avait qu'une seule armoire et qu'elle était entièrement occupée, il n'y avait pas moyen d'y ranger un mouchoir. Chaque matin, on devait fouiller dans la malle quand on avait besoin de trouver un caleçon ou une culotte. Avant notre arrivée, Marcel occupait la pièce de l'armoire, Marie et Saby étaient dans l'autre. Tu dormais avec ta grand-mère dans un petit lit. Et nous quatre couchions dans l'autre pièce. Au bout de quelques semaines, nous avons réussi à louer une petite chambre sous les combles au quatrième étage. Mais Marcel a voulu se l'approprier, tout en laissant ses affaires en bas, si bien que nous avons campé jusqu'au bout, sauf quand mon frère est parti dans le maquis. »

Autre bouffée de souvenirs. Il est midi, heure du petit déjeuner de mon idole qui a « composé » jusque tard dans la nuit. C'est moi qui lui monte ses grosses tartines faites avec le pain maternel et son bol d'ersatz de café au lait bien chaud.

« Avec précaution », me recommande Marie. Je frappe à la porte.

— Ouvre, Fleur de nave !

— Bonjour, tonton. Tu as bien dormi ?

Marcel est la seule personne au monde qui m'ait appelée Fleur de nave et, jusqu'à présent, je n'ai jamais su si les navets avaient des fleurs ni si l'appellation était tendre ou méprisante. Qu'importe ! J'accomplissais une mission importante en nourrissant un prodige.

En revanche le ton de Jenny devient aigre quand elle évoque non tant la promiscuité que ce qu'elle considère comme l'iniquité de Marie et son aveuglement. Dès le lendemain de notre arrivée, Marie a montré à sa fille les nombreuses lettres de Munch, le maître de Marcel, qui arrivent très régulièrement et s'accumulent dans l'armoire. Et ce n'est pas tout. D'énormes sommes que méritent de telles œuvres s'amassent au nom de Marcel Amon en Suisse à la Basler Gesellschaft. Il ira les chercher dès la fin des hostilités et remboursera au centuple à ses parents l'argent qu'ils ont dépensé pour lui.

Depuis l'enfance, Marcel a eu tendance à fabuler pour se faire bien voir de sa mère qui n'a que trop tendance à l'idéaliser. Et sa sœur, à qui sa naissance avait volé la vedette, a toujours essayé en vain de le démasquer.

Jenny tente de faire part de ses soupçons à Marie :

— Vous ne trouvez pas que c'est un peu… bizarre ? D'après notre ami musicologue, un grand musicien n'écrirait pas cela à un débutant.

Sa mère monte sur ses grands chevaux :

— Un débutant ? Tu n'as donc aucune oreille, toi qui as suivi des cours de piano pendant toute ton enfance ! Mais tu n'as jamais reconnu la valeur de ton frère ! Et tu préfères écouter tes amis que ta propre famille !

— Mais… maman !

— Ça suffit. Un mot de plus et vous prenez la porte !

Jenny se le tient pour dit. Elle n'a guère le choix et s'estime heureuse de disposer d'un tel refuge. Mais elle et Jacques, qui n'en pense pas moins, se transforment en détectives, avides de percer le mystère. Ainsi observent-ils une similitude entre les caractères qui composent les missives du maestro suisse et ceux des enveloppes que Marcel reçoit de Rolande, laquelle possède une machine et n'écrit jamais à la main.

Les motivations du jeune homme leur paraissent claires. En échange de la gloire et du prestige auprès des amis et du Tout-Villard-de-Lans (les Alfandari, les Bienenfeld, les Rovanu et autres noms originaux qu'il ne convenait pas de prononcer), sans parler de la fortune qui s'accumule pour lui en Suisse, il obtient la paix, le pain et les conserves de sa mère.

Tout ce bel équilibre a été grignoté par l'arrivée de notre petite famille. Je n'ai aucun souvenir de l'épisode où j'ai réclamé à ma grand-mère une tranche de pain blanc supplémentaire. Mais il est resté gravé dans la mémoire de Jenny. Marie a, dit-elle, refusé tout net :

— Michou, tu as assez mangé comme ça… D'ailleurs si tu veux devenir une belle fille, grande et mince comme les mannequins, il faut arrêter de te goinfrer.

Dix minutes plus tard, Marcel réclame un morceau, que sa mère lui sert, sans un mot.

— Pourquoi as-tu refusé d'en donner à la petite ? proteste Jenny.

— Moi, le pain, je le fais pour mon fils et pour personne d'autre !

Les deux mères se toisent. Un regard de haine. Qui ne sera pas le dernier. Désormais, la guerre est déclarée entre Marie et sa fille. Entre Jenny et sa mère. Des hostilités qui ne cesseront plus jamais.

Le lendemain de ce jour mémorable, Marie monte faire le ménage dans le souk du maître, pendant que ce dernier est parti dans la montagne rejoindre ses camarades. Derrière la fameuse armoire, sous le lit, elle découvre une montagne de conserves, chipées en cachette, pendant la nuit, dans ses réserves. Elles sont à moitié ouvertes, à moitié mangées. Des sardines pourries qui auraient pu alimenter un grand nombre de nos maigres repas, le plus souvent réduits à quelques feuilles de romaine agrémentées d'un peu de sel. Elle n'ose pas révéler le pot aux roses en public, mais les échos de l'« engueulade », comme dit Marcel, parviennent aux oreilles de Jacques, qui lit tranquillement dans la chambre à côté.

Dit Jenny : « Trois jours plus tard, comme par enchantement, est arrivée une nouvelle lettre de Suisse. Cette fois, elle était d'Ansermet. Et, comme tout le courrier étranger, elle avait été ouverte à la douane et passée par la censure. Puis refermée par une bande de papier collant qui en masquait le timbre. C'était bien un timbre suisse mais il avait été oblitéré en 1943 alors que nous étions en 1944. J'en ai immédiatement fait la remarque. Et Marie de me répondre par ce mot superbe : “La poste s'est trompée !”

» Cette fois, les termes de la lettre dépassaient toutes les bornes de la vraisemblance. Elle commençait par : “Maître, vous n'êtes pas un maître, vous êtes un génie” et continuait sur le même ton : “Vous deviendrez, vous êtes déjà le plus grand musicographe de notre temps.”

» Marie a lancé sur les autres membres de la famille un regard de triomphe et a couru montrer la lettre aux voisins. On a entendu des bravos, de grands éclats de voix, des félicitations. »

Jenny et Jacques demeurent bouche cousue. En tout état de cause. Ils ont d'autres préoccupations.

Ainsi passent dans un relatif calme extérieur, mais dans la tempête domestique, les mois cruciaux du printemps 1944. Pendant ce temps, la guerre se fait de plus en plus dure. Les Alliés remontent la péninsule italienne. Ils ont des pertes considérables à Monte Cassino. Quelque chose d'énorme se prépare… est imminent. Mais pour quand ?

« Les sanglots longs… »

« … bercent mon cœur d'une langueur monotone. »

— On l'a déjà entendu celui-là, il y a longtemps, dit Marcel.

— Non, il n'y a pas très longtemps, dit Jenny. Et puis c'était le début du vers « Les sanglots longs des violons… ».

— Oui, dit Jacques, le vers de Verlaine : « … blessent mon cœur d'une langueur monotone. »

— Mais non, dit Marcel. Ce n'est pas « blessent » mais « bercent ». Et ce n'est pas le poème, c'est la chanson de Trenet !

Ils sont tous les trois pendus à la radio, en ce 5 juin au soir. Dans la journée, ils sont allés faire une promenade au col Vert, avec moi qui ne me souviens de rien. Le soir en rentrant à Villard, ils sont passés devant une maison aux fenêtres ouvertes. La radio officielle, la radio « allemande », allumée, évoque le « siège de Rome ». À Fleur des Alpes, les voisins tchèques précisent la grande nouvelle : Rome a été prise la veille par les Alliés et déclarée ville ouverte.

Et depuis vingt et une heures, les messages personnels s'enchaînent et ne s'arrêtent plus.

— C'est tout de même pas possible, dit Jenny. Il n'y en avait jamais eu autant !

« Le chamois des Alpes bondit… »

— Je parie que c'est pour demain, dit Marcel.

— Pas déjà, dit Jacques. Ils ne sont pas encore prêts !

— Je te parie que c'est pour demain matin, répète Marcel.

— Il ne se passera rien demain, dit Jacques. Mais j'aimerais bien avoir tort. Si tu veux, on parie vingt balles.

— Moi, je vais me coucher, dit Marcel… D'accord… vingt balles !

Jacques et Jenny ont du mal à s'endormir. Vers six heures et demie, Jenny a vaguement entendu grésiller la radio anglaise chez les Tchèques, mais sans distinguer aucun mot.

Quelques minutes plus tard, distinctement, elle entend le mot tant attendu : DÉBARQUEMENT.

— Jacques ! Réveille-toi… Je crois que ça y est… On réveille les parents ?

Ils se ruent sur la radio dans la chambre de Marie et Saby.

« Il était quasi impossible, se souvient Jenny, de capter Londres. Un brouillage extraordinaire ! La radio de Vichy mentionnait seulement que quelques bateaux s'étaient approchés de la côte mais avaient été rapidement maîtrisés. La côte, quelle côte ? La Provence ? Le Pas-de-Calais ? Enfin les ondes se sont calmées. Puis deux mots : “débarquer” et “Normandie”. Alors Jacques en pyjama a grimpé à l'étage de Marcel et a donné un grand coup dans la chambre verrouillée, n'osant rien proférer dans la cage d'escalier à cause de Mlle C. »

— Je te dois vingt balles…

On entend la voix ensommeillée de Marcel :

— Tu m'embêtes ! Laisse-moi dormir.

Et puis, un cri :

— Quoi ?

Marcel descend quatre à quatre les escaliers. Sa sœur ne précise pas comment les cinq adultes ont exprimé leur allégresse, elle dit juste : « Là a commencé la grande fiesta ! » S'agit-il de fêter l'événement ou de se préparer à la tempête ? Moi, je dors encore et rien ne s'est gravé dans ma mémoire de quatre ans et demi.

On est pourtant le 6 juin 1944. Les Alliés viennent de prendre d'assaut les plages de Normandie et de percer le mur de l'Atlantique.

À midi, regroupée autour du poste sacré, toute la famille écoute avec ferveur la parole de De Gaulle : « La bataille suprême est engagée… C'est la bataille de France et c'est la bataille de la France… Pour les fils de France, le devoir est simple et sacré : il s'agit de détruire l'ennemi, l'ennemi qui écrase et souille la patrie. »

Les locataires de Fleur des Alpes, tous confondus, exultent. Serait-ce le début de la fin du calvaire ? Pendant quelques semaines, les hommes du Vercors croiront à la bonne coordination entre les Alliés, l'armée française professionnelle, le gouvernement français incarné par de Gaulle, les maquisards et leurs chefs. Et à cet instant, le 6 juin 1944, Jacques, Marcel et tous les « musiciens » de Fleur des Alpes serrent les poings en écoutant ces paroles. Eux, les humiliés, les sous-hommes qu'on voulait mener à l'abattoir, ils sont prêts à mourir libres.

Marcel n'attend pas une heure, malgré les supplications de Marie.

— Les camarades m'attendent. Cette fois, on va se battre.

Le plan Montagnards est lancé, dans le massif, au cœur de la forêt. Déclenchement prématuré : rien n'est prévu par le commandement allié pour le soutenir et il n'est pas pris en compte dans les opérations projetées dans le Midi de la France.

Trois jours plus tard, le 9 juin 1944, Jenny part vers Autrans faire son ravitaillement.

Dit Jenny : « Jacques ne m'a pas accompagnée, car ça commençait à sentir le roussi. Je suis montée dans le car en même temps que deux jeunes gars qui se sont dressés près du chauffeur : "Mesdames, messieurs, nous représentons la France libre. Pouvez-vous nous présenter vos papiers, s'il vous plaît ?"

» Et dans un grand silence où chacun gardait pour soi ses pensées, nous avons sorti nos cartes non pas pour la Gestapo, non pas pour la Milice ou la police de Vichy, mais pour des représentants de la Résistance. Quant à moi, je n'en revenais pas, je n'arrivais pas à y croire. Et puis on est arrivés à Méaudre et j'ai commencé à faire les fermes et mes sacs se sont remplis.

» Juste devant moi, j'ai observé deux garçons qui entraient et qui sortaient des mêmes fermes sans emporter aucune provision. "C'est la Résistance, m'a dit une fermière. Ils viennent enrôler nos gars." Et brusquement, alors que je sortais bredouille d'une ferme, l'un des deux jeunes s'est retourné et m'a interpellée : "Ça me fait de la peine de vous voir si chargée. Est-ce que vous accepteriez que nous vous portions vos sacs jusqu'au car ?" »

Jenny ne se le fait pas dire deux fois. Et quelque cinquante ans plus tard, elle s'en réjouit encore : « Ils étaient si charmants ! Et bien de leurs personnes, ce qui ne gâtait rien. Cela faisait si longtemps que je n'avais pas rencontré des inconnus avec de telles manières.

» Un peu plus tard, d'autres sont montés dans le car et se sont adressés à nouveau aux voyageurs : “Nous sommes la République libre du Vercors. Suite au débarquement en Normandie, la Résistance française reprend le flambeau. Nous invitons tous ceux qui le peuvent à rejoindre nos rangs.” Dans le car, les réactions étaient diverses. Les uns applaudissaient frénétiquement, les autres ont hué. Quant à moi, j'étais anesthésiée par la joie. »

C'est ainsi que le Vercors deviendra un petit morceau de France libre où flotte le drapeau français et où l'on joue *La Marseillaise*, interdite sous peine de mort par l'occupant. Les jeunes du plateau partent, la fleur au fusil, pour délivrer la France du joug nazi, négligeant le contre-ordre du général Kœnig le 10 juin. Parmi eux le maestro de Fleur des Alpes, Marcel Amon. Les mêmes cars Huillier qui reliaient Villard-de-Lans à Grenoble, réquisitionnés, passent à la Résistance et servent à mener les jeunes recrues vers les lieux de réunion dans les fermes.

Le massif est verrouillé, telle une forteresse inexpugnable. Marcel a disparu dans les profondeurs de la montagne avec ses compagnons. Et sa mère se morfond, attendant des nouvelles qui, dit sa sœur, « naturellement n'arrivaient pas, les maquis n'étant pas outillés pour la poste, ni pour rien d'autre d'ailleurs ».

Les deux charmants jeunes gens qui ont porté les sacs de Jenny et incarnent la République libre du Vercors s'appellent, d'après la Jenny de l'après-guerre, Simon et peut-être Pierre, Nora, qui n'avait alors que treize ans et n'a pas de souvenir de l'incident. Eux non plus n'en ont pas fini avec la mémoire. Le lendemain du jour où ils portent ses sacs et recrutent des combattants pour la République libre du Vercors, un détachement du 1er bataillon du 4e régiment de Panzergrenadier der Führer appartenant à la Panzerdivision Das Reich de la Waffen SS détruit Oradour-sur-Glane, petit village de la Haute-Vienne, et massacre sa population, hommes, femmes et enfants. La guerre n'est pas terminée. Aucune des deux.

La République libre du Vercors : l'île en territoire ennemi

Marcel a-t-il participé à la bataille de Saint-Nizier, comme il l'affirme plus tard à sa sœur qui hésite à le croire ? L'histoire, via les archives de l'Association nationale des pionniers et volontaires du Vercors, confirme que « Marcel Amon, né à Paris le 30 avril 1924, célibataire, a rejoint la compagnie Philippe le 9 juin 1944 ». Quatre jours plus tard, Marcel Amon est bien sur le champ de bataille.

Car le répit ne dure pas. La légende imagine que c'est le drapeau tricolore déployé sur le village de Saint-Nizier, visible depuis la vallée, et accès le plus facile vers le massif, qui attire l'attention des Allemands sur cette bourgade de la République libre du Vercors. De Grenoble, où le couvre-feu a été instauré à partir de vingt heures et où les communications sont coupées avec le plateau, le général Karl Pflaum lance une offensive destinée à mesurer la résistance des maquis. La bataille de Saint-Nizier a lieu les 13 et 15 juin, celle des Écouges le 21 juin. Contrairement à la légende, le déploiement à Saint-Nizier du drapeau tricolore, visible depuis Grenoble, n'a pas été le déclencheur de l'offensive allemande, qui avait été décidée bien avant.

De la bataille qui se déroule à quelques kilomètres, voici ce qu'a retenu Jenny, demeurée à Villard-de-Lans : « Qu'arriva-t-il ? À Grenoble, les Allemands ont commencé à trouver louche l'absence de cars venant des communes et des montagnes et, au bout de quelques jours, ils ont décidé de monter voir. Une compagnie allemande a pris la route de Villard-de-Lans et a piégé les maquisards dans une petite commune, premier bastion montagneux, appelée Saint-Nizier, à quelque vingt kilomètres. Ce fut très rude. Il y eut beaucoup de morts parmi les maquisards, jeunes, inexpérimentés, n'ayant pas d'armes lourdes et ne portant qu'un brassard tricolore aux armes des Forces françaises de l'intérieur, comme signe distinctif. D'ailleurs pendant tout le temps qu'a duré la bataille du Vercors, l'organisation a fait défaut. Les parachutages de Londres ou d'Alger étaient insuffisants, mal établis et manquant terriblement d'armes lourdes, d'aéronefs, et de soldats expérimentés pour s'en servir.

» Pendant ce temps, nous autres à Villard-de-Lans ignorions tout de ce qui se passait à nos portes avec fils, frères et maris. La bataille de Saint-Nizier s'est passée à la mi-juin. Nous étions à mille lieues de penser que Marcel avait pu en faire partie. Un beau jour, nous avons vu arriver un détachement de soldats allemands en tenue de campagne, en partie des Polonais, enrôlés de force ou non dans l'armée allemande, et qui sont restés à Villard deux ou trois jours, officiellement pour "respirer l'air pur". Nous avons eu la malchance de les voir loger au rez-de-chaussée de notre maison, dans l'ancien lycée de filles polonais, désaffecté. Mais enfin ils sont repartis et nous avons pu souffler.

» Et puis Marcel est venu "en permission", tout gonflé de son importance. Et il nous a raconté sa bataille de Saint-Nizier, avant de retourner dans ses montagnes. »

— Le premier jour, le 13 juin, rapporte Marcel, nous étions rassemblés sur le plateau à Saint-Nizier. Comme vous le savez, c'est un petit village accroché au Moucherotte et lorsqu'on monte de Grenoble, c'est une bonne voie d'accès au massif du Vercors. Là, nous avons essuyé la première attaque. Nous entendions clairement les explosions qui nous parvenaient assourdies mais régulières. Et en fin d'après-midi, alors que les tirs s'espaçaient, nous avons aperçu des fumées épaisses qui s'élevaient sur les collines.

» C'est notre sentinelle qui a repéré l'arrivée des premiers Allemands. Ils montaient en camion par la route de la Tour sans venin. Il était déjà trop tard. Très vite, au moins quatre cents soldats ennemis ont occupé le plateau. Là j'ai eu peur. Au centre de la ligne très effilée que tenait notre compagnie, notre groupe de mitrailleurs était sur le point de tout lâcher et de nous mettre en péril. Nous n'avions plus d'obus pour notre mortier, plus de munitions pour nos mitraillettes, plus de charges pour les lance-roquettes qui tenaient les adversaires retranchés derrière le talus de la route à moins de vingt mètres de nous. Il ne nous restait plus qu'à tenter un assaut à la grenade, quand a débarqué la section Chabal envoyée en renfort par Goderville, qui servait lui-même à la mitrailleuse.

» Je les vois encore arriver à fond de train depuis la rivière, sauter des camions en chantant *La Marseillaise* et charger au milieu des balles. Nous avons perdu des hommes mais nous avons réussi à faire reculer les Allemands en les harcelant à la grenade Gammon. Le soir nous étions tous crevés. Mais quelle joie, malgré la fatigue harassante, de célébrer entre nous cette première victoire sur l'ennemi !

» Le surlendemain matin, le canon s'est remis à tonner. L'ennemi s'était renforcé et nous attaquait à nouveau avec l'appui de l'artillerie. À la fin d'une journée infernale, on avait l'impression que toute la montagne était en flammes : Saint-Nizier brûlait. Les Allemands avaient bombardé le village et l'avaient incendié.

Ce que Marcel ne dit pas, c'est que la bataille de Saint-Nizier a entraîné la perte, par les résistants, des accès à Grenoble et Villard-de-Lans. La République du Vercors se limite désormais au Vercors sud et à la zone de Méaudre. Elle y est officiellement proclamée, avec une prise d'armes. Désormais la devise « Liberté, Égalité, Fraternité » remplace celle de « Travail, Famille, Patrie ». Le premier territoire libéré dans la France encore occupée s'est donné une capitale : Saint-Martin-en-Vercors, soit quelques dizaines de maisons au milieu de collines en pente douce, parsemées de fermes isolées, à l'abri de la Roche rousse. La « France libre », avec ses quatre mille résistants inexpérimentés, fait cinquante kilomètres de long sur quinze de large. Au milieu de ses camarades maquisards parade Marcel Amon. Il porte maintenant comme eux un brassard tricolore décoré de la croix de Lorraine, un blouson de cuir, des pantalons de golf, des godillots cloutés, le béret incliné sur le crâne. Il arbore comme certains en bandoulière une mitraillette artisanale, fabriquée à la main.

Il croise de vrais militaires, en tenue de chasseurs alpins, avec une cape bleu marine, le béret qu'on appelle la « tarte », aplati sur l'oreille. Aux fenêtres de la libre cité, des drapeaux français. Sur les murs, des affichettes : « Habitants du Vercors, c'est chez vous que la République vient de renaître. Vous pouvez en être fiers. »

Marcel s'entraîne comme les autres recrues au tir au fusil, avec des cibles représentant Hitler ou Pétain. À la périphérie du village, les officiers supérieurs, comme le commandant Huet, alias Hervieux, ont pris leurs quartiers dans la villa Bellon. Une tension palpable sépare les volontaires FFI des officiers de carrière qui veulent transformer les maquis en une armée régulière. Quant aux corps francs, ils ne veulent rien avoir à faire avec « ceux qui ont baissé leur culotte en 40 et qui viennent maintenant jouer aux petits soldats de plomb ».

Marcel participe à la vie quotidienne de la « cité du soleil », de l'« île en territoire ennemi » comme la nomme un autre témoin, son camarade Marc Ferro, futur historien. A-t-il comme ce dernier « pleuré de joie » au spectacle des affiches de la République et des drapeaux plantés sur les monuments publics ? En tout état de cause, il déambule dans les rues de la petite capitale, au milieu des oriflammes, des écharpes tricolores, des tenues bleues des chasseurs alpins, des chéchias rouges des Sénégalais, des fanions fleurdelisés des cuirassés, des képis des gendarmes et des croix de Lorraine.

Ce morceau de liberté durera trente-six jours. François Huet, chef militaire du maquis, décide d'enrégimenter ses effectifs dans des unités militaires reconstituées. Les maquisards deviennent des soldats de l'armée régulière en uniforme et dûment enregistrés sur des listes, ce qui explique la suite de l'histoire et ses conséquences pour Jacques et pour Marcel. Mais sur le moment, qu'importe ! Ils passent du statut de terroristes voyous à celui de soldats combattants. Combattants pour la liberté.

14 juillet 1944 : le piège de Vassieux

Début juillet, Jacques part lui aussi pour le maquis avec les autres volontaires. La Résistance a été informée qu'une division allemande se dirigeait vers le Vercors. Elle demande à tous les hommes valides de rallier le maquis. Un jeune vient recruter à Fleur des Alpes.

Jenny a protesté faiblement mais Jacques s'est montré intraitable :

— Rappelle-toi ce qu'avait dit Oscar. Il y a deux guerres. En partant dans le maquis, je m'engage pour les Alliés, et pour les nôtres, *los muestros*. C'est une manière de sauver nos vies et notre honneur. Et si tu veux qu'un jour j'acquière la nationalité française, il faut en passer par là.

« Il m'a donc quittée pour l'inconnu. La mort dans l'âme, je l'ai vu s'éloigner en costume civil, son paquetage à la main. Après cela, nous n'avons reçu aucune nouvelle ! Pendant ce début de juillet 44, les seuls hommes à être demeurés à Fleur des Alpes – dont mon père Saby – et dans le reste du village avaient plus de soixante ans », se souvient Jenny.

Dans la nuit du 6 juillet, des gradés français et anglais sont parachutés sur le plateau. Mission spéciale dans l'attente d'un événement considérable, mais tenu caché. Les rumeurs cependant vont bon train.

— On attend des renforts venus d'Afrique du Nord, dit un camarade de Marcel.

— Tu n'y es pas, rétorque un autre. C'est le général de Gaulle en personne qui vient.

Tout se passe à Vassieux-en-Vercors, village d'une centaine de maisons situé au bout d'un vallon ouvert entre deux flancs boisés. Un véritable aérodrome naturel. Le commandant du Vercors ordonne d'y aménager un terrain d'atterrissage pour les avions porteurs de l'US Army Air Forces. Cette langue de terrain d'un kilomètre de long sur cent cinquante mètres de large a été baptisée le « taille-crayon ». La compagnie Goderville est envoyée en renfort pour niveler le terrain, repousser les rochers et les pierres, colmater les fossés et couper les arbustes. Les hommes dorment dans des granges.

Arrive le jour J. À l'occasion de la célébration de la Fête nationale, le Conseil national de la Résistance a appelé à un « 14 Juillet de combat ». Les maquisards sont rassemblés sur le terrain depuis l'aube. Il fait un temps radieux. Ciel limpide. Attente euphorique des renforts amis. Et soudain, des vagues de bombardiers larguent des centaines de conteneurs sous les parachutes. Les avions alliés, dont les ailes portent la double étoile blanche, volent très bas sur le plateau. Un cri d'enthousiasme unanime s'élève de la bouche des maquisards. Le hurlement redouble lorsque les parachutes tricolores en hommage à la fête du 14 Juillet s'ouvrent sous le ventre des forteresses volantes et viennent flotter à leur rencontre. Les hommes s'élancent vers les points de chute des parachutes avec leurs huit cent soixante conteneurs, et les tirent vers la forêt après avoir cisaillé les cordages. Il y a là des tonnes d'armes et de munitions… mais pas de secours en hommes.

Soudain, les bombardiers allemands ! À peine les appareils alliés disparus, ils surgissent et attaquent en piqué, mitraillant l'aire de parachutage et de parade. Impossible de ramasser les conteneurs ! Pendant tout l'après-midi, l'ennemi crible de bombes les villages du plateau, anéantissant tout, fermes, hommes et bêtes. Des obus à balles fauchent les blés au ras du sol. Saint-Martin et Corrençon sont touchés en même temps que Vassieux dont les maisons brûlent toujours et dont les villageois ont été fauchés au hasard, morts ou blessés.

Les hommes du Vercors ont été faits, comme des rats.

Ce que ni Marcel ni Jacques ne savent, c'est que des messages contradictoires ont fait souffler le chaud et le froid sur la petite forteresse que les jeunes maquisards croyaient imprenable. Dès avant le débarquement, Chavant, chef civil du Vercors, a obtenu un accord écrit du gouvernement provisoire de De Gaulle, signé de Jacques Soustelle, approuvant le plan Montagnards. Et le 6 juin, des messages de Londres recommandaient de mettre en œuvre toutes les actions possibles pour entraver les mouvements des troupes allemandes. La direction du Vercors a décidé alors de mobiliser les réservistes et de verrouiller la zone. Mais tandis que deux à trois mille volontaires, incluant Jacques, accouraient, sont arrivés les ordres contraires du général Kœnig, rédigés le 10 juin, diffusés le 17, recommandant d'éviter les regroupements importants.

Ce décalage dans la chronologie des ordres explique le malentendu tragique qui a piégé les maquisards dans un combat inégal. Peu soutenus par les Alliés et par l'armée française, livrés à leur seule bonne volonté, les résistants n'ont pu éviter une débâcle annoncée. Et chaque camp rejette sur l'autre la responsabilité de l'échec.

Ce même 14 juillet à Villard-de-Lans, Saby, Marie, Jenny et moi-même sommes réunis pour un déjeuner exceptionnel. Jenny a réussi à dégoter chez sa fermière un morceau de roi, qu'on croyait ne plus jamais manger de toute son existence : de la selle d'agneau. Marie a distribué les tranches dans les assiettes, quand se font entendre les rugissements sourds des premiers bombardements sur Corrençon. Elle se lève, entraînant sa fille et moi-même, mais d'un signe Saby lui intime l'ordre de fermer les volets et de se rasseoir tandis qu'il continue à mastiquer religieusement.

Pendant longtemps, j'ai cru n'avoir pas de souvenir d'enfance précis avant celui d'août 1944 où les soldats allemands viendront chercher Marcel. Mais celui-ci m'est revenu lorsque Jenny a évoqué la scène de ce 14 juillet 1944, le bruit sourd de bombardements qui à certains moments se rapprochent, notre silence médusé à toutes les trois, immobiles, au point de perdre l'appétit pour ce beau morceau d'agneau, croustillant à l'entame et saignant à l'intérieur, avec une seule idée en tête, nous enfuir, nous réfugier dans la cave, sous le lit, tandis que le regard du patriarche dans la pénombre nous empêche de bouger et que ses mandibules continuent de mâcher sans relâche, sans prendre garde aux bombes, sans songer à son fils, peut-être exposé au-dessous, tout à son activité quasi sacrée, associée pour Jenny au souvenir du sacrilège qui avait entamé la foi de son enfance, associée pour moi à la loi du grand-père, à l'interdit absolu, à l'interdit d'avoir peur.

Ce souvenir a donc précédé celui que je croyais être le premier et la matrice de tous les autres, celui de l'arrestation ultérieure de mon oncle. Je n'avais pas jusqu'ici de chronologie consciente de cette préhistoire de ma mémoire. Je n'avais jamais songé à dater le bombardement. Mais les bombes sur Corrençon du 14 juillet 1944 n'ont pas pu ne pas être entendues de Fleur des Alpes qui se trouvait justement sur la route de ce village.

« Nous à Villard-de-Lans, c'était l'enfer, poursuit Jenny. Marie ne desserrait pas les dents en pensant à Marcel. Moi, je ne dormais pas de la nuit en pensant à Jacques. Seul mon père Saby, avec l'optimisme et l'indifférence qui le caractérisaient, faisait sa promenade quotidienne et mangeait toujours avec appétit, quand il y avait à manger. Car le ravitaillement était devenu très difficile depuis que je ne pouvais plus aller à Méaudre et Autrans, faute de transport. Rien n'arrivait non plus de Grenoble dont les communications étaient elles aussi coupées. J'ai donc pris l'habitude d'aller aux Pouteilles, où il y avait trois fermes et des gens très corrects. Je suis devenue amie avec la fille de l'une des fermières et leurs produits nous aidèrent à survivre. Les Pouteilles étaient à environ cinq kilomètres de Villard et je pouvais y aller à pied. »

Pendant ce temps, Marcel et Jacques participent à la bataille perdue du 21 juillet, quand la forteresse du Vercors a été sacrifiée à l'ennemi. Et c'est à partir de ce moment que j'incorpore à mon concerto du soir une chanson que Jenny me souffle tout doucement et m'adjure de ne répéter qu'à voix basse, à cause de Mlle C. : « Ami, entends-tu le vol noir des corbeaux sur nos plaines ? Ami, entends-tu les cris sourds du pays qu'on enchaîne ? [...] C'est nous qui brisons les barreaux des prisons pour nos frères [...] Ami, si tu tombes, un ami sort de l'ombre à ta place... »

« Le chant des partisans » est entré dans notre folklore personnel. Tout ce mois de juillet 1944 se révèle si intense, avec Jacques pris dans la tourmente du Vercors et Jenny dans celle de l'occupation de Villard par les Allemands, que les deux lettres de Moïse et Marie, expédiées d'Italie, passent inaperçues.

Dernières lettres d'Argegno

Depuis notre arrivée à Nice, Jacques avait reçu peu de nouvelles de ses parents. En mars 1943, ils sont montés à bord d'un des deux trains rapatriant de France les quelque trois cents ressortissants juifs italiens, dont la liste avait été établie à partir des registres des consuls et des ambassadeurs d'Italie, secondés par la Gestapo et la préfecture de police de Vichy. Depuis qu'en 1942 la nouvelle de la destruction des Juifs d'Europe s'est répandue en haut lieu, le gouvernement de Mussolini, quoique allié des Allemands, a, dans plusieurs pays européens, offert une alternative aux citoyens italiens, et seulement italiens : rentrer dans le pays de leur passeport ou bien rester aux mains des Allemands. Les volontaires ont afflué de partout. De Paris comme de Sofia et d'autres capitales.

Le train qu'ont pris à la gare de Lyon Moïse et Marie Benrey, en même temps qu'Ugo et Allegra Modiano, est passé par Lyon, où l'on peut monter mais pas descendre, puis est allé directement à Bardonecchia, ville ouverte. Là, on a demandé aux voyageurs de choisir une destination précise en Italie. Les parents de Jacques ont élu Milan où ils avaient déjà résidé lors de leur fuite de Bulgarie en 1924. Ugo et Allegra ont choisi d'aller à Parme, car les Modiano y ont de la famille. À Milan, Moïse et Marie se sont réfugiés dans un petit hôtel qui les a déclarés comme résidents juifs. Marie possède encore quelques bijoux qui leur permettront, espèrent-ils, de tenir jusqu'à la fin de la guerre, qu'on attend toujours depuis le débarquement en Afrique du Nord et la victoire de Stalingrad.

Mussolini, désavoué par le Grand Conseil du fascisme, est arrêté sur ordre du roi le 24 juillet 1943, tandis que quelques jours plus tard survient le débarquement allié en Sicile. Un événement salué par les Benrey et leurs amis, notamment Ézéquiel Tagger et sa femme Victoria Hasson, vieilles connaissances de la Bulgarie, eux aussi ressortissants italiens, rapatriés depuis Sofia dans un train similaire à celui des Benrey.

Dans la foulée, le bombardement de Milan en août de la même année fait fuir un grand nombre d'habitants de la ville. Il faut à nouveau partir. Moïse, Marie, Ézéquiel et Victoria, à l'instar des autres Juifs, n'ont pas le droit d'aller dans les grandes stations touristiques. Et ils sont tenus, comme tout le monde, de se déclarer quand ils changent d'endroit, à cause des cartes de rationnement.

— Je te fais une proposition, dit Ézéquiel à Moïse. Je connais un petit village perdu sur le lac de Côme. Il se nomme Argegno. Il est proche de la frontière suisse où nous pourrions éventuellement passer. Nos amis les Arav sont prêts à se joindre à nous.

C'est ainsi que les Benrey, les Tagger et les Arav, trois couples sépharades bulgares, entre soixante et quatre-vingts ans, partent pour Argegno, entre le mois d'août et la capitulation italienne du 3 septembre et s'établissent à l'Albergo Argegno, modeste auberge au bord du lac, face au débarcadère.

À peine y sont-ils arrivés que la situation pour eux, comme pour Jacques et Jenny à Nice à la même époque, bascule irrémédiablement.

Le 11 septembre, les Allemands entrent à Côme.

Le 12 septembre, Mussolini est libéré par les nazis.

Le 23 septembre, la République de Salò est établie, avec Mussolini à sa tête.

À partir de ce moment-là, Moïse et Marie, Ézéquiel et Victoria et le couple Arav sont isolés au cœur de la République fasciste de Salò, dans ce minuscule et magnifique village perdu, au bord de l'un des plus beaux lacs du monde.

Et quelques mois plus tard, le 8 juin 1944, Marie s'assied à la terrasse de l'Albergo Argegno, face au petit débarcadère où accostent les vaporettos, trempe sa plume dans de l'encre obligeamment fournie par l'aubergiste, le *signore* Rosati, et tourne ses pensées vers son frère Nissim Jerusalmi, resté à Paris dans leur appartement de la rue Thimonnier. Sa lettre est rédigée en judéo-espagnol, ici traduite en français :

Argegno, 8 juin 1944

Mi kerido Ermano… *Mon cher frère,*

Tu ne peux t'imaginer quelle joie j'ai ressentie en mon cœur en recevant ta gentille lettre. J'avais si peur que tu ne répondes pas à la mienne. En ce qui nous concerne, grâce à Dieu, nous allons bien. Mais les nôtres et surtout les enfants nous manquent infiniment. Grâce à Dieu, je reçois toujours de bonnes lettres et de bonnes nouvelles d'eux et ils ont été très satisfaits d'apprendre que toi aussi tu allais bien. Si seulement la guerre pouvait se terminer et que nous nous retrouvions comme avant, je cuisinerais à nouveau ces borekitas *comme avant ! Tu m'écris que tu entres dans ta soixante-dixième année, je te la souhaite bonne et tranquille. Dieu veuille que l'année prochaine, nous soyons tous réunis. Mon mari, lui, a eu soixante-dix-neuf ans. Pourvu que nous nous retrouvions tous enfin ensemble !*

Tu m'écris que tu es seul ; sois content d'être bien ainsi car beaucoup seraient comblés d'être tranquilles à la maison chez eux. Puisse Dieu te garder en bonne santé et nous aussi.

Tu ne peux te figurer la tristesse que je ressens de la mort de notre pauvre Esterina. Elle qui désirait tellement que la guerre se termine pour voir ses enfants… De Lionel et de son frère, nous ne savons pas comment ils vont. Si j'avais leur adresse, je leur écrirais pour avoir des nouvelles du reste de la famille… Je te prie de bien vouloir saluer notre concierge, Mme Triboulet, et de lui dire à quel point elle me manque. Je pense toujours aux bons moments que je passais avec elle dans sa loge. Salue bien aussi de ma part sa fille et son mari. Salue toutes mes amies. Ne me laisse pas sans nouvelles, écris-moi toujours pour que je sois sûre que tu es en bonne santé.

Je n'ai rien d'autre à t'écrire qu'à te saluer, je te serre dans mes bras,

Tu kerida Ermana, *Marie*

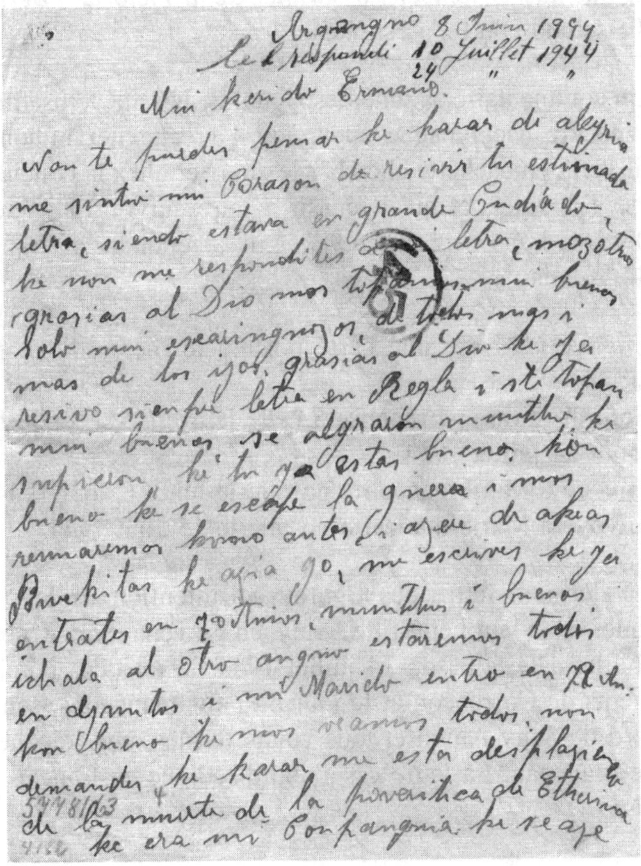

Argangno 8 Juin 1944
Le respondi 10 Juillet 1944
24 " "

Mi kerido Ermano.
Non te puedes pensar ke karar de alegria
me sintio mi Corason de resivir tu estimada
letra, siendo estava en grande Cudiado
ke non me respondites a mi letra, mozotros
grasias al Dio mos topamos mui buenos
solo mui [illegible] de todos mos i
mas de los ijos, grasias al Dio ke ya
resivo siempre letra en Regla i [illegible]
mui buenos se algraron muntcho ke
supieron ke tu ya estas bueno, kon
bueno ke se escape la guerra i mos
[illegible] antes i [illegible]
[illegible] ke azia yo, me escrives ke ya
entrates en 70 anios, muntchos i buenos
[illegible] al otro angno estaremos todos
en djuntos i mi Marido entro en 72 an.
kon bueno ke mos veamos todos, non
demandes ke karar me esta desplasier
de la muerte de la [illegible]
ke era mi Conpangnia ke se [illegible]

Suit un bref paragraphe signé de Moïse :

Cher beau-frère,

J'ai reçu aussi ta carte postale dont j'ai lu avec plaisir le contenu. Nous sommes contents de te savoir en bonne santé, et je t'informe que nous de même. Je te remercie pour l'information que tu me donnes au sujet de notre magasin, seulement tu ne dis pas si l'administrateur M. Giuffrida a enlevé la marchandise et s'il a les clés. Est-ce que les quittances de mon assurance ont été payées à temps afin de

ne pas laisser tomber l'assurance de la Victoria à Berlin ?
Te saludo con toda estima.

Un commentaire en judéo-espagnol de Nissim Jerusalmi, le destinataire, accompagne la lettre qu'il a reçue rue Thimonnier où il vient en cachette chercher le courrier chez la concierge, Mme Triboulet, et qu'il réussit à faire suivre à Jacques à Villard-de-Lans : « *Le respondi.* Lui ai répondu le 10 juillet 1944. » Puis :

Envoyé à Moïse une carte postale le mercredi 12 juillet 1944.
Écrit à Marie une réponse à cette lettre une seconde fois, le lundi 24 juillet 1944.
Envoyé à Marie une carte postale le lundi 6 août 1944.
Envoyé à Marie une carte postale le 15 août 1944.

La dernière lettre des Benrey à l'intention de leur fils Jacques et de leur belle-fille Jenny, en provenance d'Argegno en Italie, date, elle, du 14 juillet 1944, le jour des bombardements de Corrençon et le jour où nous mangeons, sous le regard de Saby Amon et tous volets fermés, une tranche de selle d'agneau. La lettre est d'abord rédigée en français par Moïse :

Argegno, le 14 juillet 1944

Mes grands chéris,
Nous sommes toujours dans l'espoir de vos nouvelles que nous attendons avec impatience. Je vous informe que de notre côté nous sommes toujours en bonne santé. Nous avons eu quelques jours de pluie puis le temps a changé au beau. De la pensione *nous sommes très contents. Donc n'ayez aucun souci pour nous, au contraire c'est nous qui avons besoin de vos nouvelles pour être tranquilles.*
Dans votre dernière lettre, vous nous avez écrit que le kerido *Marcel a fait cadeau à la* kerida *Michou d'une bague qui l'a enchantée. Je me fais une idée du plaisir*

qu'elle a pu avoir, seulement je vous prie de veiller à lui retirer la bague quand elle commencera à lui serrer le doigt, parce qu'après c'est très difficile à enlever, et même dangereux pour son âge. Nous espérons que vous possédez toujours celle que nous lui destinions.

De votre oncle nous avons reçu une carte nous informant qu'ils sont en bonne santé.

Je vous embrasse comme je vous aime. Nos compliments à M. et Mme Amon.

Moïse Benrey

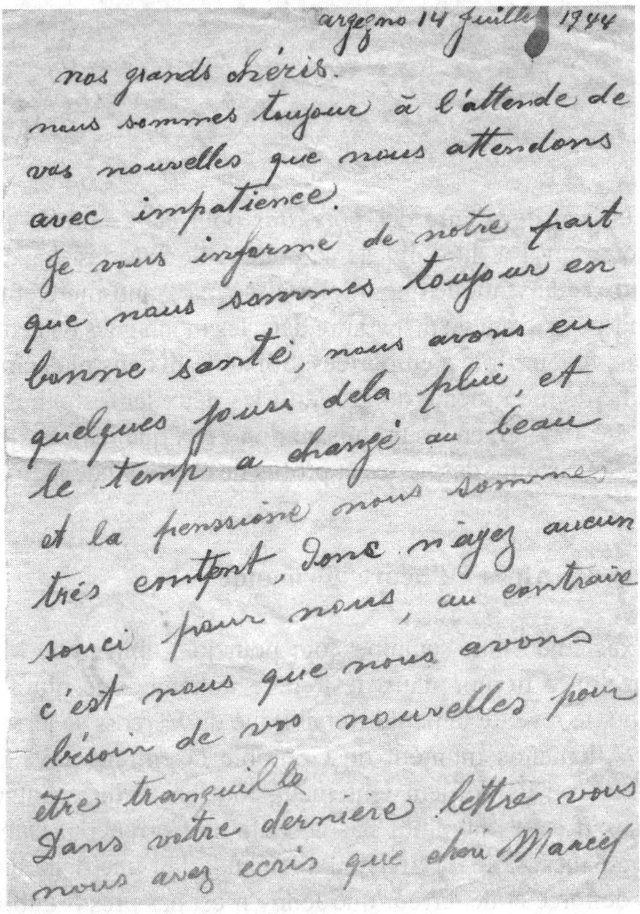

argegno 14 juillet 1944

nos grands chéris.

nous sommes toujour à l'attende de vos nouvelles que nous attendons avec impatience.

Je vous informe de notre part que nous sommes toujour en bonne santé, nous avons eu quelques jours dela pluie, et le temp a changé au beau et la pensione nous sommes très content, donc n'ayez aucun souci pour nous, au contraire c'est nous que nous avons bésoin de vos nouvelles pour être tranquille

Dans votre dernière lettre vous nous avez ecris que chez Marcel

De Marie, en ladino :

Mes chers enfants,

De mon côté, je vous embrasse et vous serre dans mes bras. J'embrasse ma chère petite Michou.

Saludo a ti, la muy kerida Jenny, besos,

Marie

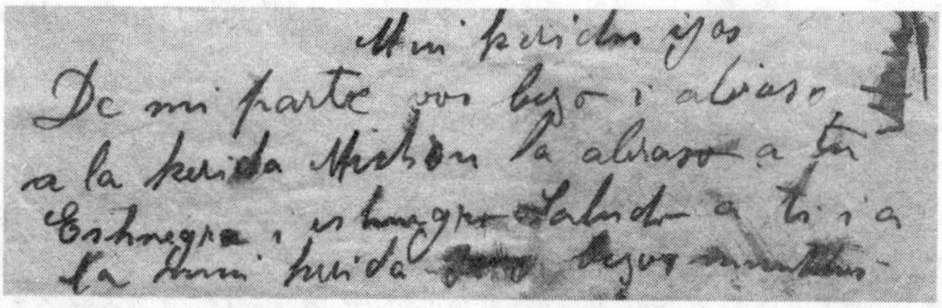
Mis keridos ijos
De mi parte vos beso i abraso
a la kerida Michon la abraso a ti
Eshuegra i eshuegro Saludo a ti i a
la muy kerida [illegible] besos muchos

Le désir de refaire des *borekitas* pour ceux qu'elle aime, le souci qu'il a du doigt de sa petite-fille sont les deux dispositions du viatique que m'ont laissé ma grand-mère et mon grand-père, avant de disparaître dans les montagnes de cendres qu'un vent terrible a emportées. Soixante-dix ans plus tard, je touche de mon même doigt vieilli les deux lettres exhumées de l'été 1944 et, en les traduisant du mieux que je peux, je les porte au chapitre des pertes et profits de ce travail de mémoire.

Fleur des Alpes à l'heure allemande

Exactement une semaine, jour pour jour, après que Marie Jerusalmi a trempé dans de l'encre italienne une plume en ladino, le rêve de la petite République du Vercors se termine. Les Allemands montent de Grenoble et entrent à Villard-de-Lans où ils défilent lentement, tout en se dirigeant vers le massif et ses hommes par la route de Corrençon. Dans le village anesthésié, la division allemande fait une démonstration de force et de terreur que Jenny n'est pas près d'oublier :

« Nous avons été en couvre-feu pendant vingt-quatre heures dans nos maisons, dès le matin, sans pouvoir même ouvrir les fenêtres, et l'on a annoncé que les Allemands allaient vérifier les papiers de tout le monde. Le village était bondé de “musiciens”. Rien qu'à Fleur des Alpes, il n'y avait que des Juifs ! J'étais dans la chambre de Marcel sous les toits et je t'avais mise au lit pour que tu ne bouges pas. Les rues de Villard s'étaient vidées des villageois. Je sentais mon cœur battre la chamade mais je ne savais pas quoi faire pour l'arrêter. Et ainsi toute la journée, j'ai vu passer sous mes fenêtres cette armée allemande camouflée avec ses canons, ses chars, l'aviation et même les cuisines roulantes. Ils portaient leurs uniformes vert-de-gris et ils avaient coiffé leurs casques de branchages pour se camoufler dans les forêts. De ma fenêtre, au quatrième étage, j'avais l'impression que c'était des arbres qui défilaient en ordre impeccable vers la montagne et nos malheureux maquisards. Car ils allaient au combat. Ce vendredi 21 juillet 1944 est le jour où s'est s'engagée la grande bataille du Vercors.

» Nous les “musiciens”, nous nous attendions à être raflés. J'avais même déjà préparé notre paquet. Mais il s'est trouvé que nous étions à l'époque de la moisson. Les paysans de la commune, bloqués eux aussi par le couvre-feu, sont allés voir le maire de Villard et l'ont adjuré d'expliquer aux Allemands qu'ils devaient absolument aller travailler aux champs, sans quoi le blé serait perdu. Alors le maire et le curé sont partis faire leur requête au commandant des forces allemandes, un certain Schultz, qui leur a dit : “Bon, d'accord pour la moisson. Mais c'est plein de Juifs chez vous, dans votre paroisse et votre commune !” Et le curé et le maire, de concert : “Il n'y en a pas un seul. Nous le garantissons ! — Bon… nous ne ferons pas de rafle. Mais sur votre honneur et sur votre vie, vous vous portez garants qu'il n'y a pas un seul Juif à Villard-de-Lans. Si on en découvre un seul, vous êtes fusillés tous les deux.” Et le curé a juré. Et le maire a juré. Et nous avons été épargnés.

» Le lendemain, le 22 juillet, sous peine de mort, nous avons dû livrer aux Allemands toutes les radios et tous les vélos en notre possession. Nous avons été ainsi privés de nouvelles. La dernière que nous ayons pu capter fut le complot des généraux allemands contre Hitler, complot qui hélas a échoué. Donc, le vendredi 21 juillet, ont eu lieu simultanément la bataille du Vercors et l'échec du complot contre Hitler qui a liquidé bon nombre de généraux, dont le maréchal Rommel, contraint de s'empoisonner pour sauver sa famille et éviter le peloton d'exécution. De l'un et de l'autre de ces événements considérables, nous n'avons su que de vagues on-dit, chuchotés de bouche à oreille.

» Du côté des partenaires de bridge de Marie et Saby, qui habitaient la Côte 2000, on entreprit toutefois de garder une radio et de la camoufler dans le bois de chauffage qu'on gardait à la cave et dans lequel on avait pratiqué un orifice. Tous les soirs, à l'heure des nouvelles de la BBC, on tirait la radio de sa cachette et on l'écoutait entre voisins et amis, nourrissant les vraies nouvelles et les fausses rumeurs, jusqu'à Fleur des Alpes et au-delà.

» Mais sur la bataille du Vercors, après le passage triomphal de l'armée allemande devant nos fenêtres, silence absolu. On a compris qu'on se battait mais personne ne savait où ni surtout où se trouvaient les êtres chers. Toutes les issues du village étaient bouclées par l'armée et nous avions un couvre-feu presque ininterrompu. La peur nous tenaillait par tous les pores, nous ne pouvions rien avaler – heureusement qu'il n'y avait rien à manger ! –, encore moins prendre un peu de sommeil. Et il fallait t'empêcher de grogner quand tu avais faim et que tu voulais quitter le lit où tu étais confinée des heures et des heures, dans le bruit des bottes et des chants martiaux.

» Enfin, au bout de quelques jours, on a su qu'on s'était battu et que l'ennemi avait gagné. Où étaient les nôtres ? Que devenaient-ils ? Quel poids sur la poitrine en écoutant tout bas le récit d'un anonyme soi-disant bien informé, rencontré chez un "musicien" de Villard-de-Lans ! Oui. La bataille était perdue. Oui. On accrochait les hommes avec des crocs de boucher. Oui. Il y avait des massacres, des viols, des atrocités.

» En revenant à la maison en larmes, ce jour-là, j'ai croisé Mme Papo qui habitait au deuxième étage de Fleur des Alpes. Elle m'a tirée par la manche et m'a dit tout bas : "J'ai des nouvelles. Venez chez moi. Je vous dirai tout." »

La bataille du Vercors :
le pot de terre contre le pot de fer

À son arrivée dans le maquis, Jacques est incorporé dans le 6e BCA, 3e compagnie, bataillon de chasseurs alpins commandé par le capitaine Goderville, nom de guerre emprunté au village natal de son père. Dans le civil il s'appelle Jean Prévost, normalien, écrivain spécialiste de Stendhal. Il s'est déjà illustré durant la bataille de Saint-Nizier.

La compagnie est cantonnée à la ferme d'Herbouilly, près de Valchevrière, dans le fond de la montagne. C'est là que Jacques est initié au maniement des armes et à la vie militaire. On donne au néophyte un uniforme et, malgré ses trente-sept ans et son inexpérience, il est immédiatement expédié dans les endroits les plus risqués, en uniforme et servant de fusil-mitrailleur. C'est de là aussi qu'il part pour la bataille, au pas de l'Âne et au pas de la Sambue, où il contribue à tenir, avec deux ou trois cents hommes munis d'armes légères, la ligne de crête dominant le val de Corrençon.

Le 21 juillet, tout le plateau est encerclé par les deux divisions allemandes que Jenny, Marie et Saby ont entendues et vues défiler dans les rues de Villard-de-Lans et au pied de Fleur des Alpes. Les maquisards sont six fois inférieurs en nombre. Mais ils ont confiance. Ils attendent des renforts. Comme l'Empereur à Waterloo.

Les Allemands, pour commencer, tentent de contrôler les pas permettant de traverser la falaise. Ces anfractuosités sont contrôlées par des groupes de maquisards, prêts à se battre jusqu'à la mort, et qui opposeront une résistance farouche. Au pas de l'Aiguille, les dix-huit hommes installés sont fauchés par des tirs de fusil-mitrailleur et des jets de grenade. Puis, un à un, les autres pas tombent aux mains de l'ennemi : le 21 juillet celui de Corrençon, puis celui de la Sambue. C'est là que se trouve Jacques avec les chasseurs. Ils tiennent héroïquement deux jours. Enfin à Valchevrière, Chabal, l'un des chefs, est touché à mort le 23 juillet. Avant de mourir, il jette dans le vide son carnet contenant les noms de sa compagnie qu'il sauvera ainsi de l'arrestation ultérieure.

Mais c'est au centre du Vercors et par le ciel que va se produire l'événement décisif. Le 21 juillet au soir, des maquisards et des civils se hâtent de mettre en état un terrain d'atterrissage près de Vassieux pour les parachutistes alliés, afin de prendre à revers l'ennemi au moment du débarquement de Provence. Enfin, ils voient apparaître les quarante planeurs remorqués par des avions. Sur le terrain, la joie règne. Les appareils abordant le terrain par le sud, les hommes pensent qu'ils viennent d'Alger.

En fait, il ne s'agit que d'une ruse de guerre. Soudain surgissent les croix noires.

— Les Boches !

Brusquement les FFI réalisent leur méprise.

Les mitrailleuses crépitent mais il est trop tard. Un planeur, atteint en vol, s'écrase au sol ; mais tout le reste de l'escadrille atterrit. Des soldats sautent aussitôt des appareils. Les maquisards sont abattus avant même d'avoir eu le temps de faire feu. Au total ce sont cinq cents ennemis qui bondissent sur le terrain. Une unité spéciale, entraînée, équipée, venue de Strasbourg. Puis ils se dispersent et occupent le village de Vassieux, ainsi que les hameaux voisins de La Mure et du Château. Très vite, les mitrailleuses sont mises hors de combat par leur armement lourd. C'est ensuite le massacre sans distinction de tout être vivant qui se trouve sur leur passage. Les contre-attaques menées par les résistants dans la soirée du 21 puis du 22 juillet échouent.

Flux, reflux, tentatives de contre-assaut, dispersions, fuites éperdues dans les bois, regroupements, nouvelles attaques. Les balles sifflent et rasent les têtes des jeunes maquisards. Certains s'accroupissent derrière les rares mitrailleuses en tirant sur les planeurs puis s'écroulent, fauchés à mort. Un très jeune homme fonce, torse nu, vers les Allemands, un pistolet à la main, et bondit en l'air avant de retomber lourdement dans les herbes.

Ils espéraient les renforts de toutes les unités disponibles. Ils récoltent les ennemis. Le 23 juillet, après deux jours de combats sans trêve, l'adversaire perce le front et pénètre sur le plateau. Les assaillants sont des parachutistes de la Luftwaffe composée en grande partie de légionnaires de pays de l'Est, mais il y a aussi des Français à côté des Allemands. À midi, la messe est dite. La bataille de Vassieux est terminée. Les derniers pas tombent. Die est occupé.

Entre le 20 et le 21 juillet, Chavant, chef civil du Vercors, a expédié ce télégramme : « Moral de la population excellent, mais se retournera rapidement contre vous si vous ne prenez pas de dispositions immédiates, et nous serons d'accord avec eux pour dire que ceux qui sont à Londres et à Alger n'ont rien compris à la situation dans laquelle nous nous trouvons et sont considérés comme des criminels et comme des lâches. Nous disons bien : criminels et lâches. »

Durant trois jours dans le village de Vassieux et aux alentours, l'attaquant exécute l'ordre reçu : « Tout détruire. » Il s'acharne avec une insatiable sauvagerie sur la population civile : femmes, enfants, vieillards, malades. Vassieux, village martyr, n'est plus qu'un charnier, un champ de ruines. Les victimes sont indistinctement mitraillées, leurs corps jetés dans les flammes. Marcel Janovski, voisin de Fleur des Alpes, témoin du drame, évoquera la petite Arlette Blanc, couchée sur les corps de ses parents que les Allemands viennent d'assassiner. Pendant cinq jours et cinq nuits, l'enfant appelle, supplie, demande à boire.

— Les Boches sont passés auprès d'elle, ont ricané et ont continué à se soûler et à festoyer.

Vassieux, terre sacrée de la renaissance de la France libre, sera un jour nommé Compagnon de la Libération par le général de Gaulle.

C'est alors, dans la désespérance, que le commandement du Vercors donne l'ordre de se disperser dans le maquis. Certains se réfugient dans les forêts ou les sommets, s'éloignant des routes et des points de passage. Hervieux a recommandé de se « nomadiser », ce qui veut dire se disperser sur le plateau, disparaître dans la nature, laisser l'ennemi maître des lieux.

Le commandant Goderville dit à ses hommes :

— Tout est perdu. Maintenant nous allons déguerpir car si on reste ici, on va nous massacrer. Il faut vous remettre en civil !

Les hommes se regardent. Ils sont dans la montagne, au milieu de nulle part, sans rien à manger, sans eau.

Jacques panique. Il a longtemps gardé son costume dans son paquetage. Et puis c'est devenu si encombrant qu'à bout de forces, il s'en est débarrassé.

— Mon Dieu ! J'ai jeté tout mon barda civil !

Un gars à côté de lui le toise :

— Dis donc ! Ce serait pas à toi, ça ?

Par chance, ce compagnon a ramassé les vêtements abandonnés et les a conservés.

Alors Jacques enlève son uniforme et enfile le costume civil. Les hommes partent dans toutes les directions. Les uns essayent de passer dans d'autres maquis, d'autres tentent de rentrer chez eux.

— Tu es d'où, toi ? demande le capitaine Goderville à un berger.

— De Villard-de-Lans… La ferme des Pouteilles.

— Des Pouteilles ! Mais c'est là que va ma femme pour le ravitaillement ! s'écrie Jacques.

Le capitaine se tourne vers le berger.

— Emmène Benrey avec toi. S'il reste seul, il se perd et il est mort.

Goderville, ou plutôt Jean Prévost, aime bien Jacques, avec lequel il a des conversations sur la littérature, Stendhal bien sûr, mais aussi les *Essais* de Montaigne dont le commandant ne se sépare pas, et Proust, lecture de chevet de Jacques qui offrira la *Recherche* à sa fille pour ses quatorze ans. Jean

Prévost a lui aussi une femme juive et une petite fille. Il sauvera la vie de Jacques. Mais pas la sienne, qu'il perd quelques jours plus tard en espérant rejoindre les maquis de l'Isère. Au débouché des gorges d'Engins, il tombe sous le feu d'une patrouille allemande, le 1er août 1944. Abattu un jour après son ami Antoine de Saint-Exupéry. Le commandant Huet, ignorant encore que Goderville a été tué, lui envoie le message suivant : « Je sais ce que vous avez fait au combat de Corrençon. Je vous en félicite, c'était hélas la lutte du pot de terre contre le pot de fer. »

Pendant ce temps, Jacques part à travers la montagne avec le berger des Pouteilles. Ils marchent trois jours, à demi morts de soif, jusqu'au point d'eau d'Herbenouze où l'on mène boire les bêtes. Là, ils s'abreuvent longuement d'une eau boueuse et saumâtre, qui leur paraît délicieuse, et ils mangent des fraises des bois. Il leur faut deux autres jours pour atteindre la ferme des Pouteilles, en se cachant des Allemands et en coupant à travers bois. Le berger donne l'alerte mais les deux hommes demeurent dans la forêt. Les fermes qui abritent des maquisards sont impitoyablement brûlées et leurs habitants massacrés. Nonobstant le couvre-feu, la fille de la fermière fait à pied les cinq kilomètres qui la séparent de Villard-de-Lans. C'est elle qui se trouve au deuxième étage de Fleur des Alpes, quand Mme Papo invite Jenny à la suivre :

— Votre mari est vivant… Vous pouvez aller le chercher.

« J'aurais escaladé le mont Blanc… »

— Votre mari est vivant…!

— Vivant ?

« Moi qui me disais : "Ça y est… elle va m'annoncer qu'il est arrivé quelque chose à Jacques." »

Le souvenir de ces instants n'a jamais quitté Jenny. Soixante ans plus tard, elle se souvient des moindres détails.

« Ces mots, répète-t-elle, je les ai entendus chez Mme Papo, de la fille de la fermière qui était devenue mon amie et qui avait fait à pied les dix kilomètres aller et retour, malgré le couvre-feu de dix-sept heures. Elle voulait me rassurer et me raconter que Jacques, par un miracle extraordinaire, et après mille tribulations, avait atterri dans sa ferme des Pouteilles, en compagnie d'un berger de sa compagnie, mourant de faim, de soif, de fatigue et mortellement inquiet, car il ne savait rien de nous, sauf que les Allemands occupaient Villard-de-Lans. Ces braves gens, comme tous les paysans du coin d'ailleurs, les avaient accueillis et nourris mais ne les avaient pas logés à cause du danger pour tout le monde. Jacques avait demandé en tremblant ce qui s'était passé, pensant que nous avions peut-être été embarquées pour les camps de l'Est. “Vous faites pas de souci ! Votre dame, je la connais bien. Elle était là y a pas longtemps, avec votre petite. Elles sont vivantes et en bonne santé.”

» Quel bonheur n'a pas été le mien ! Je n'ai jamais remercié le ciel autant que ce jour-là. Le lendemain matin, vêtue d'une jupe paysanne toute froncée, sous laquelle, dans ma culotte, je dissimulais une chemise, un pantalon civil et de quoi se raser, nantie de mes bidons de lait vides, je suis passée devant les Allemands qui bouclaient toutes les routes, en leur disant que j'allais au ravitaillement.

» L'entreprise était risquée ! La montagne regorgeait de soldats, de “Mongols”, à la recherche de maquisards en fuite et certains, disait-on, violaient les jeunes femmes seules qui se hasardaient sur les chemins déserts. Il ne m'est rien arrivé – j'aurais escaladé le mont Blanc – et je suis tombée dans les bras de Jacques dans un coin de la forêt. Il était méconnaissable, émacié, sale, pantalon et veste en lambeaux, les cheveux longs lui pendant autour du visage. Après tous ces jours de combat et de fuite, lui et son frère de misère avaient l'air de clochards ou d'ermites. Ils mouraient de soif parce que le fermier leur avait apporté du jambon à manger, mais rien à boire. Qu'importe. Nous étions si heureux d'être en vie et ensemble !

» Par lui, j'ai appris l'étendue du désastre, comment Jacques avait combattu aux côtés de Goderville, dans la bataille du pas de l'Âne, comment les résistants avaient été lâchés par les Alliés. Jacques avait cru apercevoir Marcel au milieu de la bataille mais il y avait eu tant de morts ! Et l'incertitude planait toujours sur le sort de mon frère et de tous nos amis.

» En rentrant à Villard-de-Lans, sous le regard des Allemands, avec mes bidons de lait remplis, ma décision était prise. Dès le lendemain, j'irais chercher Jacques aux Pouteilles et je tenterais de le ramener à la maison. Au petit matin, j'ai repris mes bidons et je suis repartie aux Pouteilles, malgré l'opposition de ma mère qui prétendait que sur les routes, les Sénégalais violaient toutes les filles. Mais il n'y avait rien à faire. Je voulais aller chercher mon mari et je n'ai rencontré aucun Sénégalais. Je suis donc revenue avec Jacques en civil, rasé de frais, en bavardant gaiement comme si nous revenions d'une promenade matinale dans la splendeur de la montagne. Les “autres” nous ont laissés passer. Jacques a monté les quatre étages de Fleur des Alpes jusqu'à la petite chambre sous les combles et il s'est écroulé sur le lit. Je lui ai enlevé ses bottes qu'il n'avait pas quittées depuis de longs jours et qui répandaient une odeur insoutenable. Je l'ai déshabillé. Il a dormi pendant trois jours sans discontinuer, et encore après… longuement.

» Dès la veille, nous avions appris avec bonheur que Marcel, incorporé dans la compagnie Philippe, était sauf et se trouvait lui aussi aux Pouteilles. Le 12ᵉ BCA où il avait servi, commandé par le chef de bataillon Philippe Ullmann, avait occupé la région de Rencurel, Presles, Choranche, la forêt de Coulmes entre Isère et Drôme. Le mot d'ordre du maire et du curé allant de maison en maison était unanime : “Il faut que tous les hommes rentrent.”

» Ma mère Marie a donc imité mon exemple l'après-midi du même jour et est allée chercher son fils en bravant les Sénégalais qui, contrairement aux Mongols, faisaient partie de l'armée française. D'autres maquisards sont rentrés à pied petit à petit, reconnaissables à leurs habits trop courts ou trop longs, dons des paysans de rencontre, quand ils voulaient se débarrasser de leurs uniformes, et flanqués, comme nous, des membres de leurs familles. Notre voisin et ami Marcel Janovski, rescapé du massacre de Vassieux, est rentré lui aussi. Et nous avons jalousement enfermé nos hommes au fond de nos maisons.

» Les temps étaient épouvantables. Pendant les trois semaines qui ont suivi le 21 juillet, nous avons subi, avec la population du plateau, la terreur des exactions allemandes : meurtres, exécutions d'otages, viols, tortures, incendies, pillages. Les Allemands faisaient des rondes dans les bois et pas de prisonniers. Tout homme pris était torturé et abattu sur place comme terroriste. Les maquisards pris par les Allemands ont tous connu l'agonie sous d'interminables tourments. On en retrouvait pendus par les pieds, la tête enfouie dans une fourmilière. Aux SS et aux Mongols s'étaient ajoutés les réservistes bavarois et les Autrichiens de la 157e division de la Wehrmacht, parfois relayée, comme le 6 juillet, à Beauvoir-en-Royans, par les miliciens français. »

Entre le 22 et le 27 juillet, la grotte de la Luire abrite l'hôpital du maquis. Le 27 juillet dans l'après-midi, une patrouille de chasseurs alpins allemands y découvre – sur dénonciation ? – une trentaine de blessés, dont quatre soldats de la Wehrmacht, prisonniers d'origine polonaise, sept infirmières, trois médecins et un aumônier. Les blessés les plus gravement atteints sont abattus sommairement, d'autres, moins grièvement touchés, sont assassinés à leur tour le lendemain. Deux médecins, transférés à Grenoble y sont exécutés.

Jenny les voit passer sous ses fenêtres de Fleur des Alpes, en même temps que les infirmières, en route pour Ravensbrück, dont l'une d'elles ne reviendra pas.

« Ce souvenir des sept femmes menottées, je ne pourrai jamais me l'enlever de la tête ! » soupire-t-elle.

Les Allemands, impavides, laissent rentrer les maquisards. Ils ont des listes. Ils attendent leur heure. Mais ils interdisent au maire et au curé d'aller dans la montagne chercher les corps des suppliciés dont les cadavres pourrissent au soleil de l'été.

Qui est responsable de la tragédie du Vercors ? Le général Kœnig ? Le commandant Huet alias Hervieux, chef militaire du Vercors ? Le colonel Constans à Alger ? De Gaulle ? Les Alliés ? Les divisions internes ? L'inexpérience ? Le manque de moyens ? Aux historiens de trancher entre la thèse de la trahison et celle de l'abandon. Il reste que Jacques, Marcel et tous leurs compagnons, les anonymes et les sans-gloire, dont beaucoup ne sont pas revenus, ont accompli leur devoir et n'en ont pas été récompensés.

Jacques ne s'en est néanmoins jamais plaint. À ses yeux, la dure expérience du Vercors, avec ses moments de gloire et de camaraderie, n'était qu'une promenade un peu rude au regard de tout le reste.

M. Bienenfeld ou la partie de bridge des « musiciens »

— Alors, là, mes amis, dit M. Bienenfeld, j'ai vraiment cru ma dernière heure arrivée. Mentalement, j'ai dit adieu à Ada, ma chère femme. J'ai dit adieu à mes chers fils, Nicha et Michel. J'ai dit adieu au petit Jojo, le neveu de ma belle-sœur, que Dieu nous a envoyé avec un convoi de la Croix-Rouge. J'ai fermé les yeux et j'ai attendu d'être envoyé à l'Est, dans la Pologne où mes ancêtres avaient déjà souffert tant de pogroms.

— Et alors ?

On entendrait une mouche voler dans la pièce où sont réunis, pour une partie de bridge, Saby et Marie avec leurs complices et amis.

M. Bienenfeld fait une pause et jouit de tous les regards posés sur lui. Il s'éclaircit la voix, qu'il a tonitruante, et poursuit dans un français impeccable malgré l'accent :

— Alors… alors… j'ai tendu ma carte au Boche, avec le maudit tampon jaune, et je l'ai attendue, cette dernière heure.

— Et alors ?

Ils sont tous tendus vers le comment de l'histoire dont ils connaissent pourtant le dénouement. Dans les jours qui ont suivi le sacrifice de la forteresse et le retour des maquisards survivants, tout est redevenu calme dans le village de Villard-de-Lans. Jacques et Marcel se reposent toujours des épreuves extrêmes de la bataille. Marie et Saby, les laissant dormir, ont couru aux nouvelles de leurs partenaires de bridge, qui habitent à l'autre bout du village, sur la Côte 2000. En cet après-midi d'août 1944, il y a là les Alfandari, les Rovanou et les Bienenfeld, mélange de Judéo-Espagnols, de Roumains et de Polonais qui, la persécution aidant, ont oublié leurs différences rituelles et théologiques, et ne sont plus que des « musiciens ».

Pourtant Marc Bienenfeld n'a jamais été à proprement parler un « musicien » car il ne possède pas de faux papiers. Son histoire montre à rebours que le principe de précaution n'est pas toujours opératoire. M. Bienenfeld, comme l'appellent tout bas ses partenaires de bridge, ne peut guère prétendre à passer inaperçu. Son accent yiddish à couper au couteau le trahit dès qu'il ouvre la bouche. Malgré cela, il n'a jamais cherché à se faire fabriquer de faux papiers. Il faut dire que ce n'est pas facile à Villard-de-Lans, bourgade perdue dans la montagne. Il faut connaître « quelqu'un » d'important, comme un commissaire de police, qui ne soit pas collabo. Et les Bienenfeld n'ont pas quitté Villard où ils se sont réfugiés dès le début de la guerre et où l'on n'a pas vu très souvent d'Allemands dans cette région d'abord non occupée, puis investie par les Italiens, et enfin abandonnée à elle-même.

Marc et Ada Bienenfeld y ont donc vécu plutôt paisiblement avec leurs grands fils Nicha et Michel, non loin de leur frère et belle-sœur David et Esther et du neveu de cette dernière Georges Peretz, baptisé sous le nom de Perec, et surnommé Jojo, un garçonnet de huit ans expédié de Paris par sa mère quelque deux ans plus tôt. Jojo est pensionnaire au collège de Turenne à Villard mais passe ses vacances avec son oncle et sa tante. Après le débarquement de juin, comme Marcel et tous les autres jeunes, Nicha et Michel ont rejoint le maquis. Et pendant tout ce temps, Marc Bienenfeld ne s'est pas fait trop de souci pour le pénible tampon sur sa carte d'identité, jusqu'au moment où les divisions du général Karl Pflaum ont envahi le village et où le maire et le curé ont juré sur leur vie qu'il n'y en avait pas un seul, de ces tampons jaunes, dans tout Villard-de-Lans.

Cet horrible matin du 21 juillet, il a donc résolu de fuir à son tour à l'intérieur du plateau. Et il est resté caché là dans les bois pendant des jours et des jours. Aux abois, complètement perdu, et incapable de se ravitailler, il décide de rentrer, en mettant le temps qu'il faut. Et soudain, au détour d'un chemin, il tombe sur une patrouille allemande qui l'emmène au quartier général afin que le chef décide de son sort. Ce dernier s'étant absenté, on le garde… longtemps.

C'est là que, plus mort que vif, avec sa carte d'identité juive – tout ce qu'il a sur lui –, il croit sa dernière heure arrivée.

Enfin le chef est de retour, de très mauvaise humeur : « Papiers ! », et M. Bienenfeld de lui tendre son document en tremblant.

— Alors ? supplient d'une seule voix, autour de la table de bridge les six autres partenaires.

— Alors…, traîne celle de M. Bienenfeld, modulant ses effets, le type… sans me regarder, attrape ma carte… sans l'ouvrir… la déchire en morceaux… et la jette à l'autre bout de la pièce en hurlant : « Tous faux les papiers… Fous-moi le camp ! » Et j'ai ramassé les lambeaux de papier et j'ai couru sans demander mon reste ! Je suis retourné me cacher dans la forêt de Lente, pas très loin de la grotte de la Luire et de l'hôpital de campagne. Là, j'ai rencontré des maquisards qui revenaient à Villard et je suis rentré avec eux.

Les six « musiciens » marquent un temps pour mieux digérer l'incroyable histoire de leur ami Bienenfeld, puis :

— C'est comme moi, il y a juste deux ans, dit Mme Rovanu, épouse du docteur qui venait nous soigner en cachette. Villard faisait encore partie de la zone libre. J'avais toujours mon tampon jaune sur ma carte d'identité. Les gendarmes français sont venus m'arrêter et m'ont emmenée à Grenoble avec d'autres Juifs étrangers.

— Et alors ?

— Et alors… ils m'ont relâchée… Parce que j'étais roumaine. C'était l'époque où l'on ne prenait pas les Roumains. Tous les autres, tous, ont été déportés.

— Et vous avez fait quelque chose depuis ? demande Marie.

— Ah ça, oui. J'ai fait falsifier ma carte d'identité et les papiers tamponnés de mes parents roumains. Avec de l'eau de Javel.

Mme Rovanu ne rentre pas dans les détails. Elle n'explique pas comment, ayant épuisé ses ressources, et avec son grand cœur, elle a décidé de prendre des enfants juifs en pension. Comment elle a abrité aussi des « petits garçons » de dix-huit ans qui prétendaient en avoir quinze pour échapper au STO. A-t-elle été dénoncée ? Elle n'évoque pas non plus les heures passées debout, dans la cour de la caserne, en plein soleil et sans nourriture, avec ses compagnons d'infortune.

Cet après-midi-là, les « musiciens » n'ont envie que de s'esbaudir de ces anecdotes, qui ne font pas encore l'histoire, et de se réjouir que leurs deux complices de bridge aient échappé aux nazis sans avoir eu même à se cacher. Tout autour d'eux jouent les enfants encore épargnés, notamment la petite Dominique Rovanu, qui deviendra mon amie à l'âge adulte, Michel Drach, jeune pensionnaire d'Angèle, le futur cinéaste inséparable de son écureuil, et peut-être Jojo Perec qui immortalisera dans son *Souvenir d'enfance* sa rencontre, organisée à son insu par la Résistance, avec des maquisards qui avaient besoin d'être ravitaillés.

Parmi ces hommes jeunes, affamés et barbus à qui le petit Georges et ses camarades doivent offrir, sans vraiment comprendre pourquoi, ce qui leur tient lieu de goûter, figurent peut-être Jacques et les compagnons de Goderville, ou Marcel et ceux de la compagnie Philippe.

Justement le sort de ceux-là commence à être scellé lorsque Jenny fait irruption dans la partie de bridge de la Côte 2000 en criant à Marie :

— Marcel… Marcel vient d'être arrêté !

Mon premier souvenir d'enfance

L'arrestation de Marcel… Mon premier souvenir d'enfance, en quelque sorte « officiel » et légitime à mes propres yeux, car il n'est jamais tombé dans aucune forme d'oubli depuis le jour des faits, date du 7 août 1944. Car je sais à présent le dater. C'est le matin. Je suis en train de jouer devant Fleur des Alpes avec d'autres enfants. Et je me rappelle précisément le bouquet que j'assemble. J'ai cueilli des bleuets, des boutons-d'or, des marguerites et des coquelicots, que je serre avec précaution pour que les pétales si délicats ne se séparent pas de la tige. Je suis concentrée sur mon bouquet quand j'entends de très loin le bruit de bottes, caractéristiques de nos ogres.

À quel moment de mon enfance ai-je identifié l'ennemi et compris le danger qu'il représentait ? Je suis née avec la guerre et la chasse aux Juifs. Quand la peur s'est-elle installée ? Est-ce au lendemain de l'arrestation manquée de mon père en septembre 1942, lorsque les deux policiers français ont sonné à l'aube, dans notre appartement de la rue César-Franck ? Est-ce pendant le passage de la ligne de démarcation, quand la sentinelle allemande a refusé de me laisser passer avec mes parents ? Alors je n'avais pas trois ans. Est-ce pendant les rafles de Marseille, en janvier 1943, quand les hurlements d'effroi de nos voisins attrapés se mêlaient aux cris des Allemands exécutant les ordres ? Est-ce, en décembre de la même année, dans la Nice investie par Brunner et ses hommes, poussant brutalement leurs victimes vers l'hôtel Excelsior, avant d'expédier la mère de Ninon et son frère Jako vers les trains pour Drancy et, au-delà, les wagons plombés pour Birkenau ? Alors je n'avais que quatre ans et ne garde de ce mois de Noël que l'image du berceau recouvert de plumetis rose, avec sa belle poupée endormie.

Avec la mémoire, on n'est sûr de rien. Mais la chronologie aide. Juste avant cette journée particulière de l'été 1944, il y a eu le déjeuner sous le bombardement du 14 juillet, et le chant des ennemis défilant sous nos fenêtres le 21. Pas vraiment des souvenirs organisés mais des bribes, du flou, qu'avant cette recherche je n'aurais su ni localiser ni identifier.

Je ne me rappelle rien du retour de mon père et de mon jeune oncle vers les chambres hospitalières de Fleur des Alpes, quelques jours auparavant. Mais ce matin du 7 août 1944 est aussi clair dans mon souvenir que le jour de la naissance de mon fils. Je pourrais reconstituer la couleur du ciel, la lumière estivale d'une belle matinée, les teintes éclatantes de mon bouquet champêtre et le bruit, d'abord sourd, puis de plus en plus fort, des quatorze bottes martelant le sol en pente de la route de Corrençon, éveillant une terreur qui s'est répétée depuis dans mes cauchemars.

En un éclair, je lâche mon bouquet et me précipite dans l'escalier de Fleur des Alpes. Je le monte quatre à quatre, autant que mes courtes jambes peuvent avaler de ces marches qui me paraissent si hautes, se posant à peine pour se relever et voler vers le deuxième étage. Sur le palier du premier, je dois faire une pause. Les ogres sont sur mes talons. Leurs pas se rapprochent. J'attrape alors la poignée de la porte de droite pour reprendre mon souffle. Je m'y agrippe de toutes mes forces, estimant que je ne pourrais pas en être arrachée par l'arrière, tant je tiens bon, moi, une toute petite fille, qui n'ai pas cinq ans face aux géants nazis.

Puis je reprends mon ascension vers le deuxième étage où, en un clin d'œil, j'atteins le palier, cognant de toute mon énergie sur l'épaisse porte en bois, derrière laquelle se tiennent Jenny, Jacques, mon oncle Marcel et Marcel Janovski, venu en voisin.

— Papa ! Les Allemands !

Porte ouverte, précipitamment, et refermée. J'ai à peine le temps de voir mon père sortir ses papiers et le voisin glisser sous le lit, que déjà on clame à la porte :

— Police allemande. Ouvrez !

Je m'assois par terre en tailleur, ma position favorite. Et de ces quelques centimètres de haut, je lève la tête vers les colosses, qui s'encadrent avec peine dans l'embrasure de la porte. Ils sont sept. Sept membres de la police militaire allemande, mitraillette à la main, qui font irruption dans le minuscule appartement.

— Amon, Marcel ? Papiers !…

Mon oncle sort ses documents de la poche de sa veste.

— Prenez vos affaires et suivez-nous !

Ils n'ont pas un regard pour mon père, qui attend son tour en tremblant. Marcel empaquette calmement quelques vêtements et sort avec eux.

Quant à Jenny, elle se précipite à l'autre bout du village pour prévenir ses parents et leurs amis qui cessent tout net de s'esclaffer sur l'histoire de M. Bienenfeld. Marie s'effondre et ils rentrent tous les trois à Fleur des Alpes, dans le désarroi. Non, la guerre n'est pas finie. Et les représailles allemandes sur les maquisards survivants de Villard ne font que commencer.

À cause de son nom, commençant par un A, Marcel a été le premier arrêté. Seront interpellés chez eux d'autres jeunes, et moins jeunes. Toute la nuit, sans cesser de traquer les maquisards, l'armée allemande défilera, en martelant son fameux chant de guerre. Personne ne ferme l'œil. Au petit matin, on apprend qu'environ soixante-dix à quatre-vingts hommes ont été pris et conduits dans la vieille école transformée en prison. Elle jouxte l'hôtel Splendid, instauré siège de la Kommandantur. Toutes ces personnes, comme Marcel, font partie de la compagnie Philippe. Toutes ont été interpellées nommément.

On en déduit vite que les Allemands sont en possession de la liste de cette compagnie, qui inclut par ordre alphabétique tous les véritables noms des maquisards, considérés par les Français comme combattants de l'armée régulière. Pour les Allemands, ce ne sont que des terroristes et il aurait mieux valu qu'ils gardent leurs pseudonymes de résistants.

« Pourquoi les Allemands possédaient-ils les identités de la compagnie Philippe et pas les autres ? se demande encore Jenny. Le bruit a couru qu'il y avait eu un traître. Il y en avait tellement de ces dénonciations, volontaires ou forcées ! En tout cas, les jeunes gens arrêtés avec Marcel faisaient partie de la même compagnie. Jacques et les hommes de Goderville n'ont pas été inquiétés. La majorité de ces hommes étaient domiciliés à Villard-de-Lans. Dans certaines fermes, dont les jeunes s'étaient cachés dans les bois, les Allemands avaient poliment demandé aux habitants de livrer leurs fils, qui n'avaient rien de pire à redouter que d'être envoyés travailler en Allemagne. Dans d'autres cas ils avaient menacé de brûler la ferme, entraînant cette insoutenable confession d'un père, qui avait livré son fils, au prêtre, l'abbé Vincent : "Qu'est-ce que vous voulez, monsieur le curé, il faut un siècle pour faire une ferme et vingt ans seulement pour qu'un garçon soit en âge de travailler convenablement !"

» Quant au soupçon de délation, il n'a jamais été vérifié, mais l'histoire entière du Vercors baigne dans le soupçon. En plus des sources ordinaires, la Gestapo et la Milice, il y avait le SD, service de renseignement militaire, très efficace, il y avait les dénonciateurs, bénévoles ou involontaires, les aveux arrachés sous la torture, les recueils de bavardages, l'imprudence, l'inconscience, la lâcheté, les haines et les jalousies personnelles. »

Pour Jenny et surtout pour Marie, la longue attente, l'angoisse mortelle recommencent. Chaque jour, elles portent à manger à leur prisonnier dans l'école. Les gardiens, un Bavarois qui a peut-être des casseroles sur la conscience, et un Polonais enrôlé de force, sont assez coulants. Eux aussi écoutent la radio anglaise et savent qu'ils livrent un combat d'arrière-garde. Qu'ils sont cuits. Tous les jours, à tour de rôle, les prisonniers sont interrogés par le commandant Schultz.

Les jeunes se sont mis d'accord pour dire qu'ils sont étudiants et qu'ils sont montés à Villard-de-Lans pendant les vacances pour échapper aux bombardements de leurs villes après le débarquement. Certains, plus âgés, sont relâchés. Vient le tour de Marcel qui est interrogé un matin

L'après-midi Marie, dans son allemand hésitant, demande à la sentinelle pourquoi on n'a pas relâché son fils, puisqu'on en a libéré d'autres.

— Eh bien, vous n'avez qu'à demander des explications à la Kommandantur ! *Gehen Sie... Gehen Sie zur Kommandantur ! Los !...* Allez-y... Allez-y...

Marie et Jenny se regardent. Vont-elles se jeter dans la gueule du lion ?

— On y va ? demande Marie.

— On y va, répond Jenny.

La Kommandantur, c'est la porte à côté. Jenny frémit, mais entre la tête haute.

Les fusillés du cours Berriat

— Madame, votre fils n'a pas dix-huit ans. Il en a vingt. Il n'est pas étudiant. C'est un dangereux terroriste qui veut avant tout échapper au STO. Les terroristes, nous les tuerons tous. Ce qu'ils méritent, c'est d'abord une balle dans la tête.

Les deux femmes sont entrées dans le hall de l'hôtel Splendid. C'est l'heure du goûter. Une ambiance tranquille à la Kommandantur. Les officiers sont assis autour des tables rondes et boivent du jus de fruits ou de la bière en mangeant des petits gâteaux. Elles ont été accueillies presque aimablement. On les a fait asseoir à l'une des tables. Et aussitôt le commandant Schultz vient les rejoindre et prononce ces paroles brutales sur le ton de la politesse la plus raffinée.

Marie est devenue livide. Elle n'a pas besoin de réunir ses bribes de mauvais allemand. Le commandant Schultz parle un français parfait, avec un léger accent à peine détectable. Elle fait un geste.

— Je sais, je sais. Vous êtes sa mère. Et la jeune dame qui vous accompagne n'est pas une amie, mais sa sœur. Moi aussi, j'ai une mère, et une sœur... Voyez-vous, madame, j'ai interrogé votre fils. C'est un garçon éminemment sympathique. Un vrai musicien. J'ai parlé avec lui de musique, musique allemande, celle que je préfère au monde... Beethoven... Bach... Haendel... Haydn... Wagner... Surtout Beethoven... Il faut vous dire, madame, que dans le civil je suis chef d'orchestre.

Oui. Chef d'orchestre à Leipzig… J'ai lu ses lettres. Celles qu'on a trouvées dans ses poches à la fouille. Munch ! Ansermet ! Les plus grands musicologues ! Tous l'ont louangé ! La musique… ! C'est plus grand que la guerre, la musique. La guerre est une chose horrible. Mais la musique…

Le commandant allemand fait une pause. Comme s'il traînait dans ses oreilles quelques notes d'une symphonie, puis :

— Oui. Une chose horrible ! Allez… On ne va pas les détruire, ces jeunes ! Moi je souhaiterais les gracier et les envoyer travailler à Grenoble sur les voies ferrées. Quant à votre fils… je ne peux pas laisser fusiller un garçon qui pourrait devenir un jour la gloire de son pays.

« Le commandant Schultz se lève alors, raconte Jenny, et nous fait une espèce de salut militaire en nous désignant la sortie, nous laissant complètement abasourdies. Nous avons filé en vitesse, ma mère Marie et moi. Si je n'avais pas vécu cet incident moi-même, je n'y aurais pas cru. D'ailleurs personne ne l'a cru. Cet épisode et ceux qui ont suivi, c'était comme un songe.

» Les jours d'après, il semblait que la radio anglaise soit devenue folle. Nous n'avions que les on-dit puisque nous n'avions plus de poste. On savait surtout qu'il y avait eu des quantités de messages, inlassablement répétés, comme “Le chasseur est affamé… Nancy a le torticolis… Ne bousculez pas l'estropié… Ne folâtrez pas le matin… Le xérès est un vin d'Espagne…”. L'opération Dragoon venait de commencer dans la nuit du 14 au 15 août 1944. Un autre débarquement allié. Cette fois en Provence. Avec les sept divisions françaises du général de Lattre de Tassigny.

» À Villard-de-Lans, à nouveau, nous attendions. La gorge serrée. Partagés entre la joie de ce nouveau débarquement et l'anxiété pour Marcel et les autres, toujours prisonniers dans l'école. Quant à nous, nous ne pouvions quitter le village, barricadé à chaque extrémité.

» Et puis de la manière la plus inattendue, le 21 août, Marcel, notre jeune maquisard, juif, a été libéré sur la place de Villard, avec un sauf-conduit qui lui permettait de sortir pendant le couvre-feu. Le chef d'orchestre de Leipzig avait épargné le compositeur de génie. En même temps qu'un autre. Quant au reste des prisonniers, ils n'étaient plus que vingt et un. »

Jenny fait une pause. Sa voix tremble un peu mais poursuit : « Le commandant a dit aux familles qu'ils travailleraient à Grenoble sur les voies ferrées… sous les bombardements, mais bon… ils avaient une chance de s'en sortir. Ils ont été incarcérés à la prison de Grenoble. Et on n'a plus rien su d'eux. On pensait qu'on les avait envoyés travailler en Allemagne. Et puis… et puis… on a découvert un charnier, avec leurs cadavres. À Grenoble même, cours Berriat. Tous morts. Les vingt et un… Non. Seulement vingt. Le petit Gilbert Soroquère en a réchappé parce qu'il était seul dans une cellule quand les autres avaient été regroupés par deux. Le chiffre impair l'a sauvé. On l'a oublié, lui. Les autres ont été fusillés. À Grenoble. On les a fait sortir du camion, un à un, et on les a abattus. Depuis, on a construit un monument à leur mémoire : "Les fusillés du cours Berriat". J'y suis retournée après la guerre, verser les larmes que j'avais retenues sur le moment.

» Quant à Marcel, il a eu une veine de pendu. Son canular lui a sauvé la vie. "Je ne vais pas laisser fusiller un garçon qui sera un jour la gloire de son pays." Le commandant Schultz, ou plutôt le chef d'orchestre de Leipzig, a tenu parole. Pour lui, la musique l'a emporté sur la guerre. Puis la guerre a repris ses droits et il a fait fusiller ces vingt garçons de vingt ans que je connaissais tous et que j'appelais par leurs prénoms. »

Longtemps j'ai cru, avec Jenny, que le commandant Schultz avait gracié Marcel, parce qu'il avait cru à son génie, et avait condamné les vingt autres, qui à ses yeux ou à ses oreilles n'en avaient pas. On sait aujourd'hui que les jeunes prisonniers de Grenoble n'étaient pas destinés à être massacrés. Le 14 août, ils sont tirés de leurs cellules et placés dans un camion pour une destination qui n'est peut-être que le retour au village. Ce même jour, à onze heures cinquante, deux soldats allemands viennent d'être abattus cours Berriat, attentat non revendiqué, peut-être perpétré par les FTP-MOI, ou règlement de compte crapuleux au profit de miliciens.

Dans la fureur des représailles, les Allemands décident de fusiller des otages. Le sort tombe sur les vingt maquisards de la compagnie Philippe. Les jeunes gens détenus à la caserne de Bonne sont exécutés en fin d'après-midi, à l'angle du cours Berriat et de la rue Ampère, près du pont du Drac. Les quatre premiers sont brutalement poussés hors du camion et abattus à coups de mitraillette. Les autres assistent, épouvantés, au massacre de leurs camarades, sachant qu'ils seront les prochaines victimes. Et les uns après les autres, par petits groupes de trois ou quatre, ils sont assassinés à leur tour.

Au coin de la rue et du cours, sur le trottoir, gisent vingt corps de vingt ans chacun.

Des doutes subsistent toujours sur les circonstances : les jeunes gens ont-ils été tirés de leurs cellules afin d'être fusillés ou ont-ils traversé le cours Berriat au mauvais moment ? Ont-ils été mitraillés trois par trois, quatre par quatre ou abattus tous ensemble comme des oiseaux ? Cette découverte des historiens locaux, qui absoudrait le commandant Schultz d'une responsabilité dans la fusillade, aurait fait plaisir à Jenny, si elle l'avait su.

Le soir même de ce fameux lundi 21 août, Marcel tient à aller remercier le garde polonais et le garde bavarois, qui ont plaidé pour sa libération. Marie insiste :

— Tu ne vas pas y aller seul. Ta sœur va t'accompagner.

Pour la troisième fois de la guerre, la sœur de Marcel est face à son adversaire. D'abord à la prison de Fresnes, puis à la Kommandantur de Villard, enfin dans la tente des derniers occupants.

Dit Jenny : « Il était onze heures du soir. Et nous sommes partis tous les deux la nuit, sans lumière, dans la montagne, sans très bien savoir où nous mettions les pieds. Les simples soldats, ils n'étaient pas à l'hôtel Splendid comme les gradés. Ils bivouaquaient sous une énorme tente, au milieu de nulle part, où tout était noir. Marcel a donné son sauf conduit à la sentinelle qui a soulevé la toile de la tente. Et je me suis retrouvée, à nouveau seule de mon espèce, face à ces dizaines d'hommes.

» Personne ne peut imaginer ce que c'était. La presque totale obscurité ! Il y avait là peut-être deux cents, trois cents types, qui ne disaient pas un mot, avec de toutes petites bougies allumées près d'eux. Bien sûr qu'il ne fallait pas qu'on les voie. Ils pouvaient être bombardés. Marcel alors a remercié son Polonais et son Bavarois. Et je l'ai tiré par la manche pour écourter les effusions. C'est un spectacle que je ne pourrai jamais oublier. Vraiment c'était hallucinant. Tous ces hommes silencieux, qui ne bougeaient pas, dans cette ambiance crépusculaire, avec ces petites lumières, comme des cierges. Et moi face à eux, la seule femme.

» Nous sommes repartis dans la nuit. Et le lendemain, ils avaient disparu, laissant derrière eux les cadavres de sept cents Français. Le mardi 22 août, il n'y avait plus un seul Allemand à Villard-de-Lans. Ils avaient déménagé sans un bruit, comme des ombres. Ils avaient déguerpi, sans tambour ni trompette. Ni chant. Nous laissant libres !

» Pour nous, la guerre était finie. »

Un auteur dauphinois écrivit ces vers en mémoire des vingt fusillés du cours Berriat, compagnons infortunés de Marcel Amon :

Arrachés à la nuit aveugle des cellules
Vos regards contemplaient le vol des libellules
Qui criaient de bonheur dans la menthe et le thym
Tout semblait ignorer la discorde et la haine
La nature exhalait une suave haleine
L'amour dansait dans le matin
Un voile aérien glissait sur les campagnes
Vous étiez alignés debout face aux montagnes
D'où s'envolait la brise avec la liberté
Les oiseaux s'ébattaient dans le ciel sans nuages
Accompagnant, sans doute, à son dernier voyage
Votre âme où s'engouffrait l'été !

Destinée. Les fusillés du lycée Buffon. Les fusillés du cours Berriat. Ils avaient passé. Marcel était resté.

Libération… Le parrain juif

Mardi 22 août 1944. Comme par enchantement, l'ennemi a disparu, sans que personne le voie partir. Les barrières qui bouclaient le village ont été levées. Tout est calme. La place de Villard-de-Lans est déserte. Marcel, à Fleur des Alpes, fait sa première grasse matinée d'après-captivité.

Jacques et Jenny sont sortis en cette belle aube de paix. Et soudain, dans le petit raidillon qui mène à la place, Jenny sent une présence derrière elle. Elle se retourne. Encore un soldat !

Jacques tressaille :

— C'est un Américain ! Jenny… Un A-mé-ri-icain !

Un Américain… ENFIN !

« Je n'y ai pas tenu ! se souvient Jenny. Je lui ai sauté au cou ! Et tout d'un coup, la place a été envahie de monde. Les gens criaient de joie, pleuraient, dansaient. Les libérateurs étaient là. Tout le monde voulait leur parler, les toucher, les embrasser, les remercier.

» À un moment, une femme s'est approchée de ce soldat que j'avais vu en premier : “*Please*… monsieur… Est-ce que vous accepteriez d'être le parrain d'un petit enfant qui vient de naître ? – *I would like*… *I would love to*… Je voudrais… beaucoup… mais… je suis *jewish*, juif !” Et la dame de répondre : “Ça n'a aucune importance… Le bébé aussi !” Et le lendemain, 23 août, dit Jenny, on a fait la fête, pour le bébé et son parrain américain, tous deux juifs. Et pour le reste de l'humanité.

» En rentrant de la célébration, nous avons rencontré Mlle C., notre propriétaire. Et je lui ai demandé des nouvelles de son ami, qui venait quelquefois partager une fondue avec elle, et dont on se méfiait beaucoup parce qu'on lui trouvait une tête de collabo. Elle nous a répondu qu'il n'avait pas pu monter de Grenoble parce qu'il n'y avait plus de car. Et nous avons pensé qu'il avait pris la poudre d'escampette avec les Allemands, ses amis. Mais quelques jours plus tard, Mlle C., que nous suspections elle aussi, nous invite à prendre le café chez elle “pour fêter la Libération”. Nous déboulons dans sa salle à manger, nous tous les locataires de l’immeuble, les Janovski, les Tchèques, les Papo, enfin les “musiciens” de Fleur des Alpes. À un certain moment, on sonne à la porte. Et on voit arriver un superbe officier anglais avec un uniforme rutilant. C’était lui. Qu’on avait pris pour un collabo, un traître… et j’en passe. On a donc appris qu’il était dans les services britanniques d’espionnage et transmettait des renseignements. Et elle était une grande résistante, probablement agente de liaison. Nous n’en revenions pas, les uns et les autres, de les avoir ainsi côtoyés sans rien savoir. Nous allions de surprise en surprise, sur de petits nuages. »

Les adultes sont si distraits pendant ces temps bouleversés qu’ils en oublient l’enfant que je suis, qui ne comprend rien à ce qui se passe, et en profite pour faire des « malheurs » comme la Sophie de la Comtesse. Laissée seule à Fleur des Alpes, je décide d’écourter la robe de ma vieille poupée niçoise, cherche en vain des ciseaux et avise la boîte d’allumettes qui me permettront de réduire le bord. Mon oncle me découvre juchée sur un tabouret au-dessus de la cuisinière et rattrape juste à temps la petite pyromane et son instrument.

— Tu sais ce qui est arrivé au petit garçon de Stella, l’amie de ta grande-tante. Il a voulu jouer avec des allumettes pendant une absence de sa mère. Il a été brûlé au dernier degré… et il est mort. Si tu me promets que tu ne recommenceras pas, je ne dirai rien à tes parents.

Ce n’est pas la première fois qu’un secret nous lie, Marcel et moi. Je ne l’ai jamais trahi. Lui non plus.

Jenny n’a pas conscience que la guerre n’est pas finie pour tout le monde. Entre-temps, le maire et le curé, accompagnés d’un groupe de jeunes, sont partis chercher les corps des tués et des suppliciés de la montagne. Les dépouilles de ses camarades passent devant Jacques, sous les fenêtres de Fleur des Alpes, qui en ont déjà tant vu, les camions emplis à ras bord de cadavres.

Mais d'autres nouvelles, flamboyantes, effacent provisoirement ces atrocités. Entre le 19 et le 25 août a eu lieu la bataille de Paris. Le 25, à l'Hôtel de Ville, le général de Gaulle prononce son fameux discours : « Paris outragé ! Paris brisé ! Paris martyrisé ! Mais Paris libéré ! » et refuse de proclamer une autre République. « Vichy fut toujours et demeure nul et non avenu… » Paris LIBÉRÉ ! Des femmes et des hommes pleurent et rient tout à la fois. Des femmes et des hommes crient de joie, embrassent des inconnus, s'étreignent. Ils marchent en chantant. Ils chantent en avançant au hasard, ils acclament les soldats dans les chars, ils portent des lumières.

Le récent débarquement du Midi a été efficace. Grenoble aussi est libéré, sept jours après le jour J, au lieu des soixante prévus. La famille attend, pour quitter Villard, le retour des cars de Grenoble, ce qui arrive le 1er septembre. Mais avant cela, Jenny entame une démarche qu'elle s'est juré d'accomplir pendant toute la guerre, si elle survivait. Elle se fait décolorer en blond retrouvant la teinte de cheveux de sa prime enfance salonicienne, que Marie avait fait disparaître en la tondant. Et une photo l'a immortalisée.

C'est la coiffeuse de Villard qui tente l'expérience, relativement nouvelle pour l'époque. Elle commence par la rater et Jenny se retrouve rouge carotte. À la suite d'autres essais, la Sépharade aux yeux sombres devient une Aryenne, coiffée selon la mode de l'époque, en longs rouleaux souples, blond vénitien. Les restrictions et les marches dans la montagne l'ont gardée fraîche, svelte et bien faite. La guerre n'a pas vieilli Jenny, qui n'a que vingt-huit ans en cet été de la Libération. L'adrénaline de la fidélité à soi-même opère encore, malgré la nouvelle couleur des cheveux. Les révélations et les désillusions de l'après-guerre se chargeront de l'assécher, et de la faner prématurément.

Dit Jenny : « Ainsi, en ce 1er septembre 1944, avons-nous quitté ces paysages superbes où nous avions vécu si tourmentés. J'avais depuis quelques jours une rage de dents très forte et mon premier geste, en arrivant à Grenoble, a été de dénicher un dentiste qui m'a arraché toutes les dents de sagesse. La ville avait été bombardée et il y avait des gravats partout. Nous avons trouvé à nous loger tous les six, dans deux petites chambres en ruine, mangeant comme nous pouvions, car les finances étaient au plus bas et le ravitaillement impossible.

» Mais il y avait une atmosphère extraordinaire dans la ville. On voyait partout des soldats américains, escortant de longues files de prisonniers allemands, les mains sur la tête. Jacques et Marcel se sont mis en règle avec l'armée, qui leur a versé un petit pécule pour leur participation à la bataille du Vercors. À l'endroit où les camarades de Marcel avaient été fusillés, cours Berriat, six miliciens ont été condamnés à mort et exécutés le 24 août ou le 2 septembre, sur la pression de la foule en délire, qui s'est disputé atrocement les dépouilles. Six garçons de quatorze à dix-huit ans. L'épuration commençait.

» Le jour de Roch Hachana, nous sommes allés à la synagogue, qui était remplie de soldats et d'officiers américains juifs, superbes dans leurs uniformes et revêtus de leurs talets, leurs châles de prière. Enfin des êtres humains et pas du gibier pourchassé ! Nous avons prié pour les nôtres, pour nos amis Arditti déportés, pour Moïse et Marie, les parents de Jacques, que nous savions encore sous la coupe nazie en Italie, pour Pepo et sa femme Ester, dont nous avions appris l'arrestation, peu avant le débarquement de Normandie et les combats du Vercors en juin. Nous avons prié pour la fin des hostilités puisque la guerre n'était pas terminée dans une bonne partie du monde à côté de nous. Nous avons prié pour la paix. Nous avons prié pour nous-mêmes, pour notre fille, pour notre avenir incertain, ignorant toujours à quoi vraiment nous avions échappé.

» À Grenoble comme ailleurs sévissait la chasse aux collabos, aux miliciens arrêtés par les FFI, aux femmes qu'on tondait parce qu'elles avaient couché avec l'ennemi, toute une justice expéditive, avec ses exactions, ses excès, ses bavures, qu'on ne condamnait pas parce qu'on avait trop souffert et qu'on voulait que les salauds paient. Nous sommes restés à Grenoble environ quinze jours. Puis nous avons pris le train pour Lyon où nous attendaient Momo et sa femme qui ont pu héberger Marie et Saby. Nous avons logé avec Jacques et Michou dans un petit hôtel à moitié détruit, et attendu le premier train pour Paris, tandis que Marcel, avec la fougue de ses vingt ans, se faisait donner un ordre de mission du Vercors et se précipitait en auto-stop vers la capitale et sa chère Rolande, toujours son grand amour. Il aura été le premier à fouler à nouveau le pavé parisien et à vérifier que l'appartement de ses parents et le nôtre n'étaient pas occupés.

» Enfin est arrivé le jour tant désiré, l'un des jours les plus désirés de toute notre existence, où nous avons pu prendre un train pour rentrer à la maison. C'était le 28 septembre. Le 28 septembre 1944 ! Le voyage n'était pas sans danger. Beaucoup de ponts étaient détruits et il fallait faire des détours pour les éviter. Les Allemands fuyaient, mais ils n'étaient pas tous partis et le train était à la merci d'une bombe. Le 28 septembre marquait le jour de Yom Kippour. Nous avons décidé de jeûner. C'était d'autant plus facile qu'il n'y avait presque rien à manger et nous avons laissé à Michou le peu qu'il y avait, elle qui avait si bon appétit. »

Jenny ignore encore que septembre 1944 est le mois des dernières fois. C'est la dernière fois qu'elle priera dans une synagogue et la dernière fois qu'elle observera le jeûne de Yom Kippour. L'heure des règlements de compte avec les autres, avec soi-même, avec Dieu, approche. La Jenny qui met le pied gare de Lyon en ce 28 septembre 1944 n'est plus la Jenny qui l'avait quittée pour Angoulême en septembre 1942. Deux années… Deux siècles… Deux millénaires… Le dénouement, un dénouement approche et Jacques et Jenny sont tout à l'intensité de ces moments uniques.

Moi, Michou, je suis avec eux, bien que ma mémoire ait besoin du relais maternel pour terminer le récit, pour savoir que notre train est parti à l'aurore mais est arrivé tard dans la nuit à Paris. Que nous avons pu attraper le dernier métro. Que nous avons pris un porteur qui nous suivait avec les valises. Que le métro s'arrête à La Motte-Picquet-Grenelle et ne dessert pas Ségur. Que nous faisons le reste du chemin à pied, si chavirés que nous ne pouvons articuler une parole.

À l'arrivée au 8, rue César-Franck, inchangé, nous réveillons Mme Chaliès, que Marcel a prévenue de notre retour. Elle nous étreint avec chaleur et nous prête des ciseaux pour faire sauter les scellés qu'on a apposés sur notre porte. Heureusement que Jenny et Jacques ont tenu à payer leur loyer rubis sur l'ongle, pendant toute la guerre, par l'intermédiaire de leur ange gardienne. Elle nous prête également une bougie, l'électricité ayant été coupée depuis longtemps. Et c'est à la lueur de la petite flamme que nous faisons le tour du propriétaire.

Il manque déjà beaucoup de choses.

— Mais il était moins une, dit Jenny, qui pousse soudain un cri : La coupelle ottomane !

Le viatique de Salonique, en argent terni, espère miraculeusement sa confiture de rose, au milieu de paquets préparés, en attente un peu partout, notamment sur la table en chêne cérusé de la salle à manger. En revanche les plus belles pièces de la collection de timbres de Jacques sont déjà parties ainsi que d'autres objets précieux, les nappes brodées, du linge et même des livres rares.

Ce sont les inspecteurs français qui se sont servis. Mais l'ennemi a pris largement sa part. Le docteur Modiano, ami de la famille et notabilité de la communauté sépharade, a passé la guerre aux grands magasins Dufayel à empaqueter les biens des Juifs à destination de l'Allemagne. Il lui est même advenu un jour d'emballer son propre mobilier.

« Tu as retrouvé une vieille poupée dans un coin, conclut Jenny, et tu n'as plus voulu t'en séparer. Nous t'avons fait ton lit et tu t'es immédiatement endormie en serrant ta poupée sur ton cœur. Nous nous sommes couchés à notre tour. Nous mourions de faim, de fatigue et d'émotion.

» Mais nous étions vivants. »

IV

Le Silence

« C'est dans ce silence-là que la guerre est encore présente, qu'elle sourd à travers le sable, le vent. »

Marguerite Duras, *La Douleur*

« C'est cela que je dis, c'est cela que j'écris et cela seulement qui se trouve dans les mots que je trace, et dans les lignes que ces mots dessinent, et dans les blancs que laisse apparaître l'intervalle entre ces lignes [...] je ne retrouverai jamais dans mon ressassement même que l'ultime reflet d'une parole absente à l'écriture, le scandale de leur silence et de mon silence : je n'écris pas pour dire que je n'ai rien à dire. J'écris : j'écris parce que nous avons vécu ensemble, parce que j'ai été un parmi eux, ombre au milieu de leurs ombres, corps près de leur corps ; j'écris parce qu'ils ont laissé en moi leur marque indélébile et que la trace en est l'écriture ; leur souvenir est mort à l'écriture ; l'écriture est le souvenir de leur mort et l'affirmation de ma vie. »

Georges Perec, *W ou le souvenir d'enfance*

Joie

Elle a été de courte durée, la joie. Mais tout de même. Jenny n'est pas avare de ces détails qui ont donné une forme à un bonheur qu'elle refuse d'oublier.

« Le lendemain matin, dit-elle songeuse, Mme Chaliès, pour qui je garde à jamais ma reconnaissance, nous a apporté un plateau avec un vrai petit déjeuner… du café véritable… au lait… du pain blanc… du beurre et de la confiture. Un régal. Un bonheur. À midi, elle nous a invités chez elle dans sa loge. Elle avait préparé un rôti de veau… du veau authentique. Nos papilles n'en revenaient pas. Nous étions à Paris, dans notre appartement. Nous mangions du pain blanc et du rôti de veau. Nous buvions du café… Drancy… fermé n'était plus qu'un lointain cauchemar… Et le matin, il n'y avait pas de coup de sonnette à l'heure du laitier… Pas de bruit de bottes… La première chose que j'ai faite, après ce repas royal, fut de récurer ma cuisine, tandis que Jacques se précipitait au magasin… Nous étions aux anges.

» Toi, dès la minute où tu as aperçu la poupée, tu as été heureuse. Ce n'était pas une poupée d'enfant, comme celle du Noël de Nice, deux ans plus tôt. C'était une de ces poupées de décoration, habillée en marquise, qu'on plaçait sur les divans, cadeau de mariage datant d'août 1937, des siècles auparavant. Tu as dormi avec, et pendant des mois, tu ne t'es pas séparée de ce symbole de l'Ancien Régime.

» Cette euphorie s'est prolongée jusqu'aux fêtes de fin d'année. On entrait en 1945. Pour ce premier réveillon libéré – mais la guerre, nous l'oubliions un peu, n'était pas encore finie – nous avons décidé, avec les amis retrouvés, d'organiser une grande fiesta. La bande s'était reconstituée à Paris avec ceux qui n'avaient pas été déportés. Les Arditti manquaient cruellement. Lily savait que son mari et sa famille étaient à Auschwitz – elle leur avait même envoyé des colis – mais personne ne savait ce qu'était Auschwitz. Bien entendu Lily se dispensa de fête. Les autres ont hésité. Fallait-il attendre la fin de la guerre ? Le retour des déportés ? Comme nous avons bien fait de ne pas remettre !

» La bande avait décidé que la célébration se ferait chez nous, qui disposions de l'appartement le plus grand. Nous projetions une petite trentaine de participants et en cette époque de restrictions alimentaires, nous nous étions réparti la tâche de l'approvisionnement. Jacques et moi, nous étions chargés du foie gras qui se vendait sans tickets, comme tous les produits de luxe, tant c'était horriblement cher. Nous avons fini par trouver une charcuterie boulevard Montparnasse qui en avait. Les autres se sont débrouillés avec le marché noir et les moyens du bord. Le système D quoi. Jacques Franck connaissait un type qui connaissait un type qui travaillait dans le champagne. Il est revenu de Reims avec une caisse. Robert Béhar s'était chargé des huîtres. Marcel Janovski de la volaille. Les femmes avaient préparé des salades. À cette époque, c'était les femmes qui cuisinaient. Il y avait aussi les artistes des gâteaux.

» Les Franck avaient une amie dentiste qui soignait des Anglais et des Américains. Elle devait nous amener des aviateurs alliés, jeunes et moins jeunes. Nous tenions absolument à recevoir des représentants de ceux qui nous avaient libérés. Nous avions rencontré ces soldats dans un bar pour un apéritif, un peu avant la fin de l'année. Et nous avions acheté des places à l'ABC pour une opérette. On aurait pu se croire avant-guerre. Pendant trois mois, nous n'avons pensé qu'à notre fête, malgré les soucis qui s'accumulaient.

» Car le mois de décembre avait été glacial. Et le 16, la contre-offensive des Ardennes, voulue et imposée par le Führer lui-même, a été lancée. Coup de semonce qui a rappelé à tout le monde que la paix n'était pas revenue. Les jeunes aviateurs anglais et américains que nous souhaitions inviter ne réveillonneraient pas. Ils iraient se faire trouer la peau dans les Ardennes pour que l'ennemi n'ouvre pas de brèche et ne reprenne pas Paris.

» Alors on a essayé d'en trouver d'autres, des soldats alliés. Il nous en fallait absolument pour notre fête de la Libération. On a découvert un Anglais très sympathique qui est venu l'après-midi du 31 décembre pour nous aider, et qui, faute d'autre talent, coupait inlassablement du pain, et in extremis quelques Américains qui remplaceraient les premiers…

» Enfin le grand jour est arrivé. Nous avions décoré l'appartement avec des guirlandes de fleurs et tous les services de table qui avaient échappé à l'ennemi. Après le théâtre avec l'opérette qui nous rappelait l'avant-guerre, nous sommes tous rentrés rue César-Franck. Et nous avons commencé les tableaux vivants. La grande mode d'alors, c'était la chanson "Quand allons-nous nous marier ?", que ton père t'avait apprise. On avait habillé Jacques en fille, avec une robe à moi, une perruque, et on l'avait maquillé. Jacques Franck, avec son mètre quatre-vingt-dix, faisait le gaucho, avec les bottes de son fils, Jean-Pierre, ton copain de Nice. Il tirait avec une ficelle son vieux cheval de bois. Et ils ont chanté. Jacques était si bien grimé que personne ne l'a reconnu. Les gens disaient : « Qui c'est la fille ? »

» Les nouveaux Américains étaient des gros paysans de l'Ouest. Un peu rustres. Très différents des premiers. Ils ont bu du champagne à flots. Ils étaient complètement abrutis. Après, quelle histoire pour leur faire absorber la moindre bouchée de foie gras ! Alors on s'en est chargé pour eux. Et finalement ils se sont endormis pendant notre "spectacle" dont, évidemment, le sel leur échappait.

— Et moi, pendant ce temps, qu'est-ce que je faisais ?

— Tu dormais dans ta chambre sous la garde de ton oncle Marcel qu'on avait payé pour s'occuper de toi pendant qu'on allait à l'ABC et qu'on en revenait, à pied, car il n'y avait plus de métro. À notre retour il a pu réveillonner avec nous. Il t'avait même réveillée pour que tu puisses écouter la chanson. »

Un souvenir se réveille à son tour dans ma mémoire assoupie sur l'année 1944 et son pourtant mémorable dénouement :

— Allez ! Fleur de nave ! T'as assez dormi ! Bonne année 45 ! Viens écouter ta chanson préférée !

Cette chanson, je n'en connaissais que le début et la fin. Elle commençait par :

Quand allons-nous nous marier nous marier, nous marier ?
Quand allons-nous nous marier ?
Mon cow-boy adoré.

La suite n'était pas pour les petites filles :

On m'appelle le tueur du Texas
Le seul délit qui encore me manque
C'est d'avoir été étrangleur
Mais ça pourra venir dans l'avenir
Tout ça dépend de toi
Et d'ce que tu répondras...

Et elle se terminait par :

Nous ferons ça une autre année
Une autre année, une autre année
Nous ferons ça une autre année
Mon cow-boy adoré.

J'ouvre un œil, j'aperçois une grosse fille qui chante d'une voix de crécelle et un grand dadais ridicule, à califourchon sur mon cadichon. Je vais me recoucher. Ce n'est pas la première fois que je trouve les grandes personnes vraiment très très bizarres.

Mais Jenny, elle, ne boude pas son plaisir : « Nous avons festoyé et chanté jusqu'au premier métro. Nous étions le 1er janvier 45. Pour cette année-là, pas besoin de se demander ce qu'on avait désiré, de toutes nos tripes. Et elle a fini par arriver ! La paix. »

Mais la fête était déjà terminée.

La fête décidément avait été de courte durée.

Le manteau de Noé

— Et mademoiselle Maurel, qu'est-ce qu'elle est devenue ?

Pendant cet hiver 1945 où chacun tente de reprendre le cours de sa vie, Jenny rencontre par hasard, boulevard des Invalides, Mlle Wackeinem qui a été son institutrice au petit lycée et qui continue à faire le jardin d'enfants à Victor-Duruy. Elle l'invite à goûter chez elle « avec les moyens du bord ». Bien entendu la conversation roule sur le seul sujet possible, l'Occupation et ses conséquences, plus catastrophiques les unes que les autres. Mlle Wackeinem compte parmi les enseignantes qui ont résisté. Le lycée est un microcosme, miroir de ce qui s'est passé partout, avec ses traîtres, ses victimes, ses martyrs, et toutes celles et ceux qui ont traversé la tourmente sans se retourner.

— Blanche Maurel ? Oh ! Quelle odyssée ! répond l'institutrice. Qui vaut la peine d'être racontée. Dès la drôle de guerre, votre ancien professeur avait choisi son camp. Elle a affiché sans fard sa préférence pour l'ennemi et provoqué l'indignation de certaines de ses élèves, filles d'officiers de l'armée française, qui ont commencé à lui tourner le dos jusque dans sa propre classe. L'une d'entre elles m'a raconté que, dans un cours sur Garibaldi, elle s'est mise à attaquer violemment l'Angleterre. Il y a même eu un incident. Après sa classe d'histoire, elle s'est trouvée au moment de la sortie du mercredi au milieu de ses élèves qui s'habillaient dans un espace resserré. L'une d'entre elles lui a fait un croc-en-jambe qui l'a fait tomber. Et elle s'est cassé le bras. On n'a pas identifié la fille responsable de cette « maladresse » et la directrice Mme Kantzer n'a pas eu très envie d'enquêter.

Blanche Maurel a terminé le semestre dans le plâtre. Et six mois plus tard elle était mutée à Beaugency, une annexe du lycée de garçons d'Orléans. Dès cette époque, elle était soutenue par Xavier Vallat, alors député d'extrême droite.

— Xavier Vallat ! Le commissaire aux Questions juives ?

— Futur ! Il n'a été nommé qu'en 41, après l'armistice.

— Et elle, qu'est-ce qu'elle a fait après l'armistice ?

— En 40-41, elle était de retour à Duruy en position de force. L'ancienne directrice, qui était l'épouse d'un Juif, a été révoquée. Et là, Blanche a commencé à régner sur les collègues et sur tout le monde. Je me rappelle qu'elle a fait exclure l'une de mes anciennes élèves, Rosemarie, pour un petit mot passé à une camarade où elle écrivait sa foi dans la défaite des nazis et notre libération. Ne parlons pas des Juives et des résistantes !

— Comment ça s'est passé pour vous, à ce moment-là ?

— Eh bien, à partir de novembre 40, nous avons toutes reçu un formulaire où nous devions indiquer si nous relevions du statut des Juifs. Notre collègue Mme Lévy, qui était professeur de physique-chimie en philo 2, a dit adieu à sa classe. Je m'en souviens, c'était en janvier 1941. Une de mes anciennes élèves m'a raconté. Mme Lévy est entrée, a gagné son bureau mais elle n'avait pas la même attitude que d'habitude. Après un silence, elle a annoncé à ses élèves qu'elle ferait l'après-midi son dernier cours de chimie car elle était touchée par la loi antisémite de Vichy. Puis, en pleurant, elle a fait son dernier cours dans un silence ému.

— Et vos collègues en général, comment ont-ils réagi à ces mesures ?

— Variable. J'avais un ami dans un collège de province, qui a été banni de sa salle de cours avec un autre professeur juif, dans l'indifférence générale. Personne, pendant cette marche dégradante à travers la cour du collège, n'a fait un geste ni dit un mot, sauf un seul, un professeur de mathématiques qui a crié : « On ne peut pourtant pas les laisser partir comme ça ! » et qui les a escortés jusqu'au portail.

— Nous avons vécu la même expérience, dit Jenny. Et la chance qu'il se soit trouvé toujours quelqu'un pour nous tendre la main.

— Oui. Vous avez eu de la chance, reprend l'institutrice. Une chance que n'a pas rencontrée notre jeune collègue de lettres Renée – autre Lévy, juive – et résistante dans le groupe du Musée de l'Homme, puis dans le réseau Hector. Elle a été arrêtée en 41. Ni mon amie Madeleine Michelis, qui, elle, n'était pas juive, et qui s'est occupée dans la Résistance du passage des prisonniers évadés et de l'aide aux parachutistes et aviateurs alliés. Arrêtée il y a un an, en février 44. Ni Marguerite Aron que vous avez dû connaître, professeure de lettres ici. Elle avait soixante et onze ans. Depuis longtemps, elle s'était convertie au catholicisme. Elle avait demandé son admission dans le tiers ordre dominicain, et s'était retirée dans sa maison près de l'abbaye de Solesmes. Elle a été prise par la Gestapo le 26 janvier 1944, alors qu'elle sortait de la messe du matin. Quand elle a donné sa date de naissance, on lui a répondu qu'on « prenait jusqu'à quatre-vingts ». Et elle n'a pas été la seule de Duruy !

La voix de Mlle Wackeinem faiblit et les larmes viennent aux yeux des deux femmes tandis qu'elle égrène l'insoutenable litanie.

— Regardez… ce que je viens de recevoir, reprend-elle en tendant à Jenny une feuille de papier : « Chère mademoiselle, je me permets de vous adresser cette lettre en qualité d'ancienne élève du lycée Victor-Duruy, pendant les années tragiques de l'occupation allemande. Il y avait dans notre classe Liliane Keizer et Georgette Braunstein, de religion juive toutes les deux. À la rentrée 42, nous avions seize ans. Liliane a été arrêtée avec sa maman, puis envoyée à Drancy. Georgette avait dix-sept ans. Elle a été arrêtée avec son père et sa mère en janvier 44 et déportée. »

— Et pendant ce temps, mademoiselle Maurel ? Elle a continué au lycée ? demande Jenny, tentant de se ressaisir.

— Non. Elle est devenue une figure de la Collaboration. Au printemps 42, Laval l'a chargée de mission au cabinet d'Abel Bonnard qui avait été nommé ministre de l'Éducation et de la Jeunesse.

— Et… qu'est-ce qu'elle y a fait ?

— Oh ! Il y a beaucoup de on-dit. On a dit qu'elle avait investi, avec des Allemands et des Français, les locaux du Grand Orient de France et en aurait chassé les membres. On a dit qu'elle avait surveillé les cours d'universitaires. Et j'en passe… Elle a été traduite en justice par la Commission d'épuration et suspendue de ses fonctions en septembre dernier.

— Elle n'a pas été arrêtée ?

— Si, en octobre. Ils l'ont envoyée à Fresnes. Elle vient d'être mise en liberté provisoire… pour raisons médicales. Oh ! Elle s'en sortira toujours… Mais les autres, la petite Georgette, Liliane, qui étaient dans ma classe au jardin d'enfants, est-ce qu'elles reviendront ? Alors vous savez, toutes ces procédures « extrajudiciaires » qu'il y a eu l'été dernier, toutes ces bandes indépendantes de jeunes armés qui raflaient les collabos et qui les exécutaient sans autre forme de procès, eh bien, malgré les bavures, cela ne me déplaisait pas.

— Ça ne ramènera pas les autres, dit Jenny. Et puis il y a eu tant d'erreurs. On peut espérer que la justice fera mieux que de s'acharner sur des boucs émissaires.

— Oui. On peut l'espérer, dit Mlle Wackeinem.

Ce même mois de février 1945, l'écrivain Robert Brasillach est condamné par la justice et exécuté.

Contrairement à l'adage, la vengeance est un plat qui se mange chaud ou de préférence brûlant. Même à cette température-là, il n'a que trop la saveur et l'odeur de la bile. Refroidi, il exhale un remugle de vomi et de sang. C'est loin d'être mon plat préféré. Malgré tout ce qu'ils avaient enduré, ce n'a pas été non plus celui de Jenny et Jacques.

Dès avant le débarquement de Normandie, la haine a donc flambé. La vengeance, on l'appelle « châtiment ». Les cibles ? Dix mille personnes en France d'après les historiens, dont les quatre jeunes miliciens qui ont payé pour les fusillés du cours Berriat, qui avaient payé pour les otages, qui avaient payé pour les présumés résistants.

« Mais si la haine répond à la haine, comment la haine finira-t-elle ? » dit un proverbe shinto. J'ai connu moi aussi ma phase enfantine de haine et de vengeance. Elle s'est exprimée dans ce rêve récurrent où je suis à la fenêtre d'un immeuble et je balance un à un des soldats allemands qui font la queue pour être défenestrés par mes petits bras d'enfant. Ils ressemblent trait pour trait aux colosses venus arrêter Marcel à Fleur des Alpes.

L'humiliation nationale trouve ses chèvres émissaires dans la moitié de la population qui incarne à la fois la soumission et la trahison : les femmes. Comme on le sait, celles soupçonnées d'avoir couché avec l'occupant sont dénudées, exhibées et tondues en place publique, tandis que les populaces se défoulent de leur bassesse et de leur impuissance, en les accablant. À Grenoble, Jenny et Jacques les ont vues sans état d'âme. Mais sur le long terme, ces scènes ne les soulagent pas, ne les consolent pas, ne les vengent pas. Elles ne les concernent pas et ne concernent pas ceux qu'ils attendent et qui ont vu la Gorgone, ni tous ceux qui n'en sont pas revenus.

Les vengeurs qui ont perpétré ces scènes à tort ne seront pas poursuivis, pas plus que ceux qui ont arraché des petits à leurs parents, raflé des vieillards et des malades, expédié des familles entières vers les chambres à gaz ne seront tous punis.

On finit par rétablir la République et ses institutions, dont la justice, encore chancelante. Mais les procès officiels rendent des verdicts souvent incohérents. Beaucoup d'innocents sont condamnés tandis que d'autres échappent à toute sanction. Trois juges sur quatre ont servi l'État collaborationniste. Les peines sont légères. Celle de dégradation nationale n'affecte que provisoirement les vies et les carrières, celle d'intelligence avec l'ennemi, qui concerne des milliers de citoyens, pas davantage.

« Ils ont fusillé Brasillach, se souvient Jenny, mais Céline, qui avait écrit en 1937 : “Je suis l'ennemi numéro un des Juifs”, n'a pâti de rien.

— Il a été condamné à une année de prison qu'il a purgée au Danemark. Mais c'est vrai, il a fini par être amnistié et a pu rentrer en France. »

Je ne sers pas à Jenny le couplet de mes camarades soixante-huitards pour qui le génie de Céline l'exonère de toute responsabilité, a fortiori de tout châtiment. Quant à Blanche Maurel, elle s'en sort assez bien, comme l'a prédit Mlle Wackeinem. Fin décembre 1945, son affaire semble terminée par une ordonnance de classement pur et simple, sans renvoi en chambre civique.

Mais le cas n'est pas clos et, dès l'hiver 1946, afin de préparer sa défense, l'enseignante demande qu'on lui envoie l'élogieux rapport d'inspection fait en 1936 par… l'inspecteur juif Jules Isaac. Ironiquement ce dernier, qui a été révoqué en vertu du statut des Juifs de Vichy et dont la femme et la fille ont été assassinées dans les camps, signera après la guerre *L'Enseignement du mépris*, un enseignement que Mlle Maurel, ancienne institutrice devenue professeure vedette dans les années trente, aura dispensé à des générations de jeunes républicaines, comme Jenny Amon et Françoise Dreyfus.

Le dossier de Blanche Maurel pourra être consulté aux Archives nationales par les générations futures. Il montre comment d'appel en appel, la brillante professeure d'histoire de Jenny s'est battue pour obtenir réparation des sanctions légères qui ont été prises contre elle. Qu'on en juge : elle n'a pas bénéficié du paiement de sa pension pendant une durée de quatre années, de 1947 à 1951 ! Mlle Maurel a multiplié jusqu'au bout ses recours pour recouvrer cette portion de sa retraite, tant au tribunal administratif de Paris qu'au Conseil d'État.

J'ai longuement hésité, par égard pour ses éventuels descendants, à divulguer le nom véritable de Blanche Maurel entre ces pages, comme on avait exhibé les femmes tondues à la Libération, bien que ce joli nom sonne comme celui d'un vrai personnage romanesque. L'auteure de *Lol V. Stein* l'aurait probablement réduite au mystère de ses deux initiales, B. M. Ou à celui de Blanche M., ce prénom étant presque inespéré pour un être aussi ténébreux. Maintenant que presque tout le monde est mort, il n'y a plus de flétrissure à descendre d'un collabo. Malgré l'actualité, il ne devrait plus y avoir de gêne non plus à s'inscrire dans une filiation juive.

Blanche Maurel est morte de mort naturelle, mais Renée Lévy a été incarcérée à la prison de la Santé, transférée en Allemagne avec ses compagnes, victimes comme elle du décret allemand NN (*Nacht und Nebel*, « Nuit et Brouillard »), qui ont disparu sans laisser de traces. Elle a été guillotinée à Cologne le 31 août 1943, à l'âge de trente-sept ans. Madeleine Michelis est morte à Paris sous la torture et sans parler, le 15 février 1944, à l'âge de trente et un ans. Marguerite Aron a été déportée, de Drancy à Auschwitz, le 10 février 1944. Elle a été gazée trois jours plus tard. Liliane et sa mère ont fait partie d'un convoi pour Auschwitz où elles sont arrivées le 16 septembre 1942 et ont été passées à la chambre à gaz deux jours plus tard. Georgette, son père et sa mère sont partis pour Auschwitz dans un convoi de mille deux cent quatorze déportés comprenant entre autres cent quatre-vingt-quatre enfants de moins de dix-huit ans ainsi que quatorze octogénaires. Une maman faisait partie du convoi avec ses sept enfants de deux à quinze ans.

Il y en eut d'autres encore, dont on a perdu la mémoire. Car « le manteau de Noé, dit une autre ancienne élève de Mlle Wackeinem, jeté sur l'armée des ombres, est décidément tissé de fils bien solides ». Pourtant en cet hiver 1945, on ignore, on veut ignorer tout cela.

En cet hiver 1945, comme des millions de familles juives, Jacques, Jenny et Michou attendent. Ils attendent le retour des déportés.

Attendre…

Ils reviennent le 18 avril 1945. Les deux frères, Oscar et Léon Arditti. Le reste de la famille – Salomon, Ida et Jako – s'est volatilisé dans les fumées noires d'Auschwitz.

Je m'en souviens précisément et entends encore la voix de Jenny, retour du marché de Saxe, qui criait :

— Ils sont rentrés ! Ils sont rentrés ! Mon Dieu ! Ils sont rentrés ! Je leur prépare un riz au lait !

Le riz au lait était, paraît-il, le plat préféré d'Oscar Arditti. J'ignore comment le squelette diaphane, qui est revenu de la Nuit, a pu absorber le chef-d'œuvre culinaire de Jenny. Ni même s'il l'a vu.

« C'est plus tard, lorsque les premières nouvelles transpirent peu à peu, que l'attente commencera[1] », écrit Marguerite Duras dans *La Douleur*. Effectivement depuis janvier 1945, on les attend. On attend sans relâche le retour des déportés. La grande masse indistincte de ceux qui se sont évaporés dans le brouillard s'individualise à nouveau, reprend une figure humaine, un nom. Jacques attend Moïse Benrey et Marie Jerusalmi, son père et sa mère. Lily attend Oscar Arditti son mari, Salomon son beau-père, Léon son beau-frère, Ida sa belle-sœur et le jeune Jako son neveu. On commence à sortir leurs photos. Les lointains numéros matricules, dont on ignore encore l'existence, redeviennent peu à peu des identités. On les attend tous indistinctement, Juifs et Aryens, Parias et Gentils, Français et Étrangers. Les Désirables et les Indésirables On ne sait pas que dans les camps de la mort a régné une hiérarchie implacable entre les sous-hommes et les autres déportés.

Arrive le mois d'avril. Les armées alliées s'abattent sur l'Allemagne. L'Armée rouge marche victorieusement dans le Sud. L'USAAF et la RAF viennent en février de faire sauter la ville de Dresde. On avance sur tous les fronts. L'Allemagne revient à elle-même. Le Rhin est franchi. « Berlin flambe, elle sera brûlée jusqu'à la racine[2]. » Marguerite Donnadieu, qui n'est pas encore Duras, est à Paris. Elle attend, elle aussi, Robert Antelme, son mari, qui n'est pas juif mais résistant. Dans son journal qu'elle publiera sous le titre *La Douleur*, elle décrit la nuit parisienne de ce printemps-là, dans un Paris éclatant, la place Saint-Germain illuminée, les Deux Magots bondés, tout comme les petits restaurants. « Mais la ville éclairée a perdu pour moi toute autre signification que celle-ci : elle est signe de mort, signe de demain sans eux. Il n'y a plus rien d'actuel dans cette ville que pour nous qui attendons. Pour nous, elle est celle qu'ils ne verront pas[3]. »

1. Marguerite Duras, *La Douleur*, Gallimard, Folio, 1993.
2. *Ibid.*
3. *Ibid.*

Ceux qui n'attendent pas de déportés attendent la paix qui tarde à venir. Hitler vacille, il veut capituler. Avec les Anglo-Américains seulement, pas Staline encore. Mais l'Armée rouge déferle. Berlin n'est plus défendu que par les « trente bataillons du suicide ». Enfin, dans son bunker, le Führer se tire une balle dans la tête. On croit que c'est la fin. Est-ce la fin ?

Très vite, on saura... Mais en août 1944, Marguerite Antelme écrit qu'elle ne sait pas, qu'elle est pure de tout savoir sur ce qui s'est passé en Allemagne depuis 1933, qu'elle en est à la préhistoire de l'humanité.

Le 28 avril 1945, ce jour même où Hitler, craignant que le poison n'opère pas, a préféré son arme à feu, elle écrit qu'elle sait. Elle sait que « sept millions de Juifs ont été exterminés, transportés en fourgons à bestiaux et puis gazés dans les chambres à gaz faites à cet effet et puis brûlés dans les fours crématoires faits à cet effet[1] ». Elle cherche des équivalences ailleurs, à d'autres époques. « On est étonné. Comment être encore allemand ? [...] D'aucuns resteront éblouis, inguérissables. Une des plus grandes nations civilisées du monde, la capitale de la musique de tous les temps, vient d'assassiner onze millions d'êtres humains à la façon méthodique, parfaite, d'une industrie d'État[2]. »

Les chiffres de Duras sont inexacts. Et son évocation des camps incomplète. À l'époque, on connaît Buchenwald, avec ses comités de prisonniers politiques communistes bien organisés. On connaît Bergen-Belsen, libéré par les troupes britanniques, avec ses squelettes ambulants qui passent aux actualités cinématographiques mais qui ne sont pas identifiés comme juifs. On ne connaît pas Birkenau. Marguerite Donnadieu-Antelme ne connaît pas Auschwitz où Salomon, Ida et Jako ont été exterminés, elle ne connaît pas Monowitz où Oscar et Léon Arditti ont été suppliciés de l'hiver 1943 au printemps 1945, pas très loin de Primo Levi.

Jenny, elle, ne sait pas non plus. Pas encore. Avec un soin tout particulier, elle prépare un riz au lait pour son ami Oscar

1. *Ibid.*
2. *Ibid.*

Arditti, qui a été raflé à Nice en décembre 1943, et pour son jeune frère Léon qui n'avait que vingt-sept ans le jour de son arrestation. De Jako, elle ne sait rien. Pas encore.

Jacques non plus ne sait rien. Pourtant il y pense, sans cesse, depuis notre retour dans Paris libéré. Il pense à sa mère bien-aimée, Marie Jerusalmi. Et à son père Moïse dont il est le fils unique, qu'il a toujours respecté, avec lequel il s'est entendu malgré quelques dissensions. Auxquels il est viscéralement attaché. Il n'a reçu aucune nouvelle durant tous ces mois tumultueux. Mais il espère. Il espère – le mot est faible – *ardemment* qu'un jour prochain, il les retrouvera, comme il va retrouver les frères Arditti de Bulgarie, ses amis de la bande et de la Jeunesse Sépharadite, avec qui il a couru les filles et fait des frasques de jeunes célibataires. Et que Marie cuisinera à nouveau les *borekitas* qu'elle fait si bien, comme Jenny en ce moment dans la cuisine de la rue César-Franck qui regarde bouillir son lait.

Les Revenants

Les Arditti arriveront le 18 avril 1945 à la gare d'Orsay, dans le lieu même où Marguerite attend Robert Antelme. Il y aura d'autres centres d'accueil pour les déportés. Le cinéma Rex sur les Boulevards, ou bien la caserne de Reuilly, ou la piscine Molitor. Ou surtout l'hôtel Lutetia, QG allemand sous l'Occupation, réquisitionné à la Libération.

Des soixante-six mille déportés de France pour raisons diverses, dont quarante-deux mille pour faits de résistance, vingt-trois mille reviennent. Mais sur les soixante-quinze mille déportés juifs, dits « raciaux », à peine deux mille cinq cents ont survécu. À cette époque, même les associations juives ne font pas la différence entre les uns et les autres sur le traitement qu'ils ont subi. Mais l'accueil n'est pas le même : on accueillera Denise Jacob, résistante, en héroïne ; sa sœur Simone (Veil), déportée raciale, en victime.

Le 18 avril 1945, Lily Arditti vient d'être prévenue par Jacques Franck. « Ils » sont vivants. « Ils » sont à la gare d'Orsay.

— Tous ? Ils sont tous là ? demande Jenny, informée par le même ami.

— Je ne sais pas. On m'a parlé seulement de deux personnes, deux frères, probablement Oscar et Léon.

Les frères Arditti sont libérés du camp de Dora par les Américains et rapatriés en avion jusqu'au Bourget. À leur descente de l'appareil, ils passent entre une double haie de soldats leur présentant les armes, puis un service d'accueil, dans le hall du bâtiment central, leur donne à boire et à manger.

— Où habitez-vous ? Où est votre famille ? Qui faut-il prévenir ? Où voulez-vous aller ?

Ils sont ahuris, hébétés. Ils viennent d'un autre monde. On leur demande une adresse, dans ce monde-ci. Soudain Oscar se souvient du numéro de téléphone des Franck. Sont-ils encore vivants ? Dans leur appartement ? Avec leur téléphone ? Et sont-ils en contact avec Lily, la petite Claudine, et leur mère ?

La réponse est oui. Oui à tout.

Ils n'osent y croire encore et s'engouffrent avec d'autres dans des camions vers la gare d'Orsay. Désaffectée et réaffectée à l'accueil des prisonniers de guerre, puis des premiers déportés.

À l'arrivée, nouvelles queues. Nouveau contrôle :

— Nom ? Âge ? Date ? Lieu de naissance ? D'où venez-vous ? Quels camps avez-vous faits ?

Puis, dans la foule, un visage ami, celui de Jacques Franck qui a loué un vélo-taxi.

— Lily voulait venir. Je l'en ai empêchée. Toute la famille va bien. Je vous emmène dans votre nouveau logement.

Entre la félicité du retour et la gravité des nouvelles qu'ils portent, Oscar et Léon sont en proie à des bouleversements qu'ils ne peuvent contrôler.

Mais bientôt ils sont face à une vieille dame qui est leur mère. Qui est aussi la femme de leur père. La mère de leur sœur. La grand-mère de leur neveu.

— JAKO ? Léon, dis-moi… Est-il avec vous ? Et IDA ? IDA… Mon Dieu ! TON PÈRE ? Oscar, je t'en supplie. Dis-moi… dites-nous… la vérité !…

Quelques jours plus tard, Marie hèle Jenny depuis son balcon de la rue Pérignon. On lui a dit de se rendre à l'hôtel Lutetia où sont maintenant affectés les déportés, pour essayer de retrouver son frère Pepo et la femme de ce dernier, dont on n'a pas de nouvelles.

— Jenny, tu m'accompagnes ? demande Marie.

— J'irai avec toi mais Jacques doit aller travailler au magasin.

Jenny n'ajoute pas qu'elle craint cette expérience pour Jacques, très affaibli et fragilisé ces dernières semaines par les rumeurs sur les camps de la mort. De toute façon, ses parents à lui, disparus en Italie, ne font pas partie des Revenants potentiels de l'hôtel Lutetia.

Marie et Jenny s'installent donc, comme des centaines d'autres, devant et dans l'hôtel Lutetia, et commencent à espérer et à attendre. Elles s'habituent non sans appréhension à voir marcher les « pyjamas » rayés sous les dorures du grand hall, avec à la main un petit paquet dans lequel ils ont enfermé leur trésor, un bout de sucre, un chiffon, un gobelet, un morceau de couverture. Elles apprennent peu à peu ce qui les guette ensuite : les formalités d'enregistrement et l'interrogatoire avant la remise de la carte de rapatriement.

Les Revenants se plaindront à elles de ces interrogatoires. Interminables. Méticuleux. Il s'agit de traquer les faux déportés, l'infiltration d'ex-collabos ou même de SS. Les imposteurs qui se sont faufilés dans un pyjama rayé sont montrés du doigt par les vrais.

Agitation et cafouillis règnent dans ce chaos.

— Une grande pagaille, leur fait remarquer un volontaire boy-scout, qui s'en souviendra toute sa vie.

Sur le boulevard Raspail, les marronniers sont en fleur, le printemps est arrivé qui baigne la capitale libérée depuis quelques mois. Mais elles n'y prennent pas garde, ni Marie ni Jenny dans le hall, ni la foule qui est bloquée derrière les barrières face au Lutetia, la mine anxieuse, le visage tendu, avec des photos brandies à bout de bras, avec des écriteaux qui portent les noms de leurs disparus.

Beaucoup des proches arrivent le matin avant d'aller au travail et reviennent le soir. Il y a des heures de pointe dans cette insoutenable attente. Car on ne sait rien de précis encore. Des chuchotements. Des détails d'atrocités auxquelles on n'ose pas croire. Soudain surgit un convoi de bus. Il s'arrête. En descend une cargaison de fantômes squelettiques. Le bourdonnement des conversations fait alors place au silence. Les Revenants passent entre cette haie de regards perçants, qui cherchent, derrière ces faces défigurées, à identifier, à reconnaître un visage naguère aimé.

Marie et Jenny, au début intimidées, finissent par interpeller les déportés, en leur désignant leurs écriteaux avec les noms et les photos de Pepo et sa femme Ester. Mais aucun ne les a identifiés ni même croisés.

Alors elles interrogent les ex-déportés sur eux-mêmes. Celui-là pèse trente-huit kilos pour un mètre soixante et onze.

— Je m'appelle Charles Palant. Je suis juif, ancien pyjama d'Auschwitz, rescapé de la Marche de la mort. Je suis arrivé gare de l'Est à l'aube, dans un convoi de rapatriés. J'ai été accueilli avec les autres par une fanfare qui jouait *La Marseillaise* et un piquet militaire qui nous a rendu les honneurs. Sur le quai, on nous a fait mettre en rangs : d'abord avec les déportés, raciaux et politiques confondus, puis avec les prisonniers de guerre, et enfin avec les travailleurs du STO. Par ordre de souffrance.

— Moi je suis Joseph Bialot, moi aussi rescapé d'Auschwitz, Juif polonais de Belleville. J'ai été déporté à dix-huit ans, libéré en janvier par l'Armée rouge, rapatrié ici au Lutetia.

— Moi, mon nom est Léopold Rabinovitch, ancien des FTP-MOI.

Les Revenants lisent, au fond des yeux des survivants qui attendent, ces lueurs d'espérance. Ils entendent des noms, des questions. Ils fixent les images qu'on leur tend. Mais les photos exhibées sont celles d'humains normaux avec des joues et des cheveux. Eux ne connaissent que des sous-hommes et des sous-femmes, des numéros, des sacs d'os et des têtes rasées.

Les Revenants voient les mains qui les agrippent par la manche pour essayer de SAVOIR, et ils déchiffrent ces espoirs fous qu'ils n'osent pas fracasser. On leur offre de la nourriture, une veste ou un pantalon, un lit dans une chambre. Mais ils ne savent plus ce que c'est que manger un repas ou dormir dans des draps. Ils préfèrent repartir, à la recherche de leurs proches. Leurs proches ? Où les trouver ? Leur logement a été occupé ou pillé. Ou, pire, il n'a pas bougé. Mais il est désert. La concierge est là qui salue, comme si de rien n'était, qui remet les clefs, et même du courrier. Parfois, dans l'appartement vide auquel toute une famille a été arrachée, la table est encore mise.

D'autres retrouvent leurs proches, au moins certains. Le pire… il y a toujours un pire du pire, c'est de devoir répondre à leurs questions, à leur angoisse sans nom. Ils n'osent pas, ils ne peuvent pas dire ce que c'était réellement : Auschwitz, Birkenau, Treblinka. Ils ne se risquent pas, ils ne peuvent pas répondre. Ils sentent cependant monter la suspicion. S'ils ont survécu, c'est que, pour le moins, ils ont été des kapos. Qu'ils sont des coupables en sursis. De la suspicion à la haine, il n'y a qu'un pas.

Personne ne comprend qu'ils ne peuvent pas raconter aux autres ce qu'ont vécu leurs proches, la façon dont ils sont morts. La vérité ? Leur dire la vérité, c'est impossible. Ce serait les tuer à nouveau à petit feu. D'une mort lente. De la plus épouvantable des tortures : celle d'assister au supplice des êtres aimés. Comment expliquer à une fille quand et comment est morte sa mère ? Comment pourrait-elle imaginer sa propre mère se déshabillant, puis courant nue sous les coups jusqu'à la chambre à gaz ?

Comment expliquer à la femme de Salomon Arditti, à la mère d'Ida, à la grand-mère de Jako quand et surtout comment ils ont alimenté les fours crématoires d'Auschwitz-Birkenau ?

Le retour des déportés ! Il aurait dû être source de félicité, de libération. C'est l'un des épisodes les plus éprouvants de l'Apocalypse. Pour les Revenants qui ne sont plus que des ombres ; pour les Survivants, au moins ceux à qui il a été donné de vivre, qui n'ont connu ni les rafles ni les camps.

Je sais aujourd'hui quel jour sont rentrés les Revenants Oscar et Léon Arditti, les condisciples de Jacques à l'école catholique de Sofia, les meilleurs amis de mes parents, ceux avec qui ils avaient célébré des fiançailles et des mariages à la Jeunesse Sépharadite dans les années trente, ceux qu'ils avaient retrouvés à Marseille puis à Nice en 1943, ceux qu'ils avaient su raflés, puis déportés vers une destination dont personne ne connaissait ni ne reconnaissait le nom.

Je sais aujourd'hui que le 17 avril 1945, ils étaient encore à Dora, après avoir quitté Auschwitz en janvier.

Je sais aujourd'hui que c'est probablement le 18 du mois d'avril 1945 que Jenny a confectionné son fameux riz au lait pour leur retour. Elle a dû l'apporter soigneusement, encore tiède, recouvert d'un linge blanc. Puis à une autre date, un soir, les Arditti ont réuni toute la bande, tous ceux qui faisaient encore la fête à Nice la veille de leur arrestation, dix-huit mois auparavant. Tous ceux qui avaient écouté religieusement les prédictions fantaisistes de la voyante extralucide.

Je ne sais pas exactement quelle nuit les deux frères ont convié leurs amis afin de « célébrer » leur retour et faire savoir ce qu'ils avaient vécu. Je sais que cette nuit-là, Jenny ne l'oubliera jamais : « Oscar et Léon, les deux frères, ils ont parlé toute la nuit. Ils ont tout, ou presque tout, raconté. Au matin, ils ont juré que c'était la première et la dernière fois. Que ce passé-là n'existerait plus. Qu'il fallait oublier. »

Longtemps, j'ai regretté de n'avoir pas osé demander à Jenny ce que les Revenants Oscar et Léon Arditti avaient transmis pendant cette nuit d'avril 1945 à leurs amis les Survivants à propos de leur martyre et des Disparus qui n'avaient pas eu la chance obscure de revenir comme eux. Après cette nuit-là, les frères Arditti, eux aussi, ont fait silence. Pendant des décennies.

Et puis Oscar a décidé de raconter ses deux captivités dans un manuscrit, encore inédit. Et puis Léon, à son tour, a décidé de ressortir des ténèbres. Il a écrit et publié leur histoire. Sous le titre *Vouloir vivre. Deux frères à Auschwitz*[1]. Aujourd'hui, un livre que chacun peut lire. Une histoire particulière. Une histoire entre six millions d'histoires. Qui n'est pas celle de

1. Léon Arditti, *Vouloir vivre : Deux Frères à Auschwitz*, L'Harmattan, 1995.

Primo Levi. Qui n'est pas celle d'Aharon Appelfeld. Qui n'est pas celle d'Elie Wiesel. Car chacun l'a racontée, à sa manière. Chaque histoire est une tragédie unique et différente. Chaque survie est un hasard ou un miracle. Chaque libération une épopée ou une saga.

Quand j'ai découvert le livre de Léon, plus de soixante ans avaient passé. On avait changé de siècle. Oscar était mort. Grâce à Léon j'ai pu ouvrir la porte du cabinet de Barbe-Bleue. Grâce à lui j'ai pu me faire une idée de ce que mon père a dû entendre en cette nuit d'avril 1945, alors que Marie Benveniste, ses sœurs et ses frères espèrent Ester et Pepo, que d'autres déportés sont sur le chemin du retour, et que lui, Jacques, attend que reviennent son père Moïse Benrey et sa mère Marie Jerusalmi, d'une destination sur laquelle il n'a encore que des doutes, mais des doutes qui sont en train de se changer en terreurs.

Douleur… *En tierras ajenas yo me vo murir*

« *En tierras ajenas yo me vo murir*… En terre étrangère je m'en vais mourir… » Ainsi chantaient les Judéo-Espagnols sur la terre gelée d'Auschwitz I, de Monowitz et de Birkenau.

Car seul le chant ou le poème peut accompagner l'évocation de la maison des Morts, comme celui d'Oscar accompagne le récit de Léon :

En ce temps-là
Tous ceux, comme moi
Ou comme Jésus,
Issus
De la lignée de Sion
Étions
Haïs
Par les nazis.
Pourchassés,
Enfermés.
Déportés.

Les lire, c'est entrer dans le Temple. Ce Temple qu'ils ont voulu ouvrir pour leurs proches en cette nuit de mai 1945, sans le refermer, comme croyait Jenny, à jamais, mais pour le rouvrir un jour à tous pour les temps à venir. Les lire, c'est s'approcher de la source sacrée, qui a dicté à Oscar et Léon les mots par lesquels ils m'ont fait signe de les suivre dans le Voyage dont ils sont revenus.

Jenny avait laissé la famille Arditti à sa sortie de l'hôtel Excelsior à Nice. Lily et sa belle-sœur les avaient vus passer au coin de la rue : le vieux M. Arditti, Salomon le patriarche ; Oscar et Léon, ses deux fils ; sa fille Ida et son petit-fils Jako, l'adolescent dégingandé qui n'avait que quatorze ans. Leurs yeux s'étaient croisés une dernière fois avec une intensité mortelle, puis on avait entendu leurs pas décroître dans le quartier des Musiciens. Un pâle soleil de décembre 1943 éclairait cette tragique scène muette.

Quelques jours, quelques heures, un siècle plus tard, les mêmes arrivent sur la rampe d'Auschwitz-Birkenau.

Entre-temps il y a eu…

Il y a eu le wagon de troisième classe vers Paris où les trois jeunes hommes auraient pu sauter par la fenêtre, non grillagée, mais ne l'ont pas fait à cause de leur père et de ses pauvres jambes, et de leur sœur, si maladroite.

Il y a eu la gare de Lyon, tandis que les voyageurs ordinaires s'égaillaient tranquillement vers leurs activités non moins ordinaires.

Il y a eu l'autocar attendant les futurs déportés.

Il y a eu Drancy, le centre de détention, l'antichambre de l'enfer.

Il y a eu la première nuit où, à peine arrivés, ils ont entendu leurs noms dans l'appel pour le prochain convoi. Il manquait des noms sur la liste. On les a pris eux, les derniers venus.

Il y a eu le convoi. Jetés dans des wagons de marchandises avec ces lettres blanches : « 40 hommes, 8 chevaux ». Pas de quai, pas de marchepied. Ils ont hissé leur père, le vieux M. Arditti, à un mètre du sol. Puis la porte a coulissé et s'est refermée de l'extérieur. Un soldat allemand a déposé un grand seau de métal gris qui a servi de latrines. Devant l'embrasure, un SS a tiré une rafale de mitrailleuse pour avertir qu'à la moindre tentative d'évasion, tous les occupants du wagon seraient fusillés.

Il y a eu le voyage. Peut-on appeler « voyage » ce calvaire ? Le plancher a vibré… le train s'est ébranlé. Des nuits. Des heures. Des jours. Un siècle.

Il y a eu Auschwitz. L'arrivée à Auschwitz-Birkenau…

« Une blancheur brutale… de la neige partout. Des silhouettes vertes et grises. Quelques rares bâtiments, un écheveau de rails et puis ces hommes squelettiques qui portent un vêtement invraisemblable : une sorte de pyjama gris avec des rayures bleues. On saute à un mètre du quai, abandonnant au pillage tous les bagages, écrit Léon. "Les hommes d'un côté. Les femmes de l'autre." Tous nous nous cognons, nous bousculons, foule enfiévrée traversée de courants de panique, comme des moutons harcelés par des chiens qui hurlent.

» Soudain jaillit un visage : Léon Baruch. »

Dans ce pyjama occupé à consolider un monceau de valises, Léon reconnaît un Sépharade qui rapidement lui glisse en ladino :

— Surtout, ne pas monter dans les camions là-bas à droite… C'est la mort. Destination immédiate : la chambre à gaz…

Léon est épouvanté. Il aperçoit son père qui se hisse avec d'énormes difficultés dans l'un des camions… vers la destination interdite. Ida, elle, a disparu avec les femmes et les enfants dans d'autres camions qui démarrent.

Oscar, Léon et Jako restent là immobiles « tous les trois sans pleurs, au-delà de la douleur ».

Plus jamais, plus jamais ils ne reverront ni père ni mère.

Auschwitz : la mort y coulait comme lave,
J'ai vu passer au crématoire,
Matin, midi et soir,
Des milliers d'innocents :
Hommes, Femmes, Enfants.
Sans un pleur, sans un cri :
Ébahi, anéanti, surpris[1].

Il y a trois survivants de cette première sélection : Oscar, Léon et Jako. Ils sont envoyés au camp de travail de Monowitz.

La chaîne de l'avilissement est connue : déshabillage, tonte, désinfection, douche, dépossession des derniers objets (alliances, bagues, médailles), tatouage du numéro, pyjama rayé, soupe infâme, appel dans un froid polaire, travail harassant jusqu'à la mort, coups de schlague, humiliations et vexations diverses, sélection des plus faibles, pendaisons. L'atrocité ordinaire pour déshumaniser avant d'exterminer.

« Les SS, on les voit très peu, raconte Léon. Ils occupent les miradors et gardent l'entrée. C'est tout. Le camp est administré par les détenus eux-mêmes. Démoniaque et efficace système ! Ceux qui se chargent d'oppresser ces morts en sursis sont eux-mêmes des morts en sursis. Plus ils se montreront impitoyables et cruels, plus longtemps ils garderont leur poste : leur survie est à ce prix. » Ce sont les kapos.

Les triangles verts sont les droits communs. Les triangles rouges sont les politiques. C'est parmi eux que se recrutent les kapos. Ils administrent le camp et règnent sur les simples étoilés, les sous-hommes, les Juifs.

Une subtile hiérarchie règne, même chez ces tatoués dont le numéro « dit tout » : la date d'entrée dans le camp, le convoi dont ils faisaient partie, la nationalité. On traitera toujours avec respect un numéro compris entre 30000 et 80000 : il

1. *Ibid.*

n'en reste que quelques centaines, qui désignent les rares survivants des ghettos polonais.

Les 11 600 et 11 700 sont les Grecs de Salonique qui parlent le ladino des frères Arditti. À leur arrivée, ils ne sont plus qu'une quarantaine. L'Italien Primo Levi, lui, atterrira dans le même camp un mois après Oscar et Léon. Son attention est immédiatement attirée par ces gens de Salonique. Il observe que le groupe cohérent et évolué des Juifs grecs est le dépositaire d'une sagesse où confluent toutes les traditions méditerranéennes. Il observe leur contribution linguistique au jargon international du *Lager*, du camp, car tout le monde grâce à eux sait que la *caravana* désigne la « gamelle » et que *la comedera es buena* signifie que « la soupe est bonne ». Il insiste sur leur solidarité nationale, sur leur répugnance devant toute brutalité gratuite, sur leur exceptionnel sens de la dignité.

Oscar, Léon et Jako sont donc à la Buna, usine de caoutchouc qui fait partie du groupe IG Farben que les Allemands sont en train d'édifier. Ils n'ont qu'un seul atout. Mais il est de taille. Ils sont ensemble et ils le resteront. L'obsession des deux frères est unique et simple : *survivre*. « Nous ne devons penser qu'à ça, à chaque minute, à chaque seconde, dans chacun de nos gestes, de nos actes : survivre, survivre. Oscar, Jako et moi, nous avons posé notre survie comme quelque chose d'indiscutable. Une évidence. À tout moment, tout ce qui peut affaiblir cette conviction doit être impitoyablement écarté[1]. »

Pour cela, ils doivent obéir à certaines règles qu'ils se sont fixées au cours de leurs « conférences » en tête à tête, quand ils peuvent échanger quelques mots.

Première règle : oublier l'autre monde. « Tous ceux que nous aimons, qui nous aiment, nous devons les oublier. Il le faut absolument… Nous interdisons à notre mémoire toute évocation du passé, tout souvenir des êtres qui nous sont chers, vivants ou morts. Souffrir en pensant à la mort de papa ou à la disparition d'Ida, il n'en est pas question. Revivre

1. *Ibid.*

nos années de bonheur en Bulgarie, au sein de la famille, revoir des scènes de notre adolescence en France, voilà qui est également exclu[1]. »

Deuxième règle : se laver le corps tous les jours, quelle que soit la température de la Haute-Silésie en hiver.

Troisième règle : mimer l'effort du travail sans dépenser ses forces (en même temps saboter l'effort de guerre ennemi).

Quatrième règle : ne pas se faire remarquer pour ne pas devenir des têtes de Turc.

Cinquième règle : ce qu'on peut manger, l'absorber tout de suite.

Ainsi s'écoule l'éternité de l'enfer. Secondes. Minutes. Heures. Jours. Semaines. Mois. Année. Secondes. Minutes. Heures. Jours. Semaines. Mois.

La vie des déportés est remise en jeu à chaque « sélection ».

« La sélection : on est nu dans l'hiver et on court pour sa vie, coudes aux corps, pauvres corps squelettiques.

» Tout se joue au moment précis où nous leur présentons notre dos. Ceux dont les muscles et la chair des fesses ont à ce point fondu que le bas de la colonne vertébrale est en relief, ceux-là, le SS va les désigner du doigt en lançant : "Musulman !"

» Musulman… cela signifie la mort.

Destination : la chambre à gaz, puis le four crématoire[2]. »

Oscar et Léon ont intégré à présent le mystère de la cheminée et de ses épaisses fumées noires : « Auschwitz central, et puis le pyjama quitté, l'attente nu sur une longue file, devant la chambre à gaz, l'entrée dans le grand hangar aux murs cimentés, au plafond muni de pommes de douche. Le gaz, l'asphyxie, l'entassement des corps, l'ouverture des portes, le transport du monceau de *musulmans* rigides vers les fours crématoires. »

L'autre route pour la chambre à gaz, c'est l'infirmerie. Un soir du troisième mois, figés dans le froid, Oscar et Léon

1. *Ibid.*
2. *Ibid.*

attendent l'appel sur la grande place du camp. Jako n'est pas là. Il ne paraîtra pas.

— Il est allé à l'infirmerie, révèle un autre déporté.

« Nous ne le reverrons plus, écrit Léon. Plus jamais[1]. »

Chambres à gaz. Crématoires. Ciel blanc de la Haute-Silésie.

« Nous pourrions, nous devrions pleurer. Mais haine et chagrin sont un luxe que nous ne pouvons pas nous offrir. On pleurera plus tard. On haïra plus tard. Survivons d'abord[2]. »

Fraternité… La plus longue Nuit

— Comment avez-vous fait ?

Comment ont-ils réussi à vivre de décembre 1943 à avril 1945 ? Comment ont-ils dépassé l'étape fatidique des six mois, à laquelle nul ne peut résister sans s'être assuré un complément de nourriture ? Car « la moindre petite bouchée supplémentaire vaut plus que l'énergie dépensée pour l'obtenir ».

La question se répète encore et encore. Chacun des amis de la bande l'a sur les lèvres :

— Comment avez-vous fait ?

L'autre partie de la question, ils n'osent pas la formuler : « Sans vous renier ? »

Comment survivre ? À question simple, réponse simple : le système D. Que ces Français connaissent bien. Contre une ration de soupe et parfois un quignon de pain, quand les autres dorment, ils sont volontaires pour balayer le local. Ils vont dans le sens du poil. Le poil, c'est les Gentils, les Goys. Ceux qui dominent la hiérarchie du camp. Ils se mettent au service des triangles rouges polonais, des politiques qui, eux, reçoivent des colis. En échange de nourriture avariée, ils entretiennent la paillasse et la couverture des privilégiés, lavent leur linge, nettoient leurs chaussures.

Quand cette vanne se ferme, Oscar a repéré le kapo d'un commando qui travaille à l'intérieur du camp. Lorsqu'il reçoit

1. *Ibid.*
2. *Ibid.*

cette affreuse correction à coups de ceinturon, l'autre admire qu'Oscar ne bronche pas. Quitte ou double. Demander à survivre encourt la pendaison. Mais le kapo a marché, a fait entrer Oscar « à l'intérieur ». Et Oscar fait entrer son frère là où il fait moins froid… Là, les étoilés côtoient les « autres », prisonniers de guerre, travailleurs requis, venus des quatre coins du monde. Les frères polyglottes se rapprochent de prisonniers anglais qui « jouissent de prérogatives fabuleuses » et en font profiter leurs protégés. Lorsque ces protégés disparaissent, les deux Arditti prennent leur place. Ils se lient un peu plus tard avec un Français du STO. Ce dernier apprend par cœur l'adresse parisienne de Lily. Puis disparaît.

Pourtant, le vrai secret d'Oscar et Léon Arditti, ce n'est pas seulement le désir viscéral de survivre, le système D ou la baraka. Leur vrai secret, comme l'indique le titre du livre de Léon, c'est leur fraternité. Celle du corps et celle de l'esprit. Survivants parce que voulant vivre. Revenants parce que deux à revenir. Deux êtres qui s'aiment dans un monde où l'amour est plus rare encore que le pain. Vivants parce que dix fois, cent fois, Oscar prend la peine de dégager la braguette de son jeune frère pour l'aider à uriner. Vivants parce qu'ils savent produire de la chaleur humaine dans ce désert de froidure et de cruauté en inventant la « danse de l'ours » où l'on s'enlace, en frottant son corps l'un contre l'autre, en s'envoyant de grandes tapes dans le dos, en se massant tendrement. Cette chaleur que dispense l'amour humain, nul brasero ne peut la remplacer.

Un soir de retour au baraquement, le *Blockältester* annonce :

— Un colis pour vous…

Le colis est bien là, posé sur la table de bois. Les restes d'un kilo de sucre dans un papier déchiré.

Expéditeur : Lily Arditti. La Lily qui avait télécommandé l'évasion de la première captivité. La Lily qui a résisté à la « question » de Brunner.

Quinze jours plus tard, derechef. Cette fois, c'est une boîte de cassoulet.

Imagine-t-on une nouvelle qui s'appellerait « Le cassoulet d'Auschwitz » ? Grâce à Lily et un STO, le conte n'est pas une fiction surréaliste de mauvais goût. Mais un fait exact.

Janvier 1945. Cela fait un peu plus d'une année qu'Oscar et Léon survivent. À peu près six mois que les Alliés ont débarqué en Normandie. À peu près quatre mois que Paris a été libéré. Le camp de Monowitz est évacué avec celui de Birkenau et d'Auschwitz central. Commencent les marches forcées. Les Marches de la mort. Le plus éprouvant peut-être de tout cet effroyable vécu. D'autant que les êtres qui les subissent sont dans un état d'épuisement limite. Sous le feu des mitrailleuses. Ni halte ni nourriture. Le froid polaire de l'hiver polonais, de l'hiver allemand. « Nous avançons de plus en plus lentement en semant nos cadavres. »

Mais… Mais Oscar a l'idée de soutenir son frère pour qu'il dorme en marchant… Mais… Léon découvre dans sa bouche un bout de couronne en or qu'il échange avec le SS contre un quignon de pain, qu'ils se partagent.

Et c'est ainsi qu'ils parviennent au camp de Gleiwitz, où se répètent la sélection et l'élimination des musulmans. Et qu'ils sont à nouveau dans un train, où la faim et la soif les tenaillent, où ils urinent et défèquent dans leurs pantalons. Un train surchargé de moribonds qu'on achève pour les balancer par-dessus bord, prendre leur place, étendre ses jambes, récupérer de l'espace vital.

Dans le train de la mort, écrit Léon, « un seul être vous manque… et tout est déshumanisé. Au milieu de tous ces hommes qui souffrent des mêmes épreuves que moi, seul mon frère existe réellement. Les autres ne sont que les éléments d'une vaste cohorte… des silhouettes sans chair, des yeux sans regard, des êtres murés en eux-mêmes comme je le serais aussi totalement, comme Oscar le serait, si nous n'avions pas cette chance incroyable d'affronter ensemble ce cauchemar ».

Et ainsi, chante Oscar dans le train de la mort :

J'ai vécu cette misère
Avec mon frère
C'était pour moi, et pour lui

Une des raisons de survie
Rien n'est plus fort, plus naturel
Que le soutien fraternel.
Seuls nous aurions péri assurément[1].

Sept jours et sept nuits avant que le quart du convoi ne parvienne au camp de Dora.

Dora : ô miracle, un camp de travail, qui ne comporte pas de chambres à gaz ! Cependant il est surpeuplé et les damnés repartent. Vers Osterode. Là ils travaillent sur la perceuse électrique, le travail le plus pénible qu'ils aient jamais fait, et déblaient des pierres. Puis ils gagnent Günzerode, grande ferme entourée de barbelés, sous règlement nazi. Ils se cachent dans un conduit de bois qui part du plafond du rez-de-chaussée et débouche sur le toit, tandis que les nazis évacuent les autres déportés qu'ils élimineront à la mitraillette. Les frères échappent de justesse aux villageois de Günzerode qui veulent les abattre. Ils séjournent dans une maison-prison de village.

Et se retrouvent à la case départ, au camp de Dora, dont les SS viennent de s'enfuir.

Dora. Le 11 avril 1945, à dix heures du matin, Oscar et Léon Arditti découvrent le Premier Soldat Libérateur : « Une vingtaine de pyjamas rescapés de l'infirmerie gesticulent, braillent, crient. Ils sont agglutinés autour d'un homme, un homme qu'ils touchent, palpent, pour se convaincre qu'ils ne rêvent pas, qu'il existe, un AMÉRICAIN. »

Dans les rues du petit village allemand, les habitants « descendent du trottoir pour laisser place à ces deux *Juden,* fantômes en pyjama rayé. Les hommes ôtent leur chapeau, les dames font un petit signe, tous très polis. Puis retournent à leurs occupations ».

Oscar et Léon Arditti sont rescapés du pire désastre qui ait touché le peuple juif depuis des millénaires.

Trop faible pour haïr
Je me suis laissé conduire

1. *Ibid.*

Vaincu, fourbu, docile
Jusqu'à ma ville
Laissant dans la sinistre Silésie
Outre l'auteur de ma vie
Un neveu adolescent, une sœur
De ma famille, d'avant-guerre
Je retrouvai ma femme, ma fille, ma nièce, ma mère
Miracle des humains
Nous ne pensions qu'à demain[1].

Ils parlent, Oscar et Léon. Léon et Oscar. À leurs proches, à leurs amis. Toute la nuit.

Il y a là toute la bande : Lily, Betty, Jacques Franck, Lidia, Edgar, Henri, Joya, Robert, Yolande, Doudou, Jacques, Jenny et tous les autres. Les deux parlent. Les autres écoutent. Comme ils n'ont jamais écouté. L'un d'entre eux est Jacques, mon père. À quoi pense-t-il ? À qui pense-t-il tandis que ses amis d'enfance de la lointaine Bulgarie décrivent sobrement, mais crûment, ce qu'ils ont vécu et vu vivre ?

Depuis le retour à Paris et la libération de la France, Jacques n'a reçu aucune nouvelle de ses parents. Ni carte ni message d'aucune sorte depuis la lettre d'Argegno qui était datée de juillet 1944.

Mais jusque-là, il s'est rassuré en pensant que la guerre n'est pas terminée ni les communications rétablies.

Jenny, elle, écoute ce qu'Oscar et Léon disent des Saloniciens du camp d'Auschwitz, les cousins, les tantes, les oncles, proches des Amon et des Benveniste, les anciens enfants avec qui Jenny jouait lorsqu'elle était petite dans la Jérusalem des Balkans. « Nous sommes tombés sur un garçon de vingt-cinq ans, originaire de Salonique qui parlait et pleurait en ladino, comme nous, dit Léon. Toute sa famille anéantie ! Ils étaient soixante-dix-sept dans le wagon de marchandises. Que des parents à lui : son père, sa mère, ses sœurs, des oncles, des tantes, des cousins. Il était le seul survivant. »

1. *Ibid.*

Ses anciens compatriotes saloniciens, apprend Jenny, ont été raflés à quatre-vingt-quinze pour cent par le même Aloïs Brunner qui a plus tard arrêté les Arditti à Nice. Quand ceux-là sont arrivés en décembre 1943 dans le camp, les déportés de Salonique encore survivants y étaient depuis le mois d'août. Ils se sont illustrés, dit Oscar, par leur capacité de résistance. En raison de leur méconnaissance du yiddish, certains avaient été envoyés à Varsovie pour nettoyer les décombres du ghetto. Un petit nombre a réussi à s'échapper et à rejoindre la résistance polonaise. D'autres Saloniciens ont été intégrés plus tard dans les *Sonderkommando* d'Auschwitz, déportés contraints d'accompagner les victimes dans les chambres à gaz, puis de sortir les corps et de les faire disparaître. Ils ont lancé un soulèvement en prenant d'assaut les crématoires et en jetant une bombe dans le fourneau qui a détruit le bâtiment. Pendant qu'on les massacrait ils ont entonné « Le chant des partisans grecs ».

Longtemps après l'aube qui a marqué la fin de la longue Nuit et tandis que les Revenants retournent au Silence, Jenny et Jacques les écoutent toujours. Mais, fidèles à leur promesse, Oscar et Léon se sont tus. Comme des millions d'autres. Ils se sont tus comme les kapos qui terrorisaient le camp se sont tus, comme les triangles verts, déportés de droit commun qui régnaient sur le camp, se sont tus, comme les triangles rouges, déportés politiques qui jouissaient de privilèges étrangers aux autres, se sont tus. Ils se sont tus comme les milliers de victimes qui n'ont jamais pu raconter à leurs enfants ce qu'ils avaient enduré.

Désormais, le monde ancien de la Jeunesse Sépharadite, auquel la bande appartenait naguère, s'est scindé en trois. Jacques et Jenny font partie des Survivants. Oscar et Léon font partie des Revenants. Ida et Jako font partie des Disparus. Les Revenants cesseront de parler aux Survivants qui ne parleront plus des Disparus. Et les Disparus deviendront des ombres, occultées par les morts de la guerre officielle, qui est désormais terminée.

Je laisse à présent Jacques et Jenny seuls dans le Silence, pour la première fois divisés l'un contre l'autre. L'un qui ne pense plus qu'aux morts et l'autre aux vivants. Tandis que

Jenny prépare dans l'ombre des stratégies pour faire quitter à sa fille le camp des étoilés, Jacques s'engouffre dans le trou noir où il vient de comprendre que les êtres qu'il avait naguère le plus aimés au monde ont été ensevelis à jamais.

Sans retour… Histoire de deux indésirables

« Et Marc ? Marc Amon, celui qu'il fallait prévenir lorsque Marcel a été arrêté ?

— Marc Amon ? Oh ! Il a été pris, me répond Jenny. L'été 44. Avant la libération de Paris. »

Marc était le fils d'un frère de Saby, cousin germain de Jenny. En 1942 il était déjà frère en Résistance de Marcel. À leur retour à Paris à l'automne 1944, Jenny et Marcel ont appris que Marc a été arrêté peu auparavant, le 22 juillet. Interrogé par la Gestapo. Transféré à Drancy. Parti pour la destination de plus en plus connue.

« Il a été pris. » À partir de la longue Nuit, le récit de Jenny s'interrompt régulièrement, avec cette brève incise qui scelle la fin d'une biographie. « Il a été pris » est de plus en plus rarement complété par les trois mots associés aux frères Arditti : « Ils sont revenus. »

Marc Amon, lui, n'est jamais revenu.

Oscar et Léon ont vu. Ils ont pu raconter. Marc Amon n'aura rien pu raconter. Son histoire n'est pas connue. Moins encore que celle de la résistante allemande Marianne Cohn. Pourtant son histoire aussi est celle d'un héros.

Justement, l'après-guerre littéraire n'aime pas beaucoup les héros. Elle a souvent privilégié son contraire, l'antihéros, le lâche, le traître, le rase-les-murs, le salopard, l'immonde collabo. Tout le monde a appris qu'on ne fait pas de la bonne littérature avec de bons sentiments. Les bourreaux et les brutes font d'excellents personnages de romans et de films. D'autant qu'on nous explique, n'en déplaise à Rousseau, que nous sommes tous des immondes en puissance. Et pourtant le mal radical n'est pas banal, pas plus que le bien. En témoigne l'histoire de Marc Amon qui s'accompagne elle aussi d'un poème, celui de Marianne Cohn.

Jenny connaît mal l'histoire de Marc, ensevelie à Jérusalem dans un dossier du musée de Yad Vashem. Pour lui donner chair et sang, je la ponctue du magnifique poème de Marianne Cohn, qui elle aussi s'occupait des enfants aux Éclaireurs israélites de France : « Je trahirai demain ».

Marc Amon agit en zone occupée, Marianne Cohn en zone non occupée. Elle est arrêtée une première fois à Nice en 1943, quand il n'y a plus de zone « libre ». C'est là qu'elle aurait rédigé son célèbre poème.

Je trahirai demain, pas aujourd'hui.
Aujourd'hui, arrachez-moi les ongles
Je ne trahirai pas.

Marc n'a qu'un an de plus que Marcel. Et il est né à Salonique. Au moment de la déclaration de guerre, il n'a pas dix-sept ans. Brillant physicien, sorti major de l'École de physique et chimie, contrairement à ses cousins, Marc n'a pas été naturalisé français. Il est resté citoyen hellène, et à ce titre, n'est pas contraint de porter la funeste étoile. Il se refuse néanmoins à échapper par d'autres voies au sort commun. En son enfance, il a été éclaireur de France. Et en mars 1942, deux mois après la première arrestation de Marcel au lycée Buffon, il entre aux Éclaireurs israélites de France et y assume la fonction de chef de troupe de Josué, groupe Shema Israël. À partir du 16 juillet 1942, il codirige la maison d'enfants créée dans l'asile de la rue Lamarck dans le 18e arrondissement de Paris, afin de recueillir les rescapés de la grande rafle du Vel d'Hiv.

Marianne Cohn, elle, est chargée de surveiller les enfants avant leur départ pour la Suisse.

Vous ne savez pas le bout de mon courage.
Moi je sais.
Vous êtes cinq mains dures avec des bagues.
Vous avez aux pieds des chaussures
Avec des clous.

En mars 1943, tout en continuant ses activités scoutes, Marc Amon plonge dans la clandestinité. Il fait partie du réseau de la sixième section des Éclaireurs israélites de France, intégrée à la quatrième direction de l'UGIF, la légaliste Union générale des Israélites de France, appelée familièrement « la Sixième ». En liaison avec l'OSE (Organisation de secours aux enfants), la Sixième s'occupe de planquer les jeunes de moins de quinze ans, de leur trouver des faux papiers, de les munir du matériel nécessaire à la vie quotidienne et de maintenir, avec ceux qui ont été brutalement arrachés à leurs parents, un lien affectif. Marc devient responsable de la Sixième en zone occupée, sous le nom de Marc Albouis, avec le totem de Pingouin. Il est chargé des « cas à assister : faux papiers, finances, placements ». Cette activité, souligne le dossier, le rend particulièrement vulnérable. C'est cette « action publique » qui sera la cause de son arrestation,

En janvier 1944, Marianne Cohn intègre l'équipe des convoyeurs qui accompagnent des groupes d'enfants issus de la zone sud et leur font franchir clandestinement la frontière, après être passés par Lyon et Annecy. Elle est arrêtée le 31 mai près d'Annemasse avec un groupe de vingt-huit enfants.

Je trahirai demain, pas aujourd'hui,
Demain.
Il me faut la nuit pour me résoudre,
Il ne faut pas moins d'une nuit
Pour renier, pour abjurer, pour trahir.

Le dernier acte de bravoure de Marc Amon est un sauvetage. La Gestapo le surprend dans un local clandestin en train de transmettre des instructions et du matériel à sa camarade. À la suite d'une communication musclée, il obtient la libération immédiate de sa collaboratrice au prix d'un marché : lui-même en échange.

Sous la torture, Marianne Cohn ne parle pas. Son réseau lui propose de la faire évader. Elle refuse, craignant des représailles sur les enfants.

Pour renier mes amis,
Pour abjurer le pain et le vin,
Pour trahir la vie,
Pour mourir.
Je trahirai demain, pas aujourd'hui.
La lime est sous le carreau,
La lime n'est pas pour le barreau,
La lime n'est pas pour le bourreau,
La lime est pour mon poignet.

Dans la nuit du 7 au 8 juillet 1944, la Gestapo de Lyon envoie une équipe à Annemasse pour sortir de leur geôle six prisonniers, dont Marianne Cohn. Ils seront assassinés à coups de bottes et de pelles. Mais tous les enfants seront sauvés.

Arrêté le 22 juillet par la Milice, Marc Amon est interrogé au commissariat aux Questions juives et à la Gestapo. Il est ensuite transféré directement de son cachot à Drancy. Puis déporté par le dernier convoi du 31 juillet dans un wagon « disciplinaire » réunissant, dit le dossier, « ceux que les nazis considéraient comme les plus dangereux de leurs ennemis ».

Aujourd'hui je n'ai rien à dire,
Je trahirai demain[1].

Pour comprendre l'importance de cet « aujourd'hui » et de ce « demain », il faut savoir que les torturés doivent résister vingt-quatre heures pour que leurs camarades aient le temps de se sauver. Au-delà… demain… on peut flancher. Les autres ne risquent plus autant. Comme Marianne Cohn, Marc Amon a été l'un de ces torturés, interrogés par la Gestapo. On peut augurer qu'il a réussi à tenir lui aussi jusqu'au lendemain. À connaître ce qu'étaient les wagons blindés « ordinaires » où ont agonisé, dans les conditions les plus barbares, des millions d'êtres humains, on peut imaginer ce qu'étaient les wagons « disciplinaires ».

1. Marianne Cohn, « Je trahirai demain », *Résistez. Poèmes pour la liberté*, Seghers Jeunesse, 2014.

Des extraits de lettres de Marc figurent dans le fichier de Yad Vashem. Elles ne sont pas datées. Elles ont été envoyées entre son arrestation et sa déportation. La première est adressée à sa mère : « Chère maman, une lettre pour toi toute seule, la première car j'ai reçu du papier avec le colis. J'ai pensé à toi aujourd'hui et j'ai eu un peu de peine lorsque je me suis imaginé le moment où tu as appris ce que j'appellerais la "triste nouvelle". J'espère que tu as été courageuse. Je ne t'avais jamais caché que je faisais mon devoir, et les risques. C'est arrivé. Cela n'a pas d'importance… Sois tranquille pour moi, ce sera un court incident… Pour quelque temps (bientôt j'espère). Je t'embrasse bien fort. Marc. »

La deuxième semble être adressée à l'ensemble de sa famille, incluant sa sœur Renée : « Qu'elle sache que la vie est longue et que tôt ou tard elle apporte la récompense de son travail. Que donc elle fasse ce qu'elle pense devoir faire, le résultat viendra plus tard, à condition qu'elle ne fasse rien par peur… Ne vous faites pas de souci inutile ; les soucis ne servent à rien et je serai bien plus tranquille si je sais que vous prenez tout cela philosophiquement, comme quelque chose qui devait obligatoirement arriver à celui qui faisait ce qu'il savait être son devoir, quels qu'en soient les risques. (C'est bien grandiloquent mais c'est ainsi…) Pour tous nos amis, qu'ils sachent que *je n'ai pensé tout d'abord qu'à eux*. J'espère qu'ils n'ont pas été trop inquiets à mon égard, ni au leur. Qu'ils soient également forts et qu'ils voient clair dans l'avenir. Il faut absolument que leur clairvoyance soit accrue et qu'ils ne se laissent pas entraîner par leur imagination. Qu'ils soient hommes toujours. »

Je trahirai demain.

Marc Amon et Marianne Cohn. Marianne Cohn : étrangère. Juive ashkénaze. Résistante. Indésirable. Marc Amon : étranger. Juif sépharade. Résistant. Indésirable.

Ils auraient pu se croiser… Ils auraient pu se rencontrer… Ils travaillaient dans la même direction. Elle était née à Mannheim, Allemagne, le 17 septembre 1922. Il était né à Salonique, Grèce, le 9 mars 1923. À eux deux en 1944, ils n'avaient pas quarante ans.

Soixante-cinq ans plus tard, Renée, sœur de Marc, se souvient : « Il savait qu'il allait être arrêté. Il m'a dit : "Je vais me faire prendre. Mais c'est mon devoir. — Oui. C'est ton devoir." J'avais treize ans. Un adulte aurait dit "Planque-toi !"… Notre mère, Luna, qui ne savait rien, avait fait ce rêve : "J'ai vu Marc. Il était dans les flammes." Après la guerre, chacun a pris son autonomie. Je me suis mariée. J'ai eu trois enfants. Je n'ai pas eu envie de remuer tout ça… Faut jeter de la terre sur ceux qui sont morts… Mais sa mère, notre mère, elle a attendu quinze ans qu'il revienne. Elle n'a jamais voulu accepter. Quant au père, il a eu des problèmes psychiatriques. Il s'est évadé comme ça… en devenant fou… Vous savez… le train qu'il a pris pour Auschwitz, c'était le dernier… »

Accident ou suicide ?

Officiellement la grande boucherie a pris fin le 8 mai 1945 grâce à la capitulation sans condition du Troisième Reich, puis le 2 septembre 1945, après la capitulation sans condition de l'Empire du Japon. Nous sommes libérés depuis l'été. Mais l'autre guerre, qu'Oscar avait révélée à Jacques dans sa cache de la rue de Rivoli, la guerre inégale qui visait à annihiler un peuple entier, celle-là a continué car c'est celle-là qui intéressait Hitler au premier chef. La preuve : il préférait utiliser ses derniers trains pour conduire à la mort des enfants et des vieillards plutôt que d'acheminer du ravitaillement à ses troupes épuisées.

La guerre est finie mais pas ses effets. Les déportés ont pour la plupart disparu mais les survivants doivent continuer à vivre. Pendant quatre ans, ils ont, pour se cacher, réduit à néant leurs économies, quand ils en avaient, vendu leurs couverts d'argent et leurs bijoux, quand ils en avaient. À présent ils redécouvrent leur force de travail intacte, mais leurs outils sont accaparés par d'autres.

« La première sortie de Jacques, précise Jenny, à notre retour à Paris, a été de retourner au magasin. Le commissaire gérant italien ne nous a pas trop fait de misères. Il avait sacrément la trouille. Mais la boutique, naguère prospère, était vide de toute marchandise. »

Le stock de tissu que Jacques, puis Moïse, avaient dû successivement abandonner s'est volatilisé lui aussi. Heureusement que Jenny a gardé son viatique de souvenirs ; sa mémoire lui a servi, comme aux déportés du goulag, de sac de voyage. Lorsque je l'ai pressée, dans les années deux mille, de témoigner sur la spoliation de la boutique devant la Commission, elle s'est souvenue jusqu'au moindre détail de toutes les pièces de tissu et du prix au mètre de chacune.

Dit Jenny : « Jacques n'a pu rouvrir le magasin qu'en janvier 45. Officiellement on ne pouvait rien acheter. Donc rien vendre. À l'époque, les petits commerçants n'avaient le choix qu'entre le marché noir et leurs yeux pour pleurer. Il a fallu décider entre la peste et le choléra. Jacques a hésité. Il était trop intègre pour ce genre de travail clandestin où il fallait payer au grossiste des dessous-de-table qui ne paraissaient pas sur la facture officielle, puis calculer son bénéfice sur le prix de vente réel au détail. Moi, l'illégalité, à présent, je m'en moquais. On avait dû se cacher pendant des années pour continuer à exister. L'illégalité, c'était devenu notre territoire. Le simple fait d'*être*, pour nous, avait été illégal.

» Alors, faire ce que des milliers de crémiers BOF et de petits commerçants aryens faisaient depuis longtemps pour prospérer, nous pouvions bien le plagier pour subsister. Seulement Jacques, il avait l'honnêteté dans la peau, comme son père à lui. Il a dû se faire violence. Il ne s'y est jamais habitué. Pourtant il fallait manger et nous n'avions plus un sou. Après ces affreuses années d'abstinence, nous arrivions à la fin du festin des autres. Nous n'en avons récolté que les miettes. Au début, nous avions compté sur mon père Saby qui, avant de partir de Paris en 43, avait envoyé beaucoup de marchandises à Lyon, pour nous achalander. Mais il ne nous a fait aucun cadeau et nous avons dû le payer au prix fort du marché noir.

» Dans ce contexte troublé, l'État s'est défendu contre les profiteurs de tout poil et a instauré un contrôle économique. Pour Jacques, ce serait la goutte d'eau qui ferait déborder le vase. »

Depuis le retour des Arditti et la nuit des révélations, Jacques ne dort plus, ne mange plus, écrit partout pour avoir des nouvelles de ses parents. À la Croix-Rouge, à la communauté juive de Milan, à l'auberge d'Argegno, à la municipalité d'Argegno.

Peu à peu, la persécution endurée naguère par lui et sa famille, il la croit toujours présente, qui menace. Peu à peu, il amalgame le spectre des inspecteurs du contrôle économique avec la Gestapo, avec la Milice ou avec la police française venue le rafler au début de la guerre. Il se méfie de tout, de tous.

« Ce jour-là, se souvient Jenny, il ne s'est pas méfié de deux clientes, qui voulaient du velours. Et il avait du velours. Au prix du noir. Il leur a mesuré et coupé leur métrage, elles ont payé rubis sur l'ongle. Et puis cinq minutes après, elles ont poussé la porte à nouveau. Cette fois moins souriantes. Avec leur carte "Contrôle économique". "Vos factures ?" Les factures officielles, il les possédait, bien sûr. Mais il y avait les "dessous", qui ne figuraient nulle part, qu'il avait bel et bien payés pour avoir la marchandise et qu'il avait incorporés dans le prix, pour ne pas vendre à perte. Du coup, le bénéfice réalisé paraissait exorbitant. Et Jacques a été convoqué chez le principal. J'ai eu beau lui dire qu'à côté de ce que nous avions enduré, cette péripétie n'était rien. Qu'on s'en sortirait comme on s'en était toujours sortis, il a commencé à délirer. Il pensait qu'on allait l'envoyer à Drancy. Il voulait faire sa valise. Puis il répétait que ça ne servait à rien d'emporter une valise. Il me disait au revoir. Il t'embrassait avec effusion. Il refusait d'aller travailler au magasin de crainte que la Gestapo ne revienne le prendre. C'est alors que j'ai décidé de l'emmener voir notre médecin de famille depuis Salonique, le docteur Cazès. »

Et ce jour-là, Jacques se précipite la tête la première dans le vide depuis le cinquième étage où se trouve le cabinet du docteur, rue Lafayette. Alerté par les hurlements de Jenny, le locataire du troisième qui sort de chez lui a la présence d'esprit de l'attraper et d'amortir ainsi sa chute. Jacques ne se tue pas. Il s'en tire avec une mauvaise fracture de la jambe et six mois de lit. Quand il se relève, il n'est plus le même. Il a gagné vingt kilos. Et perdu sa foi.

« Tu te souviens du cabinet de Cazès ? me demande Jenny. On t'y emmenait régulièrement quand tu étais petite. Au dernier étage, il y avait un ascenseur sur le côté et en face la cage d'escalier protégée par une rambarde. Jacques a surgi de l'ascenseur et avant que je ne sorte, il a fait un bond sur lui-même. Il est tombé en chute libre, droit vers le carrelage du rez-de-chaussée.

— Il l'a fait exprès ?

— Mais non, c'était un accident. Il faut dire que la rambarde était vraiment très basse.

— Il l'a fait exprès ?

— Mais non. Je te dis. C'était un accident ! »

Je regarde Jenny, incrédule, mais elle poursuit : « Il était à peu près deux heures de l'après-midi et l'occupant du troisième ouvrait sa porte pour aller travailler. Il a entendu mon cri et vu cet homme chuter devant lui. Il a eu le réflexe d'accrocher ton père par son veston, de l'agripper par les épaules. Il n'a pas pu le remonter mais – je ne sais pas comment il a fait – il l'a remis droit. Du coup, Jacques est tombé sur ses jambes, dont l'une s'est brisée. J'ai carillonné chez Cazès qui terminait son repas. Il lui a fait une piqûre. J'ai prévenu les Arditti. On venait de déjeuner avec eux. Pour se rendre à l'hôpital, ce n'était pas rien. Il fallait trouver un taxi, aller au commissariat. Toute une histoire.

— Il n'y avait pas d'ambulance ?

— Tu parles ! En 1945 ! Finalement, on l'a transporté à l'hôpital Marmottan. Tard dans la soirée, Cazès est allé le voir à l'hôpital, et il est sorti de la chambre en me disant qu'il avait toute sa tête et que les somnifères qu'il prenait avant même la consultation prévue ce jour-là n'étaient pour rien dans sa chute malencontreuse.

— Alors, d'après lui, ça aurait pu être une tentative… de…

— Mais non, je te dis pour la énième fois ! C'était un accident. À Marmottan, Oscar est tombé sur un spécialiste, le docteur B. Oscar lui a justement demandé s'il pensait que Jacques avait voulu "faire quelque chose". Et il a répondu : "S'il a voulu faire quelque chose, il n'a pas réussi. Mais ça va être très long."

— Tu vois. S'il n'a pas réussi, c'est parce que le type du troisième lui a sauvé la peau. Si…

— Je te dis que c'était un accident. Simplement, il était fatigué par tout ce qu'il avait vécu... Et puis, tu comprends, il y avait eu notre retour à Paris, à la Libération. Nous avions été tellement pris par nos épreuves, nos misères. Nous pensions que tout le monde avait plus ou moins subi des périodes difficiles. Nous n'en sommes pas revenus de découvrir que les gens, nos voisins, d'anciennes connaissances, étaient toujours là, préoccupés uniquement de leur travail, de leurs loisirs. Complètement étrangers aux persécutions dont nous avions été l'objet et dont ils ne se doutaient même pas. Seul le ravitaillement leur posait un petit problème : "Nous aussi, nous avons manqué de beurre !" Mais ils avaient toujours des parents ou des proches qui habitaient la campagne et envoyaient des colis, sans compter le marché noir dont ils ont profité plus que nous.

— Justement ! Tu ne crois pas qu'il… à un moment, il en a eu tellement assez qu'il a décidé… d'en finir avec tout ça ?

— Non, non, il n'aurait pas fait ça ! D'ailleurs il n'en a plus jamais reparlé après ! »

Jenny ne dit pas : « Il ne *m*'aurait pas fait ça. » Elle ne dit pas même qu'il était « déprimé », mot peu courant à son époque, qui sera, plus tard, mis à toutes les sauces. Elle dit et répète qu'il était « fatigué ». Et cela donne à ce vocable, usé par sa banalité, une dimension un peu ennoblissante mais qui sonne creux dans ce défilé de malheurs.

Je n'insiste pas car Jenny veut en finir avec cet « accident », aller de l'avant, évoquer non sans fierté comment elle s'en est sortie. Seule, puisque l'un de ses deux membres avait déserté l'équipe.

Aujourd'hui je comprends que Jenny avait entamé, à l'époque de l'« accident », une étape de déni. Elle commençait à minimiser. Moins pour dédouaner son Jacques de *lui* avoir fait « ça » que pour continuer à vivre comme tout le monde. Et pour être comme tout le monde, il faut avoir *peu* souffert. Une dose modeste d'affliction, qui permet d'unir ses plaintes aux autres, sans disproportion, de gémir du manque de beurre, de ne pas se sentir si différente, si isolée.

« Le spécialiste, le docteur B. m'a tout de suite dit : "Vous ne pouvez pas le garder aux urgences à Marmottan." L'hôpital normal coûtait une fortune. Nous n'avions aucune espèce d'assurance maladie. Par chance, ce médecin habitait à La Motte-Picquet, pas loin de chez nous. Il m'a dit : "Si vous le ramenez chez vous, je pourrai aller le soigner. Et vous pourrez le nourrir convenablement. Ce qu'on mange est essentiel à la guérison." Alors on l'a ramené à la maison sur un brancard avec des attelles à la jambe. Il a fallu cinq personnes pour le monter au cinquième. J'ai commandé un lit Dupont et engagé une infirmière. Il est resté six mois avec la jambe en l'air.

— Comment vous avez fait pour l'argent ?

— Oscar m'a tout de suite prise à part. Il m'a dit : "Il faut que tu ouvres ton magasin et que tu le fasses marcher. On t'aidera." Oscar Arditti s'y entendait en matière de survie. Il m'a aidée. Je n'y connaissais absolument rien. Mais bon, ce n'était pas trop sorcier. »

Le magasin se trouve rue du Faubourg-Poissonnière. Il lui faut traverser Paris pour s'y rendre. À la maison Jenny a un handicapé grave avec une infirmière et une enfant de cinq ans. Quatre bouches à nourrir, avec les restrictions des années quarante. Elle fait face.

« Je faisais la cuisine le dimanche pour toute la semaine. Et au début, je n'ouvrais que l'après-midi. Il fallait à Jacques beaucoup de laitages et de sucre, difficiles à trouver en temps de pénurie. »

Elle l'alimente si bien qu'il se relève avec beaucoup de kilos supplémentaires dont il ne se débarrassera plus jamais.

« Et pour le contrôle économique, comment tu as fait ?

— Eh bien, ils sont revenus demander des comptes et je les ai informés de l'accident de Jacques. Le chef est même venu le voir à la maison sur son lit Dupont. Il m'a prise en sympathie, m'a convoquée à son bureau. Et finalement on n'a rien eu. Une petite amende de rien du tout. Et il a arrangé les choses. Le plus dur ça a été de payer nos dettes, les dessous-de-table des velours, que ton père n'avait pas encore réglés au grossiste, père d'une amie. Nous lui devions dix-huit mille francs, je m'en souviens. Pour nous une fortune. Ce monsieur, un coreligionnaire, n'a pas fait un geste pour m'accorder un crédit, au moins le temps de me retourner.

— Mais puisque c'était illégal, tu n'avais pas besoin de payer ! »

Jenny me toise. « Jacques n'aurait jamais supporté cela. Son père déjà s'était ruiné en remboursant une dette italienne en lires non dévaluées. »

La confiance dans les affaires par-delà les siècles et les persécutions, c'est cela qui a permis aux familles juives de constituer des réseaux et de prospérer dans le commerce, puisqu'ils n'avaient pas le droit de faire autre chose. Et ce panache dans la misère, c'est tout ce qu'il en reste après tant d'humiliations.

« Oscar avait découvert une moquette beige sous l'autre moquette marron de notre appartement rue César-Franck. Elle était de bonne qualité. Il l'a retirée et l'a vendue un bon prix, ce qui m'a permis de rembourser la dette. J'ai travaillé dur. Au bout d'un moment, Jacques est revenu à lui. Il m'a donné des conseils. On s'en est sortis. »

Mais Jenny garde rancune au « coreligionnaire » qui a réclamé la dette illégale. Elle garde rancune à ses parents qui n'ont pas fait grand-chose pour l'aider et n'ont rien offert sans « dessous ». Elle garde rancune aux clientes ashkénazes, les « Polakes » comme elle les appelle, pourtant survivantes du Désastre comme elle, qui la « font devenir chèvre » pour le prix d'un coupon, tandis que les clientes françaises – on ne dit pas encore « de souche », moins encore « Gauloises » –, petites vendeuses et employées qui ne regardent pas trop à la dépense pour se coudre elles-mêmes leurs robes et en profitent pour faire des confidences sur leurs amours, sont ses préférées.

Alors Jenny réfléchit. Elle réfléchit à tous ces Français non juifs qui les ont aidés à survivre, eux et leur enfant.

Pendant ce temps-là, Jacques, immobilisé sur son lit Dupont, tourne et retourne dans sa tête le texte d'un télégramme reçu la veille de l'« accident », qu'il a brûlé dans son délire. Un télégramme en provenance d'Argegno. Italie.

Leur « triste odyssée »

Cet été-là, deux lettres d'Argegno, écrites en italien, sont parvenues au 8, rue César-Franck. Elles ne font que confirmer ce que Jacques sait déjà par le télégramme dont il n'a pas dit un mot à Jenny. Plus tard il les fera traduire en français – en français de l'époque par un traducteur inexpérimenté, peut-être étranger.

La première est datée du 28 août. Elle est signée de deux noms : Rosati, aubergiste de l'Albergo Argegno, et Buratti, que Jacques n'identifie pas.

Albergo Argegno
Argegno (Lago di Como)
Telefono 21

Argegno, le 28/8/45

Monsieur Benrey,

Nous espérons que vous avez en main le télégramme que nous vous avons envoyé en réponse à votre demande. Dans la concision du télégramme, nous avons dit peu de choses. Les faits sont les suivants : vos gentils parents vivaient tranquillement en notre compagnie et celle de M. Buratti dans l'attente de la fin de la guerre qui ne pouvait être très lointaine.

Mais il nous est douloureux de vous communiquer que dans la matinée du 1er *septembre 1944, ils ont été pris, avec tous leurs bagages, par les SS allemands et conduits ensemble, avec la famille Tagger de Sofia, au pays voisin de Cernobbio. Nous les avons suivis, demandant de leurs nouvelles à Côme, puis à Milan, ensuite à Vérone. De cette localité, il n'a plus été possible d'avoir la moindre nouvelle, à notre très grand déplaisir.*

Nous pensons (et ceci est notre avis personnel) qu'ils ont été déportés en Allemagne. Nous serions heureux si vous pouviez avoir des nouvelles de nous les communiquer également à nous. Nous aurions voulu vous aviser plus tôt de ce qui est arrivé mais, espérant les voir revenir d'un jour à l'autre, nous nous sommes toujours abstenus de le faire.

Nous formulons un vœu sincère pour qu'ils puissent retourner bientôt au sein de votre famille.

Dans l'attente de vos nouvelles, nous vous adressons nos salutations distinguées,

Rosati, Buratti

La deuxième lettre est signée de Guadagno Vincenzo, *sindaco* (maire) d'Argegno. Elle est datée du 24 septembre 1945 et se réfère à une lettre du 27 août, envoyée par Jacques, qui n'avait pas encore reçu celle de Rosati, envoyée la veille.

Comune di Argegno
Provincia di Como
Servizio annonario
Protocollo nº *2700*
24/9/1945
Risposta a nota del *27/8/45*
Objeti Conjugi *Benrey*

À M. Yack Benrey
8, rue César-Franck
Paris 15e

J'ai reçu votre lettre du 27/8/45 par laquelle il m'est demandé des nouvelles des époux Benrey, Moïse et de sa femme Jerusalmi, Maria.

Les ci-dessus nommés ont habité ici à l'hôtel d'Argegno jusqu'au mois d'août 1944. À cette date ils ont été traduits par les Allemands du commandement allemand des SS de Cernobbio où ils ont été internés environ un mois et ensuite ils ont été traduits à Vérone.

Étant moi-même un ami des Benrey, je me suis intéressé à connaître leur dernière destination en m'informant à Vérone, mais on n'a rien pu me faire savoir.

Comme je vous l'ai dit plus haut, j'étais un ami personnel des Benrey et moi aussi je suis anxieux de connaître leur triste odyssée et serais désireux de les revoir.

Le maire, Guadagno Vincenzo

Dans la lettre originale, Guadagno Vincenzo avait d'abord écrit « ami des Tagger », qu'il a raturé et remplacé par « ami des Benrey ».

Ces lettres, ainsi que celle de la Croix-Rouge qui parle aussi d'un internement à Cernobbio et qui ne figure pas dans les archives, ont été reçues alors que Jacques est immobilisé sur son « lit de douleur », expression convenue qui connote à la fois l'atroce nouvelle et la fracture de sa jambe. Jenny ne fait aucun commentaire sur cette réception qu'elle n'a pas sortie de la boîte à oubli.

Quant à moi, Michou, je ne suis pas à la maison en août 1945. Jenny m'a expédiée en pension au Chambon-sur-Lignon. Je ne lirai attentivement ces lettres qu'après sa mort.

Le bilan

Dans le récit de Jenny, nulle scène ne mentionne un quelconque bilan familial de l'annihilation de six millions de *los muestros*, incluant un million d'enfants. Pas de commentaire non plus sur le fait que les trois quarts des Juifs de nationalité française ont survécu, chiffre élevé par rapport aux ressortissants d'autres pays d'Europe.

Je suppose ou plutôt j'imagine qu'il y a eu un moment dans les familles où les Survivants et les Revenants ont compté leurs Disparus. Ce moment-là, personne dans la nôtre n'en a gardé le moindre souvenir. Sans doute parce qu'il n'a jamais eu lieu, ce moment où toute la tribu assemblée aurait fait la liste de ses morts, selon cette subtile hiérarchie dont on avait pris l'habitude dans les camps d'extermination nazis.

Des décennies plus tard, je livre cependant le bilan funèbre de nos cinq années de persécutions, tel que l'auraient établi les membres de notre famille s'ils s'étaient décidés à le faire en fonction d'une hiérarchie d'époque. De leur époque.

Dans la famille Benveniste, on honore, comme dans toutes les familles françaises, les morts héroïques, de préférence au combat, quand il y en a eu. Rafael Modiano, fils d'Allegra Benveniste, dit Kiko pour ses proches, a été tué au champ d'honneur aux Petites-Armoises en 1940. Sa mère reçoit pour lui aux Invalides sa médaille militaire, et sa Légion d'honneur, en présence de toute la famille.

Voilà pour les morts officielles, respectables, sanctionnées par des actes de décès en bonne et due forme et commémorées par des médailles. Dans chaque foyer de la tribu Benveniste, y compris la nôtre, la photo de Kiko, en uniforme militaire, trône sur la cheminée ou sur le piano à queue.

Les combattants de la Résistance, Marcel et Jacques, qui, eux, ne sont pas morts, n'ont pas fait état de leurs services. Ils n'ont donc rien reçu. D'après Jenny, aucun d'entre eux n'a exprimé là-dessus la moindre revendication. Jacques n'a demandé confirmation de sa participation que pour obtenir sa naturalisation en 1948, et Marcel pour résoudre des embrouilles financières.

Pour les Disparus, il n'y a pas eu d'hommage, pas de funérailles même symboliques, pas de cérémonie. Et tout d'abord parce qu'il n'y a pas eu de document attestant de la mort. Il n'y a pas eu de deuil. Les déportés se sont évanouis sans laisser de traces et même leurs photos se sont évaporées des cadres de la tribu.

Je les y replace ici pour la première fois.

Pepo, deuxième frère de Marie Benveniste, et sa femme Ester, arrêtés avant le débarquement de Normandie. Disparus. Ils laissent un orphelin. À qui on ne dira rien.

Marc Amon, cousin et camarade de résistance de Marcel, arrêté à Paris le dernier été. Disparu. Ses parents l'attendent sans un mot pendant des décennies.

Marie Jerusalmi et Moïse Benrey, arrêtés à Argegno, province de Côme, Italie. Disparus. Mon père ne me dira pratiquement rien sur eux et je ne lui poserai pas de question.

Leurs ombres affamées de sépulture errent aux confins de ces années terribles. Elles traversent ensuite les années cinquante, les années soixante, les années soixante-dix, les années quatre-vingt, sans que nul songe à rétablir les photos dans les cadres et les souvenirs dans les cœurs. Je suis encore une enfant quand je découvre dans le grenier de notre maison de la Brie une longue chevelure blonde.

— C'est quoi, maman, ces cheveux ?

— Oh rien ! Ils appartenaient à ta grand-mère Marie. L'autre.

Abandonnée aux mites, la belle chevelure disparaîtra à son tour de nos placards. Même Jacques, le fils, ne la mentionne pas, ne la réclame pas. Personne ne songe à l'ensevelir dans une tombe. Ou même à la réduire en cendres, comme sa propriétaire, pour la conserver pieusement dans une urne.

Conformément au désir des nazis, les déportés se sont évanouis dans la Nuit et le Brouillard, sans laisser de traces. Corps volatilisés, pulvérisés, enterrés en masse, gazés et réduits en cendres. Noms réduits à des numéros matricules. Numéros effacés sans empreinte administrative. L'absence, le vide serviront de preuves au négationnisme. À force de les chercher, ces êtres, sans les trouver, on finit par se convaincre qu'ils n'ont jamais existé. Les rescapés, les Revenants, ménagent les Survivants, ne distillent la vérité qu'à doses homéopathiques. Eux aussi veulent oublier. L'absurdité bureaucratique vient à leur secours. Tant qu'on n'a pas de certificat noir sur blanc, le mort n'est pas mort. Et comme il n'est pas non plus vif puisque absent, il s'oblitère peu à peu dans ce no man's land.

Entre le flou des premiers jours, les tergiversations sur la destination du mystérieux voyage et la date brutale du gazage individuel, qui me parviendra en 2005, il s'écoulera soixante années. Soixante années sans entamer le moindre deuil.

Toutes les familles, cependant, n'ont pas réagi comme la nôtre. Elles ont demandé des comptes. Tout de suite. Des réparations. En espèces sonnantes et trébuchantes, s'il le fallait. On nomme cela le *pretium doloris*, le « prix de la douleur ». Il a fallu prendre à cet effet un avocat. Qui demandait très cher. Certains ont obtenu ces « dédommagements ». Le mot lui-même m'écorche la plume. La douleur a-t-elle un prix ?

Jacques s'est refusé à toute démarche, même pour savoir :

— Je ne monnaierai pas la mort de mes parents !

Encore une fois, le panache, l'arrogance ibérique des grands seigneurs d'autrefois. Jacques Quichotte a vécu dans ce qu'on appellerait aujourd'hui la « précarité », jusqu'à sa mort prématurée. Il a refusé l'excuse, la charité. Il a préféré fermer les yeux sur l'anéantissement de parents qu'il avait profondément aimés, et surtout, surtout ne rien capitaliser sur l'horreur. Il n'a rien demandé. Pas une larme. Pas un sou. Le premier, il a fait silence. Ses amis les Arditti, qui eux-mêmes avaient vécu mille morts, ont reçu des réparations, fait des enfants, et surtout témoigné. Deux tempéraments. Deux comportements. Il y en a eu de multiples.

Et moi, qu'aurais-je fait à leur place ?

Le 11 janvier 1948, un éditorial du journal *Le Monde* intitulé « Les survivants des camps de la mort » évoque les « deux cent quatre-vingt mille déportés », sans mentionner le mot « Juif ». Suivant la législation adoptée la même année, le mot « déportés » n'est applicable qu'aux citoyens ou résidents français, déportés pour des raisons politiques ou pour résistance à l'occupant. Aucune distinction n'est faite ni entre les camps dans lesquels ils ont été envoyés ni sur le sort subi à leur arrivée. Ainsi les documents officiels décrivent comme « déportés politiques » les enfants juifs enfermés dans des trains et envoyés à Auschwitz pour y être gazés. Ces enfants, pour la plupart arrachés de force à leurs parents par des gendarmes français, sont ensuite qualifiés de « morts pour la France », dans des documents et sur des plaques.

C'est peu de dire que le retour des rescapés juifs ne suscite guère d'enthousiasme. Dans le 4e arrondissement de Paris, en avril 1945, des centaines de personnes manifestent pour protester quand un Revenant veut récupérer son appartement occupé, aux cris de « La France aux Français ». L'état d'esprit, assez répandu, est que les Israélites exagèrent en cherchant à reprendre leurs biens et qu'il faut, comme le développe Gabriel Marcel, philosophe chrétien, opposer une digue à cette « volonté d'empiètement des Juifs [...] Qu'ils ne se croient pas porteurs d'une créance privilégiée ! »

Dans ces premières années d'après-guerre et longtemps après, il est considéré comme « indélicat », voire « indécent », d'évoquer le sujet de la déportation pour cause raciale. Le flou règne quand il s'agit de faire la distinction entre celui qui a été arrêté pour ce qu'il avait fait et celui qui a été arrêté pour ce qu'il était.

Les plus fragiles et les plus lucides ne peuvent trouver refuge que dans le grand silence du suicide, pendant et après la guerre. Walter Benjamin a été l'un des premiers, à Portbou, en Catalogne, à se supprimer pour ne pas être livré aux nazis, la nuit du 25 au 26 septembre 1940, suivi de Stefan Zweig, le Viennois amoureux de sa ville, exilé à Petrópolis, au Brésil, en février 1942, alors que se mettait en place en Europe la Solution finale. Le 20 avril 1970, Paul Celan se jettera dans la Seine du pont Mirabeau. Primo Levi lui aussi tombera *volontairement ?* dans la cage d'escalier du troisième étage de son appartement de Turin le 11 avril 1987. C'est par miracle que Jacques s'est manqué en 1945.

Quant à moi, Michou, je profite à mon insu du Silence général pour ne rien savoir.

Et Michou ?

Pendant que Jacques et Jenny tentent de survivre au naufrage – âme, corps et biens –, je suis quelque peu délaissée. On comprendra que Jenny ne sache pas quoi faire de sa fille pendant ce triste été 1945.

À Pâques cependant, quand rien encore n'a été découvert, Jenny a résolu de me mettre à l'école. Et quelle meilleure école que la sienne, le lycée Victor-Duruy, qui possède toujours un jardin d'enfants et toutes les classes primaires ? À la rentrée de ces Pâques 1945, j'ai un peu plus de cinq ans. Et dès mars-avril, Jenny pousse avec espoir la porte d'entrée du boulevard des Invalides, qu'elle a si longtemps et si souvent franchie elle-même, d'abord comme écolière puis comme lycéenne. Elle s'est munie de tous ses carnets de notes, de la dixième à la philo, sauvés des pillages et archivés pour la postérité. Carnets de notes plutôt élogieux sur lesquels figure, en classe de philo, le paraphe arrogant de Mlle Maurel, glorieuse signature annonçant l'envoi de son élève préférée au concours général d'histoire de 1934.

Une longue queue serpente vers le bureau des admissions. Jenny se met docilement dans la file et attend patiemment, sûre de son fait. Quand enfin son tour arrive et qu'elle annonce haut et fort son intention d'inscrire son enfant à la rentrée des vacances de Pâques, elle reçoit cette réponse indignée :

— Mais, madame, vous n'y pensez pas ! Cette file d'attente, c'est pour la rentrée d'octobre prochain.

Jenny ne se laisse pas démonter :

— Est-ce que mademoiselle Wackeinem fait toujours la classe enfantine ? Est-ce que je pourrais la voir ?

Mlle Wackeinem n'a pas une minute d'hésitation.

— Si je dois mettre une chaise de plus dans ma classe à la rentrée des petites vacances, elle sera pour votre fille, conclut-elle, devant Mme le censeur et Mme la surveillante générale, toutes deux pétrifiées.

Et c'est ainsi que, recroquevillée de timidité, je fais irruption au milieu de l'année sur la chaise supplémentaire du jardin d'enfants de Duruy, rue de Babylone, en face du cinéma la Pagode. Ballottée au hasard des vicissitudes de la guerre et ayant porté des noms différents, je ne sais ni lire ni écrire et j'ai peur de tout. Trois institutrices, d'abord Mlle Wackeinem en onzième, puis celle de dixième et celle de neuvième, tentent à tour de rôle de mettre au niveau la petite sauvageonne que je suis, habituée à se cacher sous les lits ou à y passer des journées entières, refusant de grandir et voulant rester, comme dit la maîtresse de neuvième, un « bébé ». La photo de classe, encore mixte, me montre édentée avec un gros nœud dans les cheveux, assise toute droite sur mon siège et très évidemment crispée.

Mais pour Jenny et les institutrices, il est crucial de ne pas perdre un an de scolarité, d'atteindre à seize ans l'âge du bac, comme les fillettes du beau quartier qui naguère encore constituait le faubourg Saint-Germain, comme les petites chrétiennes qui ont passé la guerre dans leurs berceaux et leurs poussettes avenue de Breteuil ou sous les frondaisons du Champ-de-Mars.

Malgré toutes ces pressions, et au désespoir de Jenny et de Mlle Wackeinem, en 1947 je redoublerai ma neuvième et en concevrai une honte qui durera jusqu'à l'âge adulte.

Entre-temps, mes parents ont traversé l'épreuve du feu – la nuit des Arditti, l'« accident » de Jacques, les lettres d'Argegno. Cet été 1945, en juillet, la fidèle institutrice de onzième essaie de m'apprendre à lire et à écrire, grâce à des leçons particulières à la maison. Jacques y repose sur son lit Dupont et suit à la radio le procès de l'ex-maréchal Pétain, qui sera condamné à mort et gracié par de Gaulle.

Le 9 août, tandis qu'une ordonnance rétablit la légalité républicaine, je suis loin de la capitale. Jenny, débordée, a accepté la proposition de son oncle Momo de m'envoyer passer le mois de vacances chez tante Soly, dans la pension du Chambon-sur-Lignon où tous mes jeunes cousins ont survécu aux années noires, protégés par la loyauté sans faille d'un pasteur protestant et de ses ouailles huguenotes.

Momo a insisté auprès de Jenny :

— Tu as trop à faire en ce moment… Et puis il faut l'aguerrir, cette petite. Elle est tout le temps dans tes jupes. Magda et André Trocmé sont des gens formidables qui ont sauvé tous nos enfants, tes cousins, sans compter des centaines d'autres, jeunes et moins jeunes.

— Mais, oncle, vous, vous étiez déjà convertis au protestantisme. Pas Michou !

— La majorité des enfants cachés n'étaient pas protestants eux-mêmes.

— Et l'endroit ? Où est-ce ?

— Le Chambon-sur-Lignon se trouve sur le plateau cévenol du Vivarais-Lignon, une ancienne région huguenote qui a connu la persécution. Le pasteur et sa femme ont encouragé tous les villageois à participer à ce sauvetage.

— Mais les villageois étaient, eux, protestants ?

— En majorité, oui. Mais il y avait aussi des catholiques. Le village entier s'est mobilisé. Les habitants ont accueilli des réfugiés dans leurs maisons et leurs fermes. Quand les patrouilles allemandes approchaient, les villageois chantaient une certaine chanson et les clandestins comprenaient qu'ils devaient partir se cacher dans les bois.

— Et… il n'y a pas eu de déportation ?

— Si. Malheureusement. Un cousin du pasteur, Daniel Trocmé, a été arrêté avec tous *ses* enfants, et déporté.

— Ils sont revenus ?

— À ma connaissance, non. Mais sûrement… enfin peut-être reviendront-ils… De toute façon, il y a eu énormément d'enfants sauvés, dont les nôtres. Et n'oublie pas, Jenny, que la guerre est finie. Elle a besoin de liberté, ta fille. Maintenant qu'il n'y a plus de danger, laisse-la partir au grand air, avec d'autres enfants.

— Alors cette tante Soly, c'est elle qui dirige la maison d'enfants ?

— Ce n'est pas une maison d'orphelins de guerre ou de survivants des camps. C'est un *home* d'enfants qui a fonctionné pendant toute l'Occupation. Le directeur, Émile Sèches, fils du grand rabbin de Lyon, n'avait plus le droit de travailler. Sa femme s'appelle Solange, d'où le nom de la pension.

L'optimisme de Momo, malgré ses bonnes intentions, n'est pas justifié. Daniel Trocmé a été déporté à Buchenwald puis à Dora. Il a fait partie plus tard d'un convoi dirigé vers le camp de Maïdanek. Il est mort pendant le voyage qui a duré neuf mois.

Quant à moi, je regrette chaque seconde les jupes de ma mère dans lesquelles je vivais paisiblement sous l'occupation allemande. De cet été 1945, que je passe dans la pension de tante Soly avec la plus jeune des cousins Benveniste, qui doit avoir douze ans et demi, subsiste la photo d'un groupe d'enfants sur la terrasse de la pension. J'y fais triste figure, assise par terre à califourchon à côté d'autres petits, tandis que la petite cousine, au dernier rang en haut, porte fièrement une coiffe d'Alsacienne. Cette dernière, fille de Momo, qui a passé au Chambon, dans la pire des périodes, une bonne partie de son enfance, a été chargée de s'occuper de moi. Elle me donne mon bain et m'aide à lacer mes chaussures. Elle me tire les cheveux en les coiffant et ne sait pas réaliser les deux coques qui couronnent mes cheveux nattés et remontés au-dessus des oreilles. Elle me recommande souvent de ne pas tant pleurer et de ne pas appeler ma mère pendant la longue sieste au dortoir. Néanmoins elle représente pour moi dans l'épreuve un ultime refuge familial.

J'ai encore besoin de cette assistance tutélaire pendant l'hiver 1946-1947 où je pars en foyer d'enfants – probablement israélites mais je n'en ai pas conscience – à Megève avec Claudine Arditti, fille d'Oscar, l'enfant rescapée de Nice, plus jeune que moi. Une jeune Polonaise très délurée qui s'appelle Eva me prend sous sa protection. Elle a exactement le même âge que moi, sept ans, mais je lui mens sur le mien – déjà ! – afin de paraître vulnérable et de profiter de sa protection. En échange d'une loyauté sans limite, elle me défend contre les autres enfants dont j'ai peur. Mais la séparation d'avec Jenny se révèle désastreuse. Je fais des cauchemars. Je rêve que personne ne revient me chercher, que je suis seule au monde, comme la petite Rachel dont les parents ont disparu et qui déteste la tante qui les a remplacés. Je mouille mon lit trois nuits de suite, à l'issue desquelles la direction de la pension fait venir mes parents. On ne garde pas les enfants qui mouillent leur lit.

Nous sommes tous les trois très heureux de rentrer ensemble à la maison. Jenny et Jacques me promettent alors solennellement de ne plus jamais m'envoyer en pension et ils tiennent parole.

Jenny a d'autres projets pour moi.

Le nœud gordien

Après trois années de casse-tête, de fins de non-recevoir, d'absurdités administratives et de batailles juridiques incessantes, Jacques réussit à faire accepter à l'état civil du

9e arrondissement de Paris un *faux* acte de décès au nom de Moïse Benrey et Marie Jerusalmi, qui lui permet de récupérer, occupé, l'appartement de ses parents.

Comme des millions d'autres, Marie et Moïse se sont volatilisés un matin d'automne et on n'a plus jamais entendu parler d'eux. Corps, âmes et biens. Dans leurs bagages se trouvaient leurs économies pour survivre jusqu'à la fin de la guerre, la moitié de leur argenterie, quelques bijoux et d'autres objets, à jamais anonymes, qui doivent désormais parader dans quelque foyer de la planète ou agrémenter les trésors de guerre des nazis.

Ne reste d'eux nulle trace hormis nous qui sommes vivants, la moitié du magasin de tissu au détail sans les murs et leur appartement parisien, 2, rue Thimonnier, Paris 9e. La récupération de cet appartement absorbe une grande partie de l'énergie de Jacques et Jenny pendant plusieurs années et les empêche de diriger leurs pensées vers autre chose que l'annihilation et la spoliation.

« La plupart de nos proches n'ont pas eu la même chance que nous, dit Jenny, Beaucoup avaient mis des amis aryens dans leur demeure afin de la sauvegarder. Mais à l'heure des comptes, les amis miséricordieux n'ont pas voulu rendre ce qu'ils avaient *emprunté*. Il est vrai que sévissait alors une grave crise du logement. Comme les pouvoirs publics, où subsistaient beaucoup d'ex-collabos, n'étaient pas pressés de réintégrer dans leurs droits les propriétaires, s'est ensuivi une série de procès qui ont pris du temps. Certains spoliés, dans l'exaspération, ont utilisé la manière forte. Ils ont changé les serrures et se sont réinstallés chez eux par la force.

» Nous avons eu notre part de souci avec l'appartement de mes beaux-parents rue Thimonnier. Thimonnier, le “nœud gordien”, comme disait Jacques. L'appartement de Moïse et Marie, ressortissants juifs italiens, avait, comme le magasin, hérité d'un administrateur-gérant italien, directeur du Banco di Roma, qui l'avait loué à l'un de ses amis. Il lui avait vendu tous nos meubles et toutes nos affaires pour une bouchée de pain. Puis les biens italiens, considérés comme ennemis, ont été placés sous séquestre. Moïse et Marie avaient d'abord eu le tort d'être juifs, puis ressortissants italiens donc ennemis, et enfin déportés donc présentement absents. Trois péchés capitaux.

» Qu'ils soient absents parce que disparus, et plus que probablement morts, ne changeait rien à la bureaucratie. Il fallait un certificat pour prouver qu'ils étaient décédés. Et nous ne disposions d'aucun acte de décès ! Nous avons envoyé une lettre révoltée au procureur de la République, qui nous a répondu sèchement qu'il ne disait "pas le contraire". Point à la ligne.

— Le contraire de quoi ?

— Mystère ! Le contraire de ce que nous avions écrit, j'imagine… Que faire ? poursuit Jenny. Comment prouver que les disparus, dont l'un avait presque quatre-vingts ans et l'autre plus de soixante, ne pourraient plus jamais disposer de leur appartement parisien ? Et que leur fils, unique survivant, en avait terriblement besoin ?

» À nouveau Jacques a cessé de dormir, sa jambe le faisait souffrir, et dans les moments de grande tension, il boitait plus fort. Il aurait voulu mettre derrière lui la disparition de ses parents une fois pour toutes. Mais comment oublier quand la paperasserie nous renvoyait constamment à la même tragédie ? Nous avons pris des avocats, des avoués, des hommes d'affaires de tout poil qu'il fallait payer très cher, tous plus nuls les uns que les autres. L'épine de l'affaire était que Moïse et Marie avaient été déportés d'Italie. "Ah ! Cher monsieur, si vos pauvres parents avaient été déportés de France, il n'y aurait pas eu de problème. Mais d'ITALIE !"

» Une partie de la solution nous est advenue au bout de trois années de lutte désespérée pour obtenir gain de cause. Trois années au cours desquelles j'ai cru que Jacques allait perdre la raison. Et l'artisan de ce miracle a été un brave avocat italien qui se nommait Donati.

— Donati ? Angelo Donati, celui qui a voulu sauver les Juifs de Nice pendant la guerre ?

— Je ne savais pas qu'il était connu. En tout état de cause, il nous a tirés de ce très mauvais pas. Maître Donati s'est mis en rapport avec l'un de ses neveux, avocat lui aussi, qui a trouvé quatre rescapés des camps acceptant de jurer qu'ils avaient vu mourir sous leurs yeux Moïse Benrey et Marie Jerusalmi. Le document de la justice de paix de Modène, contresigné par le ministère des Anciens Combattants italien, a été envoyé en France et traduit. Ce faux témoignage, je l'ai conservé… Regarde comme il est frappé de toutes sortes de tampons italiens et français.

» En substance, il est écrit que le 26 septembre 1947 ont comparu quatre personnes d'origine polonaise et demeurant à Modène, Chaïm Broner, Joseph Zaks, Rafael Dimenstein et Josek Friedman, deux commerçants, un tailleur et un chauffeur, qui ont déposé sous serment que Moïse Benrey et Marie Jerusalmi, épouse Benrey, arrêtés à Argegno en septembre 1943, *un an avant leur arrestation réelle*, étaient décédés "lors de leur déportation vers les camps de concentration en Pologne".

» Entre-temps, l'Italien était parti, et l'appartement resté vide avait été réquisitionné par l'administration des Domaines pour abriter un jeune prisonnier, fraîchement libéré, qui venait de se marier, M. N. Dès 1945, nous avions dû, sans contrepartie, acquitter les charges de copropriété, mais ce n'est qu'à la suite de l'acte de décès, en 1948, que nous avons perçu du locataire réquisitionnaire un loyer de six mille francs par mois, inférieur de quatre mille au loyer normal.

» Il a fallu attendre 1950, six ans après la disparition de Moïse et Marie, et moyennant un coquet dessous-de-table de trois cent cinquante mille francs, pour que M. N., qui était un très brave homme, consente à nous laisser l'appartement libre à la vente, en échange du pavillon de sa belle-mère dans la Brie, dont il souhaitait se débarrasser.

» J'y ai gagné un petit jardin où j'ai pu installer un potager… mon rêve ! »

C'est ainsi qu'au bout de cinq années d'arguties juridiques et de luttes acharnées, un grand logement de cent cinquante mètres carrés à Paris est troqué contre un petit pavillon dans un village de la Brie. Aujourd'hui, l'appartement vaut certainement cinq fois plus que le pavillon. Jenny, qui n'a jamais aimé l'appartement de la rue Thimonnier et qui souhaite s'implanter dans la campagne française, s'en déclare enchantée. Le nœud gordien s'est soldé par un faux, un pot-de-vin et un marché de dupes. Et les triples victimes disent encore merci au privilégié du système, qui était un « si brave homme ».

Jenny entame son infiltration sans retour en France profonde. Désormais tous ses efforts convergeront vers un but unique qui se cristallisera sur son enfant. Cette dernière devra réaliser un programme que ses parents trop âgés et trop marqués par leur époque ne peuvent réussir tout seuls : l'assimilation totale.

Où est Dieu ?

— Où est Dieu, ma fille ?

Elle a un bon sourire, la sœur, et elle ne me fait plus peur comme au début où instinctivement je faisais le geste de chercher, quoique incertaine encore de ce qu'elle attendait de moi.

— Où est Dieu ?

Cette fois, c'est par malice que je me tourne dans tous les sens, me baisse, et promène mon regard sous la table de lourd bois de chêne, lève les yeux au plafond, les traîne autour de la fenêtre qui donne sur un jardin à ambiance de cloître...

Le regard de la sœur se fixe, se fait plus sévère :

— Où est Dieu ?

J'hésite mais je voudrais jouer un peu encore à cache-cache, faire semblant... Je me prépare à me lancer sous la table pour courir à quatre pattes.

— Où est Dieu ?

Cette fois la religieuse a les sourcils froncés. Jusqu'ici, elle ne s'est jamais mise en colère mais...

— Où est Dieu ?

Maintenant, il me faudra répondre sinon je n'aurai pas droit aux images saintes, que j'aime tellement, que je collectionne sur ma table de chevet et que je regarde longuement avant ma prière du soir.

— Où est Dieu ?

Pas moyen de recommencer le petit manège. Une autre sœur interrompt la leçon particulière de catéchisme. Elle se penche vers la première et lui chuchote quelque chose à l'oreille.

— Ma fille, vous allez montrer à sœur Thérèse que vous savez très bien *où* est Dieu.

— Dieu est… partout.

— Oui, ma fille. C'est la bonne réponse. Dieu est PARTOUT.

M'est-il arrivé de fouiner à nouveau dans tous les coins pour trouver enfin Celui qui était partout, puisqu'Il est partout ? Pas cette fois en tout cas, devant la sœur Thérèse qui me paraît redoutable.

Aujourd'hui, je me demande ce qu'elles pouvaient se chuchoter les deux religieuses de Notre-Dame du Cénacle, dans ce bâtiment discret du 58, avenue de Breteuil où était alors logée la congrégation. Se disaient-elles que cette petite Israélite à convertir avait réellement une tête de mule ou bien qu'elle était vraiment bête ou alors qu'elle faisait perfidement exprès de ne rien comprendre aux évidences de la Sainte Église catholique ?

Nous sommes pendant l'hiver 1946-1947, à mon retour de la pension de Megève. Une fois de plus, Jenny met à rude épreuve ma proverbiale timidité. Mais lorsque sa décision a été prise, sa détermination ne connaît aucun délai. Je serai baptisée dans le catholicisme. Et instruite de ma nouvelle religion selon la règle qui veut qu'après l'âge de trois ans, le futur catéchumène soit conscient de ce qui l'attend. Jacques, à peine consulté, déjà bourrelé de remords, a fini par dire oui du bout des lèvres.

— Pourquoi est-Il partout ?

— Parce qu'Il conserve et qu'Il gouverne tout ce qu'Il a créé.

Très vite, je sais répondre sans détour à la question : « Pourquoi ne voit-on pas Dieu ? »

— Parce qu'Il est un esprit.

Je sais désormais pourquoi Dieu est éternel, pourquoi Il est tout-puissant, pourquoi Il sait tout, pourquoi Il est infiniment bon et infiniment juste, infiniment miséricordieux et infiniment saint. Je sais pourquoi Il est le maître de toutes choses.

Et j'accepte la résolution de penser que Dieu est partout et qu'Il me voit.

J'apprends à aimer Jésus. Je sais que le mot « Jésus » veut dire « Dieu Sauveur », que le mot « Christ » veut dire « consacré par une onction sainte » et que notre Seigneur Jésus a été consacré premier Prêtre et Roi des rois. Je sais que le plus grand miracle par lequel notre Seigneur Jésus a prouvé qu'Il était Dieu est sa résurrection. Je sais que le Fils de Dieu a été conçu dans le sein de la Vierge Marie le jour de l'Annonciation. J'apprends que notre Seigneur Jésus-Christ Lui aussi s'est fait baptiser par Jean-Baptiste.

Mais j'aime surtout la Sainte Vierge, cette Dame que les sœurs du Cénacle honorent tout particulièrement. Est-ce que je ne m'appelle pas Marie comme Elle, et comme ma *nonamali*, dont je continue patiemment, dans mon for intérieur, à attendre le retour ? C'est Elle qui obtient pour nous toutes les grâces de notre Seigneur. C'est Elle la préférée de Dieu entre toutes les femmes. Et contrairement à moi et aux autres petites filles qui sommes toutes des pécheresses – on dit « pécheur » même au féminin mais je ne le remarque pas –, Elle est préservée du péché originel. Je comprends que le péché originel consiste en une tendance particulière à faire des bêtises dont je ne suis pas – loin de là – exempte.

Je récite avec persévérance toutes mes prières avant de me coucher. Ma favorite c'est le « *Je vous salue, Marie* », « la plus belle prière à la Sainte Vierge », dit la sœur. Je la réserve pour la fin et commence par le « Notre Père », puis le « Credo » qui est le plus difficile et le plus terrifiant : « Notre Seigneur Jésus-Christ… a souffert sous Ponce Pilate, a été crucifié, c'est-à-dire cloué sur une croix, est mort, a été enseveli, est descendu aux enfers, le troisième jour est ressuscité des morts… »

Cette image du Christ ressuscité me trouble. Si ma *nonamali* et mon grand-père pour lesquels je prie avec ferveur ne reviennent pas, et qu'ils se sont transformés en « défunts », est-ce qu'ils pourront ressusciter eux aussi ? Jenny ne répond pas à cette question et je n'ose pas la poser à la religieuse en cornette qui vient d'un autre monde. Je ne fais pas non plus attention à cette question-réponse qui fait partie de la quinzième leçon :

— Qui poussa Ponce Pilate à condamner notre Seigneur Jésus-Christ à mort ?

— Les chefs du peuple juif.

À cette époque encore, la liturgie du Vendredi saint invite les fidèles catholiques à prier pour les « Juifs perfides ». Et invite à leur conversion par ces paroles : « Prions pour les Juifs. Que le Seigneur notre Dieu lève le voile de leurs cœurs et leur permette de reconnaître Jésus-Christ. »

Le pape Jean XXIII supprimera les « Juifs perfides » par un décret de 1959 et le concile de Vatican II déclarera que « ni les Juifs du temps du Christ ni les Juifs d'aujourd'hui ne peuvent être considérés comme plus responsables de la mort de Jésus que les chrétiens eux-mêmes ». Paul VI en 1970 remplacera la prière pour la « conversion des Juifs » par : « Prions pour le peuple juif, le premier à avoir entendu la parole de Dieu pour qu'il puisse continuer à croître dans l'amour de son nom et la croyance en son alliance. »

Mais pour l'heure nous sommes en 1947.

Les dernières leçons sont consacrées au baptême proprement dit, objet de mon instruction religieuse.

— Qu'est-ce que le baptême ?

— Un sacrement.

— Soit. L'un des sept sacrements. Et pourquoi ne peut-il être reçu qu'une seule fois ?

Là je me trouble. En effet, à l'école lorsqu'on échoue à une épreuve, il est permis de la repasser. Pourquoi n'est-ce pas possible avec le baptême ?

— Réfléchissez. Vous venez de le dire. Parce qu'il imprime à notre âme un caractère sacramentel. Sacramentel comme sacrement. Comprenez-vous le mot « sacramentel » ?

— Non, ma sœur.

— Cela signifie qu'il imprime une marque ineffaçable sur notre âme, qui nous fait ressembler à notre Seigneur. Est-ce que vous voulez ressembler à Jésus, ma fille ?

— Oui, ma sœur.

— Alors il vous faudra avoir le regret de vos péchés.

Dans ma tête j'approuve avec enthousiasme. Pour ressembler à Jésus et à Marie, sa Sainte Mère, je suis prête à me repentir de toutes mes fautes que je commence à comptabiliser, avec en premier lieu la gourmandise.

— Qu'arrive-t-il, ma fille, à l'enfant mort sans baptême ?

Cela, je le sais parfaitement. Il va dans les limbes et n'entrera jamais au ciel.

Cette partie-là me tracasse. Et si j'avais un accident avant le jour de mon baptême et ne pouvais jamais entrer au ciel où m'attend peut-être ma *nonamali* ? Cette perspective me fait renoncer aux tours malicieux qui font traîner ma préparation. Je veux recevoir la grâce sanctifiante. Je veux devenir membre de l'Église catholique. Je veux pouvoir recevoir les autres sacrements de l'Église. Je veux pouvoir vivre en bonne chrétienne. Je veux renoncer à Satan et à ses pompes, bien que ce dernier mot me soit alors inintelligible.

Le 9 mars 1947, je promets de m'attacher à Jésus-Christ pour toujours. Fallacieuse promesse ! C'est en l'église Saint-François-Xavier, face au lycée Victor-Duruy.

« Nous n'avons pas pu trouver de parrain, se souvient Jenny, mais ce n'était pas nécessaire et nous avons prétendu que cela aurait dû être l'un de mes cousins, mort à la guerre. Ma belle-sœur Rolande, épouse de Marcel, et chrétienne, avait accepté d'être ta marraine. Mes parents, très hostiles, n'avaient pas été mis au courant. Mon père Saby était resté fidèle au judaïsme et à ses institutions. Il était toujours membre de la loge du B'nai B'rith qu'il avait contribué à fonder et il avait adhéré au Consistoire français. Il n'était pas question de lui dire un mot de cette décision. Assistaient aussi à la cérémonie mon frère Marcel, et Oscar et Léon Arditti, qui avaient encouragé cette démarche. »

Quant à moi, Michou, la principale intéressée, je n'ai aucun souvenir du jour de mon baptême. J'imagine que Jenny a dû triompher sans gloire et que Jacques, qui boitait encore un peu, Jacques, mon père, était plus triste que jamais.

C'est pourtant à partir de cette date qui n'a pas laissé de trace tangible dans ma mémoire que Jenny et moi nous sommes disjointes.

Et que Jenny est devenue *ma mère*.

Oui, je crois que *ma mère* était folle...

« Pourquoi as-tu fait ça ? »

J'ai passé des années à essayer de comprendre les mobiles qui avaient poussé *ma mère*, après la guerre, alors qu'il n'y avait plus de danger objectif, à vouloir me convertir. Clairement elle n'avait pas été elle-même touchée par la grâce comme Claudel au pied du pilier de Notre-Dame, ou Aaron Lustiger, futur archevêque de Paris, qui, après sa mort, a fait dire un « Kaddish » sur le parvis de Notre-Dame. Après la guerre, elle n'avait elle-même manifesté aucun intérêt particulier pour le catholicisme ni aucune autre religion. Son judaïsme avait fondu sous le poids de la propagande antisémite et de ses effets sur sa propre vie et celle de ses proches. Les horreurs de la persécution, découvertes dans leur insoutenable réalité d'après-guerre, avaient achevé la pulvérisation de son identité religieuse pourtant active et vivante avant la catastrophe.

« Pourquoi as-tu fait ça ? »

Ma mère hésite, réfléchit, se lance... « J'ai commencé à y penser lorsque Oscar et Léon sont rentrés des camps. On se demandait toujours comment ils avaient survécu. Ils nous ont expliqué qu'ils avaient dû leur salut aux déportés catholiques, les politiques, les résistants qui se rendaient des services les uns aux autres, alors que les juifs... c'était chacun pour soi...

Ceux qui leur avaient parfois donné un morceau de pain, ceux qui les avaient empêchés de mourir de froid ou de mourir sous les coups, ceux qui leur avaient permis de travailler à l'intérieur, ce n'étaient pas les autres juifs, nos coreligionnaires, c'était les triangles rouges et parmi eux les chrétiens qui avaient su, disait Oscar, faire rayonner la vertu de charité. Ce sont les chrétiens qui leur avaient tendu la main. Pas les juifs.

— Mais les autres déportés juifs, ils ne l'avaient pas même pour eux ce morceau de pain. Comment auraient-ils pu le donner ? »

Ma mère ignore ma remarque et poursuit : « Ils s'étaient même fait passer pour catholiques au camp.

— Comment ? Mais enfin c'était impossible ! N'étaient-ils pas circoncis ?

— Je ne sais pas... Enfin... Oscar a plaidé pour ton baptême. Moi, au début, je voulais que tu sois protestante. Comme les enfants de Momo. Mais Oscar a insisté et il m'a convaincue.

— Mais lui-même... n'est-il pas redevenu juif plus tard ?

— Plus tard ? Peut-être. Je te parle de l'année 47, l'année de ton baptême. Oscar ne s'appelait déjà plus Oscar mais Pierre. Les deux frères avaient changé de nom...

— Et mon père ?

— Jacques était réticent, très réticent. Mais j'ai fini par le convaincre. Et d'un commun accord, nous avons décidé d'agir de telle sorte que notre fille puisse, une fois adulte, choisir son chemin et ses croyances. J'avais pu t'inscrire au lycée Victor-Duruy où j'avais moi-même passé tant d'années heureuses. Tu étais entourée de fillettes catholiques pratiquantes, je ne voulais pas qu'on t'inflige les humiliations que j'avais moi-même subies lorsqu'on découvrait mes origines... Et puis surtout... surtout, j'avais si peur que ça recommence. Même encore maintenant... Je ne suis jamais sûre... par moments... je me sentais... folle. »

Folle, oui. Je crois que *ma mère* était folle, en cette année 1946 où mon père se remet de son pénible accident et travaille avec elle dans le petit magasin devenu leur unique gagne-pain et où elle prépare contre lui le complot qui nous mènera, elle et moi, au 58, avenue de Breteuil chez les sœurs de Notre-Dame du Cénacle. Là où elle tient par la main cette petite fille de sept ans qui ne comprend rien, qui ne comprend plus rien à la mère fanatisée, à la mère qui fait des ronds de jambe à la bonne sœur, qui force son sourire devant elle, qui alterne la carotte et le bâton pour que j'apprenne mes prières, pour que je fasse correctement le signe de croix et la génuflexion.

C'est sans doute le déni de cette annihilation et la conscience soudaine que sa propre fille y a échappé d'un cheveu qui lui font pousser la porte du Cénacle avec une détermination désespérée mais farouche. On s'est cachés pendant la guerre. Après-guerre, on se rendra invisibles, on deviendra comme les autres. De bons Français, des Gentils, des Goys, des Aryens, des chrétiens, quel que soit le nom qu'on leur donne.

Spontanément *ma mère* applique à cet effet la stratégie que j'appelle des « trois C ». C comme Changement : changement de nom, changement de religion, changement d'union. État civil, baptême et mariage mixte. La République favorise la transformation des patronymes quand ils ont une consonance étrangère, l'Église favorise la conversion. Après cela, le mariage avec un Gentil ne sera qu'une question d'élection individuelle et *ma mère* veillera à ce que je ne fasse aucune erreur sur la personne.

Est-ce le syndrome de *La Lettre volée*, du retour du refoulé, de la trace négligée ? Certains oublient parfois une des instances des trois C. Ils changent de nom et pas de religion. Ou ils changent de religion et pas de nom. Le mariage mixte, pour une fois, avantage les filles. L'union efface le nom. Les garçons épousent de bonnes chrétiennes à qui ils ne confient pas leur secret de Polichinelle jusqu'à ce qu'une cour de récréation fasse découvrir à leurs rejetons, rattrapés par leur patronyme, l'insoutenable pot aux roses.

C'est bien cela la folie… Une folie a posteriori… la terreur que ça recommence. Maintenant qu'elle *sait*, Jenny en est hantée, obsédée. Le coup de sonnette à l'heure du laitier, l'étoile jaune exhibée, le dernier métro, les rafles, les wagons plombés, les cris des enfants – de son enfant –, et plus loin, plus tard, sans savoir, les cendres des crématoires.

Oui. Je crois qu'elle a été folle, comme mon père l'a été, comme des millions de survivants hébétés. Et dans son esprit épuisé de tant d'angoisses, d'épouvantes, de visions d'apocalypse dont les victimes sont sa meilleure amie Laurette, son oncle Pepo et sa tante Ester, mon petit fiancé de cinq ans, son cousin Marc, Moïse et Marie et les autres, parents, proches, compagnes et compagnons de naguère qui se réunissaient joyeusement aux bals de la JS il n'y a pas dix ans, et ceux de Salonique, la Sarika qu'elle avait aimée plus que sa mère, les cousins, les oncles et les tantes restés au pays et assassinés dans la *tierra ajena*, la terre étrangère, la terre gelée de la terrible Allemagne, de la terrible Pologne, il n'y a plus que de l'aversion et du rejet pour les siens qui n'ont rien empêché, plus que de l'admiration et du respect pour les autres qui ont parfois porté secours, les privilégiés de ce monde, qui n'ont eu qu'à se donner la peine d'exister et qui parfois ont choisi de faire le geste qui sauve.

Lui reviennent alors, contre sa famille, contre sa tribu, les grandes frustrations de son enfance et de sa jeunesse, le vomi à cause de l'oncle Rafo, la naissance du petit frère qui la détrône, la prosternation devant l'imposture fraternelle, le morceau de pain blanc refusé par sa mère à son enfant.

Jenny n'est que trop convaincue que nous avons survécu uniquement grâce aux Gentils. Quand elle fait le bilan de sa, de notre survie à tous les trois, elle ne voit qu'eux, les Français de souche et de bonne volonté : la concierge Mme Chaliès, M. Blois, l'hôtesse de Fleur des Alpes, le maire et le curé de Villard-de-Lans.

Car dans la détermination de *ma mère* en cette année 1947, il n'y a pas que l'histoire qu'elle vient de vivre dans sa chair et qui l'a laissée, comme tant d'autres, pantelante. Il y a aussi les avatars de sa propre histoire, de sa propre famille, de sa place dans la tribu. À une autre échelle que ses amis revenants des camps, elle a le sentiment que les siens, les « nôtres », comme elle dit encore, ne l'ont pas aidée. Elle oublie le fils de Nelly qui a bravé le couvre-feu pour avertir Jacques de la rafle des Bulgares. Elle oublie la main tendue de son oncle, l'appartement de la rue Rossini à Nice, le refuge paternel de Fleur des Alpes, le geste de Donati, l'héroïsme de Marc Amon.

Elle commence à les haïr parce qu'elle commence à se haïr elle-même. Pour que j'échappe, moi, sa fille, à cette haine, il faut que je devienne autre. Il faut qu'elle oblitère cette origine qui me vient pourtant d'elle. Il faut qu'elle efface la tache, qu'elle la lave de ses propres mains.

La haine de soi est un serpent pervers venu de l'extérieur, qui se coule à l'intérieur, se colle à la paroi du soi et s'y abandonne. Pour comprendre que certains, et non des plus faibles, y aient parfois cédé, il suffit de prendre connaissance du discours prévalant dans ces années quarante, qui fait suite aux années trente, sans compter l'époque dreyfusarde. C'est alors que la haine de soi se travestit en haine des siens. Au bout du compte, *ma mère* ne pardonne rien aux autres Juifs et n'exige pas grand-chose des Gentils à qui elle donnera sans compter, pendant le reste de sa vie, pour les remercier à l'infini d'avoir épargné la sienne et surtout la mienne.

Obscurément mes parents pensent que, quelque part, certains des « nôtres » l'ont bien cherché. Cette pensée me fait frémir. Mais à tout prendre, mieux valait se sentir coupable sans raison que victime du hasard et de la cruauté à l'état pur. Car il y a quelque chose d'insoutenable à se définir comme une victime quand on revendique sa dignité.

Dans son *Monologue*, Jenny, revenue de sa folie, bien des années plus tard, explique ainsi son geste : « Nous décidâmes de faire baptiser notre fille comme sauvegarde pour son avenir. Ce papier avait sauvé beaucoup de gens. J'espère de tout cœur qu'il ne servira jamais. » Pour *ma mère*, après coup, le baptême ne représente qu'une action bureaucratique destinée à protéger sa fille d'un avenir incertain. En m'envoyant chez les religieuses, elle oublie qu'elle m'expose à une transformation spirituelle aux effets incertains.

« Et Dieu, où est-Il ? » aurait conclu la sœur de Notre-Dame du Cénacle.

À force de prier son Dieu en vain, ma mère avait fini par le renier. Pour elle-même, elle n'en voudrait pas d'autre. Jamais plus. Dois-je pour autant lui en vouloir d'avoir essayé de m'imposer Celui qui n'était pas le sien ?

Les années catholiques

Il se promenait sur le bord de la mer et contemplait les vagues qui roulaient sur le sable et les mouettes qui s'abattaient sur l'écume avec des cris de joie. Et *Il* méditait sur un grand mystère, un mystère insondable, le mystère de la Sainte Trinité. Soudain, après avoir marché longuement sur des plages interminables, *Il* aperçoit un point mouvant qui peu à peu se rapproche et *Il* reconnaît un enfant.

— Petit ! Que fais-tu là sur cette plage déserte ? demande-t-*Il*.

L'Enfant ne répond pas tout de suite et *Il* s'avise alors que le petit est équipé d'un coquillage dont il se sert comme d'une cuiller.

— Que fais-tu donc avec cet instrument ? demande-t-*Il* alors.

Et *Il* s'aperçoit que l'Enfant a creusé un trou dans le sable de la plage et qu'avec cette cuiller il transvase l'eau de la mer dans cette cavité.

— Je m'efforce, dit l'Enfant, de verser dans cette ouverture toute l'eau de la mer.

Il s'étonne :

— Ne vois-tu pas, répond-*Il* à l'Enfant, que ton entreprise est irréalisable ? Le sable absorbera l'eau au fur et à mesure que tu la répandras. Et l'eau de la mer est inépuisable.

Et l'Enfant de rétorquer avant de disparaître :

— Et pourtant cela serait plus facile pour moi que pour toi d'épuiser, avec les seuls moyens de ta pauvre raison, les profondeurs du mystère… Le mystère de la Sainte Trinité.

L'abbé Lesas se tait. Tout le « caté » est sous le charme. L'Enfant est là devant nous avec son coquillage et il continue à creuser son trou et à y verser inépuisablement l'eau de l'océan, de tous les océans du monde. Devant lui, interrogateur et mystérieux, il y a l'abbé. Devant l'abbé, il y a nous, les petites filles du catéchisme. Il paraît qu'*Il*, le personnage qui médite, n'est pas l'abbé mais saint Augustin. Il paraît que l'Enfant n'est pas n'importe quel enfant mais l'Enfant Jésus. Ou alors un ange. L'histoire s'est de toute façon imprimée dans ma mémoire. Et je vois, comme si j'y étais encore, l'abbé avec sa soutane trop courte et usée, et sa belle voix grave aux inflexions chaleureuses, devant l'enfant au sexe indéterminé, une enfant peut-être qui me ressemble, et qui creuse sans relâche tandis que les vagues roulent sur le sable et que les mouettes s'abattent sur l'écume avec des cris de joie.

C'est cela le caté au petit lycée Victor-Duruy dans la fin des années quarante. Les aumôniers de trois religions y viennent après les heures de classe éduquer leurs ouailles. Il y a un pasteur et – me semble-t-il, au moins rétrospectivement – un rabbin, mais ai-je alors la moindre idée de ce qu'est un rabbin ? Mon aumônier, le nôtre, à nous autres petites catholiques, s'appelle l'abbé Lesas. Je dois être un peu amoureuse de lui. J'aime sa voix et sa soutane usagée. Je sais que l'abbé a fait vœu de pauvreté. Il se prépare, nous confie-t-il, à évangéliser en Chine. J'imagine les difficultés et les tracas qu'il rencontrera, la longueur interminable du voyage, l'étrangeté de ce qui l'attend.

Entre 1947, date de mon baptême, et 1951, date espérée de ma communion solennelle, s'écoulent mes années chrétiennes, marquées par une ferveur religieuse qu'alimente au catéchisme du lycée l'abbé Lesas. Ces années-là sont marquées par le retour en force du catholicisme dans une France qui a pourtant promu dès 1905 la laïcité, en séparant l'Église de l'État.

Pour reconstituer mieux encore l'air que je respire alors, je fais appel à ma contemporaine, l'écrivaine Annie Ernaux. Non seulement elle a mon âge mais elle est, elle aussi, fille de petits commerçants. La différence, c'est qu'elle est, elle, française de souche, pure provinciale et normande, et c'est à travers ce prisme qu'elle observe le monde de notre commune enfance.

Pour elle comme pour moi, le christianisme de ces années « était le cadre officiel de la vie et réglait le temps[1] », écrit-elle dans son livre *Les Années*. On ne mange que du poisson le vendredi et toutes les publications proposent des menus pour le jeûne du Carême, dont le calendrier des Postes ponctue les différentes phases. Ce même calendrier, marqué chaque jour par la fête d'un saint, présente l'éventail des prénoms catholiques acceptés par l'état civil. La messe du dimanche où l'on se rend… religieusement… est l'occasion de revêtir ses plus beaux habits, de scruter ses voisins et de se montrer, avant l'inévitable visite à la pâtisserie. On ne saurait demeurer au monde sans être baptisé, ni se marier sans une bénédiction. On ne saurait mourir sans l'extrême-onction, passage obligé vers le paradis tant désiré où l'on retrouvera enfin les chers disparus. Les commandements de l'Église sont à la source de la morale et l'emportent sur les autres lois. Les athées qui se revendiquent libres-penseurs sont des libertins en puissance. Le catholicisme règne sur les autres religions, considérées comme fausses ou méprisables.

Ma vie quotidienne est organisée et inspirée par les commandements des religieuses. Le soir, je dis mes prières à genoux avant de me coucher. Je fais la génuflexion et demande – en vain – à ma mère un crucifix, pour le placer au-dessus de mon lit. J'ai appris des chants liturgiques que j'intègre à mon concerto du soir à l'intention de mes parents. Je chante avec force « Il est né le Divin Enfant », et le « Kyrie eleison », dont j'égrène, sans les comprendre, les syllabes énigmatiques. J'aime, par-dessus tout, les Petits Chanteurs à la croix de bois qu'on écoute à la radio, et à leur suite j'entonne « Petit Papa Noël », et « Mon beau sapin », même si ce n'est pas Noël, et surtout l'« Ave Maria », le plus difficile et mon préféré. Quand j'ai des peines, je dialogue avec la Vierge Marie ou mon ange gardien, que je me représente l'une et l'autre sous les traits de ma *nonamali*, dont ma mère m'a montré le portrait à dix-huit ans, parée de ses longs cheveux blonds comme une madone de Botticelli.

1. Annie Ernaux, *Les Années*, Gallimard, 2008.

Je lis avec passion une publication catholique à laquelle, sur le conseil des bonnes sœurs du Cénacle, Jenny m'a abonnée. *Âmes vaillantes* est le pendant pour les filles de *Cœurs vaillants* pour les garçons, magazine du mouvement chrétien d'éducation populaire destiné aux enfants de six à quinze ans, de toutes origines sociales, et diffusé au sein des paroisses. « À cœurs vaillants rien d'impossible » est l'emblème des Cœurs vaillants de France, croix bleue sur fond jaune avec écriture rouge. *Âmes vaillantes*, fondé un an après, ajoute un supplément d'âme « féminine » au « cran » exigé par les cœurs des garçons. C'est le journal des « fillettes au clair regard ». Je collectionne les bons points échangeables contre des billets, qui récompensent les qualités humaines et catholiques. Je n'assiste pas aux séances de lanterne magique du jeudi après-midi mais j'emprunte des livres et des bandes dessinées à la bibliothèque paroissiale et me régale de *Jo et Zette* et autres histoires édifiantes, mais toujours passionnantes, qui me rapprochent de Jeanne d'Arc, de sainte Geneviève de Paris et autres martyres qui ont imprimé leur empreinte sur ma mémoire enfantine.

Mes parents, eux, vivent à cheval entre deux mondes bien différents.

Jacques et Jenny dorment rive gauche, rue César-Franck, dans le quartier huppé et confortable du 7e arrondissement. Mais ils travaillent rive droite dans la petite boutique de tissu de la rue du Faubourg-Poissonnière, quartier populaire alors, proche du Sentier, dont la concierge Mme P. a, selon les rumeurs, « dénoncé » sous l'Occupation, et où les acheteuses ashkénazes font « tourner Jacques en bourrique ». C'est là aussi que je passe mes jeudis, assise sur un coin de comptoir et recevant l'hommage amusé des clientes qui s'esclaffent :

— Comme elle est sage, votre petite fille ! Sage comme une image !

Certes je suis sage puisque j'ai avec moi, maculés de taches de miel ou de confiture, mes livres d'images et surtout mes illustrés catholiques, lus et relus mille fois.

Une enfant sage et tranquille. Qui ne se doute de rien… Et pourtant. Une anecdote plus tard reproduite dans la fiction *Histoire d'Eurydice pendant la remontée* traduit l'ambiance de ces années muettes. Le lieu est une cour de récréation, dans la réalité, celle du petit lycée Victor-Duruy. Les personnages sont mes petites camarades et moi-même au temps de mes années catholiques.

— Mon parrain à moi – Clotilde baisse la voix, consciente de l'impact extraordinaire que produira sa révélation –, eh bien les Juifs l'ont fait mettre en prison.

À ce moment-là, elle s'arrête pour mieux goûter nos bouches bées et nos souffles coupés. Et puis elle reprend, comme si nous avions réussi à formuler les interrogations qui se bousculent pêle-mêle sous nos lèvres :

— Il n'a rien fait du tout, rien que purger la France de la racaille. Il est innocent. Eh bien, ils l'ont mis en prison !

Je suis stupéfaite. « Purger la France », la « racaille ». Tous ces mots me sont inconnus, au moins dans leur contenu, et probablement à Clotilde aussi. Mais ils nous impressionnent au point que même Marie-Rose – dont le père est MRP – ne trouve rien à rétorquer. Elle se contente de demander plaintivement :

— Il s'appelle comment ton parrain ?

— Xavier Vallat, dit Clotilde, triomphante d'avoir séduit son auditoire à ce point inespéré.

Le nom, qui sonne bien, se grave dans ma mémoire. La gutturale du son initial, l'allitération, en fait plus qu'un nom ordinaire. C'est comme une formule magique, de celles que j'envoyais autrefois à mon amie Véronique, et qui nous servait de mot de passe : Gzavyéwala.

Ces relents de la Collaboration et du rôle qu'y a joué Xavier Vallat, premier commissaire aux Questions juives, cependant sont assez rares. Et la plupart des Gentils se comportent comme la littérature et le cinéma des années cinquante, dans *La Traversée de Paris* par exemple, nous l'ont donné à voir. Les adultes de notre après-guerre sont intarissables, dit Annie Ernaux, sur les privations, le ravitaillement, l'hiver 1942 si rigoureux, les bons de tabac, les rutabagas et les topinambours, voire Radio Londres et les bombardements, et surtout Pétain, le maréchal ou plutôt le maître de Vichy, déjà trop vieux quand on est allé le chercher et « complètement gâteux ». Mais ils ne peuvent parler, remarque Annie, que de ce qu'ils ont vu et su et qu'ils peuvent revivre en le racontant à leurs enfants aux repas arrosés du dimanche après la messe ou même sans la messe. Donc ni les wagons plombés d'enfants juifs conduits à l'abattoir, ni les grandes rafles du Vel d'Hiv, de Marseille, de Nice et d'ailleurs, ni les morts en sursis de Drancy, de Compiègne, de Gurs, de Beaune-la-Rolande, des Mille…

Ceci explique cela : la « double guerre » vécue distinctement par deux communautés, et le décalage entre les parents d'Annie Ernaux et les miens, les « musiciens », que « ni les documentaires ni les cours d'histoire ultérieurs ne pourront dissiper », au moins pour cette génération, car « ni les fours crématoires ni la bombe atomique ne se situent dans la même époque que le beurre au marché noir, les alertes et les descentes à la cave[1] ».

Alors, pour la petite chrétienne que je suis en train de devenir, commence le long sommeil qui durera des décennies, fait de dénégation, d'oubli et de silence.

Et en cette fin des années quarante qui ont si atrocement commencé, comme la plupart des petites filles de France, les « âmes vaillantes », j'attends. J'attends avec impatience le couronnement de mes bonnes actions et de mes années de catéchisme. J'attends de faire ma première communion. La grande. La communion solennelle.

L'excommunication

— Non, ma fille. Non. Cela n'est pas possible.

— Mais, maman, pourquoi ? Pourquoi ?

Je sanglote. Je hurle de détresse. De colère. Je vais me réfugier dans ma chambre, claquer la porte, m'en aller. Sous les ponts. N'importe où. Mourir.

1. *Ibid.*

— Non, ma fille. Tu ne pourras pas faire ta première communion. C'est impossible.

— Pourquoi ? Maman ! Maman ! Pourquoi ?

Subitement, il y a un grand silence entre nous, je sens que *ma mère* va répondre. En même temps, je tremble d'effroi. Je sens que la réponse va être stupéfiante, pétrifiante. Et effectivement :

— Parce que nous sommes… juifs.

Au début je ne comprends pas même le mot. Je l'ai entendu bien sûr, notamment dans la bouche de Clotilde. Et puis, pendant le catéchisme, à propos de ces chefs juifs qui ont fait crucifier notre Seigneur. Mais je ne l'identifie pas. Dans la bouche de *ma mère*, je ne le reconnais pas. Pendant toute l'Occupation, elle et mon père ont parlé de « musiciens » et ils ont continué à éviter le vocable maudit. Mais ce mot, accolé à nous, il est insoutenable. Il est impossible. Il est imprononçable. Et pourtant *ma mère*, ma maman, l'être que j'aime le plus au monde, vient de le prononcer.

Je sanglote à nouveau. Je ne veux plus l'entendre. Mais obscurément je veux comprendre. Pourquoi ? Pourquoi ?

C'est alors que *ma mère* prononce cette autre phrase, non moins inintelligible :

— Ton grand-père Saby, il habite en face, il pourrait te reconnaître dans ta robe de communiante, il ne comprendrait pas.

Cette fois incrédule, je la regarde en face. Je n'ai jamais vu *ma mère* aussi embarrassée.

— Comment ça, il ne comprendrait pas ?

C'est surtout moi qui ne comprends pas qu'il ne comprenne pas. Qu'y a-t-il à ne pas comprendre pour lui ? Quel rapport y a-t-il entre ma première communion et mon grand-père, que nous avons vu assez rarement ces dernières années, même s'il habite en face, et qui ne parle, quand il parle, que de cuisine ou de bridge ?

— Mais, maman… qu'est-ce que je vais dire à M. le curé ? Et à Véronique ? Et ma robe ? On ne va pas la commander alors ? Et mon collier de corail ?

Ma mère paraît un peu soulagée de me voir m'attacher à des détails aussi anodins. Et elle lâche d'un ton conciliant :

— Ne t'inquiète pas, ma chérie. Ton collier de corail, tu l'auras. Je l'ai déjà commandé… Et pour la robe, je t'en ferai une, une belle robe du dimanche. Justement nous venons de recevoir du velours au magasin et je t'ai réservé le métrage. Pas blanche, mais tu pourras choisir la couleur. Et tu sais, je prendrai mon jeudi pour t'emmener au théâtre du Petit-Monde… Et on fera un nouveau trousseau pour ta poupée Bleuette et…

Elle ne sait plus quoi inventer, *ma mère*, sous mon regard de onze ans, presque douze, qui à présent la jauge. Elle est prête à toutes les concessions. Sauf celle que je lui demande, avec tant de supplication dans la voix :

— Je veux faire ma communion.

— C'est impossible.

— Alors… je ne pourrai pas aller au ciel. Et *nonamali*, je ne la retrouverai jamais…

Ma mère se redresse, prend son temps, balaie ma petite personne d'un regard glacial, qui a perdu toute chaleur, qui assume froidement toute la cruauté, toute la barbarie du monde.

— Tu veux savoir… tu veux vraiment savoir : ta *nonamali* et ton grand-père Moïse… ils sont morts… parce qu'ils étaient... *juifs*.

Je n'ai plus rien trouvé à répondre. J'ai continué à sangloter.

Et à partir de cet instant qui s'est fixé de manière inaltérable dans mon histoire, je ne me souviens que de deux gestes, l'un de résistance, l'autre de lâcheté.

Dans un paroxysme de violence et de détestation de *ma mère* et de moi-même, j'ai jeté contre le mur le collier de corail par lequel elle avait cru monnayer ma complicité à sa « trahison ». Il paraît qu'il s'est cassé en mille morceaux et que je l'ai mis à la poubelle.

Je n'ai jamais osé affronter l'abbé Lesas pour lui dire la vérité sur mon double abandon, celui du catéchisme et celui de la préparation à la communion. Je n'ai jamais osé la lui dire, cette phrase, à la fois simple et pour lui sans doute aberrante : « Ma mère, qui m'a fait librement baptiser, m'empêche de faire ma première communion, parce que nous sommes juifs. » L'ayant aperçu dans un des couloirs du lycée, je me cache dans les toilettes, lieu le plus approprié pour vomir mon écœurement, celui de moi-même et de celle en laquelle reposait ma confiance absolue d'enfant. Les nazis avaient bien réussi leur coup : au-delà de l'extermination de millions d'humains, ils en avaient fait entrer d'innombrables autres dans la servitude volontaire du rejet et de la haine de soi.

L'interdit de *ma mère*, faute de vocable approprié, je l'ai baptisé en mon for intérieur l'« excommunication », puisqu'il m'a déliée, à mon cœur défendant, de la communauté à laquelle j'aspirais alors.

C'est cette année-là que j'ai dû assister, sans mot dire, à la communion des autres. Une de mes anciennes camarades de classe m'a dévoilé récemment sa photo de communiante sur le parvis de Saint-François-Xavier en 1951, restituant ce moment insoutenable pour l'exclue.

Les fillettes habillées en mariées, robes blanches gracieuses, souliers blancs et voiles immaculés, franchissent les marches qui mènent à l'église, leur missel à la main, comme une volée d'hirondelles dans la belle lumière du printemps. Je regarde l'image, comme j'ai dû à l'époque regarder la réalité, essayant d'y ajouter virtuellement une dernière petite fille qui me ressemble. Les Soviétiques gommaient bien leurs parias des photos officielles. Pourquoi à l'inverse ne m'ajouterais-je pas à celle-ci ? En guise de réparation. Puisque je n'ai jamais osé de son vivant interpeller *ma mère* sur cette blessure qu'elle aurait pu se dispenser de m'infliger.

Jenny ne se justifie qu'une seule fois de cette excommunication. Elle écrit dans son *Monologue* : « Il ne fallait tout de même pas que Michou devienne antisémite et nous rejette. Il fallait lui dire. »

Oui, maman. Mais il y avait la manière.

Aujourd'hui que mon ressentiment s'est dissipé, j'écoute la voix raisonnable de la petite Annie Ernaux, évoquant sans pathos la communion solennelle de son enfance, « préalable glorieux de tout ce qui allait arriver d'important, les règles, le certificat d'études ou l'entrée en sixième ». Sur les bancs, les garçons sont en costume sombre avec un brassard, séparés des filles par la travée centrale. Ils ressemblent aux mariés que « rassemblés deux par deux ils seraient dans dix ans ». Et la petite chrétienne de souche de conclure : « Après avoir tonné d'une seule voix aux vêpres je renonce au démon et je m'attache à Jésus pour toujours, on pouvait se dispenser ensuite des pratiques religieuses, adoubé chrétien, muni du bagage nécessaire et suffisant pour se sentir intégré dans la communauté dominante et être certain qu'il y a sûrement quelque chose après la mort[1]. »

La voix d'Annie me convainc aujourd'hui que j'ai souffert mille de ces morts pour une raison somme toute frivole, la présence de mon grand-père Saby, rue Pérignon. Et que j'aurais probablement évolué comme les petites catholiques de ma génération, si *ma mère* m'avait laissée m'acquitter

1. *Ibid.*

du rituel nécessaire de la communion solennelle, complétant le baptême qu'elle m'avait imposé, quitte à me révéler plus tard la vérité.

Mais aucun raisonnement, aucune consolation n'effleure les oreilles de l'enfant révoltée que je suis alors, ni celles de l'adulte tourmentée que je deviendrai. Aucun de ces baumes n'accélérera la cicatrisation d'une blessure ouverte.

Ma mère a dérogé. Elle est tombée de son piédestal. Plus jamais je ne la regarderai avec les mêmes yeux. Des jours, des semaines, des années, des décennies, je garderai cette douleur et cette question lancinante : pourquoi ? Question qui a évolué, qui n'est plus celle de la petite fille privée de sa fête, mais celle de l'adulte devant la contradiction. Pourquoi ? Pourquoi a-t-elle fait ça ? Pourquoi le baptême, puis l'interdit ? Pourquoi la conversion puis l'excommunication ? Pourquoi ?

Puis je refoulerai tout, le baptême, le catéchisme, les années catholiques et pour finir l'oukase maternel, qui fait de moi la renégate de deux religions. J'oublierai le christianisme. J'ignorerai le judaïsme. Je deviendrai traître aux deux. J'occulterai tout, à mes yeux et à ceux des autres. Je recommencerai à me cacher, comme dans la petite enfance sous de faux papiers. J'appliquerai la théorie des « trois C » comme Changement. Après la religion, l'union – conjugale – puis le nom. Je ne révélerai plus mon âge afin d'esquiver les années de ténèbres et les questions. J'abandonnerai Moïse et *nonamali* à leur épouvantable mort sans sépulture. Je deviendrai opaque. Et le Silence tombera sur l'interdit. Le Silence demeurera comme un long sommeil dont il me faudra un jour me réveiller. Dont il faudra revenir.

Aujourd'hui, aujourd'hui seulement, je comprends Jenny, son dilemme et son désespoir. Elle voulait me préserver. Mais elle n'a pas pu *se* renier, renier son peuple, jusqu'au bout. Elle est tombée dans le déni. Elle est tombée dans l'oubli, m'entraînant avec elle.

Lorsque je partirai à la recherche de nos lointains ancêtres, les fiers Benveniste de l'Espagne des Rois catholiques, qui, pour la moitié, étaient devenus des *conversos*, des nouveaux chrétiens traqués par l'Inquisition, je comprendrai qu'à leur image, ma mère s'était « marranisée », tout en gardant au cœur sa fidélité à la tribu perdue.

Elle était devenue, j'étais devenue une Juive du Silence.

Épilogue

La loi du Retour

« Mais pendant un certain temps, une partie peut être sauvée si seulement, face à l'immensité de tout ce qu'il y a et de tout ce qu'il y a eu, quelqu'un prend la décision de regarder en arrière, de jeter un dernier coup d'œil parmi les débris du passé pour voir non seulement ce qui a été perdu, mais aussi ce qui peut encore y être trouvé. »

Daniel Mendelsohn, *Les Disparus*

« De nos jours, la référence européenne pertinente n'est pas le baptême mais l'extermination… La reconnaissance de l'Holocauste est notre ticket d'entrée dans l'Europe. »

Tony Judt, *Après guerre*

Au moment où j'achève cette histoire, commencée par la narratrice du roman au milieu de la fournaise de l'été 1917, dans la cité partiellement juive de Salonique, débute la loi du Retour, votée par le gouvernement espagnol le 11 juin 2015. En réparation d'une dette historique, elle permet aux descendants des proscrits de l'Alhambra de postuler à la citoyenneté du pays des Rois catholiques, qui fut, il y a cinq siècles, leur patrie.

Ce symbole marquera-t-il durablement l'histoire de ma tribu ? Déjà, dans les débuts du siècle dernier, Maïr Benveniste profita d'un passeport espagnol qui permettrait plus tard à deux de ses fils d'échapper aux nazis. Ma première réaction est cependant de regret que les nombreux aïeux qui parlaient le ladino n'aient pas su, avant de disparaître, que leurs descendants seraient réintégrés dans leur droit, qu'une injustice historique serait réparée, et que les arrière-arrière-petits-enfants des proscrits recevraient les clés de nouvelles demeures, dans la Sefarad réhabilitée. Comme dans les histoires que Sarika racontait à la petite Janja pour l'endormir à la lueur douce de la lampe à huile. Aujourd'hui, en devenant ou redevenant espagnols, c'est dans tous les pays de l'Union, qui ont, à différentes époques, chassé leurs propres Hébreux, qu'idéalement les Juifs ibériques trouveront refuge, avec un passeport qui vaut pour l'Europe entière.

Le récit de Jenny témoigne de son ancienne appartenance. Il se termine en 1951, après qu'elle est devenue *ma mère* en me convertissant puis en m'excommuniant. Mais l'existence de Jenny s'est prolongée jusque dans les premières années du XXIe siècle. Entre-temps, j'ai rompu son silence qui nous enfermait toutes deux dans une identité de façade, laquelle ne trompait sans doute plus que nous. Car Jenny n'avait pas seulement perdu sa foi et sa religion qui la liaient à une identité séculaire. Elle en avait aussi perdu la mémoire. Ou plutôt elle l'avait égarée. Dans le choc de ce qu'elle et Jacques avaient vécu, cru vivre puis découvert, c'est comme s'ils étaient devenus sourds-muets. Ou comme s'ils étaient tombés dans un coma profond où ils m'avaient entraînée, par amour et par contagion. S'ensuivit, dans ma vie plus encore que dans la leur, une longue ellipse.

Et c'est ainsi qu'ils ont orienté mes premiers choix et sculpté pour moi un CV idéal, dont chaque détail est fidèle puisque, pour les contenter, je me suis efforcée de correspondre autant que je pouvais à la petite « de souche » dont ils rêvaient, mais où l'origine du produit était omise. Une bio modèle, dont ces parents passionnés pourraient se targuer auprès d'une commission qui délivrerait des brevets de bons Français :

Michèle Marie
Est née en Bretagne
A été baptisée dans la paroisse de Saint-François-Xavier
A œuvré pour la France, en étudiant sa langue et sa littérature jusqu'à l'agrégation, et en les faisant rayonner dans les universités d'outre-Atlantique
A écrit sur les Françaises et sur des Françaises écrivaines de souche ce qui lui valut Apostrophes (émission préférée de Jenny)
A reçu des prix de l'Académie française, etc.

Je ne m'écartais du modèle maternel que par la militance générationnelle qui était celle de mes camarades de jeunesse, universalistes et radicalement réfractaires à la marque identitaire. Les Algériens. Les barricades de 68. Les Palestiniens. Les femmes. Mais pas n'importe quelles femmes. Les survivants des camps. Mais entre tous : *Jacques le Français*, rescapé de vingt-quatre années de goulag soviétique.

Cependant l'inconscient de mes propres textes se manifestait à moi par des voies obliques. J'ai mis sept années à écrire *Histoire d'Eurydice pendant la remontée.* Remontée des enfers. Catharsis. Sortie du Silence. Découverte de la « chose » qui ne s'appelait encore ni le « Génocide », ni l'« Holocauste », ni la « Shoah », ni l'« Anéantissement », ni l'« Annihilation » mais seulement le « désastre » avec un *d* minuscule pour ne pas trop éveiller l'attention du lecteur ni la mienne, avant la découverte du Désastre avec un *d* majuscule.

Au fur et à mesure que Sophie, la petite chrétienne adoptive, découvrait son histoire qui était celle de Sarah, j'ai dû faire appel à la mémoire de ma mère pour alimenter la mienne et continuer à écrire le roman.

La critique, favorable – le livre figura même sur une liste du prix Goncourt –, insista sur le traitement du mythe et le regard féministe d'Eurydice. Le thème de la judéité passa quasiment inaperçu. Sur le moment je me suis sentie soulagée de cette indifférence. Puis je m'en suis rendue responsable, coupable même. Avais-je été assez claire ? N'avais-je pas osé ou su partager avec les lecteurs ma découverte progressive, ma nouvelle volonté de savoir, ma propre sortie du Silence ?

Avec le temps cependant, j'ai découvert que notre longue dissimulation, à Jenny et à moi, n'était pas exceptionnelle et qu'ils sont nombreux ceux de l'après-guerre à avoir voulu oublier et faire oublier, réussissant grâce au Silence général et à la sacralisation de l'origine et de la vie privée dans le domaine intime à maquiller leur identité, à effacer leur ombre, même sous les feux de la notoriété. Un exemple : Françoise Giroud, ministre de la République, née la même année que Jenny, dans la même mouvance juive-ottomane, qui s'est tue presque jusqu'au bout.

Jenny a survécu à Jacques, mort prématurément d'un AVC, jusque dans les premières années du XXIe siècle. Longuement alitée, elle hésitait à « partir » parce qu'elle ne voulait « pas me faire de peine ». Quand je lui ai signifié que j'étais prête à la laisser, elle s'en est allée, tranquille, rejoindre son Jacques dans le petit cimetière de la Brie, me laissant en héritage son récit et la coupelle ottomane en argent guilloché qui avait échu à notre aïeule Myriam pour ses noces à Salonique, il y a très longtemps.

J'ignore quels parents elle aura réussi à rejoindre par-delà la mort : Saby Amon et Marie Benveniste, qu'elle avait rejetés avec tant de vigueur ? Ou Gaston d'Orléans et Aliénor d'Aquitaine, qu'elle avait adoptés avec tant de ferveur ?

Hasard ou nécessité, c'est en l'an deux mille que j'ai été ramenée aux Benveniste de mon arbre et à la ville natale de ma mère. À l'occasion d'un colloque universitaire à Thessalonique, j'ai fait en avion le parcours inverse de celui qui avait conduit, dans le mythique Orient-Express, la petite Janja vers le pays de Jenny.

Lorsque je me suis retrouvée dans l'auditorium de l'université Aristote, sur le point de commencer ma présentation intitulée « Yourcenar entre deux siècles. Paradoxe sur la condition féminine », un vertige m'a submergée. Soudain, j'ai pris conscience que là, sous mes pieds, reposait la tombe de Rafael Benveniste et de tous mes ancêtres, sur la terre sacrée de l'antique cimetière des Sépharades, ci-dessous sauvegardé par la photographie, mais éradiqué par l'action commune des autorités grecques et nazies, tandis que plus de cinquante mille de mes proches étaient expédiés vers les expérimentations médicales ou la mort par le gaz, sans sépulture.

Dans le même éclair cependant, les fantômes se sont dissipés, le vertige est passé. J'ai repris le ton universitaire et n'ai pas protesté lorsque notre guide de l'après-midi a commenté pour nous le tour historique de la ville, sans mentionner une seule fois la part juive de la vieille cité. Mais ma résolution était prise qui me permettrait, après la mort de ma mère, et grâce à sa Transmission, de relater *Le Récit de Jenny*. La rupture du Silence avait commencé. Un premier Voyage, un premier livre en surgirait, que j'achève aujourd'hui.

À peu près en même temps, j'ai effectué en Espagne un voyage de retour aux sources sépharades. Les fantômes des Benveniste de la mémoire, ceux d'avant l'expulsion et ceux d'après, m'attendaient déjà dans la péninsule Ibérique des temps médiévaux, toujours occultés, comme Janja, dans le non-dit. J'y ai croisé des figures de femmes et d'hommes confrontés à la même épreuve que moi, notamment ma lointaine aïeule de l'histoire, Hannah Benveniste Mendes, née Beatriz de Luna, honorée sous le nom de Gracia Nassi, l'inoubliable *señora*. Baptêmes plus ou moins forcés, conversions plus ou moins volontaires, abjurations sous la pression, retours secrets ou officiels au dogme originel, circoncisions tardives, tourments d'insurmontables dilemmes, renoncements, fraternisations, prodigieuses survies. Le judaïsme, le christianisme et l'islam s'y interchangeaient, troublant des destinées établies d'avance, bouleversant des consciences, accompagnant des errances géographiques à travers l'Europe et jusqu'aux confins du monde. Retrouver *La Tribu perdue* représenterait une autre étape de la rupture du Silence, un autre Voyage, dans le temps cette fois, un autre livre. À suivre.

La Transmission de ma mère ramenait du Silence les Vivants et les Survivants. Restaient les Disparus. Leurs silhouettes flottaient autour du récit de Jenny mais ne l'occupaient pas. Même Jacques, son homme, qu'elle avait adoré toute sa vie et au-delà, ne l'intéressait qu'à ses côtés. Il était né de leur rencontre. Elle ne l'imaginait que peu « avant » et, ne croyant pas à une vie après la mort, ne l'a pas imaginé non plus « après ». Elle est parvenue néanmoins, malgré toutes les vicissitudes, à survivre à l'amour de sa vie sans la perspective réconfortante de le retrouver dans l'au-delà.

Quant à moi, sa fille, l'ex-Michou à qui elle avait miraculeusement rendu la mémoire de son enfance, je n'ai pas eu longtemps à attendre pour me retourner sur les deux spectres qui nous avaient quittés : Moïse et Marie.

Moins de trois mois après la mort de Jenny, le 19 décembre 2005, j'ai reçu, rédigé en anglais, un courriel du Fonds social juif unifié, dont voici la traduction :

Chère Madame,

Il y a deux mois, on m'a fait suivre votre question sur des informations complémentaires concernant la déportation de vos grands-parents. Nous avons questionné le centre de recherche italien, qui nous a fourni les renseignements suivants. Moïse Benrey est né en Bulgarie dans une ville inconnue. Il a été arrêté à Argegno près de Côme le 4 septembre 1944 par les nazis. Il a été détenu à la prison de San Vittore à Milan, puis dans un camp de transit à Bolzano d'où il a été déporté à Auschwitz le 24 octobre 1944. La même chose est arrivée à sa femme.

L'archiviste en chef dit qu'elle ne croit pas qu'il y ait eu un camp de concentration à Argegno mais plutôt sur la zone de la frontière entre la Suisse et l'Italie. Son information provient de M. Edmond Tagger qui a témoigné en 1974. Elle a demandé si elle pouvait avoir le lieu de naissance de M. et Mme Benrey. Vous pouvez la joindre à l'adresse suivante. Son nom : Liliana Picciotto.

Ce mail dans sa sécheresse fait office de signal, il déclenche le reste. Je le reçois comme une prière d'outre-tombe, une nouvelle exhortation à revenir du Silence, à investiguer, explorer, enquêter, rechercher, rejointoyer, dans une autre direction. Un nouveau défi. Il me rappelle à mon devoir de deuil et de sépulture puis à l'obligation de retrouver le vif sous le linceul que je me dois de fabriquer de toutes pièces. Arpenteuse de la mémoire, Antigone se substitue à Eurydice. Je la mets à la tâche. Ou plutôt je pars avec elle, en Voyages, aux pays où ces ombres furent vivantes… Turquie, Roumanie, Bulgarie, Italie… Moi, descendante, j'applique à mon tour la loi du Retour… Un autre livre en sortira j'espère : *À la recherche de Marie*. À suivre.

Remerciements

Ma profonde gratitude à Hugo Moreno, partie prenante dans cette entreprise, qu'il aura soutenue sans faille jusqu'au bout.

Toute ma reconnaissance à Marion Dupuis, âme et instrument de la recherche.

Que soient remerciés tous ceux dont les noms suivent, pour avoir apporté leur pierre à cette construction.

Nicole Abravanel, Oskar Alexander, Élie Anavi, Yvette Anavi, Claude Amon, Renée Amon, Ana Arav, Pelagia Astrinidou, François Azar, Danièle Ball, Jacky Benmayor, Marcel Benabou, Lisa Benrey, Michel Benrey, Yvetta Benrey, Annie Benveniste, Fabienne Benveniste, Guy Benveniste, Rika Benveniste, Denise Berrebi, Marie-Françoise Berthu-Courtivron, André Burguière, Évelyne Burguière, Jacqueline Biran, Yair Biran, Sylvie Blaise-Bossuet, Joseph Brami, Jean Carasso, Jean-Alain Carminati, Gérard Chaliand, Giselle Chapuzet, Manuela Cisternas, Gaëlle Collin, Teresa Cremisi, Isabelle de Courtivron, Dominique Desanti, Alain de Toledo, Élyane Dezon-Jones, Veselin Djendov, Chantal Dupuis, Vidal Eliakim, Anne-Marie Faraggi-Rychner, Carol Friedmann, Ivanka Gezenko, Nilufer Gole, Alain Guezou, Jean-Max Guieu, Ladislau Gyemant, Madeleine Hage, Sappho Haralambous, Jean-Pierre Hardy, Martin Ivanov, Martine Jeantet-Peissik, Serge Klarsfeld, Claude Klein, Eva Klein, Kostas Kotsakis, Julia Kristeva, Jean-Claude Kuperminc, Jean Laloum, Batya Landsman-Unterschatz, Jenny Laneurie, Annamaria Laserra, Jeffrey Malka, Lukia Mallah,

Yannis Megas, Rena Molho, Francisco Javier Moreno, Sophie Mousset, Rumania Nedialkova, Maryline Noël, Pierre Nora, Ivan Pastoukhov, Vladimir Paunovski, Erica Peraya, Brigitte Peskine, Colette Piault, Liliana Picciotto, Elisabeth Racine-Dognin, Nicole Renault, Claire Romi, Joëlle Roubine, David Saltiel, Michele Sarfatti, Michèle Woods, Joël Schmidt, Erwin Simsensohn, Smilena Smilkova, Ralph Tarica, Lise Tiano, Haïm Vidal Séphiha, Odette Varon, Léon Volovici, Michel Wieviorka, David Woods.

Sans mon éditrice Betty Mialet, qui a accompagné ce projet depuis sa naissance, et sans Vanessa Springora, qui l'a orienté, ce roman, tel qu'il se présente aujourd'hui au public, n'aurait pas vu le jour.

Crédits
(photographies et illustrations)

Page 23	© N.K. Moutsopoulos, *Thessaloniki 1900-1917*, M. Molho publications, 1980.
Page 34	Archives familiales © Michèle Sarde.
Page 37	Archives familiales © Michèle Sarde.
Page 41	n° 1 : © Yannis Megas, *Souvenir, Images of the Jewish Community, Salonika 1897-1917*, Kapon, 1993.
	n° 2 : © archives familiales de l'auteur.
Page 47	© Yannis Megas, *Souvenir, Images of the Jewish Community, Salonika 1897-1917*, Kapon, 1993.
Page 51	Archives familiales © Michèle Sarde.
Page 55	Archives familiales © Michèle Sarde.
Page 68	Archives familiales © Michèle Sarde.
Page 79	© Yannis Megas, *Souvenir, Images of the Jewish Community, Salonika 1897-1917*, Kapon, 1993.
Page 85	Archives familiales © Michèle Sarde.
Page 110	Archives familiales © Michèle Sarde.
Page 120	Archives familiales © Michèle Sarde.
Page 134	Archives familiales © Michèle Sarde.
Page 148	Archives familiales © Michèle Sarde.

Page 153	Archives familiales © Michèle Sarde.
Page 183	Archives familiales © Michèle Sarde.
Page 215	Archives familiales © Michèle Sarde.
Page 271	Archives familiales © Michèle Sarde.
Page 273	Archives familiales © Michèle Sarde.
Page 274	Archives familiales © Michèle Sarde.
Page 300	Archives familiales © Michèle Sarde.
Page 358	Archives familiales © Michèle Sarde.
Page 383	Archives personnelles © Martine Jeantet-Peissik.
Page 393	© Yannis Megas, *Souvenir, Images of the Jewish Community, Salonika 1897-1917*, Kapon, 1993.

Table

III

Le bruit et la fureur

IV

Le Silence

Composition et mise en pages
Nord Compo à Villeneuve-d'Ascq

Cet ouvrage a été achevé d'imprimer en août 2016
dans les ateliers de Normandie Roto Impression s.a.s.
61250 Lonrai
Dépôt légal : septembre 2016
N° d'édition : 55469/01 – n° d'impression : 1602665

Imprimé en France